NARRATIVA

854

Alessandra Selmi

# AL DI QUA DEL FIUME

## IL SOGNO DELLA FAMIGLIA CRESPI

Romanzo

EDITRICE NORD

ISBN 978-88-429-3227-7

Per essere informato sulle novità
del Gruppo editoriale Mauri Spagnol visita:
www.illibraio.it

In copertina: *Dopo la Prima Comunione,* Carl Frithjof Smith, 1892,
foto © The Picture Art Collection / Alamy Foto Stock
In quarta di copertina: *River Landscape*, Jan Veth, 1878
Art director: Giacomo Callo
Graphic designer: Davide Nasta



Published by arrangement with Lorem Ipsum | Agenzia Editoriale Milano

# AL DI QUA DEL FIUME

IL SOGNO DELLA FAMIGLIA CRESPI

*Alle mie radici dolorose*
*e al rigoglioso giardino*
*che hanno generato.*

«Dateci i soldi e lasciateci giocare.»

PETER MEDAWAR,
premio Nobel per la medicina

# PARTE PRIMA

# 1

*Boltiere, Bergamo,*
*gennaio 1877*

Le campane della chiesa battono sette colpi, il suono arriva ovattato attraverso le imposte chiuse. Carlo sbarra gli occhi e sente quelli di Amalia che lo osservano nel buio. Da quanto se ne sta così?

Da oltre il tinello che separa la camera dal resto della famiglia giunge un colpo di tosse, poi lo scricchiolio del legno e subito un breve scalpiccio. Sono già tutti svegli. Solo Emilia, nel lettino addossato al muro accanto al loro, dorme ancora emettendo un lieve sibilo.

Sul vetro sottile della finestra l'inverno ha disegnato fiori di ghiaccio. Amalia allunga una mano fuori dalla trapunta e rabbrividisce, poi fa una lenta carezza al marito. È il suo buongiorno silenzioso, il loro attimo d'intimità prima che la casa riprenda vita. Gli appoggia l'indice sulle labbra; lui le bacia il palmo.

Zia Maria sta armeggiando con la stufa che come al solito non vuole accendersi. Nell'aria si spande profumo di legna umida e fumo. Oltre la tenda che divide i locali galleggia l'ombra di papà Renato; apre l'uscio, commenta il freddo con una bestemmia, poi esce a svuotare la vescica e a mungere la vacca. Da fuori arriva un muggito: Teresina lo ha riconosciuto. Tra poco si alzeranno le sorelle di Amalia e troveranno latte caldo in cui ammollare un pezzo di polenta avanzata da ieri.

Carlo attira a sé il corpo minuto della moglie, che si gira e gli si rannicchia tra le braccia. La stringe forte e sente un'emozione indecifrabile farsi largo nel cuore. È un giorno importante, anche se non sa perché.

Non vede il padrone da otto anni. *Sarà invecchiato,* pensa Carlo, anche se i ricchi invecchiano meglio. Si erano salutati con un groppo in gola; il padrone aveva gli occhi rossi di pianto, gli aveva promesso che sarebbe tornato, ma poi era sparito e, quando ieri Carlo ha ricevuto il messaggio, ormai non ci sperava più.

*Mio buon amico,*

*se non avesti finora mie notizie, è perché l'andamento dei miei affari non mi ha concesso di scriverti prima. È stata lunga e dolorosa la nostra separazione e mi struggo dalla speranza di vederla terminare presto.*

*Questa è per dirti che, a Dio piacendo, domani alle ore undici sarò sul Fosso Bergamasco con importanti nuove che coinvolgono la tua persona. Ti mantengo dunque la parola che t'ho data, e ti sarò grato se vorrai usarmi la cortesia di non tardare all'appuntamento.*

*Mentre attendo il momento felice di riabbracciarti, gradisci una buona stretta di mano dal tuo*

CRISTOFORO B. CRESPI

*P.S. Spero che tu, tua moglie e la bambina stiate bene e in salute.*

È stata Emilia a leggerglielo, lenta ma sicura di sé, orgogliosa di poter mostrare a suo padre quello che ha imparato. Sa anche far di conto. Quest'estate, dopo la scuola dell'obbligo, inizierà a lavorare; un cugino dei Vitali che tinge le pezze per un grossista di Trezzo ha promesso a Carlo di prenderla con sé.

Quando Amalia le ha spiegato che adesso che ha nove anni è diventata grande e che i grandi devono lavorare, gli occhi di Emilia si sono dilatati come pozzanghere, però non ha pianto: è rimasta immobile, trattenendo il fiato, a fissare la schiena di sua madre che tornava ad armeggiare in cucina, come se non ci fosse altro da aggiungere. E, in effetti, non c'era.

Per la sua unica figlia, così a lungo desiderata, Carlo sognava un destino diverso. Certo, Emilia è fortunata: quattro anni di scuola sono meglio di quello che è toccato ai suoi stessi genitori, cioè niente. Ma la bambina ha un'intelligenza vivace, è curiosa, le piace studiare: se potesse andare avanti, magari potrebbe avere qualcosa di più che spezzarsi la schiena immergendo pezze nei tini per tutta la vita.

Una mano invisibile strizza le viscere di Carlo, poi lo coglie una felicità inspiegabile e non riesce a trattenere un sorriso. Forse è una premonizione, o forse solo speranza. Non sa cosa voglia da lui - il messaggio non lo dice - ma il padrone è tornato. Ha mantenuto la promessa.

Il corpo caldo di Amalia aderisce perfettamente al suo, potrebbero anche essere una creatura sola. Lui le percorre la coscia cercando il punto in cui la camicia da notte finisce e comincia la pelle.

Nella stanza accanto, zia Maria armeggia con la stufa senza più preoccuparsi di fare rumore. Nel linguaggio muto della famiglia significa che è ora di alzarsi, anche se non osa ancora entrare nella stanza a buttarli giù dal letto.

Amalia si agita un po', ferma la mano di Carlo che le sta risalendo la coscia nuda e se la riporta all'altezza dello stomaco. Avverte quel pizzicorio che conosce bene, preludio del peccato, e all'improvviso non sente più freddo, anzi vorrebbe scagliare via le coperte.

Nel tinello zia Maria fa cadere una pentola. Significa che adesso è davvero troppo tardi. Tra poco metterà da parte il pudore ed entrerà nella stanza ad aprire le imposte.

Carlo pensa che forse c'è ancora tempo per sentire il corpo di sua moglie contrarsi di piacere attorno a lui. Ma qualcosa si è infranto all'improvviso.

Amalia si ritrae di scatto, gli allontana stizzita la mano, poi si volta a squadrarlo con riprovazione. Nella penombra non può vederla, ma Carlo sa che sta stringendo le labbra fino a farle scomparire, combattuta tra la vergogna per aver rischiato di cedere al piacere e l'odio verso di lui, che quel piacere glielo avrebbe volentieri regalato.

Come tutte le creature fragili, Amalia sa essere fortissima, specie quando deve punire se stessa. Si alza di scatto dal letto, spalanca le imposte senza curarsi di richiudere i vetri; poi resta alcuni istanti immobile a sentire il freddo che le punge la pianta dei piedi e risale dal pavimento a paralizzarle le gambe. Tiene gli occhi fissi sul grande crocifisso appeso sopra il comò.

Nel lettino lì accanto Emilia si agita sotto le coperte, il freddo deve averla destata. Amalia è scossa da una specie di singulto che fa vibrare tutto il suo corpo, come se si fosse riavuta da un incubo e si fosse ritrovata lì, in piedi, davanti alla finestra spalancata sul cortile.

Carlo riesce a cogliere il suo sgomento, scende dal letto e fa per abbracciarla. Ma lei si divincola e a testa bassa si affretta nel tinello.

« Cosa ci fai in giro a piedi nudi? » la rimprovera zia Maria.

In quell'istante rientra papà Renato. Le sorelle di Amalia stanno già litigando per chi indosserà il cappello, dal momento che ce n'è uno solo e si deve fare a turno.

Carlo richiude la finestra, poi si siede sul letto di Emilia, le rimbocca le coperte e le fa una lunga carezza. « Dormi ancora un po' », le dice. « È presto. »

Aspetta che lei si sia riassopita, poi tira fuori il vestito della domenica, anche se oggi non è domenica. L'appuntamento è alle undici, ma decide di uscire subito, senza neanche mangiare un boccone. Saluta la famiglia con un cenno del capo, poi si china su Amalia e le dà un bacio sulla guancia.

Lei lo afferra per la giacca come se si stesse aggrappando alla vita. *Non andare, non lasciarmi!* lo implora con lo sguardo. Lui le sorride. Nonostante tutto la trova bellissima, specie adesso coi capelli corvini sciolti sulle spalle e le guance infiammate di vergogna.

Il padrone però l'ha mandato a chiamare e Carlo sente che questa è la volta buona. Non sa perché né cosa o come, ma quando esce si sente felice. Dalla porta Amalia lo vede sbiadire nella nebbia, poi da lontano lo sente fischiettare.

## 2

*Milano*

La scala di servizio è stretta e ripida, i gradini consumati da migliaia di passi scricchiolano sotto il peso di Fredo che si regge al muro per non cadere. La porticina si apre con un lamento sul piccolo cortile interno, umido e ombroso. Il ragazzo rabbrividisce, poi guarda su, verso le finestre che conosce bene, sperando di cogliere un'ombra o almeno una tenda smossa, l'indizio di una presenza, un cenno di saluto, la speranza di un ripensamento. Niente.

Fredo s'immagina il viavai di servitori, il maggiordomo col vassoio della prima colazione, la sguattera col secchio del carbone, la cuoca che intinge il dito nella salsa. La vita continua, lassù, come prima, ma senza di lui.

Si stringe nel cappotto e si avvia a testa bassa, i pugni chiusi nelle tasche, i denti stretti per trattenere il pianto.

Oggi doveva essere un giorno speciale, il giorno in cui avrebbe detto addio alla vita di prima e sarebbe passato dall'altra parte. Sembrava il momento opportuno, ogni cosa era al posto giusto, come se il destino avesse apparecchiato tutto per rendere fluido il passaggio. Fredo aveva trovato il terreno, convinto i venditori, tirato sul prezzo, oliato i cardini della macchina burocratica. Il padrone non avrebbe potuto rinfacciargli che non aveva fatto il suo dovere, che lo piantava in asso a metà dell'opera. No, signore, era tutto perfetto, tutto pianificato a puntino, come sempre.

Sarebbe sceso dalla scala padronale con passo leggero, avrebbe affrontato la città a mento alto, poi sarebbe montato sul landò con un bel balzo e al momento opportuno avrebbe guardato il padrone in faccia e gli avrebbe detto che basta, era tutto finito: si cercasse un altro segretario, perché lui – l'Alfredo Malberti – ne aveva le tasche piene.

Così doveva andare.

Fuori dal palazzo la nebbia è densa come panna, in giro non c'è nessuno, non si vede a un palmo dal naso. Fredo svolta a sinistra su un ponticello, poi tira dritto camminando rasente ai muri. Conosce la strada a memoria. Poco più avanti il naviglio si apre in un laghetto scuro, così profondo che ogni tanto qualche ubriaco ci casca dentro e non lo ritrovano più.

La chiesa di San Marco batte otto colpi. Fredo sente le campane vibrare fin dentro le ossa mentre un pensiero gli si allarga come un buco nel cuore. *Quanto sarà lontana l'acqua?*

Fa un passo, poi un altro, trattenendo il respiro. Solo ieri sera era alla Scala, in un palco a godersi l'opera. Era una persona felice, con un futuro radioso davanti a sé, benessere, divertimenti, amore; o almeno così credeva.

Scoppia in una risata amara. Dodici ore appena e ogni cosa è a rovescio: tutto quello che ha davanti adesso è una darsena e nessuna prospettiva migliore della morte. Fa un altro passo.

Qualcuno sentirebbe la sua mancanza? Lo verrebbero mai a cercare?

Fredo ripensa al suo grande amore, a quello che adesso gli appare per quello che è: un'illusione, un divertimento per cui ha voltato le spalle a ogni altra cosa. L'umiliazione brucia così forte da troncargli il respiro.

Il pensiero torna alla famiglia, a quelli che credevano in lui, che per lui si sono sacrificati e che lui ha tradito, alla cascina a Trezzo sull'Adda, non lontana dal fiume che alimenta questi stessi navigli. Se Fredo cedesse al richiamo della fine, se si lasciasse cadere in acqua, sarebbe un po' come tornare a casa, o non essere mai partito.

Un passo ancora, forse due, e il suo piede ad attenderlo troverà solo il vuoto. Piomberà giù come un sasso. I vestiti inzuppati lo calamiteranno verso il fondo, diventando la sua bara. Qualche attimo disperato e poi più nulla: un minuto, il più lungo della sua esistenza, l'ultimo.

Fredo stringe i denti e avanza ancora un po'. Questa è, del resto, l'unica fine che è disposto ad accettare. Come può tornare alla vita di prima? Prima dell'opera e dei palchi alla Scala, delle cene a tarda ora e dei cibi esotici, dei vestiti di lusso, delle carrozze coperte, della servitù. Neanche ricorda cosa c'era prima di tutto questo.

Anzi, lo ricorda. Certo che lo ricorda.

Non sono bastati pochi mesi di libertà per cancellare il ricordo.

Quella di prima era una vita di menzogna, di vergogna, di rifiuto. Tutto un affannarsi a far finta di essere qualcos'altro, a provarci perfino: Fredo non voleva mentire alle persone che amava, eppure non poteva deluderle con la verità. Non può dire di non averci provato, ma da qualche parte dentro di lui, molto in profondità, ha sempre saputo che avrebbe fallito. La vita di prima era solo una patetica recita, un copione scritto da qualcuno che non era lui, intingendo la penna nella paura, nel sospetto, nel disgusto.

Può tornare a quella vita? Fredo scuote la testa e fa un altro passo.

Poi accade tutto in un istante. Qualcuno arriva camminando a passo spedito e non immagina certo d'imbattersi in un giovane col cuore infranto che vuole farla finita. I due si scontrano cranio contro cranio, il dolore che prova Fredo è così concreto che quasi gli fa bene. Lo sconosciuto impreca, gli molla uno spintone, si rialza e se ne va lasciandosi dietro una scia d'insulti.

Sdraiato sul selciato umido Fredo allunga una mano a tastare attorno a sé: poco dopo la banchina piomba nel vuoto e più sotto c'è l'acqua. C'è mancato poco, e sarebbe stata davvero la fine di tutto.

Un rivolo caldo e vischioso gli cola giù dal naso, Fredo sente in bocca un sapore ferroso che gli ricorda la vita. Prova a tamponare il sangue con la manica, mentre gli torna in mente suo padre, il collo taurino incassato nelle spalle larghe, la pelle rubizza, la fronte bassa. Le ultime parole che si sono detti. Gli vuole bene, se ne accorge soltanto adesso, anche se non si sono mai capiti.

L'idea di morire tutto d'un tratto gli sembra ridicola. Anzi, lo riempie di terrore. Davvero lo avrebbe fatto? Si rende conto di essere aggrappato a questa cosa dolorosa che è la vita, di non essere pronto a buttare via tutto, di avere ancora piccole, meschine speranze per il futuro.

Respira profondamente. Il padrone lo sta aspettando sulla strada per Bergamo, sono settimane che non fa altro che ripetergli quanto è importante questa opportunità, che forse è l'ultima che la vita gli offre e via col piagnisteo da vecchio fallito.

Oggi Fredo non potrà licenziarsi, però è ancora vivo.

## 3

*Brembate, Bergamo*

La locanda si trova sulla sinistra, subito dopo il ponte, segnalata da un'insegna dipinta di verde, ormai arrugginita e tutta scrostata, che è impossibile scorgere nella nebbia. Tutti conoscono la Locanda del Brembo: è l'unica della zona e, se da Boltiere si deve raggiungere Capriate o viceversa, quello è il solo punto in cui si può passare il fiume senza doverlo guadare. I Doneda ci hanno fatto una fortuna con questa storia del vecchio ponte, da quand'era territorio della Repubblica Veneta e la famiglia serviva indifferentemente sbirri e contrabbandieri.

Da qualche anno Cesare non si fa più vedere in cucina; d'estate se ne sta sulla soglia, seduto sulla sedia impagliata, a squadrare la gente che entra e che esce, mentre d'inverno, come ora, non schioda i piedi dalla stufa. Ha lasciato la gestione alla figlia Margherita col marito Luigi, il vero motore dell'attività; è lui che si sveglia prima di tutti e rassetta, riordina, strofina, impila, apparecchia, serve, sparecchia, fa di conto, fa l'inventario della dispensa, ordina le scorte, talvolta cucina pure. Dovrebbero chiamarla Locanda dell'Agazzi, a ben vedere, ma il Doneda non molla mica: non si farà vedere, però la locanda rimane sua, i soldi sono suoi, qui è tutto suo, non fa altro che ripeterglielo, al genero. E lui zitto.

Carlo Vitali entra e resta un attimo sulla soglia a scrollarsi di dosso l'umidità. Il locale è vuoto, l'Agazzi ha tirato su le sedie e sta spazzando il pavimento a testa bassa. Stamattina è in anticipo, dal gancio nel camino pende il paiolo di rame dove la polenta sobbolle borbottando, mentre la legna fischia e scoppietta. Dalla cucina arriva profumo di minestra.

Carlo fa un passo avanti e solo allora l'Agazzi si accorge di lui. *E questo cosa vuole?* pensa. Più tardi ha un appuntamento importante e adesso ci manca solo un cliente che gli faccia perdere tempo. Lo saluta con un cenno del capo e gli fa segno di accomodarsi.

Carlo sceglie un posto accanto al focolare. Ha fatto il giro lungo attraverso i campi, dove il raccolto dorme sotto la neve. Era pervaso da un'energia quasi dolorosa, le gambe sembrava non volessero fermarsi più; quand'è arrivato alla locanda per poco non ci ha sbattuto contro, tanto era smarrito nei propri pensieri. Non sa per quanto abbia vagato così, ma adesso è stanco e si lascia cadere sulla sedia.

L'oste gli si materializza davanti. Carlo non mangia da ieri sera e il profumo di cipolla soffritta gli smuove tutto d'un tratto l'appetito; allora fa un cenno verso la cucina.

« C'è la minestra di legumi », spiega l'Agazzi.

Quando la prepara lui, ci mette anche la cotenna del maiale. Una volta il vecchio Cesare se n'è accorto ed è andato su tutte le furie; dice che la locanda non è un posto da signori: basta che mangi, la gente mica la sente la differenza. *E invece sì*, pensa l'Agazzi, *la differenza si sente eccome, con la cotenna è tutta un'altra cosa*. Se gli fa notare che i clienti soddisfatti tornano più volentieri, il Doneda gli ride in faccia. « Ma sentilo! Ha appeso ieri il cappello nel mio locale e vuole insegnarmi come si fa il mestiere! A me, che ho costruito un impero, e senza la cotenna del maiale! »

Il vecchio ripete in continuazione di aver costruito un impero, ma all'Agazzi non sembra poi un granché. Certo, i Doneda hanno una trattoria e se la passano meglio di tanti contadini che si spaccano la schiena nei campi per poi morire di fame se il raccolto va male, ma è tutto lì: una vecchia locanda dopo il ponte, nella quale non s'investe una lira se non è proprio indispensabile, dove ti rifilano sempre le stesse cose e il vino è annacquato. Se fosse sua, l'Agazzi per prima cosa rifarebbe l'insegna, perché già da fuori si capisce se un posto è rispettabile o meno.

« La volete la minestra? » chiede a Carlo. « Ci ho messo dentro la cotenna. »

Carlo fa sì con la testa. Non ha molti soldi, ma vuole essere in forze per l'appuntamento col padrone. « E un bicchiere di vino, per favore. »

L'Agazzi ruota lesto sui tacchi e s'infila in cucina. Sua moglie Margherita sta armeggiando attorno al fuoco.

« C'è di là uno che vuole la minestra », le dice.

Lei alza gli occhi dal pentolone. « La minestra? A quest'ora? » fa, incredula.

Il marito dà un'alzata di spalle. Si sarà sparsa la voce che nella zuppa ci mette la cotenna. « Puoi occupartene tu, così vado a prepararmi per dopo? » Si slaccia il grembiule e fa per andarsene, ma Margherita rimane immobile, le braccia conserte. « Per favore! » la supplica.

« È proprio necessario andare? »

L'Agazzi si sente come se una freccia lo avesse trafitto al cuore. È da quando gli è arrivato il messaggio che lei gli tiene il broncio; non avrebbe dovuto neanche dirglielo, poteva inventarsi una scusa, dire che aveva delle commissioni da fare. Invece era così contento che non è riuscito a trattenersi. E in un attimo lo sapevano tutti i Doneda.

*Certo che è necessario*, vorrebbe risponderle. Ma poi si ricomincerebbe a litigare da capo: lei gli chiederebbe se non si trova bene lì e che bisogno c'è di tornare a lavorare sotto padrone, quando ha un'attività sua da mandare avanti; poi gli darebbe dell'ingrato, con tutto quello che suo padre fa per loro. E da lì si finirebbe di nuovo a discutere di bambini, del perché non ne hanno nonostante siano sposati ormai da cinque anni, e nel frattempo tutte le sue sorelle ne hanno fatti tre o quattro ciascuna; e lei invece no, che è sana come un pesce, e ne vorrebbe almeno uno da chiamare Cesare come il nonno.

La chiesa di San Vittore batte le nove. Per raggiungere il Fosso Bergamasco ci vuole almeno un'ora, ma l'Agazzi non vuole arrivare tutto trafelato e soprattutto non vuole arrivarci arrabbiato. Mette fuori la testa dalla cucina e dà un'occhiata all'avventore in sala, che tamburella con le dita sul tavolo.

L'Agazzi sbuffa, aggira l'enorme mole della moglie, prende una scodella e la colma fino all'orlo, sotto lo sguardo indispettito di lei; poi taglia due fette spesse di pane e gliele ficca dentro con una tale foga che un po' di minestra sborda e gli scotta la mano. Si sforza di non fare una piega. Infine, dalla credenza tira fuori il fiasco di vino riservato alla famiglia, quello che non viene annacquato, e ne versa un bicchiere grande che si scola tutto d'un fiato guardandola con aria di sfida. Lo riempie di nuovo e porta tutto di là in sala.

Carlo lo accoglie con un sorriso soddisfatto. La minestra ha un profumo delizioso e l'oste non ha lesinato col pane; questo bel pasto lo terrà sazio fino a domani. « Quanto vi devo? » chiede.

« Ah, niente », risponde l'Agazzi, alzando la voce per farsi udire fino in cucina. « Oggi offro io. »

Carlo lo guarda incredulo. Vorrebbe insistere, ma l'oste si è già dileguato.

La minestra scotta un po', ma è proprio saporita, e la cotenna del maiale la rende densa e corposa.

Il riquadro della finestra cattura un pezzo di cielo, finalmente azzurro; fuori Carlo scorge la sagoma smilza dell'oste vestito di tutto punto che cammina lesto, a testa bassa, diretto chissà dove.

Anche lui deve andare, non c'è tempo da perdere. Finisce alla svelta il suo pasto, beve il vino fino all'ultima goccia. Dalla cucina gli sembra di sentire i singhiozzi di una donna.

Lascia sul tavolo alcune monete, si alza e si avvia all'uscita.

## 4

*Fosso Bergamasco*

Adesso che è padrone di tutta quella roba, dopo la fatica e i sacrifici che ha fatto per accaparrarsela, gli sembra quasi insignificante. *Base per altezza diviso due*, pensa Cristoforo. Può una formula matematica contenere tutta l'ambizione umana?

Pesta i piedi a terra e Silvio alza gli occhi su di lui. «Sono in ritardo», dice il bambino.

Ma sono loro a essere in anticipo. Sono partiti da Milano nella luce livida dell'alba, senza svegliare nessuno, sembrava quasi una fuga. Il vetturino aveva ancora gli occhi gonfi di sonno. L'Alfredo Malberti si è fatto trovare sulla strada, camminando avanti e indietro come un cane alla catena, coi pugni in tasca e le labbra pallide; è balzato sul landò con tutta l'energia dei suoi vent'anni.

Il padrone gli ha fatto un cenno che voleva dire: *A l'è töt a post, Fredo?*

*Se, sciur Crespi. Töt a post.*

Ci si può fidare dell'Alfredo, è un tipo sveglio.

Per tutto il tempo non hanno aperto bocca, anche per non destare il bambino che dormiva rannicchiato come un cucciolo, mentre la carrozza si guadagnava un varco nella nebbia; Cristoforo ha guardato fuori senza scorgere altro che la propria immagine riflessa: un uomo ormai in là con gli anni, la fronte aggrottata dove le preoccupazioni hanno scavato solchi profondi, ma occhi vispi che si rifiutano d'invecchiare. Il sole pigro di gennaio si è fatto vedere quand'erano già fuori dalla città, attorno campi imbiancati dalla neve a perdita d'occhio e in lontananza il profilo dolce dei monti che sembravano galleggiare a mezz'aria.

Cristoforo si china e prende in braccio il figlio. Il suo corpo caldo gli infonde serenità. «Guarda», dice.

Fanno ruotare lo sguardo tutt'attorno, insieme. All'orizzonte la vegetazione immobile nel gelo disegna un semicerchio su cui sono adagiate nubi che preannunciano altra neve. Il terreno dove sorgerà lo stabilimento giace un po' più in basso, quasi affossato, in una conca infestata da sterpaglie.

«È tutta roba mia.» Poi si corregge: «Nostra». È per il bambino che lo sta facendo. «Vedi là in fondo, dove il Brembo si butta nell'Adda?»

Silvio strizza gli occhi, poi fa sì con la testa. Forse non ha visto davvero, ma non vuole deludere suo padre.

«Da là fino a dove ci troviamo adesso, è tutta roba nostra.»

Il bambino spalanca la bocca. «Tutta?» Ha appena otto anni e gli sembra una cosa immensa.

Cristoforo sorride e si gonfia d'orgoglio. «Tutta.»

Un triangolo di terra, base per altezza diviso due, per un totale di ottantacinque ettari. Ma il terreno non varrebbe niente senza l'acqua.

«E vedi là?» Crespi punta verso l'Adda, all'altezza dell'incile da cui nasce il naviglio della Martesana. Ha appena ottenuto dal governo la concessione a derivarne l'acqua per la durata di novant'anni. «Da là partirà il canale artificiale che porterà l'acqua fino alla centrale, proprio qui sotto. La centrale sarà il motore della fabbrica, che farà muovere i macchinari del cotonificio: cinquemila fusi, per cominciare. Ma lo stabilimento sarà così grande che potrà contenerne almeno il doppio, con finestre sul tetto che faranno piovere la luce dall'alto, così potremo lavorare fino a tardi. Una cosa all'avanguardia, tutta su un piano, ariosa, salubre... Ma soprattutto questo posto sarà bello: gli edifici saranno ingentiliti da fregi con stelle a otto punte e rosoni in cotto; gli uomini saranno circondati dalla bellezza e saranno lieti di venire a lavorare qui. »

Di fabbriche così in Italia non ne esistono. Crespi le ha viste solo all'estero, dove sono avanti in queste cose.

« Accanto al magazzino sorgeranno i *palasocc*, tre palazzotti di quattro piani ciascuno, che ospiteranno le maestranze con le loro famiglie », continua, parlando a se stesso. « In questo modo, gli uomini non dovranno venire da lontano, sprecando energie e tempo prezioso nel tragitto; vivranno qui e la fabbrica sarà la loro seconda casa. Ci saranno anche un emporio e un albergo, le stalle, tutto il necessario. »

Da quanto coltiva questo sogno? Lo ha immaginato talmente tanto che se chiude gli occhi riesce a vedere il lungo viale alberato che costeggia l'opificio e la ciminiera in mattoni che svetta nel cielo come un vessillo; può sentire il suono della campanella che dà vita alla fabbrica, gli operai che passano i cancelli ed entrano vociando, il clangore assordante dei macchinari, treni carichi di stoffe diretti in ogni parte del mondo. E il marchio della ditta *Benigno Crespi,* che varca l'oceano e arriva fino nelle Americhe.

Ci sono momenti, come adesso, in cui la paura si fa da parte e lascia spazio alla fiducia. In un attimo la fantasia si gonfia di speranza e vola lontano: Cristoforo immagina le donne che fanno capannello al lavatoio, i bambini che giocano in strada davanti a una fila di casette ordinate, e magari una scuola, l'infermeria, la chiesa... una piccola comunità coesa e autonoma, in cui i confini di lavoro e vita familiare si fondono.

Da questo punto sopraelevato si sente ben più di un imprenditore cotoniero, si sente quasi un dio benevolo che dispone delle vite dei suoi operai. Certo a lui serviranno più di sette giorni, ma quello che ha intenzione di creare è un mondo intero.

Silvio si sporge dalle sue braccia e guarda giù, come se tutto quello che il padre gli ha appena descritto fosse reale. « Ma non c'è niente! » esclama, combattuto tra lo stupore e la delusione.

Di colpo, Cristoforo si sente a disagio. E se non ci riuscisse? E se fallisse di nuovo? E se avesse ragione la famiglia?

Mette giù il bambino e si liscia il cappotto, come per sincerarsi di non essere nudo. Lancia un'occhiata di traverso a Fredo. Il ragazzo è impassibile al suo fianco, con lo sguardo a terra e i pensieri lontani, perduti chissà dove. Ogni tanto sospira e tira su col naso. *Avrà per la testa qualche ragazza*, pensa il padrone con una punta d'invidia per quella spensieratezza che a lui non è più concessa, per le opportunità che Fredo può ancora cogliere, per tutti gli sbagli che può ancora permettersi.

« Non ancora », mormora Cristoforo. « Prima dobbiamo costruirlo. »

## 5

Se si guarda attorno, vede solo campagna. Fredo fa ruotare lo sguardo: dalla vegetazione spogliata dall'inverno spuntano i campanili e qualche tetto dei paesi raccolti attorno al corpo sinuoso dell'Adda che striscia placido verso la pianura; sono le terre che lo hanno visto nascere e diventare grande - troppo grande - e che ora gli vanno strette. Alle sue spalle si trova Trezzo, coi resti diruti del castello e, più sotto, la casa dei genitori: i nonni, mamma, papà e una nidiata di fratelli e sorelle, tutti pigiati in due stanze col pavimento in terra battuta e una stufa che fa più fumo che caldo.

Sono una famiglia di contadini, i Malberti. Sono fatti di carne, sudore e miseria. Iniziano a lavorare non appena riescono a tirarsi in piedi e in piedi crepano lavorando, ma non per questo riescono a stare meglio. È così da sempre, è una tradizione di famiglia.

Fredo però l'hanno fatto studiare. I figli che sono venuti dopo di lui hanno dovuto pagare per il privilegio toccato al primogenito. Ma è un tipo sveglio, ne valeva la pena; a scuola si è fatto valere: non era solo intelligente, era mosso da una feroce determinazione. E così, mentre i suoi fratelli si spaccavano la schiena nei campi per addormentarsi in compagnia dei morsi della fame, lui poteva dedicarsi allo studio e nella sua minestra galleggiava sempre un pezzettino di carne. Ma guai a rinfacciarglielo! Non era un regalo, del resto. Semmai un prestito:

su di lui gravava tutta la responsabilità di dover trainare, un giorno, l'intera famiglia fuori dal pantano della miseria.

Fredo sente un grumo di rimpianto risalire l'esofago e fermarsi in gola. Deglutisce, ma il senso di colpa rimane incastrato lì.

Se n'è andato di casa senza guardarsi indietro. Il padrone cercava un impiegato che si occupasse di una questione importante e suo padre lo aveva incitato a farsi avanti: offrivano un buon salario e una stanza sopra gli uffici della ditta, a Milano. Era stato facile ottenere il posto.

In pochi mesi la città lo aveva mangiato. All'inizio scriveva e mandava denaro con regolarità, quasi tutto il suo salario. Le lettere, che indirizzava al parroco, erano brevi romanzi vibranti di stupore ed entusiasmo.

*Caro papà, cara mamma, carissimi fratelli e sorelle...*

Sua madre stava ad ascoltare incantata. « Rileggete quella parte là, dove diceva dei vestiti... » Il suo Fredo era proprio bravo a descrivere gli abiti e le stoffe, i gioielli delle signore, le scarpine, le stole, le mani guantate, le acconciature alla moda sotto i cappelli... era così bravo che talvolta la Luigia non capiva e serviva che il prete glielo spiegasse. Anche lei, forse, un giorno avrebbe potuto permetterselo, un cappellino. Da quando Fredo lavorava negli uffici del padrone, i Malberti avevano potuto concedersi il lusso della speranza.

A cosa gli servivano i soldi, del resto? Fredo lavorava tutto il giorno, spesso anche la sera, senza turni di riposo, sempre appresso al padrone o avanti e indietro, in giro per faccende per suo conto e, quando rientrava nella sua stanzetta sopra gli uffici della ditta, si addormentava senza nemmeno avere la forza per mandare giù un boccone.

Poi aveva incontrato il marchese. Era stata un'atroce epifania.

Fredo sente uno scalpiccio e alza la testa come un cane che ha puntato la preda; scruta verso un punto imprecisato della boscaglia, annusando l'aria immobile. Per alcuni istanti non accade nulla e Cristoforo pensa che questa volta il suo segugio si sia sbagliato. Subito però dalla curva che si perde tra gli alberi sbuca un uomo. Non è molto alto, ma ha muscolatura massiccia, collo taurino, la testa incassata nelle spalle, carnagione rubizza, mani enormi e fronte bassa.

Gli occhi del ragazzo sono attraversati da una scarica di terrore.

« Oreste », gli dice Cristoforo. « *Ta set riat.* »

Il padrone lo ha scelto perché è il più gran lavoratore che abbia mai incontrato; fa il lavoro di tre operai reggendo turni di dodici, quindici ore senza una piega, non fa domande, non si lamenta e non chiede mai niente.

Oreste però non lo degna di uno sguardo, è tutto preso dal ragazzo.

« *Pà* », fa Fredo.

Non si aspettava di trovarlo lì, non erano quelli i piani, del resto. Quello doveva essere il giorno in cui avrebbe detto al padrone che aveva trovato di meglio.

La vista di suo padre gli smuove qualcosa dentro. Vorrebbe correre ad abbracciarlo, ammettere di essersi sbagliato, chiedergli perdono, ma soprattutto sostegno.

Oreste lo squadra da capo a piedi con aria severa. Il ragazzo indossa un cappotto di lana sotto il quale s'intravedono i revers di seta dello smoking e lo sparato della camicia bianchissima. Sono gli abiti della sera prima, quelli che il suo ricco amante gli ha comprato per portarselo appresso in società senza sfigurare e con cui lo ha sbattuto fuori dal palazzo stamattina.

*Con quello che costa il cravattino che tiene in tasca, i Malberti ci mangerebbero per un mese*, pensa Fredo, ma suo padre non sembra impressionato. Gli fissa con disgusto le scarpe tirate a lucido, poi sputa a terra un grumo di saliva scura di tabacco.

Alfredo si stringe nel cappotto e ricaccia indietro le lacrime.

« *Sciur* Crespi », dice Oreste stringendo la mano al padrone.

Cristoforo spinge avanti il bambino. « *Saluda be* », gli ordina. Silvio agita la mano.

Oreste gli fa un inchino goffo, poi intercetta lo sguardo di Fredo, che trattiene a stento un risolino. Se fossero soli gliela farebbe passare lui, la voglia di ridere.

*Sembrano due galli sul punto di sfidarsi*, pensa Cristoforo.

Forse non avrebbe dovuto convocarli tutti lì. Poteva mandarli a chiamare o spiegare ogni cosa in una lettera. Adesso teme di rendersi ridicolo con questa piccola messinscena. Ormai comunque è troppo tardi per farsi venire dei ripensamenti e non saranno concesse repliche.

L'Agazzi arriva con passo saltellante e, appena si rende conto di non essere solo, si blocca come certi animali colti di sorpresa nel fitto della boscaglia. Conosce già quegli uomini, per aver lavorato con loro in passato e perché, in fondo, nella zona si conoscono un po' tutti, ma il suo disappunto è evidente: pensava che ci sarebbero stati appena lui e il padrone – non è quello che credevano tutti, del resto? – e invece non sarà lui il protagonista di quest'opera.

E non sarà nemmeno Carlo, che si unisce al gruppo poco dopo, anch'egli nascondendo a malapena la delusione. *È invecchiato*, pensa Cristoforo, e in quello stesso istante sente su di sé il peso di tutti gli anni trascorsi, degli insuccessi passati, delle promesse non mantenute.

Gli uomini si squadrano a vicenda, combattuti tra la curiosità e il sospetto reciproco, fingendo disinvoltura. *Eccoli, i suoi migliori ex operai*, pensa Cristoforo, *i più forti, entusiasti, fedeli.* Spetterà loro il compito di dare sostanza al sogno: scaveranno il canale e edificheranno la centrale, lo stabilimento, i magazzini e i palazzotti. Questi uomini sono le fondamenta stesse del villaggio.

Quello che stanno per costruire non è solo il primo villaggio industriale in Italia. Quando questi uomini non ci saranno più, quando anche Cristoforo sarà morto, e così pure i suoi discendenti e i discendenti dei discendenti, il villaggio ci sarà ancora. E sarà lì per sempre, in quel triangolo di ottantacinque ettari incuneato tra il Brembo e l'Adda, a ricordare a tutti il nome dei Crespi.

Cristoforo si è preparato a lungo il discorso, ma adesso non ricorda nemmeno una parola. Sente tutti gli occhi puntati su di sé e il panico salire a toglierli il respiro. Silvio lo guarda senza capire; non può sospettare che il suo eroe abbia paura.

Eppure è questo che prova Cristoforo, adesso. Paura.

Vorrebbe dire ai suoi uomini che ha investito in questo sogno tutto quello che possiede, e anche di più; vorrebbe dire dei debiti che gli tolgono il sonno e della famiglia che gli fa pesare ogni lira concessa. Vorrebbe dire che teme di deludere tutti: suo padre, i suoi fratelli, sua moglie, ma soprattutto i loro figli, e ancor di più Silvio. Vorrebbe raccontare della sua anima spaccata in due, il desiderio di riuscire e la paura di fallire, l'irresistibile richiamo della sfida e il terrore dell'insuccesso, il sogno e l'incubo. Vorrebbe dire loro che questa è l'ultima possibilità che gli resta, perché a quarantatré anni suonati la vita non ti concede altri tentativi.

Vorrebbe, ma non può. Questi uomini, come suo figlio, si aspettano da lui coraggio, lucidità, determinazione, ottimismo; vogliono certezze, incoraggiamenti, sostegno, una direzione in cui andare e indicazioni precise. Cristoforo non dubita che siano disposti a lavorare fino a spaccarsi la schiena e perfino a sacrificare la propria vita, ma la mano che li guida non deve mai esitare.

Il padrone non può essere un uomo, non può avere paure e incertezze, non può mostrare a nessuno la propria vulnerabilità. Anche se è circondato da mille operai, il padrone è sempre solo.

Crespi prende un bel respiro. Se non può rivelare la verità, allora reciterà la parte che il suo ruolo gli impone; darà loro quello che si aspettano e avrà in cambio quello che gli serve.

Allarga le spalle, solleva il mento e inizia a parlare.

## 6

La nebbia che galleggia sulla neve indurita riempie ogni luogo di mistero. Per tutto il tragitto Oreste ha avuto la sensazione di essere inseguito da uno spettro; si è voltato indietro più volte senza vedere niente oltre al proprio fiato addensato. Il latrato di un cane gli arriva ovattato come se alla bestia avessero ficcato uno straccio in gola, poi di nuovo il silenzio.

Dopo aver mostrato il terreno e descritto il progetto in ogni dettaglio, il padrone ha voluto portarli giù, a calpestare la terra dove sorgerà il villaggio. Raggiunto non senza difficoltà un punto preciso, ha allargato le braccia come il Cristo sulla croce. «Qui viene lo stabilimento», ha detto. Poi ha puntato dritto verso il fiume senza neanche accorgersi delle robinie che gli strappavano i vestiti. «E qui invece c'è la centrale», ha continuato. «Dovremo scavare un canale largo venti metri e lungo più di mille.»

«Un chilometro!» ha precisato Fredo. Come se potesse spaventarlo.

Oreste fa spallucce. *Più è lungo il canale, più a lungo ci sarà lavoro,* pensa, e accelera il passo verso casa.

Il padrone non voleva più andarsene e gli uomini stavano lì a gelare senza trovare il coraggio di dire niente. È stato il bambino a dar voce ai pensieri degli operai. Allora l'Agazzi ha pensato bene d'invitare tutti alla locanda... come se fosse roba sua!

I Malberti non frequentano le locande, e non hanno niente da festeggiare. Il padrone ha insistito: un bicchiere di vino soltanto, avrebbe offerto lui. Ma i Malberti non prendono la carità da nessuno. L'Oreste ha rifiutato: a casa lo aspettano otto bocche spalancate come il becco dei merli nel nido e quella giornata persa a guardare un pezzo di terra incolta non li sfamerà di certo.

Un refolo di vento gelido gli insinua nelle ossa la sensazione di essere osservato. Si volta lentamente, non vuole dare l'impressione di avere paura. È quasi arrivato a casa, manca poco. In lontananza gli sembra di distinguere una figura d'uomo che se ne sta immobile a farsi mangiare dalla nebbia. Oreste strizza gli occhi per vedere meglio, ma lo spettro è svanito lasciando nell'aria umida uno strano profumo: non zolfo, ma acqua di colonia.

Oreste sputa a terra. Serra la mascella fino a far scricchiolare i denti, poi fa un passo e allunga le braccia come se potesse afferrare quella visione che lo insegue. Nei pugni stringe solo la propria collera. Allora gira su se stesso e ricomincia a camminare verso casa con passi lunghi e decisi, senza più voltarsi.

Fredo gli sta dietro come un cane.

Poco dopo, il riquadro di una finestra galleggia nell'oscurità.

La casa dei Malberti non è davvero dei Malberti. La cascina con le persone, il pollaio e la stalla con le bestie, la terra col raccolto: tutto è di proprietà di un uomo che Fredo non ha mai visto e che qui chiamano il Signore, con la maiuscola; il Signore ha a sua volta un mezzadro, che gestisce la proprietà e assegna il lavoro ai braccianti, in cambio di una paga misera e di due stanze al pian terreno.

Oreste entra e si richiude la porta alle spalle. I Malberti sono schierati sull'attenti. La Luigia ha in braccio l'ultimo nato, che succhia una crosta di polenta e tira su col naso. L'Elvira e l'Adele hanno sette anni e sono due gocce d'acqua; perfino la loro madre non sa distinguerle di tanto in tanto, e allora sono botte, come se essere nate identiche fosse colpa loro. L'Ottavia ormai è una donna, e se non fosse per lo strabismo avrebbe già trovato marito; Oreste si sta accordando per darla al figlio del mezzadro, che è vedovo e cerca qualcuno che si occupi della casa. Poi ci sono il figlio che tutti chiamano Canèta e i genitori della Luigia, Serafino e Terenzia, che a dire il vero è la matrigna, ma vuole essere chiamata mamma, e servita e riverita.

Tutti aspettano di sapere, ma nessuno osa chiedere. *Cosa voleva il padrone?*

Fredo li osserva muoversi sul fondale della finestra illuminata. Oreste si lascia cadere sulla sedia e l'Ottavia gli mette davanti il piatto della minestra. La Luigia smuove le braci e alimenta il fuoco con un nuovo ceppo, mentre con l'altro braccio culla il bambino. Mamma Terenzia scompare nell'altra stanza e le gemelle giocano a rincorrersi attorno al tavolo.

Quando ha finito di mangiare, finalmente Oreste parla. « C'è da costruire una fabbrica, giù a Canonica. » Tutti gli occhi sono puntati su di lui. « Crespi vuole tirare su un cotonificio nuovo, ha comprato la terra. Dice che è tutto suo, anche l'acqua, nessuno glielo può portare via. »

« Lo diceva anche l'altra volta », sentenzia la Luigia, mollando il bambino all'Ottavia.

Oreste fa spallucce. Cosa gliene frega a lui di chi è la terra? Un padrone vale l'altro. « Si comincia in primavera. »

Con la coda dell'occhio gli sembra di scorgere un movimento fuori dalla finestra. Afferra il bicchiere e lo picchia sul tavolo. Ottavia si affretta a riempirglielo di vino.

Fuori la nebbia si sta aprendo e inizia a nevicare. Il gelo rende Fredo coraggioso; non può aspettare in eterno. Prende un bel respiro e bussa.

« Non aprire », fa Oreste alla Luigia, che già era alla porta.

Lei lo guarda con aria interrogativa.

« Non è nessuno », continua Oreste.

Ma *nessuno* bussa ancora. « Mamma, sono io. »

La Luigia è percorsa da una scarica. La felicità si mescola al dolore, la speranza alla delusione, le lacrime al riso. Le gemelle si bloccano, Ottavia spalanca la bocca, Terenzia si sporge a curiosare, tutta la casa resta in attesa.

« Non aprire », insiste Oreste guardandola torvo.

« È l'Alfredo », fa la Luigia, come se il marito non avesse capito.

Lui fa no con la testa. « L'Alfredo è morto. »

« Sono io, apri! »

In un gesto repentino la Luigia spalanca la porta. Fredo è immobile e pallido sotto la neve, le sorride, un sorriso triste. È vestito da gran signore, proprio come raccontava nelle lettere che lei conserva ancora nel cassettone. Vorrebbe abbracciarlo, o forse strattonarlo, piangere, ridere, urlare, cantare. Nel dubbio non fa nulla e trattiene il fiato.

« Mamma... »

In un attimo Oreste le è addosso e le molla un ceffone che la fa finire a terra. Fredo urla di dolore e di rabbia, ma prima che possa intervenire la porta gli si richiude sulla faccia.

« Mamma! » grida Fredo prendendo a calci e pugni l'uscio.

Da dentro gli giunge il suono della porta che viene sprangata. Qualcuno va a tirare le tende.

« Mamma! » grida ancora più forte. « Apri! »

« *Chi l'è?* » Il mezzadro esce in cortile a dare un'occhiata. Alle sue spalle, la moglie allunga il collo per vedere. « *Fredo, ta set te?* »

Il ragazzo non si prende nemmeno la briga di rispondere. Manda giù un grumo di rabbia, gira sui tacchi e si allontana.

E adesso dove va? Gli viene in mente di tornare alla locanda e chiedere un letto all'Agazzi. L'indomani tornerà a Milano, e poi nella sua stanzetta calda. Ma cosa penserebbero gli altri se lo vedessero così, tutto inzuppato? Dovrebbe ammettere di essere stato sbattuto fuori perfino da suo padre e lui non vuole farsi compatire da nessuno.

Fredo si ferma. Immobile nel mezzo della strada resta ad ascoltare il proprio respiro affannoso, il cuore che tra poco gli scoppia, il lamento soffocato che gli risale dalla gola.

Guarda dietro di sé la scia che ha lasciato nella neve. Se resta lì ancora un po' domattina lo troveranno stecchito. Per un po' la soddisfazione al pensiero di suo padre che si sente in colpa per averlo ucciso gli lenisce il dolore. E se invece ne fosse contento?

Fredo torna sui propri passi e in un attimo è alla cascina. La finestra della casa dei suoi adesso è spenta, sono andati tutti a letto. Immagina sua madre che fissa il vuoto fingendo di dormire, le lacrime che le rigano le guance gonfie per le botte.

Senza fare il minimo rumore, schiude la porta della stalla. Il tanfo di sterco e vacca gli provoca un urto di vomito, ma dentro c'è un bel tepore che lo attira. Gli animali sbuffano e agitano le code, poi tornano a disinteressarsi di lui. Fredo s'intrufola dentro, richiude piano la porta e, dopo un attimo di esitazione, si rannicchia a terra.

## 7

La casa dei Vitali è immobile nel buio, fuori nevica fitto. Ha iniziato nel tardo pomeriggio e non ha più smesso. Sono andati tutti a dormire, solo Amalia è rimasta sveglia. È immobile sulla sedia accanto alla stufa che si spegne emettendo sibili acuti e rovista con gli occhi nel buio.

Carlo è uscito presto e non è ancora tornato. *È morto,* le sussurra la Voce che ha nella testa. Amalia scaccia il pensiero scuotendo il capo.

Dodici anni fa, Dio le ha fatto incontrare Carlo. Lui era appena rimasto vedovo e non aveva più nessuno al mondo a eccezione di zia Maria. Era stata lei a insistere perché andasse a vivere con loro. « Un uomo non sa restare solo », ripete sempre. Con zia Maria non si può discutere, così Carlo era entrato nella loro vita.

Zia Maria ne approfittava spesso per chiedergli qualche piccolo favore, che suonava sempre come un ordine. « Accompagna l'Amalia al fiume. Controlla se l'Amalia ha bisogno nel pollaio. Porta l'Amalia a fare una passeggiata. Guarda se l'Amalia ha bisogno. » Così quei due finivano per trascorrere un sacco di tempo insieme.

A lei, che non aveva conosciuto altri uomini all'infuori di suo padre e dei suoi fratelli, quel lontano cugino con la carnagione olivastra e un accenno di barba piaceva. Non parlava quasi mai, preferiva ascoltare, così tra loro c'erano lunghi silenzi; ma non c'era imbarazzo, piuttosto complicità: era come se si conoscessero da sempre e le parole fossero un intralcio.

Lui però non sembrava interessato. Era gentile, comprensivo, servizievole, ma niente di più. Quando ormai anche zia Maria si era rassegnata all'idea che non ne sarebbe nato niente, Carlo aveva chiesto di parlare con papà Renato.

*È morto*, le ripete la Voce.

« No! » grida Amalia, poi subito si tappa la bocca con entrambe le mani.

Nella stanza accanto qualcuno si agita nel letto. Amalia tende l'orecchio trattenendo il respiro. Se la trovassero lì al buio, vestita a lutto nel mezzo del tinello, le farebbero domande e allora lei dovrebbe spiegare. Ma come si possono spiegare certe cose?

Dio è ovunque e vede tutto, anche dentro di noi; legge i nostri pensieri prima ancora che si formino; se commettiamo peccato lui lo sa, e non perdona. Lo sanno tutti, lo dice anche il parroco. Ma, che la Voce le parla, questo non vuole crederlo nessuno.

La prima volta è accaduto al fiume. Era una giornata torrida, l'aria era immobile sotto una coltre di nuvole basse; Amalia era andata a lavare i panni e il contatto con l'acqua fresca le aveva dato sollievo, così aveva deciso d'immergere anche i piedi. Se ne stava così, seduta sull'argine con l'acqua fino alle ginocchia, a godersi il refrigerio, quando la Voce le aveva parlato. Non erano proprio delle parole, ma una specie d'irrequietezza, qualcosa d'indescrivibile e fortissimo che le si era agitato dentro e che l'aveva indotta ad alzarsi e a tornare a casa in tutta fretta. Aveva compreso troppo tardi: chi altri poteva essere, se non Dio?

Alcuni giorni dopo, mentre seguiva con passo cadenzato la bara di sua madre che veniva portata al camposanto, aveva capito: era morta all'improvviso, come se l'avesse colpita un fulmine, proprio mentre lei oziava godendosi la frescura dell'Adda.

« L'ozio è il padre di tutti i vizi », ripeteva sempre sua madre, e lo ripete anche zia Maria.

Da allora la Voce le parla spesso, affinché non abbandoni la retta via.

Carlo sa della Voce. Tutti in casa, del resto, lo sanno, anche se fanno finta di niente. Ad Amalia però non sfuggono certe occhiate tra zia Maria e papà, lui che scuote il capo sconsolato, i risolini delle sue sorelle. Anche per questo temevano che non si sarebbe mai sistemata: chi la vuole una che dice di parlare con Dio?

Carlo invece non la giudica. Non le ha chiesto di cambiare, di fingere di essere diversa. Non cerca nemmeno di capire.

*È morto*, ripete la Voce. *Sono tutti morti.*

Ad Amalia torna in mente quella mattina, e Carlo che poi è uscito e non è più tornato; vede il suo corpo gonfio che galleggia a faccia in giù nell'acqua e i pesci che gli mangiano il naso, la bocca, gli occhi. Balza su dalla sedia e va a scrutare fuori dalla finestra, i fiocchi vengono giù pesanti come cotone, in giro non c'è nessuno. Allora sbircia nella camera da letto, Emilia è una protuberanza sotto le coperte. Amalia si avvicina e osserva la figlia immobile.

« Ti prego, non lei! » dice alla Voce, che però non risponde.

Emilia è il regalo più prezioso che le ha fatto Carlo, la speranza che squarcia la paura e la luce in un mondo di tenebre.

« Svegliati! » Amalia scuote furiosamente la bambina. « Non morire! »

Emilia si desta all'improvviso, sua madre le è addosso con gli occhi pieni di lacrime. « Mamma... »

Amalia butta fuori tutta l'aria, sembra che si sgonfi. Il respiro torna regolare.

« È mattina? » chiede Emilia.

« No, continua a dormire. » Amalia le volta le spalle di scatto, si asciuga furtiva le lacrime, poi torna in tinello.

Da lontano le sembra di sentire il latrato di un cane, forse dei passi, ma la neve attutisce tutti i rumori ed è impossibile dire da dove provenga il suono, se sia solo un'illusione. Resta immobile nel mezzo della stanza, senza trovare il coraggio di guardare fuori dalla finestra. Teme che, se cederà alla curiosità, allora Carlo non tornerà più.

Poi la porta si spalanca e l'ombra di suo marito compare nel riquadro. « Cosa ci fai ancora alzata? » le chiede piano, entrando.

« Credevo che fossi morto », gli dice cercando di non piangere.

Carlo allarga le braccia come a dire: *Eccomi qui.* « Non hai freddo? » Accende il mozzicone di una candela e la stanza prende colore.

Amalia scuote il capo. L'abito nero la fa sembrare ancora più magra e pallida, è bellissima e fragile. Carlo vorrebbe chiederle cosa ci faccia vestita così in piena notte, ma sa che certe domande non hanno risposta. E poi non vede l'ora di raccontarle tutto.

« Il padrone è tornato. »

Questo Amalia lo sa, c'era anche lei quando Emilia ha letto il messaggio.

« Presto cambierà ogni cosa. » In fabbrica Carlo guadagnerà il doppio della paga da bracciante, e anche di più se diventerà caporeparto; Amalia non dovrà più lavorare. Quando i *palasocc* saranno pronti, potranno trasferirsi a vivere in una casa tutta loro e Crespi gli ha pure promesso che pagherà gli studi alla bambina. « Cambierà ogni cosa », ripete.

Amalia stringe le labbra. Lei non vuole che cambi ogni cosa: in quella piccola casa affollata si sente protetta; le sue sorelle sono allegre, zia Maria si prende cura di lei, papà Renato la vizia, Emilia la aiuta. E il fatto che lei e Carlo non siano quasi mai soli la tiene alla larga dal peccato.

«Non sei felice?»

Amalia fa sì con la testa. Non vuole contrariare suo marito, ma proprio non ci riesce a fingere entusiasmo. L'ultima volta che si sono trasferiti per seguire il padrone che aveva avviato un cotonificio a Vigevano, per lei è stato un vero inferno. Certo, Carlo aveva ragione: è meglio lavorare in fabbrica che nei campi, è meno faticoso, si guadagna di più. Ma, durante tutte quelle ore che lui passava lontano, lei rimaneva da sola con la Voce, che la chiamava a sé senza sosta. Poi era arrivata Emilia e la Voce per un po' l'aveva lasciata in pace.

Amalia si volta e fa per avviarsi in camera, ma Carlo le afferra un polso e la attira a sé. Ha gli abiti inzuppati di neve e l'alito che sa di vino. Le prende la testa tra le mani e la bacia; voleva darle un bacio tenero, ma lei si divincola e questo lo rende folle di eccitazione. Scoprendosi pieno di collera, la spinge verso il muro, finché non vanno a sbattere contro la stufa spenta.

«No!» geme Amalia. «Ci sentono.»

Lui le mette una mano sulla bocca, con l'altra scende lungo il seno, mentre le morde il collo; le strappa il vestito e trova il capezzolo, lo stringe, lo succhia.

*Te ne pentirai*, le sibila la Voce nel momento in cui lei sente l'inguine sciogliersi nel calore dell'eccitazione. Cerca di allontanare Carlo, con poca convinzione. Lui le alza la veste e la trova pronta, allora la solleva di peso e la mette a sedere sulla stufa ancora tiepida. Amalia non riesce a frenare le proprie mani che gli sbottonano i pantaloni e vi rovistano frenetiche.

In quell'istante, la candela muore e la stanza piomba nel buio. Amalia rabbrividisce di terrore, tenta di spingere via Carlo, gli abbatte pugni furiosi sul petto. *Te ne pentirai.*

Lui la penetra con una tale irruenza che le fa male. Le sfugge un urlo acuto, domani a colazione ci saranno sguardi imbarazzati e risolini soffocati.

Carlo prosegue imperterrito insinuandosi sempre più a fondo. Il pensiero che il proprio corpo sia solo uno strumento per dargli piacere le offre un buon alibi, allora Amalia si avvinghia a Carlo per sentirlo di più. Presto il dolore volge in piacere, la mente si svuota e galleggia sul corpo divenuto liquido e inconsistente; mille farfalle le danzano sulla pelle, l'oscurità si accende di stelle, poi una scarica la attraversa e deve stringere i denti per non gridare. Carlo ansima al ritmo delle spinte che si fanno sempre più veloci, sempre più decise, infine esplode con una specie di ringhio.

«Sei felice?» le sussurra uscendo con delicatezza dal suo corpo.

Sì, Amalia è felice. Anche se questo le costerà caro.

# PARTE SECONDA

# 1

*Canonica d'Adda, Bergamo,*
*primavera 1877*

Piove da due settimane, gli uomini sono spugne che affondano nel fango. La maggior parte oggi è rimasta a casa, è inutile venire qui col rischio di prendersi un malanno. Ma « casa » vuol dire niente paga. Carlo, Oreste e l'Agazzi, con uno sparuto gruppo di operai, aspettano che spiova raggomitolati come gatti sotto un grande albero.

« Anche oggi, niente », dice l'Agazzi.

Oreste scuote la testa e scruta il cielo.

Non appena è stato possibile iniziare, l'area è stata disboscata. Gli uomini, in maniche di camicia, la fronte imperlata di sudore, le schiene curve, erano tutti un « Eh-oh! » interrotto solo dal tonfo degli alberi che cadevano al suolo. Erano perfino in anticipo sulla tabella di marcia, il padrone veniva quasi ogni giorno a controllare. Poi è arrivata la pioggia.

« *La val puse öna giurnada de sul de mac che 'l Dom de Milà* », commenta l'Agazzi. Gli altri ridacchiano.

Nel pomeriggio, quando si pensa che ormai la giornata sia persa, un raggio di sole buca le nuvole e atterra ai piedi degli uomini, che escono dal loro riparo e guardano su. Subito si alza un vento gelido che scende dalle montagne e spazza la pianura.

« Svelto, vai a chiamare gli altri », dice Carlo al più giovane dei Malberti.

Il ragazzino corre come un fulmine. Ha nove anni e al cantiere gli uomini si divertono a fargli fare lavori che non è in grado di svolgere; gli danno istruzioni parziali o addirittura fuorvianti, per poi maltrattarlo quando sbaglia. Stanno a guardare dandosi di gomito mentre cerca di spostare pesi enormi o raggiungere altezze irraggiungibili e, quando hanno finito di ridere alle sue spalle, lo cacciano via con uno spintone.

« Canèta », lo chiamano, perché dicono che ha la *canèta dè veder*, la spina dorsale fragile come il vetro. Il ragazzo però non è affatto uno scansafatiche; ce la mette tutta, non si lamenta mai.

Un giorno gli hanno fatto sparire le scarpe e gli hanno detto di averle seppellite tre metri sotto terra. « Scava, Canèta, scava! » gli gridavano dietro, mentre il ragazzo ci dava come un forsennato con la pala. Erano le sue prime vere calzature, che aveva ereditato dal fratello maggiore Fredo: se fosse rincasato senza, le avrebbe prese di santa ragione.

« Dovresti fare qualcosa », ha detto Carlo a suo padre quella volta.

L'Oreste ha dato un'alzata di spalle. « Tutta scuola. »

Non sono più tornati sull'argomento.

Carlo sa che Oreste ha ragione. Il trattamento che gli uomini riservano al piccolo Malberti è una specie di rito iniziatico da cui sono passati tutti. Per quanto spietato, è un benvenuto nel mondo degli adulti. Non è spietato, del resto, il loro mondo? Ed è una prova, non solo per il ragazzo. Se suo padre intervenisse, se ne prendesse le difese, ne andrebbe della rispettabilità di tutta la famiglia.

Nei giorni seguenti il cantiere è al completo e i lavori riprendono di buona lena. Pale e picconi affondano nel terreno reso molle dalle piogge; vengono issate paratie di contenimento. Le maestranze arrivano prima del sorgere del sole e se ne vanno quand'è già buio.

Talvolta Carlo è così stanco che non riesce nemmeno a prendere sonno, scariche nervose gli percorrono le gambe, la schiena sembra non voglia più raddrizzarsi, le mani sono tutte piagate. Amalia lo osserva senza parlare, ha negli occhi un muto rimprovero.

« Quest'autunno sarà tutto pronto, vedrai. Manca poco », le dice. « Emilia potrà continuare con gli studi. » Il padrone glielo ha promesso, la bambina avrà il meglio.

Per tutta la primavera i lavori procedono tra notevoli difficoltà. Si vorrebbe approfittare della bella stagione per posare le fondamenta della centrale, ma si è scoperto che proprio là sotto scorre un fiume sotterraneo; appena si scava qualche metro, il terreno trasuda acqua e si fa melmoso, instabile. Mentre architetti e ingegneri si arrovellano per trovare una soluzione - spostare l'edificio? Troppo costoso! Prosciugare la falda? Troppo costoso! Aspettare che si esaurisca da sola? Troppo costoso! - lo scavo del canale prosegue un pezzo alla volta.

Un giorno al cantiere si sparge la notizia che il padrone ha deciso di mandare un fotografo per immortalare i progressi. Gli uomini sono nervosi, distratti, si guardano in continuazione le spalle.

«Forza, lì», grida Carlo a un gruppo di operai fermi a fare capannello.

L'Agazzi gli passa accanto spingendo una carriola piena di sassi e scuote la testa.

È stato Fredo a mettere in giro la voce: l'ha origliata negli uffici della ditta a Milano e l'ha riferita subito al Canèta; il suo fratellino - l'unico che in famiglia gli rivolga ancora la parola, di nascosto dal padre - non vedeva l'ora di farsi bello con gli altri, così lo ha detto a tutti.

Nel primo pomeriggio arriva il fotografo con un codazzo di aiutanti e attrezzature misteriose. Serve del tempo per apprestare ogni cosa. Fredo s'incarica di comandare tutti a bacchetta.

*Quel ragazzo porterà solo guai*, pensa Carlo, lanciando un'occhiata al maggiore dei Malberti che si aggira per il cantiere stando ben attento a non sporcarsi le scarpe.

Viene calata una scala, il fotografo scende nello scavo, si guarda in giro a lungo, si lamenta, sbuffa, infine posiziona la macchina sul treppiede. Gli operai fanno un passo indietro.

Nello scatto l'Agazzi è appoggiato con disinvoltura alla pala, il cappello ben calato sugli occhi. Alla sua destra Carlo ha le maniche della camicia arrotolate che mostrano braccia forti e abbronzate, i piedi affondati nel fango; la barba folta nasconde un sorriso. Più dietro s'intravedono la figura tozza dell'Oreste Malberti china sul piccone e suo figlio Fredo che lo osserva da lontano.

Quando il fotografo, raccolte tutte le sue cose, se ne va, manca poco al tramonto. L'Agazzi sta assicurando alcune assi a una paratia instabile che da giorni non vuole saperne di stare su. La guarda dal basso in alto come per dirle che è inutile opporsi, in un modo o nell'altro l'avrà vinta lui.

La paratia scricchiola, sembra voglia rispondergli. L'uomo dà un'alzata di spalle e le volta la schiena: il progresso alla lunga vince sempre sulla natura.

Ma non oggi.

L'Agazzi sente appena un crepitio, tutto si svolge così in fretta che non ha scampo. Uno dei pali si spezza alla base, la terra spinge per liberarsi, altri pali vengono giù, la paratia cede. Un muro di legno, pietre e fango lo travolge.

Tutto diventa buio.

## 2

*Milano*

«Mi dicono che state svolgendo imponenti lavori, su, dalle parti di Bergamo.»

Cristoforo si riscuote. «Come, prego?»

Suo fratello minore Benigno è convolato a nozze con una nobildonna novarese, Giulia Morbio, e per l'occasione la famiglia di lei ha dato una grandiosa festa da ballo nel proprio palazzo, sfarzosamente adorno di piante e fiori e illuminato a meraviglia.

Crespi ne ha visti di pranzi e ricevimenti, ma mai con un tale sfoggio di ricchezza. È perfino stata allestita una *table à thé* con caffè, tè e cognac, limonata e aranciata in bottiglia, *petits fours*, pastarelle, *bonbons*, *fondants*, *marrons glacés*, vini da dessert e vini di Spagna, oltre a qualche buon liquore. Nel salone una piccola orchestra intrattiene gli ospiti, mentre le signore che non ballano chiacchierano gaiamente, in attesa che, non prima dell'una del mattino, sia servita la cena nella sala attigua, dove sono stati allestiti piccoli tavoli da sei od otto persone. Una folla di servitori e camerieri va e viene, reggendo vassoi colmi di *champagne-cup*, sotto l'occhio vigile e discreto della padrona di casa.

L'uomo che Cristoforo ha di fronte – un marchese sulla quarantina, abiti dal taglio impeccabile, pelle quasi trasparente, mani lunghissime e appuntite – lo guarda con un misto di stupore e imbarazzo. « Un nuovo cotonificio, mi è giunta voce. »

« Sì », conferma Cristoforo servendosi un sorbetto da uno dei vassoi che i camerieri portano in giro per il rinfresco. Con la coda dell'occhio intanto intercetta suo padre che è nei pressi del buffet.

« Notevole », commenta l'altro.

Segue un brevissimo silenzio imbarazzato. La voce del vecchio Antonio Crespi, a disagio nello smoking nuovo, prende il sopravvento nella pausa tra un ballo e l'altro, e alcune signore allungano il collo per curiosare. Qualche risolino, qualche colpo di tosse.

« Cinquemila fusi della ditta *Platt Brothers*, dall'Inghilterra », butta lì Cristoforo per riempire il vuoto, mentre con lo sguardo cerca il fratello.

« Notevole », ripete il nobile, che tuttavia non pare impressionato, e forse non ha nemmeno capito.

Benigno è in un angolo della sala che sussurra qualcosa alla giovane moglie; lei, seduta su una sedia, spalle dritte, mento alto, fa sì con la testa e sorride. Accanto a lei c'è il fratello Pio, che con alcuni soci ha da poco fondato un giornale, il *Corriere della sera*, e che – si dice – fosse contrario alle nozze, come del resto tutta la famiglia Morbio.

« Non deve essere facile », commenta il nobiluomo.

Cristoforo coglie dell'ironia nella sua voce; non gli è chiaro se il marchese si riferisca alla nuova avventura imprenditoriale o all'accoglienza nel casato dei Morbio, se di accoglienza si può parlare.

« Se ci accontentassimo delle cose facili, oggi non avremmo nemmeno la ruota », ribatte secco, guardandolo dritto negli occhi. « Eppure siete venuto in carrozza. »

L'uomo abbassa lo sguardo.

Cristoforo appartiene al ramo dei Crespi detti *Tengitt*, tintori. Nella zona da cui provengono, quella di Busto Arsizio, quasi tutte le famiglie si guadagnano da vivere tingendo pezze di tessuto che poi vanno in giro a vendere per le piazze del Settentrione; suo padre, Antonio «Toni Tengitt», e prima di lui anche il nonno, Benigno, da cui la ditta di famiglia prende il nome, erano tutti *tengitt*.

Non sono nobili, non hanno marchesi tra i loro antenati; hanno mani sporche di tintura, schiene dolenti, suole consunte. E una smania cieca di dimostrare a tutti quel che valgono.

Cristoforo osserva il fratello pendere dalle labbra di Giulia e sorride; pur coi suoi modi garbati e i gesti misurati, è evidente che sarà per Benigno una dolcissima tiranna, che lui è pazzo di lei, che per lei farebbe qualsiasi cosa.

Se non si fosse innamorato, pure Cristoforo forse sarebbe ancora un *tengitt*. Lavorava negli uffici del cotonificio *Turati* quando aveva conosciuto Pia Travelli; lei, figlia di un avvocato bustocco, di ottima famiglia, gli aveva subito rubato il cuore. Ma per averla doveva dimostrare di possedere un reddito che ne fosse all'altezza. Così aveva chiesto un aumento: un aumento cospicuo, esagerato, come le sue ambizioni.

Allora non poteva saperlo, ma era stata una fortuna che il padrone glielo avesse rifiutato.

Era il '63 e l'America era nel bel mezzo della guerra di secessione. Il Turati si lamentava in continuazione del fatto che la guerra civile americana aveva fatto schizzare alle stelle il prezzo del cotone.

Cristoforo si era licenziato e con un piccolissimo capitale aveva iniziato a speculare sulle oscillazioni del prezzo del cotone grezzo. Ricorda ancora la sera in cui aveva illustrato il progetto al padre e la sua espressione, tra l'atterrito e lo sbigottito. Comprare a un determinato prezzo, attendere che il conflitto facesse lievitare il costo del cotone, e subito rivenderlo a un prezzo maggiorato; poi, coi ricavi, comprarne di più e rivendere di nuovo. Comprare e rivendere, comprare e rivendere. Nervi saldi e un po' di fortuna. Non era stato facile convincere Toni Tengitt: cinquecento lire per quelli come i Morbio non sono niente, ma allora per i Crespi erano un sacco di soldi, praticamente tutti i loro risparmi.

Cristoforo aveva insistito, e insistito, e insistito. Alla fine l'aveva spuntata e i fatti poi gli avevano dato ragione: nel giro di appena un anno era riuscito a costruirsi una discreta fortuna. Aveva trent'anni ed era solo all'inizio.

«Il cotone è un buon investimento, marchese», continua, ora affabile, sollevando la coppa di sorbetto. «E sono fiducioso che le misure protezionistiche che lo Stato unitario intende attuare gioveranno tanto agli imprenditori cotonieri come me, quanto alla clientela come voi.»

«Senza dubbio», mormora l'uomo. Ora però è lui a essere distratto, teso.

Cristoforo si domanda cosa abbia combinato suo padre adesso. Si sarà servito con la posata sbagliata? Avrà fatto cadere un calice? Se ne sarà uscito con qualche ingenuità? Si sarà rivolto in modo inappropriato a qualche signora? È un ambiente pieno di regole, quello, pieno d'insidie. Le conosci solo se ci sei nato.

Segue lo sguardo del marchese. In un angolo della sala trova Fredo, ritto in piedi contro la boiserie, il cappello in mano, il volto arrossato, gli occhi pazzi. Non dovrebbe essere lì, se ci è venuto è per qualche motivo serio e urgente.

«Il mio segretario», dice Cristoforo.

«È qui per voi?» chiede il marchese con voce stridula.

*E per chi altri?* si domanda Cristoforo. «Certo.» Gli fa cenno di avvicinarsi.

Il marchese fa per andarsene, ma Cristoforo lo trattiene per un braccio. «Oh, no, no. Vi prego, restate. Sono certo che non sarà una cosa lunga.» Deve di nuovo richiamarlo, perché Fredo è rimasto immobile come se gli avessero incollato la schiena alla boiserie.

Il ragazzo allora fa il giro largo, si tiene a ridosso delle pareti, è tutto un «Chiedo permesso», e «Scusate». Quando arriva davanti al padrone è paonazzo, tiene gli occhi bassi. Sente il calore del corpo del marchese accanto a sé; il profumo della sua colonia riaccende il ricordo della loro intimità, di cose concesse con troppa leggerezza, di promesse mai pronunciate, d'illusioni infrante, di speranze e umiliazioni. Un nodo spinge in gola e quasi gli bagna gli occhi.

Il suo amante è rigido nell'abito, che come sempre gli calza a pennello; non si vedono da tre mesi, sembra più magro, più alto.

È sempre bello, bellissimo. Solo ora Fredo realizza che il marchese è coetaneo di suo padre, e tuttavia pare che li separino tre lustri.

Il marchese camuffa l'imbarazzo nello sdegno, lo guarda con aperto disprezzo; al contempo spera - prega - che il ragazzo non faccia sceneggiate, che si sappia dominare. *Questo è il rischio,* pensa, *quando vai a prenderteli tra il popolo.*

« *Se sücet, Fredo?* » gli domanda Cristoforo, poi si pente di aver usato quel tono confidenziale in presenza di un nobile. « Va tutto bene? »

« Sì, signor Crespi. Cioè... no. »

Il padrone s'indispettisce. « Sì o no? » Alza la voce, sguardi attorno a lui, colli che si allungano, qualche bisbiglio.

« No, signor Crespi. Mi dispiace. C'è stato un incidente al cantiere. Un uomo è rimasto gravemente ferito. »

Cristoforo sbianca, si sente mancare.

« State bene, *sciur* Crespi? » gli chiede Fredo, sorreggendolo.

« Andiamo », fa il padrone con un filo di voce. « Troviamo una stanza per parlare. »

È stato un ingenuo, non avrebbe dovuto far venire lì il ragazzo e permettergli di parlare davanti a tutti. Se in quell'ambiente ci fosse nato, un'idea simile non gli sarebbe nemmeno venuta in mente.

Si allontanano tra gli ospiti muti che si aprono al loro passaggio.

Fredo si gira a guardare ancora una volta il marchese. Legge sollievo sul suo volto e si sente morire.

## 3

*Brembate, Bergamo*

La camera è silenziosa, l'Agazzi è caduto in un sonno profondo. Margherita è seduta accanto a lui e gli tiene la mano, ogni tanto tira su col naso.

Quando glielo hanno portato, a momenti non lo riconosceva.

Era tutto ricoperto di fango e sangue e lividi, non voleva credere che fosse il suo Luigi. Quel cantiere, quel maledetto cantiere.

Le hanno detto che non si è accorto di niente, che non ha fatto in tempo. Un muro di legno, pietre e fango gli è rovinato addosso in un attimo, ha perso subito conoscenza. Ma non è vero.

Mentre lo stavano ripulendo per metterlo nel letto, prima che arrivasse il prevosto, l'Agazzi è rinvenuto, ha sbarrato gli occhi e si è guardato attorno. Margherita era lì.

« Non dovevi andare », gli ha detto piangendo.

Lui ha cercato di farle una carezza, ma non riusciva a muovere le braccia. Le hanno detto che, dentro, è tutto rotto; si può solo aspettare, è questione di giorni.

« Quando il Signore vorrà », è stato il responso del prete.

La mattina prima che andasse a lavorare avevano avuto una discussione, sempre la solita solfa. Lui che si preparava tutto allegro e lei che sbuffava. C'era da fare alla locanda e lui andava a servire il padrone, bell'ingrato che era.

Anche il Cesare dei Doneda aveva provato a parlargli. « Chi si occuperà della locanda adesso che sono vecchio? C'è un impero qui, da portare avanti. »

Ma non c'era verso di farlo ragionare. Continuava a ripetere che a Canonica stavano costruendo una cosa mai vista, che il villaggio era il futuro, che avrebbe dato lavoro a tanta gente. Farneticava di progresso, di tecnologia, d'innovazione: tutte cose senza senso, senza valore. Parole non sue, che ha sentito dal padrone e che ripete a pappagallo.

Avrebbe dovuto dirglielo allora, subito. Sono due mesi che Margherita non tira fuori dal cassetto le pezze, ma lei lo sapeva già da prima, sono cose che una donna sente. Un singhiozzo scuote tutto il suo corpo. Avrebbe dovuto dirglielo, ma da quando lavorava al cantiere dei Crespi non facevano che bisticciare e lei non aveva mai trovato il momento giusto.

« Aspetto un bambino », gli sussurra adesso. Ed è certa, assolutamente certa che sarà un maschio. « Si chiamerà Cesare. » Poi si corregge: « Cesare Luigi ».

Tira indietro le coltri. La gamba destra è una cosa informe, così gonfia che non si riconosce nemmeno il ginocchio, tutta blu, grigia, nera. L'Agazzi si agita, la fronte scotta.

Più tardi arriva il padrone, accompagnato da Fredo. Crespi ha gli occhi stanchi, cerchiati di blu; li tiene bassi. Le donne dei Doneda lo salutano con una piccola riverenza, gli uomini si tolgono il cappello, gli offrono una sedia, un bicchiere di vino; lui pare infastidito, stringe mani, vuole salire subito a vedere l'infermo.

In camera c'è solo Margherita, che non lo molla un momento; alza gli occhi sul padrone e Cristoforo vi legge un'accusa silenziosa. La donna si alza e gli cede il posto, ma non smette di tenere per mano il marito mentre piange piano.

Alla vista del volto tumefatto dell'Agazzi, Crespi si sente male. Gli avevano detto che era praticamente morto, che sarebbe stato meglio se il Signore se lo fosse portato via subito, ma non immaginava di trovarsi di fronte a uno spettacolo simile.

Si guarda attorno, in cerca di un po' d'aria. La stanza è disadorna e severa, il letto in noce, il grande crocifisso, il catino con la brocca: rispecchia così poco l'uomo sempre sorridente, gaio, con la battuta pronta che conosce lui.

«Se posso fare qualcosa...» mormora.

Margherita stringe le labbra e non risponde. *Non è abbastanza quello che avete già fatto?* gli dice senza parlare.

All'improvviso l'Agazzi pare riaversi, forse ha riconosciuto la voce del padrone. Apre gli occhi e fissa il vuoto.

Cristoforo crolla in ginocchio. «*Lüis, a so me*», gli sussurra.

Sulle labbra dell'infermo si disegna una smorfia che potrebbe essere un sorriso.

«*Cümè nva, Lüis?*»

L'Agazzi emette un suono gutturale, poi cerca di alzare la testa.

«*Sta zo, lea mia sö: posa*», gli ordina il padrone.

Margherita assiste alla scena impietrita. Sono due giorni che gli sta accanto: il suo Luigi non dava segni di vita, e ora...

«Lo ha visitato un medico?» le chiede Crespi.

Lei fa no con la testa. «È venuto il prete.»

Il padrone resta un attimo interdetto. *Come no?* Si scambia un'occhiata con Fredo, che alza le spalle.

«Ma... quest'uomo ha bisogno di un medico», esala Cristoforo.

Lei lo guarda come per dirgli di farsi gli affari suoi, che qui il padrone non è lui. Andasse a comandare da un'altra parte.

«Forse c'è ancora speranza», insiste Crespi.

«Speranza?» salta su Fredo.

«Dobbiamo portarlo in sanatorio.»

«Non va da nessuna parte», ribatte Margherita. «Mio marito deve morire a casa sua, nel suo letto.»

«E se non morisse? Se si potesse ancora salvare?»

Per un istante riesce a insinuare il dubbio in lei, che spalanca la bocca e non trova le parole per replicare.

«Salvare?» interviene il vecchio Doneda. «Ma lo avete visto?»

L'Agazzi segue la discussione con gli occhi. «O-spe-dale...» scandisce in un sussurro.

*Eccolo,* pensa Margherita. *Anche in punto di morte lo deve contraddire.*

«Fredo, corri a chiamare un medico.»

Il ragazzo è indeciso tra l'obbedienza al padrone e l'appartenenza alla sua gente. Tutti conoscono i Doneda da queste parti, gli uomini frequentano la loro locanda, le donne pregano nella stessa chiesa; sono una piccola comunità che ragiona tutta allo stesso modo, governata da leggi non scritte. E il padrone... sarà anche padrone della terra, ma a questa gente non appartiene, sarà sempre un estraneo per loro, troppo ricco, troppo istruito.

L'Agazzi emette un rantolo che potrebbe essere dolore o una richiesta d'aiuto.

*Questo disgraziato sta morendo,* pensa Fredo. *E il padrone non vuole davvero il suo bene: semplicemente non riesce ad accettare di essere la causa, anche se indiretta, della sua morte.*

«Corri, ti ho detto! Subito!» grida Crespi.

Allora il corpo di Fredo scatta sull'attenti, i talloni sbattono, le gambe partono prima ancora che si renda conto di quello che sta facendo.

«Invertito!» gli sibila dietro il vecchio Cesare.

Più tardi, mentre caricano sulla lettiga l'Agazzi, di nuovo privo di sensi, Crespi si accosta a Margherita in lacrime, il volto gonfio e paonazzo. «Provvedo io a tutte le spese», le dice allungandole qualche banconota.

Lei allora gli pianta in faccia occhi velenosi. Fa uno sforzo immane per controllarsi, ma alla fine sbotta: «Se il mio Luigi muore fuori dal suo letto, sappiate che la colpa è solo vostra».

## 4

*Bergamo*

Amalia se ne sta un po' in disparte, mentre Carlo si accosta al letto col cappello in mano. L'Agazzi, o quel che ne resta, ha l'aspetto di un fantoccio di colore scuro che spicca sulle lenzuola immacolate.

Lo hanno operato, un intervento estremo, delicatissimo, e ora è nelle mani del Signore.

Il padrone è riuscito a trovargli una camera, di modo che non debba condividere lo stanzone con altri. A uno a uno tutti gli operai, con le mogli al seguito, stanno passando a fargli visita per un ultimo saluto e una preghiera. Sono venuti anche i Malberti, erano così numerosi che una suora li ha dovuti cacciar fuori.

Ad Amalia questo posto non piace. Le pareti imbiancate a calce, il puzzo di malattia, i modi bruschi delle infermiere, il silenzio opprimente dei corridoi rotto dal grido di qualche infermo e gli occhi disperati della gente.

Non voleva venire. Stanotte non ha dormito, si è rigirata in continuazione tenendo sveglio anche Carlo. Ha fissato il buio per ore, finché il suo corpo non ha ceduto alla stanchezza; ma, quando finalmente chiudeva gli occhi e accettava di cadere nel sonno, ecco di nuovo quell'immagine.

«Sono i pensieri», sostiene zia Maria. «Ti metti in testa cose strane.»

Come se si potesse scegliere cosa mettere nella testa!

Sono giorni che è irrequieta, da quando ha saputo che sarebbe venuta qui.

« Se non te la senti, posso andare da solo », le ha detto Carlo.

Ma Amalia non ha voluto sottrarsi al proprio dovere, e comunque rimanere a casa non avrebbe cambiato le cose. Da quando il padrone è tornato, la Voce ha ricominciato a parlarle.

La chiamata è imprevedibile e repentina, la coglie mentre mescola la minestra o si pettina davanti allo specchio o sta cucendo. Non c'è, in apparenza, nessuna ragione, nessun senso in quello che le accade, salvo la volontà di Dio, che è imperscrutabile e misteriosa: all'improvviso vede un corpo galleggiare a faccia in giù nelle acque scure di una diga, la corrente lo rigira, è Carlo. L'immagine è così vivida, così reale, che Amalia non riesce a trattenere un urlo. Allora in famiglia tutti accorrono e la trovano come congelata, col cucchiaio o la spazzola o l'ago a mezz'aria, e il terrore nello sguardo. « Mi sono scottata, mi sono punta », mente, per dare una giustificazione anche a se stessa, ma tutti sanno che è stato un attacco – « attacchi » li chiamano, per dare un nome a qualcosa che nessuno riesce a capire – e scuotono la testa sconsolati.

Ma stanotte ha visto qualcos'altro.

Carlo le allunga una mano e le fa cenno di avvicinarsi, di non avere paura. Accanto al letto c'è la moglie dell'Agazzi, che aspetta di diventare vedova. Amalia le legge addosso una stanchezza infinita, il desiderio segreto che questo strazio finisca il prima possibile. Ha visto anche lei stanotte: non avendola mai incontrata prima non poteva saperlo, ma adesso ha la certezza che la Madonna col Bambino che ha visto ascendere al Regno dei Cieli era lei.

Le due donne si osservano per un breve istante, Margherita ha una pancia che s'intravede sotto l'abito scuro. *È un maschio,* le dice la Voce. Amalia sorride e l'altra distoglie lo sguardo, a disagio.

Poi l'attenzione di Amalia viene calamitata dall'Agazzi. Se di tanto in tanto il suo petto non si sollevasse impercettibilmente, potrebbe anche essere già morto. Amalia si avvicina, lo fissa con occhi sbarrati. All'improvviso sente freddo e inizia a tremare visibilmente. Supplica: *Dio, no. Ti prego, non adesso!*

Ma eccola, di nuovo, l'immagine.

Il volto dell'Agazzi è ridotto a una poltiglia di carne macilenta, cancellato, irriconoscibile – ma lei sa che è lui, ne è certa –, il corpo è un involucro rotto, disarticolato, un fantoccio senza vita adagiato su un mucchio di macerie. Attorno si solleva una polvere sottile che le entra dal naso e le toglie il fiato.

«Respira, Amalia. Respira!» le dice Carlo sorreggendola.

Ma lei non può sentirlo, è da un'altra parte, tra le macerie, il fumo denso, le grida dei soccorritori e il pianto delle donne. Piange anche lei, non c'è altro che possa fare. Accanto l'Adda scorre con un rombo che le riempie il cervello.

Nella stanza accorre un medico, qualcuno la schiaffeggia piano, la sdraiano a terra, nessuno sa spiegarsi cosa sia accaduto. In un attimo tutto è finito.

«Stai bene?» C'è angoscia nella voce di Carlo, non l'ha mai vista in questo stato.

Amalia s'inginocchia davanti a Margherita, le afferra le mani e le punta in faccia occhi febbrili. «Ho visto il corpo di vostro marito schiacciato sotto un masso, Dio me l'ha mostrato.» La moglie dell'Agazzi prova a sottrarsi alla stretta, ma Amalia ha una forza insospettabile. «L'ho visto!»

«È meglio se andiamo.» Carlo la solleva di peso e cerca di portarla via.

«Me lo ha detto Dio», insiste lei, divincolandosi. «Dio è grande e misericordioso», continua, mentre Carlo la conduce fuori. «Sia fatta la sua volontà.»

Quella sera, qualcuno bussa alla porta dei Vitali. Zia Maria e Carlo si scambiano uno sguardo interrogativo, ma entrambi intuiscono: non è la prima volta che accade. È il vecchio Doneda, venuto fin lì di persona.

Carlo non lo invita a entrare, esce e si richiude l'uscio alle spalle. Non fa domande, conosce già le risposte.

«La vostra donna ha spaventato tutti oggi», va dritto al punto, Cesare.

«Mi dispiace», prova a scusarsi l'altro. «Amalia non sta bene.»

«È la mia Margherita che non sta bene, non smette più di piangere, ed è incinta.» Cala un silenzio denso. «Potrebbe anche perdere il bambino, con tutto quello che le sta succedendo.»

«Mi dispiace», ripete Carlo. *Dai, dimmi quello che devi dirmi,* pensa.

«È meglio se non la portate più all'ospedale, la vostra donna.»

Carlo fa no con la testa. Non era necessario chiederlo, del resto.

«Meglio se non venite più neanche voi.»

Questo no, Carlo non se lo aspettava. È un colpo basso che lo umilia, lo ferisce.

«Nemmeno alla locanda», conclude il vecchio. Poi gira sui tacchi e se ne va.

## 5

*Milano,*
*autunno 1877*

Eccoli, ci sono tutti, la famiglia al completo. Cristoforo è seduto a capotavola, è vero, ma più come un imputato che come un padrone; alla sua destra c'è Benigno, poi Pasquale; a sinistra Carlo e infine Giuseppe. Il loro padre è all'altro capo, lui sì come uno che comanda; non ha nemmeno voluto accomodarsi sulla sedia, se ne sta puntellato su un angolo del tavolo, da cui domina tutti: la ditta *Benigno Crespi* è sua, che sia chiaro.

I lavori al cantiere di Canonica procedono male e a rilento. Quel maledetto fiume sotterraneo si sta portando via tempo e *dané;* gli ingegneri non sono ancora riusciti a trovare una soluzione, l'unica cosa sensata sembra sia aspettare e sperare, ma ogni giorno che passa il capitale si assottiglia, come le possibilità di vedere il cotonificio ultimato.

«Di questo passo in sei mesi chiudiamo.» Toni Tengitt parla da oltre un'ora, i figli ascoltano in religioso silenzio mentre snocciola numeri e previsioni. Non lo si può accusare di non aver fatto la sua parte, dice, come imprenditore e prima ancora come padre: era scettico sin dall'inizio, ma non si è tirato indietro. Gli ha creduto, gli ha dato fiducia, gli ha dato delle opportunità, gli ha dato soprattutto del denaro. Cos'altro vuole?

*Tempo*, pensa Cristoforo. Tutto quello che gli serve è dell'altro tempo. *E magari un po' di fortuna.*

Si è esposto in questo progetto, continua Toni Tengitt. Con le banche, davanti a tutta la comunità.

« Ripagheremo tutti i debiti », promette Cristoforo.

« E con che cosa? » lo inchioda suo padre. « Con una fabbrica che non esiste? Che non esisterà mai? »

Benigno si sistema meglio sulla sedia, ma non apre bocca. Cristoforo si sente tradito, nessuno dei suoi fratelli gli viene in aiuto. Eppure, all'inizio...

« Non è solo una fabbrica », puntualizza.

Un timido colpo di tosse, che vuol dire: *Fratello, è meglio se stai zitto.*

« Ah, sì », ridacchia suo padre. « Il villaggio, la case degli operai... » Con le mani fa gesti ampi come a disegnare qualcosa che vede solo lui.

« E la mescita », aggiunge Pasquale.

Cristoforo lo fulmina con lo sguardo.

« La mescita », ripete Toni Tengitt. « Il lavatoio, la scuola... e poi? Il teatro no? »

*Non sarebbe una brutta idea*, si annota mentalmente Cristoforo. « La scuola serve per istruire gli operai di domani », spiega, infervorandosi. « È un investimento. E il teatro... se ci fosse un teatro, gli uomini potrebbero distrarsi la domenica, dopo il lavoro. Il lavatoio, la chiesa... non mancherà niente. Il villaggio sarà il loro mondo, non ci sarà più bisogno di uscire, con un conseguente abbattimento dei... »

« *Ma mochela!* » grida suo padre.

Le urla si sentono fin fuori dalla porta, dove sua moglie Pia cerca di concentrarsi sul ricamo, mentre i bambini giocano davanti al camino.

« Non lo vedi che ci stai portando tutti alla rovina? » continua Toni Tengitt. Fa una pausa per riprendere fiato. « Ci sono i cotonifici di Vigevano e Ghemme; Benigno, qui, ne sta tirando su uno a Nembro. *L'è mia ase?* »

*No che non è abbastanza,* pensa Cristoforo sentendo la collera crescergli dentro. « I cotonifici di Vigevano e Ghemme non sono miei », sibila.

« Certo che non sono tuoi! » sbraita suo padre. « Sono della ditta *Benigno Crespi.* »

« Ma li ho fondati io! » sbotta Cristoforo picchiando un pugno sul tavolo.

Pia alza gli occhi dal ricamo e trattiene il fiato. I bambini hanno smesso di giocare e la guardano interrogativi. Silvio è teso, pallido, a un passo dalle lacrime.

« Forza, a letto », ordina. Non vuole che assistano allo spettacolo del loro padre umiliato come uno scolaretto.

« Ma, mamma... » fa Silvio, zittito da un'occhiataccia.

La bambinaia li raccoglie come una nidiata di pulcini e li spinge su per le scale. Pia rimane sola, le gira un po' la testa, ha la nausea. Da qualche giorno non sta bene, si sente debole.

Cristoforo sta mettendo l'anima in questo villaggio. È un grande progetto, ambizioso certo, visionario. È il sogno di tutta la sua vita.

Lei è l'unica che possa capirlo davvero. Perché lei c'era durante la progettazione, quand'era tutto un viavai di architetti, ingegneri e idee. E prima ancora, quando il seme dell'idea aveva allungato le proprie radici nei pensieri del marito, e si era fatto largo per diventare germoglio e infine ossessione. E prima ancora, quando lo aveva visto insoddisfatto e frustrato per come venivano gestiti gli altri cotonifici, per i continui screzi coi fratelli, per il suo desiderio di libertà, indipendenza e innovazione che s'infrangeva sempre contro i confini della famiglia.

Lei lo vede quando di notte, insonne, misura la stanza a grandi passi e poi si rintana nello studio a rivedere i numeri ancora una volta. Non le sfuggono i sospiri, gli legge negli occhi la paura e la determinazione. L'ha sentito piangere quando quell'operaio al cantiere è stato travolto da una paratia, e poi hanno pregato insieme per lui.

Nessuno come Pia può sapere cosa stia attraversando suo marito in questo momento, e quanto ingiusta sia questa reprimenda.

« Ho fondato io i cotonifici di Vigevano e Ghemme! » sbraita Cristoforo alzandosi in piedi. La sedia cade all'indietro, lo schienale si spezza. « Ho scelto gli edifici, comprato i macchinari, trovato gli operai. E voi! » Li indica a uno a uno. « Non vi siete lamentati quando vi ho portato con me, e i fusi giravano giorno e notte, e gli ordini fioccavano, e i soldi vi piovevano sul capo. »

« A Vaprio non è andata così bene », ribatte Giuseppe.

« Quella non è stata colpa mia! »

Vaprio d'Adda è stato il primo cotonificio, la prima delusione. Gli brucia ancora.

Nel '64, coi soldi delle speculazioni sul cotone, Cristoforo aveva preso in affitto la filatura del conte Archinto, ormai decaduto, a quel tempo di proprietà di un consorzio di creditori; le cose gli andavano così bene che la *Benigno Crespi* aveva potuto permettersi dei nuovi uffici di rappresentanza in via Meravigli, a Milano. Sembrava che niente lo potesse fermare, ma l'anno seguente il consorzio aveva deciso di vendere all'asta lo stabilimento. Cristoforo, che non disponeva dei capitali per poter avanzare un'offerta, aveva chiesto più tempo. Non glielo avevano concesso: la filatura di Vaprio se l'era accaparrata il duca Visconti di Modrone per un milione e seicentomila lire, e Cristoforo aveva dovuto ricominciare da capo.

« Ma a Canonica non avrò questo problema », continua, cercando di calmarsi. « La terra è mia, l'acqua è mia. Nessun duca me le potrà portare via. »

*E pure la fabbrica;* lo pensa, ma non lo dice: questa volta non si tirerà dietro nessun fratello. La gestione sarà solo sua. E, un domani, di Silvio.

Nella stanza cala il silenzio. Gli uomini si guardano in cagnesco, ma Cristoforo sa di averla spuntata anche questa volta.

Oltre l'uscio, Pia drizza le orecchie. Pensa di andare di là a vedere se va tutto bene, se suo marito ha bisogno di sostegno. Si tira su dalla poltrona, ma le sembra che il pavimento sia instabile. Aspetta un po', prende un bel respiro.

Quando entra nella stanza li trova tutti immusoniti. Toni Tengitt si è seduto, Cristoforo invece è in piedi, i pugni ben saldi sul tavolo. I suoi fratelli non fiatano.

« Vi porto qualcosa da bere? » chiede.

« No, grazie. Non ti disturbare », fa Toni Tengitt. « È tardi, stavamo andando via. »

Suo marito l'ha avuta vinta, Pia glielo legge in faccia. È così fiera di lui... si scambiano uno sguardo complice, lei gli sorride. All'improvviso però Cristoforo diventa scuro in volto, spalanca gli occhi, qualcosa lo preoccupa.

È l'ultima cosa che Pia ricorda, prima di perdere i sensi.

## 6

*Ospedale di Bergamo*

È una giornata assolata, ma nell'aria c'è già profumo di neve. L'Agazzi se ne sta appoggiato al muro dell'ospedale grande, gli occhi socchiusi, le braccia conserte a godersi l'ultimo tepore dell'autunno morente, prima che le suore si accorgano della sua assenza. Un raggio di sole cade proprio là, dove un tempo c'era la sua gamba destra e adesso non c'è più niente. Eppure a lui sembra di sentirla ancora, che punge, prude, è percorsa da scariche nervose; sente le dita dei piedi che si muovono, le unghie che battono contro la punta della scarpa, i peli che si rizzano. È tutto così reale.

Sono passati sei mesi da quel giorno. I primi tempi sono volati senza che lui se ne accorgesse; ha solo ricordi confusi di ombre che gli galleggiavano attorno e voci lontane e ovattate, e non sa nemmeno se siano ricordi o forse solo allucinazioni. Gli hanno detto che è rimasto a lungo appeso tra la vita e la morte, come un pendolo che non sapesse decidersi. Sono stati i giorni migliori, perché almeno non conosceva il dolore.

Quando ha riaperto gli occhi, si sentivano gli uccellini che cantavano fuori sul Sentierone e Margherita gli era seduta accanto con gli occhi arrossati.

Tutti i Doneda sono venuti ad assistere al miracolo dell'Agazzi che ritorna dall'aldilà su una gamba sola. Il vecchio Cesare gli ha subito chiesto come avrebbe fatto a occuparsi della locanda; Margherita come avrebbe fatto a occuparsi del bambino, perché presto avranno un figlio che si chiamerà come il nonno.

« Non dovevi andare », gli hanno ripetuto in continuazione. « Non dovevi andare. »

Dicono che Margherita per lo spavento ha rischiato di perdere il bambino. Lo dicono con tono di rimprovero, come se l'Agazzi si fosse tirato addosso una montagna di fango apposta per fare dispetto ai Doneda.

E poi ne dicono di tutti i colori al Crespi, non ad alta voce, no, perché il padrone è pur sempre il padrone e non si sa mai. Ma all'Agazzi non sfuggono certe occhiate quando viene in visita, e il disprezzo che mettono nella voce quando pronunciano il suo nome, e gli sbuffi, le mezze allusioni. Come se la colpa fosse sua, come se fosse un assassino.

Il padrone è venuto spesso a trovarlo; quand'era privo di sensi addirittura tutti i giorni, pare. In quel periodo fatto di ombre e voci lontane, gli sembra di averlo sentito singhiozzare e chiedere perdono. Ora viene una volta alla settimana, prima di andare al cantiere a controllare i lavori; talvolta si porta dietro il figlio Silvio, che non osa avvicinarsi al letto e posare gli occhi sullo spazio vuoto lasciato dalla gamba. Un tempo veniva anche la *sciura* Pia, ma adesso non si fa più vedere, dicono che è indisposta.

Quando il padrone viene, porta sempre qualcosa da mangiare, resta una decina di minuti, è imbarazzato, a disagio. L'Agazzi vuole essere aggiornato sul cantiere, fa domande. Allora Crespi si rilassa un po', spiega che non hanno ancora trovato una soluzione per quella falda maledetta, ma che presto la troveranno – distoglie gli occhi, quando lo dice, perché forse ormai non ci crede più nemmeno lui – e che comunque la costruzione dei *palasocc* procede bene.

« Ci sarà una locanda », gli ha buttato lì un giorno. « Serve per gli operai. »

Luigi ha fatto finta di non sentire. *Locanda*. La sola parola gli fa venire i brividi; allora la gamba destra si agita e scalcia come se volesse scappare via.

Tra pochi giorni lo dimetteranno. Dovrà lasciarsi alle spalle questo ospedale che è stato la sua casa per tanto tempo, il sapore amaro dei medicinali, il passo felpato delle suore, il tono imperativo dei dottori. E allora che ne sarà di lui?

L'idea di tornare alla Locanda del Brembo è un tizzone ardente che gli consuma il cuore. Immagina il suo corpo inutile accasciato su una sedia, ostaggio dei Doneda, tutto il giorno a fissare il vuoto, mentre di là in cucina il vecchio annacqua il vino e Margherita sospira per il peso che le è toccato di doversi occupare di tutto lei, famiglia, bambino, clienti, fornitori, e adesso anche un marito invalido.

È sano come un pesce, dicono i medici che lo hanno riportato alla vita, potrebbe campare altri cent'anni. E lo dicono lieti, come se ci fosse da star allegri. Ma un corpo a metà, che non è più utile a nessuno, non è una buona notizia: è solo una prigione.

« Una locanda », ha ripetuto il padrone ad alta voce. Poi gli ha posato una mano sulla spalla. « Per gestirla, mi servirebbe qualcuno... »

La gamba inesistente dell'Agazzi è stata attraversata da una scarica elettrica, che è partita dal piede ed è arrivata dritta fino al cervello.

« ... qualcuno che abbia un po' di esperienza », ha precisato Crespi, nel caso non fosse chiaro.

Un'altra scarica, più forte. « Ahi! » ha fatto l'Agazzi, e tutti e due hanno guardato là dove un tempo c'era il ginocchio.

I giorni seguenti per l'Agazzi sono stati una vera pena. Non ne ha parlato a nessuno, non osa dirlo nemmeno a se stesso. Il padrone gli ha offerto un lavoro?

Se lo chiede anche adesso mentre si gode il tramonto che infiamma il cielo sopra il campanile di San Marco, e non sa se crederci o se smettere di sperare.

## 7

*Trezzo sull'Adda*

Il mercato è come sempre affollato e rumoroso. Gli uomini gridano a gran voce per attirare l'attenzione, mentre espongono la merce, la sollevano, la rigirano, la ripongono. Le donne soppesano la mercanzia, si mostrano diffidenti, tirano sul prezzo, si lamentano. Si alzano i toni, pare sempre che stia per scoppiare una lite, poi uno dei due cede, si stabilisce un equilibrio, sembrano insoddisfatti, in realtà sono entrambi contenti: la merce passa di mano, le monete tintinnano, le banconote frusciano, sono tutti sorrisi e arrivederci.

La Luigia ha visto un taglio di stoffa che farebbe al caso suo, bello pesante, di buona fattura. È abbastanza grande da farne due vestiti per le gemelle, che hanno sette anni e crescono ogni giorno di più, e magari ne avanza anche un pezzo, però costa caro. È da un po' che gira attorno al banco cercando di non farsi notare; invece il commerciante l'ha notata eccome. Si conoscono tutti, del resto, e i Malberti, numerosi come sono, hanno sempre bisogno di comprare qualcosa, anche se non comprano mai niente.

La trattativa dura un po'.

« Tutti questi soldi per un pezzo di lana », sminuisce la Luigia con una smorfia di disgusto.

Il commerciante legge nei suoi occhi un balenio di desiderio, anzi di bisogno. Le si fa sotto con fare minaccioso. « *Ma l'è granda!* » le urla sul muso. « Ci fate tre vestiti con questa. Ottima qualità, resistente! » Strattona il prodotto per dimostrare che non mente. « Indistruttibile! »

La Luigia fa no con la testa. Vanno avanti con questa pantomima per qualche minuto, alla fine entrambi capiscono che non riusciranno a concludere. Lei non se lo può permettere e lui non è disposto a scendere così tanto col prezzo.

Fredo osserva tutto non da troppo lontano. In quella confusione sua madre non lo riconoscerebbe nemmeno se la prendesse a braccetto. Ripensa a quando correva ad abbracciarla, come in preda a un bisogno smanioso di affetto, e lei che ridendo lo cacciava via, ma sotto sotto era contenta.

Il commerciante volta le spalle alla Luigia, si dedica a un'altra donna. La trattativa è fallita. La Luigia si allontana a testa bassa. Troverà qualcun altro che le venda della stoffa, magari non così pesante, ma qualcosa che vada bene lo stesso per l'inverno che sta arrivando. E, se non lo troverà, allora pazienza: le gemelle andranno in giro col vestito un po' corto. È così che va la vita.

Fredo la segue, si nasconde dietro un angolo quando gli sembra che lei lo abbia scorto. Sua madre ha finito per oggi. Si avvia verso casa, tutta storta da un lato, come se nella sporta avesse chissà che peso. In realtà, è vuota.

Fredo rallenta, tanto conosce la strada a memoria, e torna sui propri passi.

Il paese finisce subito, le case si diradano e la strada si allunga tra un filare di alberi con la chioma dorata che aspettano solo un colpo di vento per spogliarsi. La Luigia prosegue tenendosi a destra, verso i campi; giunta a una roggia, si solleva un poco la gonna e la oltrepassa con un salto.

È stanca, la Luigia dei Malberti. Stanca di andare al mercato senza soldi e di tornare a casa senza merce, stanca di portare il peso di una vita di rinunce, di tutte quelle bocche da sfamare, di non potersi mai lamentare, di dover sempre dire di sì. Ci sono momenti in cui la stanchezza le piomba tutta addosso in una volta, come se un masso le cadesse sulla testa. Accade anche adesso, proprio nello slancio per oltrepassare il canale di scolo: la Luigia salta, le energie le vengono meno e lei finisce con l'acqua fino alle ginocchia.

«*Vaca porca!*» impreca, aggrappandosi all'erba per uscire dal pantano, quando ecco una mano apparirle davanti agli occhi.

La Luigia alza lo sguardo e incontra quello di Fredo.

*Come si è fatto bello!* è il primo pensiero.

L'Oreste, però, è stato chiaro: per i Malberti l'Alfredo non esiste più, è vietato perfino rivolgergli la parola, figurarsi tutto il resto. Non lo ha proprio detto, non è uno di molte parole, ma quando alza le mani si fa capire benissimo.

«*Mama*», fa Fredo con un sorriso.

La Luigia è lì impalata nell'acqua gelida della roggia e non si sente più i piedi. Afferra la mano che il figlio le offre e senza dire una parola si fa tirare su.

«Fa freddo», le dice Alfredo, e le porge un piccolo involto.

La Luigia fa no con la testa. Non può accettare niente da lui, l'Oreste andrebbe su tutte le furie.

« È la stoffa di lana del mercato », insiste lui. « Quella bella. » E, davanti alla madre che è come pietrificata, aggiunge: « Ci puoi ricavare due vestiti per le gemelle, o uno solo per te ».

« Non posso. »

« Sì che puoi. Non lo diciamo a nessuno. »

La Luigia ci riflette. Chi se ne accorgerà mai se le gemelle avranno un vestito nuovo? L'Oreste no di certo, non bada mica a queste cose. Ma almeno le bambine staranno al caldo quest'inverno. Fa per afferrarlo, ma qualcosa la trattiene. « *Ta l'et rubada?* »

Fredo scoppia in una risata fragorosa, lei lo trova ancora più bello di prima. « Ma no che non l'ho rubato! L'ho comprato, coi miei soldi. » Tira fuori qualche banconota dalla tasca interna della giacca e gliela ficca in mano insieme allo scampolo. « Dai, andiamo. Ti accompagno. »

La Luigia si guarda attorno per assicurarsi che nessuno li veda. La nebbia che si alza dai campi è una complice silenziosa. Si appoggia al braccio del figlio e insieme si avviano con passo lento.

« Come va a casa? » le chiede dopo un po'.

Lei non risponde, non è che ci sia niente da dire. Sempre la stessa minestra.

« Mi mancate. »

Per la Luigia questo è troppo. Anche a lei manca Fredo, le manca da morire, ogni santo giorno. E pure alle sorelline, che non osano chiedere. Tutti i Malberti amavano Fredo per la sua gaiezza, per i modi da signore, per le speranze che vi avevano riposto. Ma lui li ha traditi, se n'è andato, è sparito per mesi e non si è mai voltato indietro. La delusione è una crepa che si apre nel cuore della Luigia. *Perché lo hai fatto?* vorrebbe chiedergli. *Perché ci hai abbandonati?*

« Mi dispiace », le dice lui con la voce rotta. « Ho sbagliato. »

Lei emette una specie di grugnito e ricomincia a camminare. Ma tra poco saranno a casa e teme che qualcuno li possa vedere insieme, per di più a braccetto. Il passo è lento, pesante. Per quanto sia arrabbiata con lui e nonostante stia rischiando di prendersi una fila di botte dall'Oreste, la Luigia vorrebbe che quel momento d'intimità, a contatto col calore del corpo di suo figlio, non finisse mai.

«Voglio farmi perdonare», insiste Fredo strattonandola delicatamente. «Io so che voi potete perdonarmi.»

Lei non lo dice, ma lo ha già perdonato.

«*Ötem, mama*», la supplica. «Aiutami.»

## 8

*Milano*

Tra le tende accostate si fa largo una lama di luce dove il pulviscolo ripete la sua danza disordinata. È l'unico segno di vita. Le finestre hanno chiuso fuori il mondo intero. Oltre i vetri la città brulica di gente indaffarata, che corre, si affanna, grida, ride; la stanza invece è silenziosa, tutto è ovattato e sembra lontano, inutile.

Pia è sdraiata nel letto, un imponente baldacchino in noce, che l'ha sempre fatta sentire piccola e sperduta. Mai come ora si sente fragile e impotente.

Il medico è stato chiaro, perentorio: nessuno sforzo, sia esso fisico o mentale. «Riposo, assoluto riposo», ha ordinato con la solita voce nasale. E poi ha aggiunto: «Saranno mesi difficili».

Le imposte dovrebbero tenere fuori anche le preoccupazioni, ma niente può impedire a un'ossessione di aprirsi un varco nei pensieri. È lì che vaga la mente di Pia, in quei «mesi difficili» che la attendono, e non solo lei.

Rumore di nocche sul legno, la porta si schiude, Cristoforo mette dentro la testa. «Posso?»

Non aspetta la risposta, entra, si richiude l'uscio alle spalle e arriva al letto quasi saltellando.

«Come stai?» le chiede, prendendole la mano e scaldandola tra le proprie.

«Bene», mente lei. La verità è che si sente priva di forze. «Com'è andata con tuo padre? Sei riuscito a fargli capire che...»

« Il dottore ha detto che devi stare a riposo », la interrompe Cristoforo, poi si siede sul letto accanto a lei. « Mi prometti che ti riguarderai? »

« Non volevo darti anche questo pensiero. » Le salgono le lacrime agli occhi e deve stringere i denti per impedirsi di piangere.

« Lascia stare. »

Lei si guarda attorno, la stanza in penombra, il letto disfatto, il suo corpo svuotato di energie, i capelli sciolti sulle spalle. « Proprio in questo momento... »

« Non sei felice? » le chiede Cristoforo.

Sì, certo che Pia è felice. Un bambino, un altro bambino! Dopo Silvio, Maria Pia, Bice e... Ripensa a Guido, allora deve distogliere lo sguardo perché davvero non riesce a ricacciare indietro le lacrime.

Nel '70, Cristoforo e Pia hanno perso un figlio. Sono già passati sette anni da allora, ma sembra ieri. Guido non ha vissuto abbastanza a lungo per rendersi conto che la vita può essere molto crudele, o almeno questo è quello che spera Pia. Dopo sono arrivate Maria Pia e Bice, ma il dolore per quella perdita non si è nemmeno attenuato, è incistato da qualche parte nel suo cuore, freddo come un pezzo di pietra.

Disperazione e vuoto, e un intollerabile senso d'impotenza: non poter fare altro che assistere alla malattia e al dolore della propria creatura, carne della propria carne, senza potervi porre rimedio. Non potersi sostituire a lui, anche se Pia avrebbe dato la propria vita per salvare quella di Guido. L'incredulità davanti all'evidenza, perché era impossibile credere che una cosa così perfetta e così piccola avesse già consumato i suoi giorni. La rabbia nei confronti dei medici, decine di specialisti, un sacco di soldi e nessuna speranza. La paura d'impazzire, di non poter tollerare oltre.

*Non di nuovo*, prega Pia.

« Un bambino! » le sussurra Cristoforo. « Una benedizione! »

« Lo so, lo so », fa lei con voce rotta.

« E allora? »

« Ma il dottore ha detto... »

« Il dottore ha detto solo che devi riguardarti. »

« Ha detto che saranno mesi difficili. »

« Lo ha detto solo perché ti conosce e sapeva che altrimenti non lo avresti ascoltato. »

È vero, non lo avrebbe ascoltato, ma adesso Pia ha paura. Non lo dirà a suo marito, non ora che al cantiere le cose vanno male e ci sono problemi più grossi cui pensare.

« Non devi avere paura », la incoraggia Cristoforo. « Andrà tutto bene. »

« Anche al cantiere? »

« Non devi pensarci, hai sentito il dottore. » Poi aggiunge con tono perentorio: « E non è una cosa che ti riguarda ».

In realtà anche Cristoforo ha paura. A ben vedere non ha mai avuto più paura in vita sua.

Il medico è stato chiaro. Pia ha trent'anni, non è più giovanissima ed è molto debilitata: c'è il rischio concreto che mamma e bambino non ce la facciano; nell'ipotesi benevola che tutto vada per il meglio, in ogni caso, non sarà una gravidanza facile.

Certo che ha paura, è terrorizzato anzi. Potrebbe perdere tutto quello che conta nella sua vita: non solo la fabbrica, il villaggio e tutti quei capitali investiti, ma qualcosa di molto, molto più prezioso. Senza di lei, dove troverebbe la forza per affrontare tutto il resto? Nulla avrebbe più importanza.

Il dolore per la perdita di Guido si risveglia, adesso, davanti alla possibilità che pure questo bambino non riesca a diventare grande o che, peggio, si porti via anche la madre.

« Andrà tutto bene », le ripete. « Devi solo stare a riposo e non pensare a niente. »

Lei fa sì con la testa, poi chiude gli occhi. È stanca o forse non vuole farsi vedere mentre piange. Non è stupida, ha capito perfettamente la situazione, sa cosa rischia.

In breve il suo respiro si fa lento, ritmato e profondo.

Cristoforo rimane a guardarla a lungo mentre dorme, conta i suoi respiri, li affianca ai propri. *Dio*, prega in silenzio, *non togliermi proprio lei, non portarti via il mio amore. Prendi qualcun altro.*

# 9

*Trezzo sull'Adda*

Oreste è sempre uno degli ultimi a lasciare il cantiere. Arriva col buio e se ne va col buio, sette giorni su sette. Le cose al villaggio sembra vadano un po' meglio; c'è sempre quel problema col fiume sotterraneo, ma da qualche giorno hanno notato che pare si stia riassorbendo. Col gelo dell'inverno, forse, il terreno non trasuderà più e allora potranno posare le fondamenta della centrale. Il grosso sarà fatto.

Non importa quanta fatica gli costi, il lavoro è sicuro e ben pagato. A casa lo aspetta sempre un piatto di minestra e mentre mangia nessuno fiata, così finalmente c'è silenzio e lui può riposarsi.

Quando arriva in vista della cascina, però, nota che oltre i vetri non s'intravede nessuna luce. La Luigia avrà dimenticato di nuovo le candele. *Stasira la petene*, si dice Oreste sentendo le mani prudere.

Quando apre la porta trova la stanza avvolta nel buio e nel silenzio. Vuota, non c'è nessuno; qualcuno però si è premurato di avviare la stufa, che diffonde un bel tepore, emettendo i suoi borbottii di benvenuto. Forse che siano andati a messa? Non è l'orario, ma non si sa mai cosa s'inventa il prete.

L'Oreste in due passi raggiunge il tavolo al centro, tasta la superficie e vi trova la bugia dritta sul suo portacandela; imprecando, armeggia per accenderla. La stanza prende vita.

In un angolo c'è la credenza, poi addossato al muro un letto singolo che di giorno funge da divano e dove di notte dormono in due, il crocifisso appeso al muro, la tavola apparecchiata, le sedie, l'acquaio, la stufa e subito accanto la poltrona dell'Oreste. Ora ci è seduto sopra Fredo.

« *Pà* », fa il ragazzo, alzandosi di scatto.

Oreste si guarda attorno in cerca degli altri e allora realizza la congiura ordita alle sue spalle. Il primo sentimento non è rabbia, bensì paura. *Erano tutti d'accordo*, si dice, sentendosi improvvisamente fragile, indifeso. La Luigia lo ha tradito, perfino lei.

«Non andare via», lo supplica il figlio.

Oreste era già sul punto di voltargli le spalle e piantarlo in asso, ma non vuole mostrarsi intimorito, allora rimane impalato al centro della stanza con la candela in mano.

Fredo indossa abiti nuovi, caldi. Ha le scarpe pulite e il volto è arrotondato, pieno; le mani sono bianche come quelle di chi non ha mai lavorato davvero.

«Vai via», gli dice Oreste. «Fuori!»

«No», ribatte il ragazzo. È la prima volta da che è nato che gli tiene testa.

Oreste fa uno scatto avanti con fare minaccioso, come farebbe per scacciare un cane.

«Ascoltami», fa Fredo alzando le mani a proteggersi il volto. «Per favore!» Il manrovescio non arriva, allora continua tutto d'un fiato: «So che non volevi più vedermi, so che ho sbagliato. Ho sbagliato tutto, lo so. Voi mi avete cresciuto, mi avete fatto studiare. Se guadagno bene e indosso questi bei vestiti, è grazie a voi. Non so perché l'ho fatto, cosa credevo di fare. Sono stato...» Riflette con attenzione sulla parola da usare. «... stregato.»

La fiamma della candela vibra, così il cuore di Oreste, che la appoggia sul tavolo e rimane ad ascoltare il resto.

«Perdonami, ti prego!» Fredo crolla in ginocchio. «Passerò il resto della mia vita a ripagarvi per tutto, a farmi perdonare. Vi darò ogni centesimo, a costo di morire di fame, lo giuro!»

«*Tires sö*», gli ordina suo padre, che si siede e si versa da bere. Per un attimo accarezza l'idea di versarne un bicchiere anche a suo figlio, ma poi desiste.

Il ragazzo resta in piedi. Si rende conto di aver migliorato la propria posizione, ma c'è ancora molta strada da fare. Ha deciso di fare ammenda e andrà fino in fondo.

«Tieni.» Posa sul tavolo un mazzetto di banconote. «Sono tutti i miei risparmi... fino a oggi. Ma ne guadagnerò altri, molti: Crespi ha promesso di farmi fare i soldi.»

L'Oreste non ha mai visto così tanti soldi tutti insieme, non credeva neppure che potesse esistere tutto quel contante. Non saprebbe nemmeno cosa farsene, come usarlo. Pensa che suo figlio è quasi ricco come il padrone, e si sente fiero di lui, e di se stesso che lo ha creato. Ma deve recitare la propria parte, se cede troppo presto il ragazzo penserà che suo padre è invecchiato, che è un debole, che si è rincitrullito. Poggia la mano sul denaro e lo allontana da sé.

«Perché non lo vuoi?» chiede Fredo. «L'ho guadagnato, non l'ho mica rubato.»

Oreste sbuffa. «*Sentes zo.*» Sposta una sedia e lo fa accomodare. Poi riempie un altro bicchiere di vino fino all'orlo e lo allunga al figlio. Forse è vero che è invecchiato, che è un debole, un rincitrullito.

Fredo manda giù tutto d'un sorso. È un vino pessimo che brucia tutto quello che trova scendendo in gola. Forse un giorno porterà al suo vecchio una bottiglia di quelle buone, che bevono i signori. Allora vedrà che differenza. «Grazie», dice.

L'altro emette un ringhio e dà un'alzata di spalle.

Bevono in silenzio finché la bottiglia non è vuota. Alla fine Fredo si sente felice, pervaso da una strana serenità che lo rende loquace.

«Scusami», dice ancora. Lo avrà ripetuto cento volte, ma una in più non guasta. «Io non so cosa mi sia successo. Non so perché l'ho fatto, perché sono sparito. Non ero in me, ero un'altra persona, ero pazzo...»

All'improvviso, però, gli risuona un campanello nella testa. *Chi è davvero Fredo?* si chiede osservandosi le mani pallide dalle unghie curate. *Quanti Fredo possono esistere in un corpo solo?*

«Non siamo mai una cosa sola», dice a suo padre, che sonnecchia sulla poltrona. «Non dovremmo essere costretti a scegliere.»

Fredo che ama i propri genitori, che si sente in colpa per averli abbandonati, che implora il loro perdono può convivere con Fredo che ama il marchese.

*No,* si dice. *Non ero pazzo.* Per quanto sia disposto ad ammettere di aver sbagliato, non vuole rinnegare la propria natura, che ha imparato ad accettare dopo tanto tempo, né i propri sentimenti per il marchese, anche se lui li ha calpestati.

«Ero innamorato.»

Oreste apre gli occhi e lo osserva mentre sente crescere dentro di sé una specie d'inquietudine. Forse il suo ragazzo ha trovato una brava donna con cui mettere su famiglia e fare dei bambini. Ma una parte di lui sa che non può essere così, che *suo figlio* non è così.

Si guardano a lungo.

« Mi sono innamorato », ripete Fredo.

In un attimo l'Oreste gli è addosso. Non sa nemmeno cosa gli stia accadendo, ma si sente ribollire di collera e da qualche parte la deve far uscire, se no rischia di scoppiare. Lo afferra per il bavero e lo tira su come un pupazzo. Fredo non fa neanche in tempo a ripararsi il volto, una gragnuola di pugni gli si abbatte contro, pesante come una montagna. Prova a difendersi, ma suo padre è molto più forte di lui: merito del lavoro al cantiere, un lavoro vero, da uomini. Lo scaraventa in un angolo tra il letto e la credenza; Fredo sente il polso spezzarsi di netto e, prima che suo padre ricominci, il dolore gli fa perdere conoscenza.

## 10

*Canonica d'Adda*

La mattina dopo il cielo è terso. Ha piovuto per tutta la notte, Fredo ha di nuovo diviso il pagliericcio con le vacche del mezzadro.

Al cantiere c'è fermento come ogni giorno. Piano piano i muri crescono, con un po' di ottimismo s'inizia a immaginare la forma che avranno la fabbrica e il villaggio. Bisogna spostare alcuni sacchi e iniziare a picconare un punto del terreno sotto il quale corre una vena di pietra durissima. Sono in dieci a svolgere il lavoro, l'Oreste sembra giù di tono. Non è mai stato di molte parole, ma oggi continua a sbuffare e Carlo ha notato che ha gli occhi arrossati.

« Stai bene? » gli chiede prendendolo da parte, per non farsi sentire dagli altri. « Puoi tornare a casa, se vuoi; qui penso a tutto io. »

L'Oreste se lo scrolla di dosso e ricomincia a picconare. Lavora da quando ha sei anni e non è mai stato malato un solo giorno. O, meglio, è stato anche malato, ma non per questo ha smesso di lavorare.

Carlo lo osserva. Per il cantiere si aggira suo figlio come un cane randagio, ammaccato come una mela marcia; zoppica e, da come tiene la mano destra, si direbbe che gli faccia molto male.

Per gli altri operai è motivo di scherno. « *S'è sücedit cusè, Fredo?* » gli chiedono, e si danno di gomito. « Te le hanno suonate, eh? »

Lui li ignora.

« Avrà fatto a botte per una donna », continuano.

« No, non credo proprio! » commenta uno a bassa voce. Quelli nelle immediate vicinanze scoppiano a ridere.

Il ragazzo non piace a nessuno al cantiere; si dà un sacco di arie e impartisce ordini a tutti, come se il padrone fosse lui.

Fredo lancia un'occhiata a suo padre, che col piccone si accanisce contro il suolo non diversamente da come ieri sera si è accanito su di lui. La testa gli pulsa da impazzire e la mano è inservibile; tiene il bavero della giacca sollevato per nascondere le macchie di sangue sulla camicia, ma non c'è niente da fare per quel puzzo di latrina che gli è rimasto addosso.

Sarebbe stato meglio non venire, ma oggi lavorano su un punto delicato del canale e il padrone gli ha chiesto di andare a vedere.

In tarda mattinata, a furia di pale e picconi, le maestranze sono riuscite a scendere di appena mezzo metro; dallo scavo nasce un rigagnolo fangoso che serpeggia tra i massi, determinato a ricongiungersi con l'Adda.

« Non mi piace », dice Carlo.

Gli altri si guardano, come a chiedersi cosa mai dovrebbe piacergli in un buco nella terra.

Oreste lo ignora e ricomincia col piccone. Sembra che sotto i suoi piedi ci sia una roccia che non è possibile scalfire in nessun modo. Piano piano tutti gli operai gli si fanno attorno per vedere come andrà a finire, qualcuno scommette su chi sarà il vincitore, se la pietra o il Malberti. L'Oreste è il favorito.

« Dovremmo chiamare gli ingegneri », suggerisce Carlo,

rendendosi conto che un'ora di fatica non ha sortito nessun effetto, « e vedere se si può trovare una soluzione. »

« Ma che ingegneri! » sbotta Oreste.

Qualcuno ride.

« Allontanatevi », ordina Oreste sollevando il piccone sopra la testa.

Gli uomini fanno un passo indietro. La punta di ferro si abbatte più volte sulla roccia producendo scintille e grida d'incitamento, infine si pianta per metà nel fango e rimane incastrata.

Oreste guarda Carlo con aria tronfia. « Un ingegnere non ha mai risolto niente. » Con uno sforzo enorme prova a disincastrare il piccone, ma ottiene solo di spezzarne il manico. È sempre più rosso in volto, ma non vuole darsi per vinto.

« Aspetta, ti do una mano », si offre Carlo, ma Malberti lo caccia via con uno spintone.

« Faccio da solo. »

Fredo sente salire la collera e se ne va. Non vuole prestarsi a fare da spettatore alle prove di forza di suo padre, non più. Se ne tornerà a casa, dirà al padrone che tutto procede come sempre e andrà a farsi una bella dormita.

Oreste spinge e tira imprecando. Il piccone si muove un po', allora lui ci mette ancora più forza e qualche bestemmia. « Dai! » fa. « Dai che ci siamo. »

Sembra che sia riuscito a conficcare il ferro sotto un masso e che, facendo leva, sia possibile sollevarlo. Sotto forse c'è terreno più morbido da scavare.

*Non va bene*, pensa Carlo. « Lascialo lì », dice all'Oreste.

Ma quello non lo ascolta, non proprio adesso che l'ha quasi spuntata con quel maledetto masso. La pietra si solleva, ricade, poi si solleva di nuovo e in un attimo rotola via, spinta da un fiotto d'acqua marrone finalmente libera di scorrere alla luce del sole.

L'Oreste ci si trova proprio davanti, la corrente lo butta a terra. Fango nella bocca, nel naso, negli occhi. Non riesce nemmeno a chiedere aiuto. I vestiti inzuppati lo tengono giù mentre il terreno gli si scioglie sotto i piedi, inghiottendolo.

Carlo scatta in avanti, si allunga per afferrargli la mano, ma tutto è scivoloso, instabile. Un passo ancora e la corrente si porterà via anche lui.

Fredo, richiamato dalle urla degli operai, vede il corpo tozzo di suo padre inghiottito dal fango, poi lo perde di vista per sempre.

# PARTE TERZA

# 1

*Canonica d'Adda,*
*luglio 1878*

Per l'inaugurazione del cotonificio il padrone ha scelto il giorno di San Cristoforo, cosa che è parsa a tutti molto giusta.

C'è grande fermento al villaggio. È una bella giornata di sole, fa caldo, e i tavoli della nuova locanda sono stati disposti all'ombra di tigli ancora in fiore che spandono nell'aria un profumo inebriante. Sono giorni che l'Agazzi saltella sulle stampelle, avanti e indietro, su e giù, perché tutto sia pronto. Non gli va mai bene niente e il garzone comincia ad averne le tasche piene.

« Così? » chiede il ragazzo sbuffando, mentre sposta per l'ennesima volta le sedie.

« Ma no, non capisci niente! » strilla l'Agazzi. « Non faremo mai in tempo! » Scaglia la stampella lontano, con rabbia. Subito se ne pente. Se avesse ancora tutte e due le gambe non sarebbe necessario nessuno stupido garzone. E invece...

Carlo allora decide d'intervenire. Raccoglie la stampella, controlla che non si sia rotta e gliela porge, poi spedisce il garzone in cantina a controllare che ci sia abbastanza vino e ricomincia pazientemente a spostare tutto, da capo.

Ogni cosa dev'essere perfetta. Il padrone gli ha affidato la nuova locanda e l'Agazzi non può deluderlo.

« Certo che ce la faremo », gli dice Carlo, posandogli una mano sulla spalla. « Anzi, ce la farai. »

L'Agazzi sbuffa per nascondere la commozione. « Non lo so... »

Nell'ultimo anno ha perso e riavuto tutto: è come se Dio si fosse divertito ad agitare la scatola che conteneva la sua vita e poi a restituirgliela, tutta in disordine. Niente è più come prima.

I primi avventori passano il ponte di legno sull'Adda e in un attimo sono alla centrale. Le grida dei bambini e le risate delle donne arrivano fin lì. Qualcuno corre, altri avanzano cauti, si aspettano l'un l'altro, fanno capannello, si guardano attorno.

La voce si è sparsa in tutta la zona. Da Capriate, da Trezzo, da Vaprio, da Brembate: la gente vuole vedere da vicino la ciminiera che svetta nel cielo annunciando la fabbrica e i capannoni che, si dice, sono così grandi da perdercisi dentro. Molti hanno contribuito a costruirli, ma per altri che ne hanno solo sentito parlare questa è l'occasione per scoprire se è tutto vero.

In breve, il posto è gremito di curiosi, di vecchi contadini e di nuovi operai, tutti con le famiglie al seguito. C'è anche un'orchestrina pagata dal padrone e il vino non manca. Prima ancora che arrivino i Crespi con le autorità e il parroco, gli uomini sono alticci, le mogli stufe e i bambini felici.

Lì comincia il futuro.

Nessuno sa davvero come sarà. C'è chi dice che sarà migliore, chi invece resta scettico e chi non si sbilancia.

« Ci sarà lavoro per tutti, per tutto l'anno », profetizza uno, versandosi da bere.

« Ma cosa ne sai tu », lo zittisce la moglie, che gli toglie il bicchiere di mano.

« Non bisogna aver studiato per sapere che la fabbrica non risente dei ritmi stagionali », interviene uno che ha studiato. « Non c'è carestia, non c'è gelata o siccità che ti rovina il raccolto, né malattia che ti ammazza le bestie, o grandine che ti spacca tutto. La fabbrica va avanti lo stesso. Sempre, per sempre. »

« Quest'anno, metà raccolto », commenta uno, mesto. « Per colpa del gelo. »

« E le bocche da sfamare sono sempre le stesse », continua quello che ha studiato. È un tipo sveglio, probabilmente sarà caporeparto e poi chissà, magari anche un dirigente. Tutti vogliono sentire cosa ha da predire e gli si fanno attorno. « Ma la fabbrica non ne ha di questi problemi. Le macchine non si ammalano, vanno col caldo e col freddo, possono anche non fermarsi mai. »

È tutto un coro di « *Giost* », « *L'è ira* », e « *Ta ghet resu.* »

« Tutto quello che serve è acqua. » Fa un gesto eloquente: alla confluenza di due fiumi l'acqua non manca di certo. « E operai. » Si batte il petto e poi li indica uno per uno, uomini e donne, perché a detta sua la fabbrica non guarda in faccia se sei maschio o femmina. Basta aver voglia di lavorare.

« Io sono stufo di spaccarmi la schiena nei campi per niente », sbotta un tipo piccolino, tutto ricurvo, come accartocciato su se stesso.

« Se ti assumono i Crespi », fa quello che ha studiato, « nei campi non ci devi più andare e la paga è sicura. »

Nel gruppo c'è uno che ormai avrà una cinquantina d'anni e non è sposato; si chiama Melchiorre e vive con la vecchia madre in uno dei locali nei nuovi *palasocc* accanto alla fabbrica: le persone si dividono tra quelli che lo compatiscono e quelli che lo guardano con sospetto. « Ma se andiamo tutti in fabbrica », salta su, pensieroso, « chi ci va poi nei campi? »

Attorno si fa silenzio. Sembra che nessuno ci avesse pensato.

« Se nei campi non ci va più nessuno », continua, « chi coltiva il grano? E chi ci dà il pane? »

« Il pane ce lo dà il *sciur* Crespi », interviene Carlo, portando un altro fiasco di vino.

In paese si sa che il Vitali è uno dei favoriti del padrone, e questo non piace a nessuno. La gente si è convinta che Carlo, per tenerselo buono, vada a riferirgli quello che si dice in giro, così quando arriva lui tutti zittiscono. E poi gira quella brutta voce sul suo conto...

« Seee », fa, secca, la Luigia dei Malberti.

Carlo trasalisce. Non sapeva che fosse lì anche lei, non l'aveva notata; ha l'abitudine di comparire all'improvviso, come uno spettro, e vestita a lutto mette ancor più soggezione. Da quando l'Oreste è morto, lei non gli ha più rivolto la parola. Nessuno dei Malberti lo ha fatto.

La Luigia lo trafigge con uno sguardo di ghiaccio. Ha in braccio un fagotto, l'ultimo dei Malberti, chiamato Remigio.

« Vieni, mamma », s'intromette Fredo, portandosela via come se fosse una reliquia.

Lei obbedisce, mansueta e orgogliosa di suo figlio, che si prende cura di lei.

Gli altri si guardano a vicenda, c'è imbarazzo nell'aria. Nessuno sa cosa dire. Poi voci lontane disperdono il gruppo, sembra che i Crespi siano arrivati.

## 2

Sono partiti da Milano risalendo il canale della Martesana. Nonostante tutte le accortezze, il viaggio è stato lungo, sfiancante. Pia, dopo il parto, è ancora debole, ma non c'è stato verso di farla ragionare: ha voluto esserci a tutti i costi. Al medico che consigliava prudenza ha risposto con garbo e fermezza che niente le avrebbe impedito di stare accanto a suo marito in un momento così importante.

Cristoforo non ha nemmeno provato a contraddirla, la conosce fin troppo bene. Le ha imposto l'aiuto di una balia, che tuttavia non è ancora riuscita a tenere in braccio il bambino, dal momento che Pia non lo vuole lasciare a nessuno.

Il piccolo Daniele è appena nato ed è un concentrato di perfezione, il visino tondeggiante, le gote rosee, occhi vispi che osservano ogni cosa con magico stupore. Non sa e non saprà mai di aver rappresentato per sua madre un così gran pericolo, di essere stato la minaccia della fine. È venuto al mondo con l'incoscienza e l'egoismo di chi si aggrappa alla vita.

Ad accoglierli sul fiume c'è la banda, che attacca un motivo trionfale. Un gruppo di bambine, vestite tutte uguali con un abitino a scacchi e fiocchi tra i capelli, corre incontro ai padroni e porge mazzolini di fiori alle signore. È tutto un inchino, una riverenza.

Cristoforo fa finta di non saperne niente e si mostra stupito, poi spinge avanti i figli che saltellano a tempo di musica. Maria Pia, che ha sei anni e si sente già una donnina, aiuta la sorellina Bice a distribuire doni ai bambini del villaggio, che sulle prime non osano accettare. Silvio invece è ipnotizzato dalla ciminiera: è da quand'erano sul fiume che non le stacca gli occhi di dosso. L'ha vista venire su, un pezzo alla volta, quando suo padre se lo portava appresso in cantiere, ma ogni volta che la rivede gli sembra non finisca mai. E da vicino è ancora più imponente.

«Quanto è alta?» domanda a suo padre.

«Ma te l'ho già detto, me lo chiedi tutti i giorni», fa Cristoforo.

A Silvio piace fare finta di non saperlo, è una specie di gioco. «Ma tu dimmelo lo stesso.»

«Settantadue metri.»

«Più della Madonnina?»

Attorno si levano risate e il bambino si sente ferito fino alle lacrime, ma stringe i denti e corre avanti.

Ci sono proprio tutti i Crespi, la famiglia al completo. Il vecchio Toni Tengitt, impettito nella redingote nuova, avanza con passo marziale davanti ai figli, Pasquale, Giuseppe e Benigno, con la moglie Giulia Morbio. Gli occhi delle donne sono solo per lei, così esile, pallida, aggraziata.

«Si vede che è una nobile», bisbiglia una contadina vedendosela sfilare a meno di un metro dal naso. Allunga la mano per sfiorarle il vestito, per sentire se è morbido come appare, ma Giulia è già passata oltre lasciandosi dietro una scia di profumo.

Pia, invece, per l'occasione ha scelto un abito di foggia più semplice, come se in mezzo a quella gente umile temesse di far sfoggio del proprio status. È un po' stordita da quell'accoglienza così calorosa, che le sembra eccessiva, immotivata.

«Dovrai abituartici», le sussurra Cristoforo all'orecchio, prendendola sotto braccio. «Siamo solo all'inizio.»

## 3

La casa è luminosa e muta. Emilia è sveglia da prima dell'alba. È stata immobile nel letto, fingendo di dormire; ha spiato suo padre alzarsi, andare al catino, radersi, lavarsi, vestirsi e annodarsi il fazzoletto al collo. È un giorno importante.

Per sua madre, invece, sembra un giorno come un altro, anzi forse uno peggiore.

La festa al villaggio sarà già iniziata da un pezzo, Emilia non vede l'ora di essere là per curiosare. Suo padre le ha raccontato che ci sono delle case nuove, appena costruite, coi bagni al piano, e che presto ci andranno a vivere. Forse avrà una stanza tutta sua, fantastica, mentre raccoglie la cenere della stufa da mettere da parte.

« Stai attenta a non sporcarti », ordina sua madre, « se no le prendi. »

Il vestito è nuovo, glielo ha comprato suo padre coi soldi dei Crespi. Emilia avrebbe dovuto far parte delle bambine che hanno accolto la *sciura* Pia sull'Adda, ci teneva tanto, ma ormai è tardi.

Carlo ha comprato un vestito nuovo anche per Amalia, che però l'ha lasciato nell'armadio senza nemmeno provarlo.

« Spostati », le fa zia Maria, e prende il suo posto alla stufa.

Emilia va a sedere su una sedia e aspetta. Non sa da quanto aspetta, ma ormai le sembra un'eternità. « Dobbiamo andare », ha detto prima a sua madre, « faremo tardi. » Per tutta risposta ha rimediato una sberla e l'ordine di pulire la stufa.

Amalia è seduta al tavolo, indossa un vecchio abito scuro che ultimamente le sta un po' largo, non parla, si torce le mani.

Il campanile batte undici colpi. Sembra che tutta la casa vibri, trattenendo il fiato.

Zia Maria si tira su con un lamento, immerge le mani nell'acqua gelida del secchio, le strofina vigorosamente. « Dovete andare », fa. « Carlo vi starà aspettando, sarà in pensiero ormai. »

Amalia non si muove, non risponde. La zia le punta addosso due occhi severi che valgono più di molte parole.

« Potevano venire le mie sorelle », borbotta. « Una, almeno. »

« Lo sai che c'è da fare il fieno. Preferivi andare a falciare l'erba? »

Sì, lo avrebbe preferito. Sa già che circondata da tutta quella gente che non conosce si sentirà a disagio; succede sempre: le manca l'aria, sente tutti gli occhi su di sé e vorrebbe correre via.

E poi vive nel terrore che la Voce decida di parlarle proprio mentre è in mezzo agli altri.

Carlo invece sembra così a proprio agio... Si è offerto di aiutare l'Agazzi alla nuova locanda e finirà col lavorare tutto il giorno, senza avere tempo per lei. Resterà sola contando i propri respiri, ad aspettare che quella tortura finisca.

«Allora tu», implora. «Perché non ci accompagni?»

«Ma cosa vengo a fare io? Non c'entro niente, e poi ho da fare qui a casa.»

«Quel posto non mi è mai piaciuto», ammette infine Amalia.

Zia Maria si asciuga le mani nel grembiule e si siede al tavolo accanto a lei. Amalia tiene il broncio, ha gli occhi bassi, arrossati. «Benedetta ragazza, come può non piacerti una cosa che non esiste?»

Lei non risponde. Nella sua testa ha tutto un senso, ma è così difficile da spiegare. «Quel villaggio non porterà nulla di buono.»

«*Oh, Signur!*» Zia Maria alza gli occhi al cielo. «La fabbrica porta lavoro e il lavoro porta denaro! Più buono di così...»

Amalia scuote la testa. «Il denaro non m'interessa.»

Zia Maria scoppia in una risata amara. «Dici così adesso, perché ci siamo noi. Ma io e tuo padre non siamo mica eterni. E quel povero disgraziato di tuo marito si spacca la schiena per farvi stare bene, a te e alla bambina.»

Quattro occhi puntano su Emilia che si sente rimpicciolire sulla sedia. «Non lo vedi che sei tutta storta?» sibila sua madre. «Stai su dritta, che se no diventi gobba.»

La bambina avvampa, poi si raddrizza cercando di trattenere il pianto.

«Non devi fissarti sulle tue convinzioni», continua zia Maria, rivolta ad Amalia. «Non va bene.»

«Non è una convinzione», borbotta lei. «È tutto vero, io lo so...» *Me lo ha detto Dio,* è sul punto di aggiungere.

«Come la storia dell'Agazzi?» la interrompe zia Maria.

Amalia sente una lama arroventata passarle tra le scapole e raggiungere il cuore. Perché nessuno la capisce?

« Hai visto com'è andata a finire. Tuo marito non può più neanche andare alla locanda dei Doneda. »

Amalia dà un'alzata di spalle. Neanche la locanda dei Doneda le è mai piaciuta.

*C'è qualcosa che ti piace?* fa una voce dentro di lei. Le piace stare a casa, in *quella* casa, con zia Maria, suo padre, le sue sorelle. Le piace uscire per andare a messa, perché in chiesa si sente un po' come a casa; le piace stare chiusa nel confessionale perché dopo si sente pulita. Le piace quando Carlo rientra e si scalda al calore del suo corpo. Le piacciono le cene silenziose, papà Renato che risucchia la minestra, le risatine di Emilia, lo scricchiolio del fuoco. Le piacciono le piccole cose che conosce.

« Hai detto che sarebbe morto, o no? » la incalza zia Maria. « Invece a me pare che sia ben vivo, grazie a Dio. »

« Ma io l'ho visto! » grida Amalia. « Ed era morto, schiacciato sotto un masso enorme. »

Zia Maria sbuffa e si rialza per troncare quella conversazione che si fa pericolosa, specie davanti alla bambina.

« Ma sua moglie Margherita è morta », continua Amalia. « È ascesa al Regno, e io l'avevo vista! L'avevo detto! »

« *Ma mochela!* » sbotta zia Maria. « Sei contenta che una povera donna è morta di parto, così puoi dire di aver avuto ragione? »

Amalia ammutolisce. Non era questo che intendeva.

« Bada bene a non andare in giro a dire queste cose », le ordina zia Maria. « In paese già ci additano, ci manca solo che si sparga la voce che porti anche sfortuna. »

Emilia, ritta sulla sedia, si sente morire. Alcune bambine a scuola dicono che sua madre è una strega, sono tutte un bisbigliarsi segreti all'orecchio e guardarla in tralice.

« Da domani il villaggio sarà la tua casa », taglia corto zia Maria, rivolta ad Amalia. « Tuo marito lo ha costruito, ci lavora e ci andrai anche tu, che ti piaccia o no. Questo è il tuo dovere. »

La pazienza è finita, e così anche la conversazione. Zia Maria solleva di peso Amalia e la spintona verso la porta. « Forza, fuori », ordina. « E comportati bene. »

Emilia, muta, si alza e la segue.

## 4

Al villaggio, la giornata prosegue a ritmo serrato tra discorsi pubblici, balli, brindisi. Ci sono il sindaco di Canonica d'Adda, di cui il villaggio è frazione, e il parroco di Trezzo, venuto a benedire gli stabilimenti.

Carlo è nel retrobottega, preso a spostare dei fusti, quando si trova accanto il padrone. Istintivamente si mette sull'attenti. Crespi non ci pensa su due volte, si toglie la marsina e si rimbocca le maniche per aiutarlo.

« Lasciate, faccio da solo », dice Carlo, più brusco di quello che avrebbe voluto. Poi spiega: « Vi sporcherete ».

Crespi non gli bada e comincia a spingere.

« Grazie », gli fa Carlo quando hanno finito.

« *Alüra, cümè nva?* » ribatte il padrone.

« Tutto bene, signor Crespi. »

Al padrone scappa una risatina, poi con un balzo e l'energia di un ragazzo salta sul fusto e, dopo averne offerto uno al suo operaio, si accende in tutta calma un sigaro. La festa gli piace, niente da dire; la banda, gli addobbi, i bambini, tutta quell'allegria. Ce n'è da festeggiare, dopo tutta la fatica, e i soldi e i rischi e la paura. Certo, è anche merito suo, è lui che l'ha voluto, ma quell'essere tanto al centro dell'attenzione, oggetto di tutti quei salamelecchi, idolatrato come un piccolo dio, al contempo lo mette un po' a disagio: si sente costretto a recitare una parte che non è del tutto sua. Si trova molto meglio qui, nel retrobottega, lontano dagli occhi della gente, seduto su un vecchio fusto, accanto a uno dei suoi uomini. Qui non deve nascondere di essere ancora un semplice *tengitt* che, alla fine di una giornata pesante, si gode un buon sigaro in sacrosanto silenzio.

« *I to done?* » domanda, dopo un po'.

Carlo non sa cosa rispondere: ci teneva a presentare al padrone sua moglie, e soprattutto la bambina, che grazie a lui quest'anno potrà continuare la scuola. Vorrebbe fargli vedere che i suoi soldi non sono sprecati, che Emilia merita davvero un'istruzione. Ma Amalia non si è ancora vista, e forse non verrà mai.

La delusione brucia. Che sua moglie non condivida e forse nemmeno possa capire è una cosa cui ormai si è rassegnato, ma, che tenga lontana dal villaggio anche Emilia, questo non può tollerarlo. Sente la collera salire e stringe i pugni.

Crespi intuisce che qualcosa non va e prova a minimizzare: « Vai a capirle, le donne. »

Entrambi scoppiano a ridere e per un breve istante, per Carlo, Crespi non è altro che un vecchio amico con cui ha condiviso tanto e con cui può essere se stesso.

È così che li sorprende Fredo, venuto a cercare il padrone per dargli la notizia che è giunta l'ora di avviare le macchine. Il primo istinto è quello di fare un passo indietro e mettersi a origliare: cosa avranno da dirsi di tanto segreto, se sono venuti a nascondersi nel retrobottega? Ma i due uomini non fiatano, guardano il fumo dei sigari avvitarsi su se stesso e poi disperdersi nell'aria. C'è tutto un discorso nel loro silenzio. Quel clima di perfetta complicità accende in Fredo ricordi dolorosi, acuisce il desiderio di cose mai avute, illumina il baratro di una solitudine che gli pare senza fondo.

Gira sui tacchi e batte in ritirata. Intercetta suo fratello Canèta che si sta azzuffando con dei ragazzini e lo richiama con un fischio. Il ragazzo si fa largo nella mischia e lo raggiunge con un gran sorriso in volto. Stravede per lui. Se Fredo gli chiedesse di buttarsi nel canale, il Canèta lo farebbe senza pensarci un attimo.

« *E che* », gli dice Fredo.

Il Canèta gli avvicina l'orecchio alle labbra.

« Dobbiamo trovare il *sciur* Crespi. Io lo cerco di qua e tu vai di là. » Indica verso il retrobottega. « Se lo trovi prima di me, digli che è ora di venire a dare il via alle macchine. Hai capito? »

Canèta annuisce. È orgoglioso che suo fratello gli abbia affidato un compito così importante. Non vuole deluderlo, troverà il padrone a qualunque costo.

« Guarda che non c'è tempo da perdere », sottolinea Fredo, trattenendo il fratellino per la camicia. « Qualsiasi cosa stia facendo, me lo devi portare qui, subito. »

Il ragazzo parte come un fulmine. Toccherà a lui fare la parte del guastafeste, non certo a Fredo.

Poco distante, la loro madre è seduta a un tavolo della locanda, da sola. Tiene in braccio Remigio, che ha meno di un mese ed è così piccolo e giallo che probabilmente non arriverà a Natale, ma tanto meglio così.

Il villaggio invece è appena nato ed è già così vivo. I marmocchi corrono, le mamme li redarguiscono, i padri giocano a carte, i ragazzi si mettono in mostra, le ragazze li ignorano. Il parroco vede ogni cosa, annota ogni volto, carpisce brandelli di conversazione; nella prossima predica parlerà del dono della speranza che ci ha fatto nostro Signore, da non confondere tuttavia con la tentazione diabolica, che è anticamera dell'inferno, garanzia di perdizione, certezza di sofferenza eterna. Insieme a lui ci sono autorità in divisa e stivaloni lucidi, signori in redingote con cravatte fermate da spille d'oro e operai in maniche di camicia, a capo scoperto. Le signore, prigioniere di busti steccati, ganci metallici, corpetti e vari strati di sottogonne, tollerano stoicamente il caldo agitando preziosi ventagli. Le operaie non hanno di questi problemi.

La Luigia si guarda in giro disorientata. Riuscirà mai a essere parte di questo immenso ingranaggio che le ruota attorno?

Da lontano la *sciura* Pia la nota. Qualcuno le si china all'orecchio e le sussurra qualcosa, allora il suo volto cambia espressione, annuisce e si dirige verso la Luigia con passo deciso. La Malberti è colta dal panico, non saprebbe cosa dire alla moglie del padrone, lei non sa mica parlare; si osserva le mani, grandi e rugose, le unghie sporche di terra, i graffi sul dorso, e il polsino del vestito liso, il nero sbiadito della manica, il rattoppo in bella vista.

Il panico si trasmette dalla madre al bambino e il piccolo Remigio si agita tra le sue braccia. La Luigia fa per alzarsi, per scappare via.

«*Mama*», le fa Fredo, giungendole da dietro e posandole una mano sulla spalla.

La Luigia guarda su e s'illumina. Da quando l'Oreste non c'è più, Fredo è diventato la colonna della famiglia, il centro dell'universo. Pensa a tutto lui, i soldi, la casa; le ha trovato perfino un lavoro in filatura, qui dai Crespi.

« Signora Malberti », la saluta Pia, allungandole la mano guantata.

La Luigia la guarda senza sapere cosa fare, se stringerla, baciarla o che altro, poi si alza e fa una piccola riverenza. È la prima volta che la chiamano signora, suona così strano.

« State, vi prego. Non affaticatevi », dice Pia. Sorride e allunga il collo per dare una sbirciatina al neonato. « Vedo che Remigino cresce bene. » E davanti allo stupore della donna spiega: « Vostro figlio Alfredo ci tiene costantemente aggiornati. È un così caro giovane; sarete ben fiera di lui, immagino ».

L'arrivo della moglie del padrone ha convogliato l'attenzione della gente. La Luigia sente su di sé tutti gli occhi del paese, fa sì con la testa e la bocca spalancata, senza riuscire a dire una parola.

Segue un silenzio breve e denso d'imbarazzo.

« Dovete perdonarla, signora Crespi », interviene Fredo. « Mia madre è ancora molto provata. »

« Ma certo, ma certo », mormora Pia. « Siamo tutti addolorati per la morte del vostro caro marito. È stata una tragedia d'immane portata. Oreste era uno dei primi e migliori operai di questa ditta, un lavoratore instancabile, un uomo di grande rettitudine morale, un vero tesoro. »

Fredo sente parole d'odio salirgli in gola. Deglutisce e manda giù.

« Voglio che sappiate che il suo valore non sarà dimenticato e che potrete sempre contare sull'aiuto dei Crespi. »

« Grazie », riesce finalmente a dire la Luigia mentre le si riempiono gli occhi di lacrime.

Anche Pia è commossa. Nonostante tutte le differenze, sente che molto la accomuna a quella donna. Sono entrambe madri e hanno dato da poco alla luce una creatura, le medesime preoccupazioni le tengono sveglie la notte.

« Sono proprio una benedizione », fa, riferendosi ai neonati che dormono tra le loro braccia.

Fredo ora non riesce a trattenere un ghigno sarcastico, che camuffa in un colpo di tosse.

Lui c'era quella notte: l'ultima notte dell'Oreste e la prima di Remigio. Ha visto tutto.

Dolorante, rotto dentro e fuori, Fredo si è rifugiato nella stalla. Poco dopo ha sentito gli altri rincasare vociando. Ha provato l'istinto di correre fuori, di mettersi davanti a loro, sbarrandone il passo. *Non entrare!* avrebbe voluto gridare a sua madre. Ma la paura lo ha trattenuto. È rimasto rannicchiato con l'orecchio teso, sperando di sbagliarsi.

Non è trascorso molto tempo che la porta della stalla si è spalancata. Suo padre ha trascinato dentro la Luigia tenendola per i capelli, come faceva sempre. Le ha mollato due ceffoni per zittirla, poi l'ha presa contro il muro, sputandole addosso parole d'odio.

L'Oreste sapeva che era lì anche lui, che aveva uno spettatore? Era così ubriaco che non avrebbe distinto suo figlio da una scrofa; o forse voleva che vedesse, per impartirgli la lezione: che le conseguenze delle sue azioni, delle sue scelte ricadevano sempre sulla famiglia. O, più probabilmente, se n'è fregato e basta.

Altro che benedizione, Remigio è figlio della violenza e, se supererà l'inverno, sarà una bocca in più da sfamare.

«Grazie», dice Fredo, per dire qualcosa.

Di nuovo si crea un vuoto di parole. Le persone si guardano tra loro senza osare aprir bocca. Poi da lontano si sente la banda intonare una marcia trionfale.

È giunto il momento di accendere le macchine.

## 5

Emilia attraversa il campo saltellando, poi si ferma di colpo. Il sole disegna sul terreno ombre corte, sua madre avanza lentamente. Da lontano giungono fino a loro le note acute di un motivetto trionfale.

«C'è la banda!» fa la bambina, e si mette a correre.

«Vai piano!» grida Amalia.

Ma Emilia non può sentirla, nelle orecchie ha il fruscio del vento e il rimbombo del proprio cuore felice.

Quando arriva al ponte sul Brembo, si ferma. Il fiume scorre placido e verde da millenni; oltre c'è il futuro. Suo padre le ha parlato molte volte della fabbrica, del villaggio, della loro nuova casa. Dice che ci sono tanti bambini, figli degli operai come lei, con cui potrà giocare dopo la scuola. Le ha parlato anche del padrone, dice che è una persona buona e generosa, il più intelligente di tutti, e che si prenderà cura di loro. Emilia ha fantasticato a lungo su di lui, se lo immagina molto alto, corpulento, con le gote arrossate e folti mustacchi bianchi, sempre sorridente. Non vede l'ora di conoscerlo, di vedere com'è davvero, di sentire il timbro della sua voce.

Emilia scalpita, si guarda indietro. Amalia è ancora piccola in lontananza.

« Mamma! » fa, impaziente. Vorrebbe correre di là, verso il futuro, ma sua madre è stata chiara, perentoria: al fiume non si deve avvicinare. Mai.

Quando arrivano al villaggio lo trovano deserto ed Emilia rimane un po' delusa. Dove sono finiti tutti? Dove sono la banda, gli operai, i bambini? E, soprattutto, dov'è il padrone?

« Sono tutti dentro lo stabilimento », fa un tipo senza una gamba, avanzando verso di loro sulle stampelle. « Forse fate ancora in tempo. »

« Andiamo, mamma », fa Emilia, strattonando sua madre per la gonna. « Corriamo! »

Amalia però è stanca, la camminata sotto il sole l'ha sfinita: non ha nessuna intenzione di andare a farsi spintonare da tutta quella gente dentro il cotonificio. E soprattutto ha riconosciuto l'Agazzi. Certo, nelle sue visioni è molto diverso, irriconoscibile, ma non ha dubbi che sia proprio lui, e non solo per via della gamba. C'è qualcosa di magnetico che le impedisce di allontanarsi.

« Vai, svelta », dice a Emilia. « Ma stai attenta! » le grida dietro, senza essere udita.

Amalia e l'Agazzi si scambiano uno sguardo rassegnato, poi l'oste le fa strada verso la locanda e le indica una sedia all'ombra. « Vi porto un bicchiere di vino? »

Amalia però non beve, è peccato.

« Un po' d'acqua, bella fresca? » continua l'Agazzi. « Con questo caldo... »

Sì, l'acqua può andare. Amalia annuisce, poi resta a guardarlo mentre si allontana. Nonostante gli manchi una gamba, è pieno di energie. In un attimo è di ritorno col garzone, che porta una brocca e un bicchiere. L'Agazzi liquida il garzone e le versa personalmente da bere, poi rimane a fissarla.

È bella, Amalia. Ha una carnagione così pallida che sembra trasparente, sulla pelle del polso s'intravedono vene bluastre; ha occhi intensi, penetranti. I capelli nero corvino - come quelli della bambina, che li ha ereditati da lei - spiccano in questo candore; li ha raccolti in una crocchia da cui sfuggono alcune ciocche.

Gli sembra di averla già vista prima, pensa l'Agazzi, ma se fosse così se ne ricorderebbe. O forse è la somiglianza con le Madonne di certi dipinti che gliela fa sembrare nota, amica.

Amalia si sente a disagio, avvampa, abbassa lo sguardo.

« Ho anche io un bambino, sa », fa lui. « Di pochi mesi. » E poi, senza sapere perché, aggiunge: « La madre è morta di parto ».

« Sì, lo so », risponde Amalia.

« Oh », fa l'Agazzi, colto di sorpresa. Allora è vero che si sono già incontrati. Ma quando? E come può aver dimenticato questa bellissima Madonna ombrosa?

« E dov'è il vostro bambino ora? »

« Con delle zie... ma solo per oggi. »

L'Agazzi ha dovuto pregare per avere un po' di aiuto. Dopo la morte di Margherita, i rapporti coi Doneda si sono sgretolati. Certo, non ha aiutato il fatto che lui si sia impuntato a voler chiamare il bambino come il padrone, e non come il nonno; il vecchio Cesare non ha commentato, ma si vedeva che era offeso. La decisione di venire a lavorare al villaggio poi è stata la goccia che ha fatto traboccare il vaso. Sono volate parole grosse. Ingrato, traditore, assassino addirittura. E così adesso il piccolo Cristoforo se lo deve crescere tutto da solo. Riuscirà a adempiere a un compito così importante e delicato, per di più senza una gamba?

La consapevolezza gli piomba addosso come un masso, si sente stanco ed è costretto a sedersi.

« Vostro figlio avrà una vita lunga e piena », gli dice Amalia.

« Grazie », fa lui, senza rendersi conto che è una premonizione, e non un semplice augurio. « Ci siamo già conosciuti? » le chiede infine, non riuscendo a trattenere oltre la curiosità.

Amalia fa no con la testa. « Io però vi ho visto. »

*Dev'essere stato in ospedale o forse alla Locanda del Brembo*, pensa l'Agazzi, mentre davanti agli occhi di lei si compone la visione del suo volto scarnificato, appiattito, informe.

« Scusate. » Amalia si leva di scatto, negli occhi sembra le si sia accesa una fiamma nera. « Adesso devo proprio andare. » Deve correre via, lontano da quell'uomo che risveglia in lei orribili presagi, e subito: prima che Dio alzi la voce.

« Restate, vi prego! » grida l'Agazzi. « Siete... bellissima. »

« Perdonatemi », fa lei, ormai lontana. « Non è colpa vostra. »

Da dietro un albero, nera come la corteccia, la Luigia dei Malberti ha visto e sentito ogni cosa.

## 6

Lo stabilimento è luminoso e immenso, pare non debba finire mai. Le macchine sono state disposte con ordine, tutte in fila: un susseguirsi di ruote e ingranaggi in ghisa e ferro, da cui il cotone, bianchissimo, entra ed esce come in un labirinto. Sembrano soldati diligenti in attesa dell'aprite il fuoco.

Silvio ha dieci anni e non è la prima volta che viene qui: ha accompagnato spesso suo padre, con lui ha studiato mappe e progetti, ha visto venire su il cotonificio un mattone dopo l'altro. Si ricorda le maestranze, tra cui anche numerosi ragazzini non di molto più grandi di lui, in equilibrio precario sui tetti e sui ponteggi, con pale, picconi e sacchi pesanti sulle spalle; e schiere di cavalli che trainavano carichi enormi sbuffando come locomotive, incitati dalle grida degli uomini; poi ruote che rimanevano impantanate nel fango, e allora tutti giù a spingere. Infine, un giorno di primavera, la fabbrica quasi completa: lunghe file di finestroni a intervalli regolari sovrastate dal simbolo del villaggio, la stella a otto punte in cotto, e l'ingresso della filatura così curato nel dettaglio che pareva il portale di una chiesa.

Conosce bene questo posto, Silvio, ma stavolta è diversa. Oggi a lui spetta il compito di gettare nella Crighton, la macchina che apre il cotone, la prima manciata di grezzo, il gesto simbolico che darà il via alla fabbrica.

È stato Cristoforo a volere che sia lui a farlo. Prima, però, ha preteso che studiasse ogni cosa, nel dettaglio, alla perfezione.

« Come si chiamano questi? » lo ha interrogato nei giorni scorsi.

« Questi sono fusi, papà. »

« Sì, ma quali? Dillo bene, che lo sai », ha insistito. « Forza. »

« Sono fusi *continuus* della ditta *Platt Brothers*, dall'Inghilterra. »

« E quanti ne abbiamo qui? »

Silvio proprio non lo ricordava. Sono così tante le cose da tenere a mente, oltre al latino, al catechismo, al francese.

Suo padre gli ha mollato uno scappellotto, non tanto forte da fargli male, ma abbastanza da umiliarlo. « Ne abbiamo cinquemila, quante volte te lo devo ripetere? » Poi, rabbonendosi, ha aggiunto: « Le devi sapere, queste cose ».

L'operaio che era con loro – « Signor Vitali », lo deve chiamare, e guai se gli scappa un « Carlo », allora sì che suo padre va in bestia – gli ha fatto di nascosto una carezza, che è riuscita solo a farlo sentire ancora più piccolo e stupido.

« Ma perché? » ha chiesto Silvio quella sera a sua madre, che lo stava mettendo a dormire. « Perché devo sapere tutte queste cose? »

Pia ha sorriso. « Perché sono tue », ha risposto con semplicità.

Silvio non le sente sue. Suoi sono i quaderni, i libri, qualche balocco, i vestiti, le scarpe. La fabbrica è una cosa troppo grande, troppo distante per lui.

« Tuo padre ha costruito tutto questo per te », ha continuato Pia con una vena di malinconia nella voce. « Questi anni voleranno in un attimo e presto sarai grande, diventerai uomo. Allora toccherà a te dirigere il cotonificio. È un compito delicato, importante, e tuo padre vuole che tu sia pronto.»

Silvio non vuole deludere suo padre. «Io sono pronto», ha ribattuto.

«Quasi», ha concluso Pia baciandogli la fronte.

*Quasi*, pensa Silvio. Proprio sotto gli stabilimenti c'è un enorme scantinato coi soffitti in mattone a volta. Lo usano, gli ha spiegato suo padre, per lo stoccaggio del cotone grezzo e per le merci in transito. È un luogo buio, immenso, con poche finestre, che puzza di umidità; dietro tutte quelle colonne che reggono la costruzione soprastante potrebbe nascondersi qualsiasi cosa. Cerca di mostrarsi tranquillo quando vi entra, ma un brivido improvviso, quasi una specie di premonizione, la sensazione di avere qualcuno alle spalle - uno spirito maligno? - lo spinge a cercare la mano di suo padre, ad aggrapparsi a lui. Il bambino si disprezza per questo, ma non riesce a cacciare via l'inquietudine che quel posto gli trasmette. Scruta con gli occhi nell'oscurità, le merci sono enormi creature che lo seguono con lo sguardo, si muovono impercettibilmente, forse potrebbero mangiarlo. Se si perdesse lì dentro non lo ritroverebbero mai più.

Cristoforo fa finta di non accorgersene, si limita a tenerselo vicino. Teme il giorno in cui suo figlio non cercherà più la sua mano.

*No*, pensa Silvio, *per i sotterranei non è ancora pronto*. Invece il suo posto preferito è il canapone, la stanza sul canale che ospita la turbina. Qui c'è un rumore assordante, così gli operai per intendersi sono costretti a urlare facendo smorfie buffe, e quando esci per un po' non ci senti più. È questo il vero motore della fabbrica, dove la magia diventa realtà: la turbina muove lunghissime funi che corrono sotto il livello dello stabilimento azionando le macchine. Senza il canapone il cotonificio sarebbe immobile, inutile.

Conosce tutto di questo posto, Silvio. Ha studiato, s'è messo d'impegno.

La teoria, però, non è mai come la pratica. E adesso che sulle sue spalle grava la responsabilità di dare vita alla fabbrica, sotto gli occhi di tutta quella gente, e del sindaco, del parroco, ma soprattutto di suo padre, si rende conto che la Crighton è molto più grande di lui. Come faranno, si domanda, gli altri bambini che lavorano qui?

Carlo – « il signor Vitali » – gli allunga un predellino, poi gli regala un sorriso incoraggiante.

Tutti aspettano in silenzio. Silvio prende un bel respiro, sale sul predellino. Il cotone è soffice e caldo nella sua mano sudata. E se gli rimanesse attaccato? E se si rendesse ridicolo davanti a tutti? Un altro profondo respiro. Senza pensare oltre getta una manciata di cotone grezzo nella macchina. Dopo una breve pausa e un singulto, l'impianto si mette in moto ronzando come un enorme gatto che fa le fusa.

Dalla folla si leva un « Ooooh! » di meraviglia e sollievo. Tutti applaudono. Carlo gli fa un cenno col capo: *Sei stato bravo!* Suo padre finalmente sorride. Grandi strette di mano. Gli operai sono contenti, adesso si comincia sul serio.

Silvio tira un sospiro di sollievo. È andata bene.

Ora il cotonificio è davvero roba sua.

## 7

Da lì dietro, Emilia non riesce a vedere niente. Si alza sulle punte, saltella sul posto, ma un muro di schiene le ostruisce la visuale. Un attimo prima che l'impianto venga avviato c'è un silenzio irreale, tutti aspettano trattenendo il respiro; poi la macchina si sveglia con un ruggito, fa un rumore infernale; il pavimento vibra, vibrano le vetrate sul soffitto, vibrano le colonne in ghisa e vibrano anche le persone: sembra che debba venire giù tutto lo stabilimento. Emilia si tappa le orecchie e si domanda come farà suo padre, quando tutte quelle macchine insieme saranno in funzione, a restare lì dentro senza diventare sordo. Dove sarà adesso?

La gente è contenta, applaude, si stringe le mani, si abbraccia, i padri issano sulle proprie spalle i bambini.

Qualcuno che Emilia non riesce a vedere fa un breve discorso; non si sente bene, ma sta parlando di progresso, di futuro, di speranza, di eredità. Dev'essere il padrone, senza dubbio. Poi la banda ricomincia con un motivetto trionfale e tutti sciamano fuori commentando l'evento.

« Una gran bella inaugurazione », fa uno, passandole accanto.

« Il *sciur* Crespi non ha badato mica a spese. »

« Facile, quando hai i *dané*. »

« E adesso ne farà ancora di più. »

Un giovane uomo si ferma proprio di fianco a Emilia. Non la nota nemmeno, ma lei lo osserva a lungo. È diverso da tutti gli altri, e non solo perché è vestito con ricercatezza ed emana un buon profumo di sapone. C'è qualcosa in lui, qualcosa di... Emilia non sa dare un nome alla sensazione.

Altri uomini e donne escono dalla fabbrica, sembra non debbano finire mai. La gente continua a uscire, spinge e tira, impaziente di raggiungere l'esterno dove l'aria è più leggera. Un bambino scalpita per unirsi ai fratelli, urta con la spalla Emilia, che cade col sedere a terra.

« Ahia! » fa la bambina.

Nessuno pare accorgersi di lei, nemmeno quelli che le sono accanto. Scarpe lucide si fermano proprio davanti a loro. A Emilia sembra di riconoscere la voce del padrone e poi quella di suo padre che dice: « Non mi piaceva il suono che ha fatto la Crighton. Più tardi passo a dare una controllata ».

« *Puo ndumà* », risponde Crespi. « Oggi è festa. »

Sanno entrambi che prima del tramonto Carlo andrà a controllare.

Poi finalmente notano la bambina a terra.

« Cosa ci fai lì? » le domanda Carlo, prendendola in braccio. « Dov'è la mamma? »

*Mi hanno buttata a terra,* vorrebbe dire. *Mi hanno fatto male.*

Sua madre però le ripete in continuazione che non bisogna mai lamentarsi. « Tutto quello che accade è perché lo vuole Dio », ripete. Quando Emilia ha trovato il coraggio di chiederle se anche le cose brutte accadono perché le vuole Dio, Amalia non si è arrabbiata. « Soprattutto quelle », ha risposto prontamente. E poi, davanti alla bambina che mostrava di non comprendere, le ha spiegato: « Le prove cui il Signore ci sottopone sono una misura del suo amore per noi. Più Dio ti vuole bene, più pretenderà che tu sia forte, coraggiosa. Non lo farebbe se non fosse certo che puoi tollerarlo, perché ti conosce, ti ha creata lui ». Poi si è oscurata in volto e, puntandole un dito dritto in faccia, ha concluso: « E se lo deluderai, mostrando di non accettare il suo volere, allora lo farai arrabbiare ».

Non le ha mai detto che cosa comporterebbe se Dio si arrabbiasse, ma Emilia immagina che sia qualcosa di terribile, e non osa chiedere.

« Vi aspettavo », fa, provocando risate tra i presenti.

« Questa è mia figlia », dice Carlo, gonfio d'orgoglio, rivolto a Crespi. « Anche lei ha dieci anni, come il vostro Silvio. »

Il padrone le allunga la mano, la bambina la stringe come le è stato insegnato. Ha occhietti furbi, vivaci, e i capelli quasi tutti bianchi, è molto diverso da come se l'era immaginato Emilia.

« Saluta », fa Carlo, dolce e imperativo al contempo.

« Mi ha detto tuo padre che sei brava a scuola », dice il padrone. « È vero? »

« Sì, signor Crespi », replica Emilia. « Mi piace il latino. »

« Anche al mio Silvio piace », commenta il padrone guardandosi attorno in cerca del figlio, che però si è dileguato tra la folla. « Allora da grande diventerai una brava operaia. » E, davanti a Emilia che non sa cosa dire, aggiunge: « Vuoi diventare un'operaia? »

« Certo, signor Crespi. »

« Brava bambina », le dice il padrone scompigliandole i capelli con una carezza. « E allora continua a studiare, che è importante. »

Emilia sta per rispondere che sì, continuerà a studiare, e s'impegnerà per non deluderlo, ma un giovane ben vestito richiama su di sé l'attenzione del padrone.

Crespi ascolta quello che il ragazzo gli sta sussurrando all'orecchio, poi annuisce. « Bravo, Fredo. »

Il ragazzo gonfia il petto. « Andiamo », fa, ignorando Carlo ed Emilia. « Da questa parte. » E si porta via il padrone, senza mai voltarsi indietro.

# 8

Domani si trasferiranno in uno dei *palasocc*, i palazzoni che il padrone ha fatto costruire proprio accanto alla fabbrica per accogliere gli operai. Amalia li osserva con sguardo diffidente: sono tre parallelepipedi in cemento, grandi, solidi, austeri, sulla cui facciata si aprono finestre a intervalli regolari; non belli, ma certamente funzionali, destinati ad accogliere dodici famiglie ciascuno. Carlo ed Emilia saltellano dentro.

« Vieni? » le dice suo marito voltandosi indietro.

Dentro c'è una gran confusione. Alcuni hanno già iniziato a portare lì le loro cose ed è tutto un viavai di gente indaffarata, bambini che gridano, ceste che si passano di mano in mano, porte che sbattono. Riuscirà Amalia a vivere lì dentro?

Le stanze riservate al Vitali sono all'ultimo piano e si raggiungono salendo uno scalone. In fondo al corridoio c'è la latrina in comune. Emilia canticchia il motivetto della banda mentre esplora ogni angolo. « Stai attenta », prova a frenarla sua madre.

Qualcuno esce da una stanza tenendo per il collo una gallina che ha i minuti contati e non osa più nemmeno ribellarsi.

« Noi siamo qui », dice Carlo, spalancando la porta.

La bambina si fionda all'interno ed è tutta un'esclamazione di meraviglia. Amalia si ferma sulla soglia e sbircia dentro. La casa è grande, non c'è che dire, più grande di quella dove vivono adesso, soprattutto se si considera che ci staranno solo in tre. Alte finestre danno luce e aria alle stanze, di cui una, la più ampia, ha una stufa in ghisa in un angolo, regalo del padrone ai suoi operai. A ben vedere, però, manca tutto.

« Qualcosa ci porteremo da Boltiere », spiega Carlo, « il resto lo posso sempre costruire. »

Emilia si sporge dalla finestra per osservare il panorama. Le loro stanze sono rivolte verso il canale e l'Adda, che però da qui non si riesce a vedere, nascosto dalle chiome degli alberi.

Il cotonificio è a due passi. Amalia sa che sarà la seconda casa di suo marito, o forse addirittura la prima. Da qui riusciranno a sentire il suono delle macchine, anzi non potranno liberarsene, e anche a riposo Carlo starà lavorando.

«E poi ti potrei comprare qualcosa», continua lui. «Con questo impiego adesso ce lo possiamo permettere.»

«Io vorrei...» salta su Emilia. «Io vorrei un letto a baldacchino con delle tende pesanti per chiudermi dentro, come nei castelli.»

Carlo finge di darle una sculacciata. In dieci anni, anche quando se lo sarebbe meritato, non l'ha mai sfiorata, se non per accarezzarla.

«Vieni qui, tu», le dice. «Hai sentito cosa ha detto il padrone. Devi fare la brava, altrimenti non potremo vivere al villaggio.»

Amalia è già uscita. È immobile nel ballatoio, sembra che ci sia qualcuno con lei. Carlo la raggiunge in pochi passi.

La Luigia dei Malberti con tutti i suoi figli occupa le stanze proprio di fronte alle loro. Anche lei è venuta a prendere visione dei locali che da domani saranno casa sua e di tutta la marmaglia. È ritta sulla soglia. Tiene in braccio quel fagotto così piccolo che sembra un gattino, e non dice una parola.

«Buongiorno», la saluta Amalia.

La Malberti non risponde, ma continua a guardarla con aperto disprezzo.

Carlo si porta via moglie e bambina. «Andiamo, adesso, si è fatto tardi.»

Ridiscendono le scale sentendo su di sé gli occhi della Luigia che non li molla un secondo. Quando sono fuori dalla visuale, la Malberti avanza fino alla ringhiera e si sporge quel tanto che basta perché la possano udire tutti, dentro e fuori il palazzo.

«Baldracca!» grida, all'indirizzo di Amalia.

## 9

Il grosso degli operai se n'è andato, quelli che restano si godono la frescura sonnecchiando all'ombra. Alla locanda è ora di rassettare, raccogliere i cocci dei boccali rotti, ritirare i tavoli, fare l'inventario e la lista della merce da riordinare, tirare le somme della giornata.

*È andata bene,* pensa l'Agazzi, mentre si aggira controllando ogni cosa. Meglio del previsto. Di vino è rimasta solo qualche bottiglia, gli incassi sono buoni, li userà per ordinare nuova merce con qualche scorta in più. È stata un'idea furba quella di tenere i prezzi un po' più bassi; la maggior parte qui sono contadini, che sarebbero stati frenati dall'idea di sperperare un patrimonio in festeggiamenti: a loro piace comprare a buon mercato, li fa sentire al sicuro. Certo, il Cesare dei Doneda un'idea simile non l'avrebbe mai approvata, ridacchia tra sé l'Agazzi; anzi, non gli sarebbe neanche venuta in mente, attaccato com'è ai soldi. Ma sulle lunghe distanze vince l'oste generoso, così la pensa l'Agazzi.

Al pensiero della vita di prima è colto da un moto di disgusto, poi subito di sollievo e infine di dolore. La memoria torna a Margherita, che a suo modo lo ha amato, che gli ha dato un figlio e che ora non c'è più. Pure lui l'ha amata. Il loro è stato un matrimonio d'incomprensioni e piccole guerre, di ripicche, di ricatti, ma è stato anche un matrimonio d'amore. Se Margherita non fosse morta dando alla luce il loro unico figlio, forse ora sarebbe qui con lui: nella locanda che finalmente porta il suo nome. Non sarebbe stato facile, ma alla fine l'avrebbe convinta; costretta, forse: era pur sempre sua moglie e gli doveva obbedienza. Se la immagina che ciondola in cucina lamentandosi del caldo, del freddo, della fatica, della noia, mentre mescola la zuppa o affetta il pane, come l'ha vista fare tante volte. Avrebbero potuto essere felici, insieme al villaggio.

Ed ecco il volto della Madonna ombrosa conosciuta quel pomeriggio affacciarsi ai suoi pensieri. Chi era? Come faceva a conoscerlo? Perché non ha memoria di lei? E soprattutto perché è scappata via a quel modo?

È ancora smarrito nel ricordo di Amalia quando sulla soglia della locanda compare una figura femminile. Controluce non la riconosce subito.

«*Lüis*», fa sua cognata.

La sorella di Margherita è l'unica che sia stata disponibile ad aiutarlo, pur con una certa riluttanza. Tutti i Doneda gli hanno voltato le spalle, eccetto lei.

Ha in braccio il piccolo che ha sette mesi e alla vista dell'Agazzi scalcia come un torello ed emette gorgoglii di gioia. Poco dopo la sua nascita, il bambino è stato battezzato nella chiesa di Brembate col nome di Cristoforo, che suo padre ha voluto dargli in onore di Crespi. Ma la gente del villaggio pensa che di Cristoforo ce ne debba essere uno, e uno solo, ché a nominare il nome del padrone invano si fa peccato. Così si sono affrettati a trovargli un soprannome: il figlio del locandiere sulle carte si chiama Cristoforo Cesare Agazzi, ma tutti lo conoscono come Rino.

«Sono venuta a riportarti tuo figlio», fa la donna. «Non posso più tenerlo.»

L'Agazzi si sente mancare. «Devo ancora finire qui.» Come può occuparsi della locanda e del bambino insieme?

«Ti ho portato questo», fa la sorella di Margherita porgendogli uno scialle.

Che se ne fa di uno scialle? Forse per asciugarsi tutte le lacrime che deve ancora versare? È un presagio? Un augurio?

L'Agazzi la guarda senza capire. Lei gli fa cenno di sedersi, gli porge il bambino e glielo lega addosso usando proprio lo scialle. Il piccolo Rino, stretto in quella dolce morsa che lo fa sentire sicuro, a contatto col corpo caldo del padre, si cheta.

«Così puoi tenerlo sempre con te», fa la donna.

È una pratica che adottano tutte. Si legano addosso i loro bambini, ora sul petto ora sul dorso, a seconda di quello che hanno da fare, e continuano a lavorare. Non importa che mansione svolgano, se siano contadine che arano i campi od operaie addette alla filatura. Non c'è mica tempo per fermarsi a crescere i figli.

L'Agazzi rimane un attimo stordito nel considerare quanto fosse semplice la soluzione, cui tuttavia non aveva pensato. «Grazie», dice.

La sorella di Margherita è già sulla porta. Si volta ancora, la sua ombra disegna una sagoma scura nel riquadro di luce.

«Non posso più tenertelo», ripete a bassa voce. Si vergogna

di quello che sta facendo, ma non ha scelta. «Non portarmelo più. Ti devi arrangiare.»

*Va bene,* vorrebbe dirle l'Agazzi. E vorrebbe ringraziarla ancora, perché sa quanto dev'essere stata dura tenere testa a Cesare e ai Doneda. Ma la donna se n'è già andata senza voltarsi indietro.

Non vivono distanti, li separa appena un fiume che nei periodi di secca si può anche guadare a piedi, eppure non la vedrà mai più. Non vedrà mai più nessuno dei Doneda, come se insieme alla gamba gli avessero amputato anche un pezzo della vita precedente.

## 10

Quando Carlo, Amalia ed Emilia escono dai *palasocc,* la luce li abbaglia. Proprio lì davanti c'è un gruppo di bambini che sta giocando a rincorrersi, e gli occhi di Emilia s'illuminano di gioia.

«Vai», le dice suo padre.

«Ma non fare tardi!» aggiunge Amalia, severa. «E stai lontana dal canale!»

Emilia si getta nella mischia e non l'ascolta più.

«Andiamo», dice Carlo, prendendo sua moglie sotto braccio. «Facciamo due passi.»

Camminano a lungo senza parlare, Amalia si fa portare, guardandosi attorno. La campagna, qui, è ancora tutta da domare. La strada battuta diventa presto un sentiero che si perde in un bosco fitto di rovi, dove la luce fatica a farsi largo; le grida lontane dei bambini vengono cancellate dal fruscio della brezza che agita le chiome degli alberi, a intervalli regolari si sente un picchio impegnato a costruire la propria casa al sicuro dai predatori.

«Perché non ti piace?» chiede Carlo all'improvviso. È una via di mezzo tra una domanda e una lamentela.

Amalia è colta di sorpresa. « Ma no, non è vero che... » L'occhiata di suo marito la ammutolisce.

C'è un patto tra di loro, un patto silenzioso, mai pronunciato. Carlo non ha mai cercato di capire: l'amore non giudica, si limita ad accettare. Lui accetta le visioni, i bruschi cambiamenti d'umore, quelle crisi improvvise e furiose; non si domanda da dove provengano, se da Dio, come lei sostiene, o da un granello invisibile che ogni tanto inceppa la sua mente fragile. Quando l'ha sposata, ha scelto di prenderla così, tutta intera, con le luci e le oscurità, che nell'insieme compongono la persona imperfetta, unica, irripetibile che è; e, se fosse possibile sottrarre o aggiungere qualcosa a questo insieme, Carlo non saprebbe più amarla. Con lui Amalia non finge di essere diversa da com'è. Non deve mentire. Se però venisse meno il patto di sincerità che hanno stretto, la loro unione si sgretolerebbe.

« Questo lavoro, questo villaggio », confessa Amalia, « ti porteranno via da me, da noi. »

Carlo ride e lei si sente ferita, mentre si lascia stringere in un abbraccio. « Niente mi può portare via da te. »

*Io sì*, le sussurra all'orecchio la Voce.

Lei gli si aggrappa con forza e asciuga le lacrime sulla sua camicia.

« Saremo felici qui », le promette Carlo. « Io, te ed Emilia. » La allontana un poco da sé, le prende il volto tra le mani e la guarda a lungo negli occhi, come se potesse leggervi i pensieri. « Questo lavoro ci darà benessere, stabilità, per noi e per la bambina. Potremo permetterci cose che finora non abbiamo neanche potuto sognare. »

Sì, Amalia le sa queste cose. Lui non fa che ripeterle.

« Emilia potrà studiare », continua Carlo. « Avrà una vita migliore di quella che abbiamo avuto noi; e forse un giorno sarà libera dalla schiavitù della fatica, del dolore, e potrà scegliere cosa vuole fare, chi vuole essere. »

Lei fa no con la testa, risoluta. « Solo il Signore può scegliere cosa siamo destinati a essere. A noi spetta obbedire, diversamente sarebbe un peccato. »

Carlo sbuffa. Talvolta gli sembra che nella loro relazione siano in tre, che Dio sia l'invitato di troppo, quello più amato.

« Non credi che Dio voglia il meglio per la nostra bambina? » prova ad argomentare. « E magari anche per noi? »

« Qualunque cosa Dio scelga », ribatte Amalia, « è sempre il meglio per noi, anche se il suo volere è imperscrutabile, i suoi fini misteriosi. »

« E allora », taglia corto Carlo, tornando verso il villaggio, « se Dio ha mandato il *sciur* Crespi, Dio ha voluto che costruissimo il cotonificio, Dio ha creato il cotone, Dio mi ha dato questo lavoro... » Calca l'accento su « Dio » con una specie di astio che ad Amalia mette paura. « Se, come dici tu, quello che ci sta succedendo è il meglio che Dio ha scelto per noi, opporci sarebbe un peccato. »

*Ti ha incastrata,* le dice la Voce.

Amalia la scaccia scrollando il capo. Si affretta a seguire il marito, lo affianca e gli prende la mano. « Hai ragione », ammette. « Scusami. »

Carlo la abbraccia e lei sente uno spiraglio di speranza farsi largo dentro di sé; gli sorride e si lascia stringere un po' di più.

Il bosco è solitario e silenzioso. Da Boltiere, o forse da Trezzo, si sentono le campane della chiesa battere sette colpi.

« È tardi », dice Amalia, mentre un sorriso malizioso le si disegna in volto.

« Solo dieci minuti », risponde Carlo. E si china a baciarla.

## 11

Emilia ha trovato nuovi amici. Alcuni, come i figli dei Malberti, li conosce già, altri li ha visti solo di sfuggita, altri ancora invece le sono del tutto ignoti.

All'inizio, come sempre accade, c'è stato un po' d'imbarazzo. I figli dei Malberti l'hanno ignorata deliberatamente; l'Elvira – o forse era l'Adele? – è andata a bisbigliare qualcosa all'orecchio di una bambina, che è scoppiata in una risata crudele. Poi qualcuno ha mollato uno spintone a Emilia. « Tocca a te! » le hanno gridato. « Sei l'ultima arrivata. »

Il gioco è semplice. Si corre alla ricerca di un gradino, di un masso, di una radice che siano un poco rialzati dal terreno. All'ultimo che resta giù tocca una penitenza.

Emilia non è rimasta ad aspettare: si è avventata sul primo che le è passato accanto e ha restituito la manata. « Ti ho preso! » ha sentenziato, prima di mettersi in salvo aggrappandosi a un ramo.

Il gioco è ricominciato tra risate e gridolini, mentre a turno gli adulti si affacciavano dalle finestre dei *palasocc* per tenerli d'occhio. Il più forte del gruppo è senza dubbio il Canèta; a dieci anni, lavora già da uno e ha i muscoli di un uomo: quando gli capita di contendersi un rialzo con un altro bambino, gli basta mollare una spallata, e l'altro finisce a terra. Le gemelle dei Malberti, invece, sono un po' più lente; indecise se scappare a destra o a sinistra, spesso rimangono impalate sul posto e vengono prese. Ogni volta però hanno qualcosa da ridire e succede che riescano a scampare alla penitenza, adducendo come scusa che non avevano sentito o non avevano capito. Sovente si azzuffano tra loro e sono talmente identiche che è impossibile dire chi abbia la meglio; talvolta invece si coalizzano, specie nei confronti dei più piccoli.

Il tempo vola giocando e le ombre si allungano. Qualche genitore viene a reclamare i propri cuccioli e se li porta via per le orecchie o per i capelli, tra i pianti e le suppliche.

« Andiamo giù al canale », salta su l'Elvira – o forse è l'Adele – quando ormai sono rimasti in pochi.

« Io non posso andare al canale », dice un piccoletto sui cinque anni. « Mia mamma dice che è pericoloso. »

Il Canèta gli molla uno spintone e lo fa finire a terra. Al bambino si riempiono gli occhi di lacrime. « Cacasotto! » gli sbraita addosso.

« Cacasotto! Cacasotto! » cantilenano le gemelle.

Anche gli altri, che pure un minuto prima gli erano amici, si accaniscono contro il malcapitato di turno, che corre via piangendo.

« Cacabraghe! » sibila il Canèta, e tutti sanno che questo da oggi sarà il soprannome che il bambino si porterà fino alla tomba.

È così che nascono i soprannomi: basta un evento qualsiasi, anche banale, che rimanga impresso nella memoria e presto il nomignolo diventa più forte del nome di battesimo, fino a mangiarselo; più l'evento è umiliante - o divertente, a seconda dei punti di vista - più l'epiteto sarà indelebile ed eterno.

Emilia si guarda attorno e si domanda dove siano suo padre e sua madre. Sarebbe perfetto se venissero a riprendersela proprio adesso, così non dovrebbe sottrarsi all'invito ad andare al canale né dare spiegazioni. Ma in giro non c'è nessuno.

« E tu non vieni? » le chiede il Canèta.

« No », ribatte Emilia, provando a darsi un contegno.

« Hai paura? »

« No che non ho paura. »

« Cacasotto! Cacasotto! » ricominciano a cantilenare le gemelle.

« La sua mammina non vuole che vada al canale! » insinua il Canèta.

« La pazza », bisbiglia qualcuno, provocando l'ilarità generale.

« Non è vero! » s'impunta Emilia. Molla un calcio negli stinchi al Malberti, poi si avvia risoluta verso il fiume.

Il canale è gonfio e nero, sembra che l'acqua spinga per uscire dagli argini. Nei pressi della centrale il risucchio della corrente fa un rumore assordante. Emilia cammina sul sentiero a passo spedito tenendosi il più lontana possibile dall'argine; non sa se ha più paura del pericolo in sé o delle conseguenze, se sua madre scoprirà che le ha disobbedito. Ogni tanto si guarda indietro: solo i tre Malberti l'hanno seguita.

Il piano è dimostrare che non ha paura del canale, che è grande, che può fare quello che le pare, che non ascolta mica quello che dice sua mamma; non più di cinque minuti, poi tornare ai *palasocc*, al sicuro, sperando che i suoi non si siano accorti di niente.

L'Elvira e l'Adele sono un continuo bisbigliarsi cose alle orecchie e poi ridere, mentre il Canèta se ne sta un po' indietro a godersi lo spettacolo.

« Ecco, contenti? » salta su Emilia, per mettere fine al gioco.

« Sediamoci sull'erba », propone il Canèta.

Ma questo implica avvicinarsi pericolosamente all'acqua. « No! » si oppone Emilia, tornando sui propri passi.

Una delle gemelle però la trattiene per la veste.

« Hai paura di scivolare? » insinua il Canèta.

Sì, Emilia ha paura di scivolare. « No », ribatte, forse troppo velocemente. « Non voglio che mi si rovini il vestito. »

« Oh, il vestito! » le fa il verso una delle gemelle.

« Il vestito, il vestito », cantilena l'altra.

« Me l'ha regalato mio papà », spiega Emilia, orgogliosa.

« Stai giù », taglia corto il Canèta buttandola a terra con uno spintone.

Emilia sente lacrime di rabbia salirle agli occhi, ma stringe i pugni; se la vedessero piangere penserebbero che ha paura di loro, e sarebbe la fine. Chissà che nomignolo le affibbierebbero. Fa per rialzarsi, ma il Canèta la trattiene a terra.

Emilia si guarda attorno in cerca di aiuto, ma la boscaglia è buia e silenziosa, sul sentiero non c'è nessuno. Nemmeno alla centrale pare che ci sia anima viva. Dove sono gli adulti quando servono?

« Il tuo papà? » fa il Canèta con un luccichio maligno negli occhi. « Il Carlo dei Vitali? »

« Sì, lui », ribatte lei.

« Assassino », sibila una gemella.

Emilia non comprende.

« Assassino », fa eco l'altra.

« Non è vero », si oppone Emilia, più ferita che offesa. « Il mio papà... »

« È un assassino », ripete il Canèta, aumentando la pressione sulla sua spalla.

« Mi fai male! » grida Emilia.

« Davvero? » ridacchia il Canèta, stringendo ancora di più.

« Buttiamola nel canale », propone l'Elvira.

« Sì, nel canale. »

« È là che devono finire i Vitali. »

« Così imparano. »

*Imparano chi? Cosa? Perché?* vorrebbe chiedere Emilia. Ma i tre l'hanno già afferrata per mani e piedi e si avvicinano all'argine, divertendosi come matti.

« Lasciatemi, lasciatemi! » strilla in preda al panico.

« Tranquilla, tra poco ti lasciamo », ghigna il Canèta. « Quando sei sull'acqua. »

Emilia scalcia e si contorce come una bestia condotta al macello. Una delle gemelle la afferra per i capelli e tira con forza, le resta in mano una ciocca corvina. « Stai zitta, assassina! »

Con la coda dell'occhio, Emilia vede l'acqua scorrere accanto a lei. Manca meno di un metro. La butteranno davvero nel canale?

« Non ti ritroveranno mai più », sentenzia il Canèta, cui fanno eco le risate delle gemelle.

All'improvviso, però, la mollano a terra.

« Ahia », grida il Canèta, colpito da un sasso. Si guarda attorno, in cerca del colpevole che ha osato sfidarlo. La pagherà cara. « Ahia! »

Una gragnuola di sassi gli si abbatte addosso, poi dalla boscaglia sbuca un ragazzino con una fionda in mano.

Emilia non lo ha mai visto prima. Indossa calzoncini corti da cui sbucano gambe scheletriche e in viso ha un'espressione strafottente.

« Andate via! » ordina, preparandosi a caricare di nuovo la fionda.

Il Canèta e le gemelle Malberti scattano sull'attenti. Sembrano atterriti come se avessero visto uno spettro, tengono gli occhi bassi.

« Non finisce mica qui », le sibila il Canèta, mollando un calcio nelle costole a Emilia, poi se la dà a gambe.

*Certo che no*, pensa Emilia, in cui la paura sta lasciando il posto alla collera. Le fa male la cute dei capelli e il vestito ha uno strappo ben visibile. Non sarà facile spiegare a sua madre il motivo, è probabile che le prenderà. Ma quello che brucia di più sono le parole. I Malberti hanno chiamato suo padre « assassino ». Perché?

« Stai bene? » le chiede il ragazzino sedendosi accanto a lei.

Lei non risponde, mentre aspetta che il battito le torni alla normalità. Ripensa agli occhi del Canèta, animati da un odio folle e determinato. *Tuo padre è un assassino.*

«Ci è mancato poco», continua lo sconosciuto, quasi divertito.

«Potevo anche cavarmela da sola», ribatte Emilia, indispettita.

«Sì, certo», fa lui con un'alzata di spalle. «Me ne ricorderò la prossima volta.»

Emilia sente tornare la paura. *Non ci sarà una prossima volta.* «Sei anche tu del villaggio?» gli chiede per cambiare discorso.

Il ragazzo fa un risolino. «Più o meno.» Si sdraia e si ficca un filo d'erba in bocca, poi resta con le braccia dietro la testa a guardare le nuvole rosa che si rincorrono in cielo.

Non le piace il tono da saccente che ha, Emilia vorrebbe cancellargli quel sorrisetto da sbruffone a suon di sberle. In fondo, però, le ha fatto un gran favore intervenendo coi Malberti e quindi si merita un po' di clemenza.

«Li conosci?» gli chiede.

«Chi?»

«Quelli che mi hanno...» Emilia non sa dare un nome a ciò che le è accaduto, se ne vergogna come se in qualche modo ne fosse responsabile, come se fosse colpa sua. *Assassino.* «Quelli di prima.»

«Certo.»

Ancora quel sorrisetto.

Lei sente le mani prudere e se le ficca in tasca. «Senti, però io adesso devo andare», si congeda. «I miei genitori saranno in pensiero.»

«Puoi andare», le dice lui, come se le stesse concedendo il permesso.

*Arrogante!* pensa Emilia. *Presuntuoso!*

«Ma questa è meglio se la tieni tu.» Le mette in mano la fionda e sorride scoprendo un buco dove un tempo c'era un incisivo.

Lei rimane così colpita da quel gesto che non riesce a dire nemmeno grazie. Afferra la fionda e corre via.

«Come ti chiami?» le chiede, quando ormai è lontana.

«Emilia Vitali», fa lei. «E tu?»

Lui si appiccica di nuovo in faccia quell'espressione insopportabile. *Davvero non sai chi sono?* «Silvio. Silvio Crespi.»

# PARTE QUARTA

# 1

*Canonica d'Adda,*
*estate 1878*

Cristoforo ha una carrozza sempre pronta con cui fa la spola come un contrabbandiere con un carico prezioso: va al cotonificio quasi tutti i giorni, se qualche seccatura non lo tiene incollato allo scrittoio. La fabbrica è diventata la sua seconda casa.

Ci porterebbe volentieri anche i clienti, i fornitori e soprattutto gli investitori: vorrebbe che vedessero coi loro occhi, che toccassero con le loro mani, che sentissero l'odore, che si riportassero a casa il ronzio delle macchine nelle orecchie. Gli uffici di via Meravigli sono belli, niente da dire, di rappresentanza. Ma solo al villaggio capirebbero il valore dei sacrifici che ha fatto e perché tiene tanto a questo posto.

Sovente si porta appresso Silvio, con la scusa che la scuola non è ancora ricominciata e che non è mai troppo presto per imparare il mestiere.

« È così che mi ha insegnato mio padre », dice al bambino mentre traballano nel landò diretti a Canonica. « Che ci fosse il sole o la pioggia, ogni estate, quando non c'era la scuola, mi caricava sul carretto insieme alle pezze da vendere. »

Silvio annuisce, serio.

« Non una carrozza comoda come questa », continua Cristoforo battendo la mano sul sedile imbottito, mentre con la memoria ritorna a quei giorni scomodi e felici, alle levatacce, alla noia.

Si può dire che tutto quello che sa – tutto quello che *è* – lo ha imparato allora. Anche se era troppo piccolo per rendersene conto, il solo stare accanto a Toni Tengitt gli ha insegnato il mestiere, come se lo avesse assorbito.

Per questo pretende che Silvio passi tutto il suo tempo libero qui, anche se poi il bambino è insofferente e corre via nei campi o gioca a nascondino tra le macchine. L'importante non è quello che fa al cotonificio, ma quello che assimila, l'aria che vi respira.

« Dimmi un po' », lo interroga. « Vediamo se sei preparato. »

« Sì, papà », risponde prontamente Silvio.

« Qual è la materia prima della *Benigno Crespi*? »

Questa è facile, il bambino tira un sospiro di sollievo. « Il cotone, papà. »

Cristoforo stringe le labbra e fa no con la testa. « Rifletti un po' », lo sollecita.

Silvio è allibito, davvero non sa cosa rispondere. Non pensava ci fosse un tranello nascosto nella domanda. « Uhm... l'acqua? » prova.

Cristoforo sorride un po'. « Prima ancora. Cosa viene prima dell'acqua? »

Suo figlio ammutolisce mentre con gli occhi saetta a destra e a sinistra in cerca di una risposta, che proprio non riesce a trovare.

Cristoforo si lascia andare sullo schienale e prende un bel respiro. « Gli uomini », butta fuori. Lascia passare qualche istante, affinché la risposta attecchisca nella mente del bambino, poi argomenta: « Sono gli uomini che fanno andare le macchine. Senza gli uomini, la fabbrica sarebbe un mostro senz'anima, un guscio vuoto, inerme. E il cotone non si raccoglie da solo: anche se molto lontani da qui, degli uomini hanno raccolto il mucchietto che hai gettato nella Crighton. Prima ancora, sono stati degli uomini a tirare su i muri della fabbrica e a scavare il canale ».

A Silvio ora appare tutto chiaro – la risposta era così ovvia! – ma suo padre non ha finito.

« Le macchine sono tutte uguali; se una si rompe, ne compri un'altra e non noti nemmeno la differenza. Gli uomini, invece, sono unici. Se gli operai ti abbandonano, puoi avere la fabbrica più grande e moderna del mondo, ma non hai più niente. Non *sei* più niente. Noi siamo imprenditori del cotone grazie agli uomini, e agli uomini dobbiamo ogni cosa. Per questo è importante conoscerli tutti, di persona, i tuoi operai. »

Al bambino non sfugge quel « tuoi », messo lì quasi per caso.

«E loro devono conoscere te, devono sapere che su di te possono contare, che ci sei sempre, qualunque cosa accada. Devono vederti nei corridoi, devono sapere che ti interessi di loro e del loro lavoro. Devi far capire loro che tu conosci la differenza tra un uomo e una macchina, e che prima delle macchine a te stanno a cuore loro, le persone.»

Per questo Cristoforo viene qui così spesso, nonostante i suoi fratelli non riescano proprio a capire e gli ripetano in continuazione che il vero cervello della ditta sta a Milano, negli uffici di rappresentanza, dove si prendono le decisioni importanti. Per questo in via Meravigli si sente sempre un po' prigioniero.

A Milano ci sarà anche il cervello, ma qui a Canonica, in questi ottantacinque ettari dove nessun investitore vuole mettere piede, di cui le banche si disinteressano, batte il cuore della ditta *Benigno Crespi*. E quindi il suo.

## 2

*Canonica d'Adda*

Silvio un po' si annoia. Suo padre insiste nel volerselo portare dietro e, se una volta ogni tanto è bello, alla lunga non c'è più niente da vedere, è sempre la stessa solfa. Tutti i suoi amici di Milano trascorrono l'estate al lago con le famiglie e anche i Crespi lo hanno sempre fatto: è piacevole ritrovare nonni, zii, cugini, prendere bagni di sole, tuffarsi dove l'acqua è profonda, fare a gara a chi lancia i sassi più lontano. Nella confusione che si crea, con tutto quel viavai di adulti e bambini, Silvio riesce a sfuggire al controllo della terribile signorina Saponaro, la bambinaia, una via di mezzo tra un'idra e una zitella.

Quest'anno invece niente vacanze. O, meglio, le vacanze sono qui al villaggio: avanti e indietro da Milano, e ogni tanto se si fa tardi ci dormono anche, in una stanzetta che il locandiere, un uomo senza una gamba, tiene da parte apposta per i Crespi.

Mentre suo padre fa su e giù per i corridoi del cotonificio, ispezionando macchine e uomini come un generale sul campo di battaglia, Silvio trascorre lunghe ore vuote. Per un po' prova a stare con lui. Gli operai si tolgono il berretto quando passa e parlano con gli occhi bassi. Sono tantissimi, tutti uguali: ma suo padre li conosce per nome, uno per uno; e s'interessa delle loro mogli, dei figli, chi è malato, chi va male a scuola. Sa tutto, ricorda tutto, Silvio non riesce a capire come faccia, è una specie di magia.

Poi però si annoia. Gli adulti si addentrano in discorsi che non riesce a capire, discutono di macchinari, di difetti di filatura, di quantità di materiali... alla lunga le loro voci diventano un borbottio indistinguibile da quello delle cardatrici e il bambino non li segue più. Allora, appena suo padre si distrae un attimo, Silvio sgattaiola via; con piccoli passi raggiunge il riparo di una macchina, si rannicchia sogghignando, fa segno all'operaio di turno di stare zitto, e quello ovviamente sta zitto. Poi percorre tutto il corridoio restando un po' chino e in un attimo è fuori dall'edificio.

Qui si respira meglio, c'è luce, c'è aria fresca. Solo una volta uscito si rende conto di quanto faccia caldo dentro la fabbrica e scopre di essere tutto sudato. Anche se sua madre e la signorina Saponaro glielo hanno proibito, scende verso il canale, si toglie le scarpe e mette i piedi a mollo nell'acqua, che a volte è così alta da lambire il terreno.

Se passano delle donne, magari dirette a Trezzo, il loro primo istinto è quello di redarguirlo. «Cosa ci fai lì?» sbraitano. Quando però si accorgono con chi hanno a che fare, cambiano tono. «State attento, signorino Crespi. Può essere pericoloso.» Tutti cambiano tono, quando si rendono conto di chi hanno di fronte.

Quel rispetto, quella deferenza ovviamente lo lusingano. Con gli amici di Milano o coi cuginetti al lago, è solo uno dei numerosi bambini che ogni tanto si azzuffano e poi fanno pace. Qui invece è il figlio del padrone e quindi per estensione padrone anche lui. D'altro canto, tuttavia, questa distanza lo fa sentire un po' solo, emarginato.

I bambini del villaggio non amano giocare con lui. Quando arriva, qualunque cosa stiano facendo si bloccano e restano immobili come animali imbalsamati. Lo guardano muti, si lanciano occhiate interrogative. Continuare a giocare o correre via? Salutare o far finta di non averlo visto? Coinvolgerlo o non infastidirlo? E, anche quando si decidono a renderlo partecipe, lo fanno sempre con una specie di cautela: se giocano a nascondersi, lui non lo trovano mai; se fanno a gara a chi va più veloce, lui è sempre il più veloce; se litigano, lui non le prende mai.

L'unica che pare non voglia tenere in considerazione il suo status è l'Emilia dei Vitali, e sembra che lo faccia di proposito; anzi, con una certa soddisfazione. Talvolta arriva a detestarla.

« Facciamo un gioco », gli propone lei, un giorno di fine agosto. « Vediamo se hai coraggio. »

Silvio gonfia il petto. Certo che ha coraggio, è il figlio del padrone! Che domande sono?

Lei fa finta di pensarci su, si guarda attorno. « Andiamo nei sotterranei. »

No, i sotterranei proprio no. « Perché invece non stiamo qui accanto al canale? » ribatte lui con un sorrisetto.

Emilia incrocia le braccia e mette il broncio. Quel posto riaccende ricordi spaventosi, e lui lo sa bene. È un colpo basso. « Hai paura », lo accusa. E non è mica una domanda. « Sei una femminuccia, ti manca solo la sottana. »

« No che non ho paura! » Silvio si alza in piedi e mette le mani sui fianchi, come ha visto fare a suo padre quando discute con sua madre. « *Tu* hai paura. »

Lei se la ride, Silvio è caduto nella trappola. « Io non ho paura dei sotterranei. » Si alza anche lei e va diretta all'ingresso secondario della fabbrica, mentre sul viso le si stampa un ghigno soddisfatto.

A quel punto, lui è costretto a seguirla se non vuole passare per una femminuccia.

I sotterranei sono bui. Appena vi entrano una piacevole frescura li avvolge, sopra le loro teste si sente un ronzio costante interrotto ogni tanto da uno scampanellio acuto. Restano qualche istante sulla soglia per abituare gli occhi all'oscurità, poi Emilia fa un passo avanti. Non può certo ammetterlo, ma quel posto mette paura anche a lei. Non tanto come il canale, ma quasi. Nella penombra i mucchi di materiale sembrano mostri informi in attesa di un bambino da inghiottire.

Poiché Silvio se ne sta impalato all'entrata, Emilia torna indietro. « Non vieni? » gli fa, tendendo una mano.

Lui la prende e insieme si addentrano nella pancia del cotonificio, si perdono nel labirinto delle sue viscere odorose di muffa, ne ascoltano i borborigmi. All'improvviso uno scalpiccio li mette in allerta, sta arrivando qualcuno. E se fosse un assassino?

Emilia rabbrividisce, si pente di essersi ficcata in questo guaio. Silvio la tira dietro una colonna, è così buio che, se non si muovono e non fanno rumore, sono indistinguibili dai mucchi di materiale. Restano in attesa per un tempo che sembra lunghissimo, con l'orecchio teso per capire dove si sposta il rumore. Passi pesanti sembrano dirigersi proprio verso di loro. Emilia si mette una mano sulla bocca per non urlare, quando qualcuno armato di pala si ferma a meno di un metro da lei. Vorrebbe allontanarsi, ma questo significherebbe far rumore e quindi essere scoperti.

Una sagoma più scura della notte risalta nel buio, immobile, come se avesse intuito la loro presenza. « Chi c'è? » fa una voce di bambino.

Emilia la riconoscerebbe tra un milione: è quella del Canèta dei Malberti.

Se li trovasse lì, forse ne approfitterebbe per vendicarsi una volta per tutte. Emilia si tasta il fianco alla ricerca della fionda da cui non si separa mai. Silvio, accanto a lei, è paralizzato dalla paura.

« Chi è? » ripete il Canèta con una vena d'angoscia nella voce. Fa un altro passo avanti e rovista nel buio, poi pianta la pala nel mucchio di cotone, mancando per poco Silvio ed Emilia. Estrae la pala e fa per ripetere il gesto, quando il rimprovero di un adulto lo interrompe.

« *Alüra,* Canèta! » L'uomo gli arriva da dietro e gli molla uno scappellotto. « Aspettiamo che il cotone salga da solo sulla carriola o ti dai una mossa? »

« Perdonate, signor Locatelli. Mi era sembrato di sentire un rumore. »

«Ma che rumore! Tutte scuse per non lavorare. *Ta set pröpe öna canèta.*» Il Locatelli gli assesta un calcio nel sedere. «Muoviti, pelandrone! Non abbiamo tutto il giorno.» Un'altra pedata e se ne va.

In pochi minuti il Canèta, borbottando improperi, riempie la carriola e va via.

Silvio ed Emilia aspettano che non ci sia più nessuno ed escono di soppiatto dalla fabbrica. Fuori sono abbagliati dalla luce, respirano a pieni polmoni e aspettano che il cuore torni a un ritmo normale.

«Che avventura!» fa Emilia, scacciando lo spavento.

Silvio è pallido e non parla.

«Te la sei fatta nelle braghe, femminuccia?» lo incalza Emilia ridacchiando.

## 3

*Inverno 1878-1879*

Ieri, in tarda mattinata, Cristoforo è entrato nella biblioteca. Non succede quasi mai che si assenti dal lavoro durante un qualsiasi giorno feriale, così Pia è rimasta in attesa coi sensi all'erta.

La casa era vuota. Silvio era a scuola, le bambine fuori con la governante, Daniele finalmente dormiva dopo una notte agitata. Pia, seduta davanti alla finestra, cercava di tenersi sveglia leggendo un libro. Di tanto in tanto, tendendo l'orecchio poteva sentire i passi della cameriera al piano superiore, intenta a rifare le camere.

Nello sguardo del marito ha subito colto l'indizio di un annuncio importante. Cristoforo invece è rimasto in piedi accanto a lei a guardare fuori gli alberi spogli e le carrozze sul viale, combattuto tra la voglia di dare alla notizia la giusta importanza e il tentativo di contenersi.

«Domani andiamo in gita», ha detto.

«In gita?» ha ripetuto Pia, sottintendendo una gran quantità di domande, che il suo ruolo di moglie le impone di tenere per sé. *Domani? Con questo freddo? E dove? Perché?*

Cristoforo ha abbassato su di lei gli occhi che luccicavano di malizia.

«In gita», ha sentenziato. *Sì, proprio domani, con questo freddo. Dove, lo vedrai. Perché lo dico io.* Poi si è chinato a posarle un bacio in fronte. «Fai preparare i bambini, anche Daniele.»

«I bambini? Ma...» Daniele è ancora così piccolo e fragile. Pia è sempre in ambasce per lui, gli dedica tutte le proprie attenzioni.

«Un po' d'aria fresca gioverà loro», l'ha interrotta il marito.

«Posso sapere cosa...»

«No», ha ribattuto secco lui. Poi, ammorbidendo la voce: «È una sorpresa, vedrai che ne varrà la pena».

Proprio in quella, è entrato il figlio dei Malberti. «Mi scusino», ha esordito, accennando un elegante inchino. «*Sciur* Crespi, ci sono di sotto le persone che stavate aspettando... per quelle carte.» Un lampo di complicità con Cristoforo.

«Di' che arrivo subito, Fredo.»

Il ragazzo se n'è andato indietreggiando per non dare le spalle ai padroni.

«Che tipo strano...» ha commentato Pia, quando Fredo non poteva più udirla. «Ha qualcosa di...»

«È in gamba», ha detto Cristoforo. «Allora siamo d'accordo, domani partiamo presto. Organizza ogni cosa come sai fare tu.»

Pia ha annuito ed è rimasta a guardare il marito avviarsi giù dalle scale.

«Ah», le ha detto lui, quasi distrattamente. Suo marito lascia sempre le informazioni più importanti alla fine, quando ormai è troppo lontano per potergli ribattere qualcosa. «Ci sarà anche Benigno con la sua signora.»

La «sua signora» è la marchesina Giulia Morbio, l'unica delle cognate che Cristoforo non osa chiamare per nome. Pia si è sentita avvampare.

Non è che non le piaccia, Giulia, ma con lei non è mai riuscita a legare davvero, c'è come un muro che le separa. Forse è la sua posa, quel modo di fare distaccato, come se fosse sempre un po' scocciata; forse è il modo in cui guarda non solo Pia, ma il mondo intero, un misto di sconcerto, disgusto, compassione. L'unico che fa eccezione, naturalmente, è Benigno.

Il muro che le separa è fatto di araldica, di stemmi gentilizi, di antenati illustri, di diritti acquisiti per nascita. Ma forse è stata Pia a costruirsi attorno questo muro, un muro fatto di senso d'inadeguatezza e inferiorità, di diffidenza, di preconcetto. È lei che, per paura di non essere all'altezza e di vedersi respingere, tiene lontana la cognata, ignara colpevole del proprio titolo nobiliare.

Pia non è ancora riuscita a venire a patti col disagio che prova in presenza di Giulia Morbio, ma intanto questo disagio è un tarlo che la erode da dentro.

E allora eccola qui, con indosso il suo miglior vestito, su questa carrozza diretta da qualche parte sul lago d'Orta.

Verso mezzogiorno raggiungono un grande prato ancora imbiancato di brina che si affaccia sul lago. I bambini saltano giù dalle carrozze e vanno a curiosare in giro, tallonati dalla bambinaia che si sgola per tenerli a bada. « Piano, non correte! »

Cristoforo aiuta la moglie a scendere dalla vettura. Pia è impacciata nei movimenti a causa della sottana, un po' più larga del solito. È stata a lungo a chiedersi quale fosse l'abbigliamento più adatto, ma non conoscendo la circostanza ha dovuto improvvisare. Adesso si rende conto di aver esagerato un po': per una gita in campagna poteva andare bene anche qualcosa di meno impegnativo. E soprattutto di più caldo.

Quando mette i piedi a terra, dal terreno sale un freddo umido che la fa rabbrividire. Si guarda attorno, ma non vede niente. A parte la cognata, aggraziata e disinvolta in un abito all'ultima moda, in quel posto non c'è proprio niente da vedere.

« Vieni », le dice Cristoforo porgendole il braccio. « Facciamo un giro. »

Passeggiano lungo la riva.

« Allora, cosa te ne pare? » chiede lui.

Pia non sa cosa rispondere e si guarda attorno, in giro non si vede nessuno. I bambini giocano a rincorrersi tra gli alberi, la bambinaia si sarà rintanata in una carrozza a occuparsi di Daniele, e Benigno chissà dove si sarà appartato con la marchesina. « Bello », dice, per dire qualcosa.

Lui scoppia in una risata. « Non hai capito, vero? »

Pia lo guarda interrogativa.

« È tuo », fa Cristoforo. Cerca di mostrarsi distaccato, ma gli trema un po' la voce.

Lei resta un attimo interdetta. « Cosa? » chiede.

« Tutto. » Le prende la mano e se la porta alle labbra, è gelida. Poi tira fuori dalla giacca alcune carte e gliele porge. « Questo terreno, l'ho comprato per te. E questi sono i progetti di una villa in stile moresco che voglio far edificare in tuo onore. »

Pia guarda i documenti senza vederli davvero. Linee rette e curve che s'intersecano con precisione millimetrica a comporre quelle che sembrano torri, merlature, bifore. Firme, timbri.

Pia sente farsi largo, nella confusione di sentimenti che non riesce a descrivere, un lampo di felicità.

« Vorrei chiamarla Villa Pia », le sussurra Cristoforo. « Se me lo concedi. »

Lacrime di gioia le salgono agli occhi. « Possiamo...? » chiede. Una domanda che la marchesina Giulia Morbio, abituata com'è a ottenere il meglio, non avrebbe mai pensato di porre. Ma non è passato molto tempo da quando Cristoforo e Pia temevano di dover arrivare a rivendersi il mobilio per pagare i creditori.

Lui si fa un'altra risata e non risponde. « Allora, adesso ti piace, sì o no? »

## 4

La superficie del lago è increspata da un vento sottile e gelido. Le signore cominciano a essere indispettite da quella gita fuori stagione, ma, se Pia si mostra stoicamente indifferente al freddo e all'umidità, in Giulia s'iniziano a scorgere i primi segni d'insofferenza. Forse si prenderà un malanno, proprio adesso che... La marchesina si accarezza distrattamente il ventre e il gesto non sfugge a Pia, che tuttavia finge di non aver visto. Da qualche settimana Giulia si sente spossata, ha sempre sonno; non ne ha parlato con nessuno, tanto meno con Benigno. Il quale però dovrebbe aver intuito, visto che non le dà tregua una sola notte da quando si sono maritati.

Nel cielo terso passa una nuvola che oscura il lembo di terra assolato dove le donne siedono l'una accanto all'altra. Giulia rabbrividisce: è tutta colpa della cognata e dei Crespi, pensa, di quel loro modo di essere così ostentato, così sguaiato, così... borghese. Giulia sospira.

« Non ti senti bene, cara? » chiede Pia.

L'altra sembra riaversi dai propri pensieri. « Sono solo stanca. »

« Immagino », commenta Pia.

Giulia si volta di scatto e la osserva con sospetto, ma la cognata ricambia con uno sguardo limpido d'innocenza, poi rintraccia i bambini, che giocano non lontano dalla riva. « Attenti là! » li ammonisce. « Non avvicinatevi troppo. » Silvio e le sorelle la ignorano, e la tata va a riprenderli.

Benigno e Cristoforo camminano avanti e indietro parlando fittamente. Di tanto in tanto Cristoforo indica un punto, poi con le mani disegna linee per aria, s'illumina con lo sguardo.

« Cos'avranno da dirsi, io mi domando », sbotta Giulia, « col freddo che fa! »

« Uomini... » ribatte Pia, per mettere fine alla discussione.

Ma l'altra non ne ha abbastanza. « Che bisogno c'era poi di venire fin qui... » Ha la voce rotta come se fosse sul punto di mettersi a piangere.

*Per un po' di vento?* pensa Pia. « Mi dispiace per il disagio », prova a conciliare. « Ma Cristoforo ci teneva a mostrarmi... a mostrarci la terra. »

La Morbio dà un'alzatina di spalle. *Mostrare.* I Crespi hanno quattro cose e ci tengono a mostrarle. Per far vedere che le possiedono, per convincersene perfino essi stessi, non esitano a trascinarci donne e bambini, e pure in pieno inverno; sono così poco avvezzi alla ricchezza che ancora non se ne capacitano e forse temono che, se non poggiassero i piedi sulle terre che hanno comprato, queste si smaterializzerebbero.

Ecco il problema del fare i soldi: che si vive con la paura di perderli.

I Morbio, invece, sono ricchi da sempre, da così tanto tempo che non riescono nemmeno a concepire un mondo in cui non lo siano; quando nascono, ereditano beni mobili e immobili, e soprattutto una visione delle cose che è loro non meno della carne e del sangue di cui sono fatti.

Suo padre possiede delle terre, certo, ma non ha mai pensato di portarci i figli per mostrarle loro. Cosa ci sarebbe da mostrare? Sono terre, ne hanno così tante che nemmeno sanno quante siano.

« È come togliersi le scarpe per mostrare di avere i piedi », si lascia scappare.

Pia ne rimane ferita, non sa cosa rispondere.

« Ti chiedo scusa, cara cognata », si affretta a riparare Giulia. « È la stanchezza, il freddo. Non volevo dire... » La verità è che voleva dire proprio quello, e lo sanno entrambe. « È molto bello qui, un posto incantevole. D'estate sarà un paradiso. » Si alza e si rassetta la gonna. « Vado a sentire quanto manca. »

La Morbio si allontana a piccoli passi aggraziati, lasciando Pia a guardarsi la punta delle scarpe.

## 5

*Stimatissimo Signor Conte,*

*l'andamento sicuro dei miei affari mi ha concesso di formarmi una posizione soddisfacente, che mi permette di realizzare quello che fu sempre il sogno di crearmi una famiglia.*

*Or è quasi un anno, ebbi il piacere di conoscere la vostra distintissima figlia, e l'impressione delle doti morali e fisiche che ne riportai fu tale da farmela desiderare a compagna della mia esistenza.*

*Io non credo di essere completamente indifferente alla vostra egregia figlia, ed è in questa lusinga che trovo l'ardire di pregare*

*Voi, stimato Conte, che ne siete padre amorevolissimo, di volermi accogliere come genero.*

*La mia domanda non vi sembri eccessivamente ardita. La reputazione che mi sono conquistata, il capitale modesto ma sicuro di cui dispongo, la mia occupazione discretamente proficua, mi fanno sperare che Voi non vorrete trovare nella mia richiesta cosa alcuna che possa offendere Voi o la vostra nobile casata.*

*Qualora la signorina Giulia, come credo, non avesse niente in contrario per accettarmi come suo sposo, voglio lusingarmi che anche Voi, egregio Conte, vorrete col vostro consenso contribuire alla mia felicità.*

*Nella speranza di vedermi presto onorato da una vostra risposta favorevole, mi permetto, Signore, di presentarvi i miei più rispettosi ossequi.*

Benigno conserva la lettera con cui ha chiesto la mano di Giulia nella tasca interna della giacca. Di tanto in tanto, la tira fuori e la rilegge sorridendo del proprio ardire.

Tra quando aveva conosciuto la marchesina Morbio e quando aveva deciso di chiederla in moglie era sì trascorso un anno, ma in quell'anno l'aveva vista non più di cinque volte. Non che non si fosse adoperato per incontrarla più spesso, anzi, però lei si era sempre fatta negare.

Suo fratello Cristoforo, forte degli studi umanistici e dei quindici anni di differenza d'età, lo aveva aiutato nella stesura. Due giorni dopo, lo stimatissimo signor conte aveva rispedito la lettera al mittente, accompagnata da questa concisa, ma inequivocabile, risposta:

*Gentile Signore,*

*benché moltissimo stimi i meriti suoi, non intendo darle speranza di poter acconsentire ad accoglierla come mio genero.*

*Né della sua domanda, né di questa mia risposta, nessuno dovrà conoscere l'esistenza. La prego dunque di non sollecitarmi altrimenti con le sue lettere.*

Benigno in vita sua non si era mai sentito tanto umiliato.

« Non vorrai darti per vinto », lo aveva provocato Cristoforo.

Un mese dopo, il più giovane dei Crespi si era presentato a casa Morbio recando delle stoffe in dono per la marchesina; il gesto era così sfrontato che non avevano avuto la prontezza di sbattergli la porta in faccia. Da quel momento aveva iniziato a fare una corte garbata, ma serratissima, a Giulietta, che un po' per lo sconcerto, un po' per il divertimento si era finalmente accorta di lui.

Solo più tardi, divenuta sua moglie, Giulia gli ha raccontato di quei giorni di tregenda domestica, le sfuriate di suo padre, gli svenimenti di sua madre, il proposito di suo fratello Pio di sfidare a duello « quell'insolente, quella canaglia », e lei che allora minacciava di lasciarsi morire di fame, di fare ricorso al veleno. Nonostante le differenze che li separavano, e forse proprio a causa di esse, quell'uomo così pacato, e tuttavia determinato, in breve l'aveva conquistata.

« Qui vorrei far costruire una scalinata che scende direttamente al lago. » La voce di suo fratello Cristoforo lo riporta al presente.

Benigno si volta indietro a cercare la moglie. Giulia è rannicchiata in un angolo al sole, con un'espressione di ostinata infelicità nello sguardo. Ieri non è scesa per cena e Benigno, presentatosi come ogni sera alla porta della sua camera, l'ha trovata chiusa a chiave.

« Forse dovremmo andare », fa, rivolto al fratello. « Si alza il vento e le signore cominciano ad avere freddo. »

Cristoforo vorrebbe ribattergli che Pia è perfettamente in grado di tollerare un po' d'arietta, ma nella voce di Benigno c'è una tale urgenza che gli fa quasi pena. Risalgono il prato verso il punto in cui sorgerà il palazzo.

« Come procede, su a Nembro? »

Con la dote della Morbio, Benigno ha da poco avviato un cotonificio non lontano da Bergamo; nel solco della *Benigno Crespi*, sta attivando una serie di misure previdenziali per i propri dipendenti, case popolari e un asilo. Niente d'imponente come il villaggio di Cristoforo a Canonica d'Adda, ma un buon inizio. Quando parlava del progetto, solo un anno fa, gli brillavano gli occhi.

«Bene, bene.»

«Quando pensi di aumentare il numero dei fusi?»

Benigno fa una smorfia di dolore. «Per ora non credo, è presto.»

Cristoforo si ferma di colpo e trattiene il fratello per un braccio. «Non va bene?»

«Ma sì, ma sì...»

Una lunga pausa.

I due si guardano senza parlare. Un tempo erano così uniti, così affiatati... Benigno andava da Cristoforo a chiedere pareri per ogni cosa, era il suo riferimento, quasi un idolo. Non muoveva un passo senza il consenso del fratello maggiore. Quello che gli usciva dalla bocca era il Verbo.

«Giulietta pensa che dovrei... investire su altro, ecco.»

«Altro?» *Cosa c'è d'altro?* si domanda Cristoforo. E, soprattutto, da quando le donne s'impicciano di affari?

«Sì, insomma. Non solo cotone. Magari degli investimenti agricoli nel novarese, oppure nella stampa... Differenziare, ecco. Questo nuovo giornale, il *Corriere della sera,* potrebbe diventare qualcosa di molto importante, sai.»

Cristoforo lo legge, il *Corriere,* e a dirla tutta gli pare un foglio retorico e insignificante, pavido. Non crede che avrà vita lunga.

«Benigno!» La voce della moglie lo richiama all'ordine.

«È meglio se partiamo, o faremo troppo tardi.»

Cristoforo annuisce, grave in volto. È stato lui a consigliare al fratello d'imparentarsi coi Morbio, una mossa che allora gli era parsa saggia, astuta. Ora gli sembra che glielo stiano portando via.

Si avviano a testa bassa, le mani ficcate nelle tasche e le spalle strette.

«È stato bello oggi», commenta Benigno. «Questo posto è meraviglioso. La villa sarà un vero incanto, non vedo l'ora che sia costruita.»

Un istante prima di montare in carrozza, Cristoforo lo trattiene ancora una volta. «*Ta set cuntent,* Benigno?» Parla intenzionalmente in dialetto, quel dialetto che i Morbio senza dubbio disapprovano, che sottolinea la loro provenienza, il loro legame, la loro stessa natura.

Benigno fa sì con la testa. Sì, è felice. Non è mai stato tanto felice in vita sua.

## 6

*Canonica d'Adda*

Il bosco è buio e silenzioso come gli abissi marini. La corteccia dei larici spande in giro profumo di resina, dal suolo si leva umidità che odora di funghi e foglie bagnate.

L'inverno non ha cambiato le cose, le ha appena rallentate. Cristoforo va e viene in continuazione dal villaggio, se c'è qualche problema si ferma a dormire alla locanda e non se ne va finché non è tutto a posto; quando gli impegni della scuola lo concedono, si porta appresso Silvio, e talvolta la famiglia al completo. Per i figli degli operai la presenza della *sciura* Pia significa regali, perché la moglie del padrone non viene mai a mani vuote. Così l'arrivo dei Crespi è sempre una festa.

Silvio ed Emilia hanno entrambi dieci anni. Corrono lontano, fino a quando la voce della bambinaia non si perde nel sibilo del vento. La Saponaro pretende che il figlio del padrone si comporti come un adulto in miniatura, è un continuo dare ordini: non ti sporcare, stai dritto con la schiena, come si chiama questo, dillo in francese, tieni su la testa... Quando c'è anche Emilia allenta un po' la presa, come se non valesse la pena fare lo sforzo di educare anche lei. Allora Silvio è libero di essere un bambino, si rotola per terra, dice cose stupide, finge di essere una scimmia, oppure un leone, fa versi strani, fa finta di mangiarsi un sasso: più a lungo si è trattenuto, più a lungo si sfoga. A fine giornata, quando tornano a casa, le prende sempre, ma ne è valsa la pena.

Emilia ride di gusto.

Qualche volta Silvio esagera e lei resta seria, imbronciata.

Come quando si è messo di traverso a ostacolare il passaggio di alcuni loro coetanei che stavano entrando in fabbrica a lavorare: quelli avevano fretta, ma non osavano aggirare il figlio del padrone, così restavano impietriti, incapaci di muovere un passo, mentre secondo dopo secondo si avvicinava lo scadere dell'ora e quindi la punizione del caporeparto. O come quando ne ha presi due a caso e li ha interrogati in storia e latino, imponendo loro una penitenza ogni volta che sbagliavano, cioè sempre.

«Saprai anche il latino, ma sei un insopportabile arrogante», ha sentenziato lei, piantandolo in asso.

Talvolta si azzuffano e allora volano spintoni, qualche calcio. Silvio è più alto, più forte, potrebbe annientarla con una sola mano, ma resta sempre a prenderle.

«Lo dico a mio papà», la minaccia per farla smettere. E, quando lei gli risponde con una linguaccia, aggiunge: «Mio papà licenzierà il tuo, e allora vediamo come la metti!»

Emilia resta pietrificata. L'orgoglio le impone di non mostrare paura, ma teme di essere il motivo che porterà la sua famiglia alla rovina. Il lavoro, la casa, gli studi: se Carlo venisse licenziato dovrebbero dire addio a tutto. Emilia non vuole deludere suo padre e non vuole far arrabbiare il padrone.

Sa di essere in scacco. Allora stringe i pugni, diventa livida, mugugna: «Fallo e te ne pentirai». Poi gli volta le spalle e se ne va prima che gli occhi le si riempiano di lacrime.

Da qualche tempo, però, sembra abbiano raggiunto una specie di tregua, o forse un compromesso: come se, studiandosi, fossero riusciti a saggiare i confini reciproci, il limite oltre il quale l'amicizia sfocia in dispetto, e in quei confini avessero deciso di rimanere, pur senza rinunciare ognuno alla propria natura. Le litigate, così, si sono fatte meno frequenti, per lasciar campo a una specie di complicità.

Silvio va matto per le sfide, specie se sono di velocità, ed è attratto da tutto ciò che è moderno. Da quando in un'enciclopedia di suo padre ha visto le illustrazioni di diversi modelli di velocipede, sogna di possederne uno con cui sfrecciare per i viali del villaggio, in equilibrio sulla grande ruota anteriore;

ne esiste perfino una a due posti, su cui potrebbe starci anche Emilia.

In attesa che suo padre gli regali una di queste meraviglie dell'ingegno, si deve accontentare di giochi più semplici, anche se non meno divertenti. Quello di oggi consiste nell'aggrapparsi al ramo di una vecchia quercia e lasciarsi dondolare il più a lungo possibile. L'idea è stata sua, allora tocca a lui cominciare: Silvio prende una bella rincorsa e spicca un salto, le gambe scheletriche danno la spinta, si agitano nel vuoto; per un attimo gli sembra di avercela fatta, ma manca la presa e finisce pancia a terra. Il gorgoglio della risata di Emilia acuisce il dolore, il suo sguardo è uno sprone a riprovarci, a mettercela tutta. Uno, due, tre fallimenti, poi finalmente Silvio riesce a prendere le misure a quel maledetto albero e rimane aggrappato a ciondolare, facendo versi scimmieschi. Emilia ride fino alle lacrime, si tiene l'addome, dolente per le troppe risate.

« Adesso tocca a te », fa Silvio, « se sei capace. »

Lei resta un attimo indecisa se ribattere, poi conclude che la miglior risposta sono le azioni. Prende una lunga rincorsa e si lancia con un grido verso il ramo. Silvio resta incredulo e un po' deluso quando l'amica riesce al primo tentativo.

Emilia rimane appesa sentendo il palmo delle mani bruciare per lo sfregamento. Non mollerà la presa proprio ora, deve resistere più a lungo di Silvio, deve dimostrargli che sa fare tanto quanto lui, e pure meglio. Si dà una spinta con le reni, inizia a dondolare, per un attimo il proprio corpo le sembra senza peso, è quasi come volare.

Dopo duecento anni d'intemperie, di tarli, di umidità, d'inverni gelidi ed estati torride, di animali che gli hanno rosicchiato la corteccia, di bambini che l'hanno usato come un'altalena e di coppie che vi hanno amoreggiato, quel vecchio albero cede e il ramo si spezza con un rumore di stanchezza e sconforto. Nello slancio Emilia va a sbattere con la faccia contro il tronco, poi finisce a terra.

« Ti sei fatta male? » chiede accorrendo Silvio.

Lei vorrebbe sminuire, ma il dolore è troppo forte. Sdraiata nelle foglie bagnate sente un bruciore intenso allargarsi sulle ginocchia. Controlla e le trova sbucciate fino alla carne; la coglie un capogiro e deve di nuovo sdraiarsi.

Quando i grandi lo verranno a sapere, faranno a entrambi una bella lavata di capo.

« Vieni, non è niente », la consola Silvio, aiutandola a rialzarsi. « Brucia? »

Emilia stringe i denti e annuisce. Lui la attira a sé e restano così per un po', finché la voce della bambinaia non viene a cercarli fino nelle profondità del bosco.

« Dobbiamo andare », fa Emilia. « Ci stanno cercando. »

« Riesci a camminare? »

« Certo! » ribatte lei, punta sul vivo. Si alza e prova a pulirsi il vestito. « Mi metteranno in castigo per un anno », annuncia, constatando un'enorme macchia di fango sul sedere.

Silvio dà un'alzata di spalle, come per dire che fa parte del gioco. « È il primo albero che farò abbattere quando sarò padrone », le promette per farla ridere, ma lei non lo trova divertente.

Camminano per un po' a testa bassa. « Stai bene? » le chiede Silvio, arrivando in vista del cotonificio.

Emilia fa no. Non è la caduta umiliante, quel ramo che l'ha tradita, non sono le ginocchia sanguinanti, non è neanche la punizione che l'aspetta e neppure l'ennesima spacconata di lui che sottolinea in modo tanto evidente le loro incolmabili differenze. A fare male è quella malinconia che le sale nel petto ogni tanto, specie quando si sente all'improvviso fragile e indifesa, come adesso, davanti alle cose della vita.

Sono trascorsi molti mesi da quando il Canèta le ha detto quella cosa. La parola rimbalza tra le pareti del cuore di Emilia e si fa largo come una bolla che risale verso l'alto.

« Assassino », ripete.

Silvio non capisce, per un attimo pensa che l'amica si riferisca a lui e con la mente va a rovistare nella memoria alla ricerca di un passo falso, una parola sbagliata, un gesto involontariamente sgarbato che gli abbia fatto meritare un'accusa tanto grave.

« Dicono che mio padre è un assassino », spiega Emilia.

Oppressa dalla vergogna, dalla paura, dalla rabbia, non lo

aveva mai raccontato a nessuno e ora si accorge che condividere il segreto con Silvio ne dimezza il peso, lo rende quasi accettabile.

Silvio trasalisce. «Come? Chi? Perché?» Conosce Carlo, il «signor Vitali»: è un uomo buono di cui suo padre si fida ciecamente, di cui parla con rispetto e perfino ammirazione. «Sono stati i Malberti?»

Emilia non risponde, ma Silvio conosce già la risposta. Sente una furia distruttiva montargli dentro. Alla prossima occasione vedranno, gliela farà pagare una volta per tutte. E non lo andrà a riferire a suo padre, no: questa cosa se la vedrà lui di persona, non permetterà che sia un altro a vendicarsi al suo posto.

Ma Emilia scuote il capo. Sì, sono stati i Malberti a cominciare, e tutto sommato da quelli lì se l'aspettava anche, ma la calunnia in un attimo si è gonfiata passando di bocca in bocca, di orecchio in orecchio. La vera delusione non sono i Malberti, ma la gente in generale: quelli che invece d'interrogarsi sulle voci che hanno origliato e sulla fonte da cui esse provengono, credono ciecamente e soprattutto ripetono a vanvera, facendo di un semplice pettegolezzo una verità condivisa. E quindi una condanna.

*Assassino*, sussurrano voci alle sue spalle. *Assassino*, insinuano.

«Dicono che il mio papà ha ammazzato l'Oreste dei Malberti. Dicono che lo ha fatto apposta per prendere il suo posto.»

«Ma non è vero!»

Emilia tira su col naso. «Però lo dicono.»

Spesso le viene la tentazione di chiedere a suo padre, solo per essere contraddetta: *Papà, hai davvero ammazzato l'Oreste dei Malberti?* Ma come si fa a domandare una cosa simile al proprio idolo, al proprio eroe? Suo padre non potrebbe mai fare una cosa del genere, suo padre non è un assassino.

Silvio ed Emilia escono dal bosco tenendosi per mano. La bambinaia li vede da lontano e corre verso di loro. «Via, via!» grida, come se avesse davanti agli occhi una scena raccapricciante. «Dov'eravate? Cosa stavate facendo?» Ha nella voce una preoccupazione che loro non possono capire.

Prima di lasciarla, Silvio stringe brevemente la mano di

Emilia. In quella stretta fugace c'è il calore della vicinanza, la condivisione di un dolore, l'incoraggiamento a non abbandonarsi allo sconforto, ma soprattutto una promessa: *Io ti renderò giustizia*.

## 7

Amalia cammina sul margine del canale con la veste che sfiora l'acqua nera e impetuosa, mentre sente crescere dentro di sé una forte inquietudine. Non lontano dalla centrale idromeccanica, un gruppo di bambini urlanti attira la sua attenzione; indicano qualcosa nell'acqua, che fino a quel momento non ha notato: sembra un tronco scuro, smosso dalla corrente. *Non avvicinatevi!* li mette in guardia. E, per evitare che si caccino in pericolo, decide di aiutarli a issare a riva il tronco. Uno di loro è armato di un lungo bastone uncinato, che tuttavia non riesce ad arpionare il tronco.

*Non ci arrivo!* piagnucola. *Provate voi, signora!*

Amalia allora si mette d'impegno e in uno, due, tre tentativi riesce ad agganciarlo. L'oggetto però è così pesante che sembra opponga resistenza, come se lunghe radici lo ancorassero al fondo del canale. I bambini fanno il tifo per lei, gridando incoraggiamenti triviali.

Serve una forza incredibile per smuoverlo, ma alla fine Amalia l'ha vinta. Con uno strattone il tronco ruota su se stesso, rivelando la parte fino a quel momento rimasta sott'acqua: non corteccia annerita dall'umidità, ma un corpo umano grigio, gonfio, già parzialmente decomposto. E tuttavia ancora vivo.

*Aiutami!* la implora Carlo. *Non lasciarmi qui a marcire!*

Allora Amalia, colta da una furiosa disperazione, inizia ad abbattere l'arpione sul corpo del marito, con l'intento di agganciarlo e avvicinarlo a sé. Ma lo sforzo è vano, perché la corrente, divenuta improvvisamente fortissima, attira suo marito verso la griglia che impedisce al materiale portato a valle dal fiume di finire nelle turbine.

Le grida dei bambini sono cessate e, guardandosi attorno, Amalia scopre di essere rimasta sola. Sa che, se anche gridasse con tutto il fiato che ha in corpo, nessuno verrebbe in suo soccorso.

*Dio, aiutami!* implora alzando gli occhi al cielo.

Sopra la sua testa nubi immobili come cumuli di cotone la osservano impassibili. Nemmeno il Signore oggi verrà in suo aiuto.

Nella smania di trarre in salvo il marito, Amalia si sporge così tanto che alla fine cade nel canale. Con stupore si accorge che l'acqua non è gelida come si aspettava, ma tiepida, accogliente come una coperta. Mentre gli abiti appesantiti la ostacolano nei movimenti, Carlo galleggiando la raggiunge.

*Eccoti, finalmente,* le sussurra con labbra bluastre. *Ti stavo aspettando.*

Poi la stringe in un abbraccio e insieme vanno giù verso un'oscurità senza fine.

## 8

Amalia si sveglia di soprassalto, forse ha urlato. Si tira su asciugandosi le lacrime e si guarda attorno. La casa è vuota, pulita, ordinata. Oltre le finestre l'oscurità si sta mangiando tutto il villaggio, solo la fabbrica è ancora viva.

Carlo rientrerà tra poco, il turno dovrebbe essere già finito. Emilia è ancora a scuola.

*È stato solo un incubo,* si ripete cercando di calmare il battito impazzito del proprio cuore. Ha ancora davanti agli occhi, come se fosse reale, l'immagine del volto di suo marito gonfio e scuro. *Solo un incubo.*

*No,* le risponde la Voce.

Amalia grida. Oltre la parete che separa il suo appartamento da quello dei Malberti le pare di udire un colpo di tosse, poi una porta che cigola piano sui cardini. Non è difficile immaginare la Luigia con l'orecchio teso, mentre fa cenno ai marmocchi di stare zitti, che non riesce a sentire bene. Tutto il palazzo è in ascolto.

All'improvviso le sembra che la casa si stia rimpicciolendo attorno a lei. Ferma al centro della stanza, Amalia vede le pareti stringersi, il pavimento allungarsi, il mobilio deformarsi. Corre alla finestra e la spalanca. L'aria gelida la schiaffeggia e per un attimo si sente meglio.

*Sai che è tutto vero,* riecheggia la Voce.

« No! » grida. Poi, più forte: « No! No! »

Qualcuno dai piani inferiori le strilla di piantarla.

*Hai visto il futuro,* insiste la Voce. *Lo hai visto.*

Amalia corre fuori senza nemmeno preoccuparsi di richiudere la porta. Sul ballatoio quasi si scontra con la Malberti, ritta sulla porta col piccolo Remigio aggrappato a un seno.

« Baldracca », le sibila la Luigia.

Amalia non la sente nemmeno, ha un sibilo nelle orecchie; si affretta giù dalle scale, per poco non rischia di ruzzolare e spezzarsi l'osso del collo. Non si ferma, salta due gradini, aggira una famiglia che sta discutendo nel mezzo del corridoio, travolge un bambino che cade a terra piangendo e finalmente si ritrova fuori dove l'aria profuma di legna arsa.

Nel palazzo di fronte le luci al piano terra sono accese come un invito.

*Non lo fare,* le intima la Voce.

Amalia non l'ascolta e irrompe nella locanda come una furia.

Il locandiere è alle prese col registro degli ordini, mentre suo figlio Rino dorme nella culla lì accanto. L'Agazzi alza la testa dal librone e la squadra da sopra le lenti da lettura. « State bene? »

Amalia è pallida come uno spettro, gli occhi sono due pozzanghere scure. Scuote la testa, poi scoppia a piangere.

L'Agazzi si aggrappa alle stampelle e saltella fino a lei. « È successo di nuovo? »

Non è la prima volta che Amalia va a cercare rifugio da lui. Tre mesi prima è piombata nelle cucine terrorizzando anche il cuoco. « Voi morirete! » gridava, puntando il dito contro l'Agazzi come un'arma. « Morirete! »

Lui ha mantenuto la calma. « Ah, be', su questo non ci sono dubbi. » Ha licenziato il personale, l'ha fatta sedere a un tavolo d'angolo e le ha servito un bicchierino di distillato di prugne, pretendendo che lo bevesse tutto, fino all'ultima goccia.

« Dovete perdonarmi », l'ha implorato Amalia, tornando in sé poco alla volta. « Ho avuto un incubo. » Poi è rimasta in attesa che la Voce la contraddicesse. Ma la Voce non ha parlato.

« Dov'è vostro marito? »

Amalia ha dato un'alzata di spalle. « In fabbrica. Dove, se no? »

L'Agazzi ha sentito una strana felicità venire su dalle viscere e ha cercato di reprimere un sorrisetto. Se ne sono stati per un bel pezzo in silenzio a sorseggiare distillato di prugne.

« E così avete sognato che morivo », le ha detto lui, dopo un po'. Nella voce non c'era traccia di scherno né timore o giudizio. Solo interesse.

Amalia ha annuito.

« E... come? » ha chiesto l'Agazzi. « Se mi concedete di saperlo. »

Lei era titubante. « Volete davvero saperlo? »

« Perbacco », ha esclamato l'Agazzi, « sono interessato a tutto quello che mi riguarda. »

Amalia è scoppiata a ridere e lui l'ha trovata così bella che ha dovuto ficcarsi una mano in tasca per resistere alla tentazione di accarezzarle il viso.

Amalia allora gli ha raccontato tutto, dall'inizio, in ogni dettaglio. « Vedo il vostro corpo tra le macerie, coperto di sangue e polvere. Io vi vedo morire schiacciato sotto un masso. »

L'Agazzi è rimasto senza parole e Amalia si è subito pentita di averglielo confidato.

Poi lui ha dato un'alzata di spalle. « Be', suppongo che Dio, non essendoci riuscito la prima volta, vorrà riprovarci. »

« Non siate blasfemo », lo ha rimproverato lei alzandosi di scatto. La stanza le girava attorno e i contorni di tutte le cose erano sfumati.

« Suvvia, scherzavo », ha provato a rimediare l'Agazzi.

« Non si scherza con queste cose! Non si scherza con Dio! »

Amalia è corsa via, ripromettendosi di non tornare mai più. Due settimane dopo, però, era di nuovo lì, a cercare riparo dalla Voce. La locanda dell'Agazzi è l'unico posto in cui la Voce non può seguirla.

## 9

Emilia capisce subito che qualcosa non va. Rientrando da scuola, appena arriva in vista dei *palasocc*, alza sempre gli occhi verso il loro appartamento e la figura di sua madre si staglia come un gioco d'ombre nel riquadro della finestra colorata d'arancione. Stasera è tutto spento.

Nell'androne c'è odore di minestra. Emilia sale le scale due gradini alla volta; quando arriva all'ultimo piano ha il cuore in gola.

La porta di casa è aperta e fa freddo.

« Mamma? »

Entra, trova la candela, l'accende e si guarda attorno. La finestra è spalancata sul buio.

Emilia fa il giro della casa mentre l'angoscia le si gonfia dentro. L'appartamento è ordinato e immobile, vuoto.

« Mamma? » dice, più forte, come se sua madre potesse essere nascosta sotto il letto o nell'armadio.

Emilia richiude la finestra, poi traffica per accendere la stufa che fa capricci e fumo. Si siede al tavolo e aspetta. Potrebbe andare a cercarla, ma dove? Dove potrebbe essere? Aspetta un tempo che le sembra eterno, poi si decide a uscire.

La casa dei Malberti è silenziosa, nessuno che esca a dare una sbirciatina, a insultare, accusare. Emilia bussa, tutti i rumori si fermano; l'intero palazzo rimane col fiato sospeso, mentre si ode qualcuno strisciare dietro la porta.

La Luigia spalanca bruscamente l'uscio e le punta addosso occhi pieni d'odio. « Cosa vuoi? » Dietro di lei tutta la famiglia si schiera come un plotone: il Canèta con la faccia sporca di carbone, le gemelle che non smettono di ridacchiare; c'è perfino Fredo con in braccio Remigio, giallo come un tuorlo d'uovo.

Emilia si pente subito di averla cercata. « Avete visto mia madre, signora Malberti? »

Lei si fa una risatina. « Baldracca », grugnisce.

In quella arriva Carlo, ed Emilia è così felice che gli corre incontro e lo abbraccia. Il Vitali si scambia un'occhiata interrogativa con la Malberti, che gli risponde con disprezzo nello sguardo.

« Cosa c'è? Dov'è la mamma? »

« Non la trovo », pigola Emilia.

Sua figlia ha quasi undici anni, un'età in cui molti bambini del villaggio sono già al lavoro da un pezzo; ogni giorno va a scuola a piedi fino a Trezzo, da sola; aiuta sua madre nelle faccende di casa, scende al fiume a fare il bucato, mette su la cena, tiene i conti di casa. È un'adulta in miniatura che ora, tuttavia, gli appare per quello che è: nient'altro che una bambina, ancora sguarnita di fronte agli imprevisti della vita.

La prende in braccio ignorando la fitta di dolore che gli attraversa i lombi. « Ora la cerchiamo, non ti preoccupare. »

« Non la troverete in casa », salta su la Malberti.

Carlo intuisce la trappola e non fa domande.

« Quando non ci siete », continua la Luigia con sadica soddisfazione nella voce, « a vostra moglie piace farsi consolare da quello storpio. » E, poiché il Vitali non dà segno di aver capito, rincara: « Andate a cercarla giù alla locanda. Sono certa che siete ancora in tempo per vederla coi vostri occhi, la baldracca ».

## 10

L'Agazzi per stasera ha chiuso la locanda. In giro non ci sono clienti e, anche se ci fossero, pazienza, si arrangeranno. Non ha mai visto Amalia tanto angosciata, tanto disperata, e non vuole cacciarla via. O forse è una scusa che racconta a se stesso, un pretesto per non lasciarla andare via.

« Prendete ancora un po' di distillato. »

Amalia fa no con la testa pesante, gli occhi socchiusi. Dovrebbe andare. Che ore saranno? Tra poco rientreranno Emilia e Carlo, e c'è ancora la cena da preparare. Ma Amalia sa che, non appena uscirà da qui, la Voce tornerà ad assillarla, più cattiva di prima. Non perdona, la Voce.

Invece qui, tra le mani calde dell'Agazzi, si sente al sicuro. Ogni tanto viene anche solo per dormire qualche ora senza incubi. Lui la guarda assopita sulla sedia con la testa storta da una parte, le labbra socchiuse. Sorride, mentre dà da mangiare al bambino o fa l'inventario della dispensa.

*Sveglia,* le sussurra la Voce.

Amalia si desta con un sussulto ed emette un grido.

« Tutto a posto, tutto a posto », le sorride l'Agazzi accarezzandole l'interno del polso. « Sono qui io. »

Ma non è tutto a posto: la Voce fin lì non era mai arrivata. *Credevi di potermi chiudere fuori come una folata di vento?* È il presagio di qualcosa di orribile.

In quella irrompe Carlo, con Emilia accanto.

Sua moglie ha le gote arrossate, gli occhi accesi da una specie di passione; alcune ciocche ribelli si sono liberate dalla crocchia e le incorniciano il viso come una lunga tenda di velluto nero. Le mani bianchissime di lei spiccano in quelle grandi, nodose dell'Agazzi.

« Ve l'avevo detto. » La Malberti, che è scesa a godersi lo spettacolo con tutta la famiglia, le punta contro l'indice affilato come una lama.

In pochi battiti il cuore di Carlo pompa tutto il sangue al cervello, le mani gli formicolano, la vista gli si annebbia. « Vai a casa », ordina ad Amalia senza nemmeno guardarla.

« Ma non è... »

« Vai a casa, ho detto! » tuona. Sembra che tutta la locanda vibri, sul punto di crollare.

Amalia si alza, gira sui tacchi, prende Emilia per mano e fa per portarla via. Ma la Malberti, ben salda davanti alla porta, impedisce loro di uscire. « Baldracca », le sputa addosso.

L'Agazzi mostra i palmi in segno di resa. « No, guarda che non... »

Non può finire la frase. Il Vitali lo afferra per la camicia e lo tira su come un pupazzo, poi lo spinge contro il muro. Gli molla un destro allo stomaco, poi un altro al volto. L'Agazzi rovina a terra tra le grida della gente. Tutti i *palasocc* sono scesi a vedere.

« Lasciami! Lasciami! » lo implora. « Non è successo niente! »

Non importa cosa dica: Carlo ha visto coi propri occhi. Tutti hanno visto, e nelle prossime settimane non parleranno d'altro.

Il Vitali si avventa sull'Agazzi, che invano si difende scalciando con l'unica gamba che gli resta. Prende sberle e pugni, mentre dalla culla arriva il pianto disperato del piccolo Rino.

Emilia, appiattita contro il muro, non riesce a distogliere lo sguardo dalla schiena di suo padre, chino sul povero locandiere. Non ha idea di cosa si sia reso colpevole, e una ragione deve pur esserci, ma la reazione le appare sempre più sproporzionata.

È una furia, Carlo. Anche attraverso il tessuto spesso della giacca si riescono a intuire i muscoli contratti, mentre i pugni si alzano e si abbassano come pistoni. Nessuno dei presenti muove un dito.

« Basta, fermati! » Emilia non può credere che quello sia suo padre. Lo conosce davvero?

*Assassino*. Carlo può aver ucciso, è capace di uccidere? La terribile accusa torna a galla e la risposta adesso è sotto gli occhi di tutti.

## 11

La vita nei *palasocc* è sempre molto rumorosa. C'è quella di sopra che picchia in continuazione i figli, e sono pianti e sceneggiate tutto il giorno; quello accanto che sbatte le porte come se volesse tirarle giù e ogni volta ti si ferma il cuore per lo spavento. È tutto un pestare di mortaio, battere panni, trascinare sedie, far cadere oggetti. C'è chi canta, chi parla da solo, chi prega, chi legge ad alta voce. Le pareti paiono fatte di cotone pure loro, si sente anche quello che dovrebbe rimanere riservato: gelosie, amori passionali, maldicenze e pettegolezzi, disturbi intestinali. È impossibile mantenere un segreto, qui. Per tacere della fabbrica, proprio lì accanto, a pochi metri, dove il rombo sordo delle macchine è così forte che a volte fa tremare i vetri fino in casa.

Di notte, però, tutto si ferma. La campanella annuncia la fine del turno, gli operai escono stanchi e soddisfatti, le macchine si godono il meritato riposo. Al calar della luce le famiglie si riuniscono attorno al tavolo e mangiano in silenzio; si sentono appena i cucchiai che pescano i legumi sul fondo delle scodelle e qualche risucchio. I bambini si addormentano con la testa nel piatto, le madri allora li raccolgono come fagotti e se li mettono nel letto, le candele spente spandono nell'aria il loro profumo, nelle stufe il carbone si raffredda.

Il villaggio dorme avvolto nell'oscurità, sotto l'occhio vigile della luna che si specchia nell'Adda.

Il Canèta dorme rannicchiato come un coniglio. Fredo, in piedi accanto al letto, lo osserva: dalle coltri sbuca solo la testa, il pollice ficcato in bocca.

« Pssst! » gli fa, scuotendolo. « Sveglia. »

Il Canèta ci mette un po' a destarsi, ma non appena vede il fratello gli occhi gli si accendono. « È già mattina? »

« No, vieni. »

Il ragazzo non se lo fa ripetere e, senza fare domande, s'infila i vestiti che Fredo gli porge. Aprono la porta avendo cura di non fare rumore e strisciano nel ballatoio. Da qualche parte si sente russare.

Escono sotto un cielo che odora di neve. Nella fretta il Canèta si è infilato le scarpe senza calze e adesso se ne pente.

« Dove andiamo? » chiede.

« Zitto! »

Passano oltre i *palasocc* stando rasenti ai muri, svoltano giù verso il canale, poi subito a sinistra costeggiando la fabbrica. C'è una porticina secondaria che ha la serratura rotta, Fredo lo sa bene perché l'ha rotta lui. I due Malberti entrano di soppiatto.

Il cotonificio è deserto, immobile. La luce della luna s'intrufola attraverso i lucernari del tetto e fa sembrare d'argento ogni fuso. Il Canèta non è mai stato qui di notte, la filatura silenziosa e ordinata gli sembra strana: è così diversa da come la conosce, sembra perfino un bel posto.

« Ti piace? » chiede Fredo.

L'altro annuisce. « E se ci scoprono? »

Suo fratello se la ride. Con deliberata lentezza spinge un registro giù dal tavolo e sta a guardare mentre i fogli si sparpagliano sul pavimento, poi si mette a correre tra i macchinari, accenna qualche passo di danza, fa una piroetta. « Questa fabbrica è tutta nostra! »

Il Canèta trova che suo fratello sia un vero spasso.

« Ho sentito una cosa, giù agli uffici della ditta. La vuoi sapere? » gli chiede Fredo, come se non conoscesse già la risposta.

Il Canèta spalanca occhi e bocca, e rimane in attesa.

« Gli ordini fioccano, non riusciamo a stare dietro alle commesse », racconta Fredo. « Il vecchio è contento come una Pasqua. Ha chiesto un finanziamento per raddoppiare il numero dei fusi, e puoi scommetterci che glielo concederanno. »

Commesse, finanziamento, raddoppiare, concedere. Il Canèta non capisce bene.

« Dovremo lavorare anche di notte », spiega Fredo.

« Anche di notte? » Al Canèta non sembra una buona notizia.

« C'è così tanto da fare che dodici ore non bastano. Il vecchio vuole introdurre i turni di notte. Ma per farlo, ovviamente, prima deve portare l'illuminazione elettrica dentro il cotonificio. »

Quando lo ha raccontato a casa, ieri sera, la Luigia dei Malberti è corsa subito a farsi il segno della croce; dice che « quella roba lì », così chiama l'elettricità, cuoce la testa delle persone. Le gemelle sono scoppiate a ridere e per tutta risposta hanno preso una sberla ciascuna.

« Io non voglio lavorare di notte », fa il Canèta.

Già di giorno è dura. Tutti i compiti più ingrati sono suoi; i capireparto gli rifilano ordini a suon di pedate, hanno sempre da ridire, e poi lo spediscono apposta giù nei sotterranei perché sanno che è buio e che lui se la fa sotto.

Fredo dà un'alzata di spalle. « Ah, è il progresso: non si può mica fermare. Non ci puoi fare niente. »

Al Canèta viene quasi da piangere.

La fa facile, suo fratello. Lui lavora giù, agli uffici di Milano, non deve mica stare qui dentro per dodici ore al giorno, senza poter mangiare né fare pipì. Lui ha studiato, non sarà lui a dover rinunciare anche al sonno per far andare le macchine, non gli toccherà di dover pagare il prezzo di questo benedetto progresso, come lo chiama.

Al Canèta non piace la fabbrica e non gli piace il progresso. E soprattutto non vuole che l'elettricità gli cuocia la testa.

« Dai, vieni », gli dice Fredo tirandoselo vicino.

Il Canèta si lascia abbracciare, mansueto.

« Facciamo qualche scherzo. Divertiamoci un po'. » Fredo prende una chiave inglese dalla cassetta degli attrezzi e allenta qualche bullone, mentre il volto di suo fratello si deforma per lo sconcerto e il divertimento. « Tieni, svitane un po' anche tu. Fagli vedere chi è che comanda! »

All'inizio il Canèta è titubante, ma poi ci prende gusto e sfoga sulle macchine tutta la rabbia che ha dentro, che non riesce a esprimere a parole.

Ci danno dentro per un bel pezzo, fin quando non sentono un rumore provenire da lontano.

« Ehilà, chi c'è? » grida il Vitali avanzando con una lanterna in mano. « Venite fuori, vi ho visto. »

Senza dubbio ha sentito baccano ed è venuto a controllare. Se li trova lì dentro, andrà a riferire tutto al padrone, quel leccapiedi.

« Canaglia! » sibila Fredo, strattonando suo fratello per farlo stare giù.

Si accucciano dietro una macchina, poi aspettano il momento buono e sgattaiolano fuori.

« E se ci ha riconosciuti? » chiede il Canèta.

« Non ha riconosciuto nessuno. »

« Come fai a saperlo? »

« Perché se ci avesse visti davvero ci avrebbe chiamati per nome, stupido. »

Suo fratello è proprio intelligente, si vede che ha studiato.

Per questo sta giù agli uffici della ditta, a Milano, e non gli toccherà mai di dover lavorare di notte.

Il mondo, conclude amaramente il Canèta, si divide in due categorie: quelli che sanno che cos'è il progresso e quelli che ne hanno paura.

# PARTE QUINTA

# 1

*Canonica d'Adda,*
*primavera 1883*

Ogni mattina Emilia si sveglia prima di tutti. Uscire dal letto le costa sempre un'immensa fatica; avvia la stufa con gli occhi chiusi dal sonno, poi si lava al catino rabbrividendo per il freddo. Poco dopo si alza anche suo padre e fanno colazione; senza parlare, immergono i cucchiai nelle scodelle e risucchiano l'ultimo latte sul fondo, mentre lì accanto il brontolio metallico della fabbrica non si ferma mai.

Escono insieme richiudendosi piano l'uscio alle spalle, poi scendono le scale in perfetta sincronia di movimenti; fuori dai *palasocc* i loro passi si separano: uno tira dritto verso la fabbrica, l'altra svolta a destra, giù verso il canale.

È ancora buio, ma il villaggio è già sveglio. Il cotonificio lavora ininterrottamente per soddisfare le richieste di filati pregiati che piovono da tutta Italia e perfino dall'estero. Merci e uomini entrano ed escono in continuazione.

Attorno alla fabbrica stanno spuntando come funghi le prime villette uni e bifamiliari destinate agli operai; non più *palasocc* affollati come alveari, ma piccole abitazioni indipendenti, dotate delle comodità più moderne, circondate da orti e giardini privati: luoghi piacevoli dove trovare pace dopo il lavoro. La prima che sarà pronta, ha detto il padrone, spetterà ai Vitali.

Emilia cammina a testa bassa coi libri sotto il braccio, ripassando mentalmente la lezione. Ha quindici anni e, anche se ancora studia, ormai è quasi una donna. All'altezza della centrale incrocia un gruppo di operai che arrivano da Capriate e che le regalano sguardi incantati; lei allunga il passo e, quando se li è lasciati alle spalle, sorride. Dal fiume sale un'umidità penetrante che la fa rabbrividire. In un attimo è a Trezzo, dove parte la corriera che la porterà a Bergamo. Un lungo viaggio per andare e per tornare; quando nevica, tocca scendere e spingere la carrozza fuori dal pantano; se fa caldo i cavalli stramazzano al suolo per la fatica.

Il ginnasio sorge in un edificio antico come le materie che vi insegnano. Muri incrostati di umidità, finestroni alti, una grande lavagna sormontata da un crocifisso e file di banchi in legno scuro tra cui si aggirano professori armati di bacchetta.

A Emilia piace questo posto. È una studentessa attenta, curiosa. Il suo impegno non è animato solo dalla volontà di essere promossa o dal timore di una bocciatura, ma soprattutto da un genuino desiderio di sapere; così, a differenza della maggior parte dei suoi compagni, non si augura di uscire da qui al più presto, ma spera di restarvi il più a lungo possibile. Lo sforzo dello studio, le levatacce e tutti gli altri sacrifici sono annullati dal privilegio di potersi abbeverare a questa fonte di conoscenza.

All'inizio non è stato facile. La maggior parte degli studenti sono maschi, oppure ricchi, oppure maschi ricchi; una ragazzina, figlia di operai, è una rarità guardata con diffidenza e sospetto. Non conosceva nessuno: i ragazzi del villaggio alla sua età sono già in fabbrica da qualche anno.

L'unica compagnia dei primi tempi sono stati i libri. La scuola ha una grande biblioteca e Silvio, che studia anche lui al ginnasio, ma a Milano, di tanto in tanto le fa recapitare qualche nuovo volume.

Quando torna a casa la sera, Emilia è così stanca che non ha nemmeno più la forza per parlare. I Vitali mangiano in silenzio senza levare gli occhi dai piatti, poi Emilia si alza, sparecchia, lava i piatti, spazza a terra, predispone la colazione per il giorno seguente. Sua madre è sempre stanca.

«Faccio un salto in fabbrica», fa suo padre.

Emilia e Amalia si guardano.

«Ma domani è festa...» obietta Amalia.

Per celebrare i continui successi della *Benigno Crespi*, i padroni hanno organizzato una grande festa al villaggio. Tutti gli operai hanno un giorno di vacanza pagato.

Carlo non risponde. Si calca il cappello in testa ed esce; sul ballatoio c'è la Malberti con Remigio attaccato alla sottana. Si guardano in cagnesco, lui imbocca le scale, lei gli sibila parole d'odio alle spalle.

Quando torna a casa, moglie e figlia stanno dormendo da un pezzo.

La mattina dopo l'aria è tutta impregnata dei profumi della locanda e del canto degli uccelli. Il padrone offrirà un giro da bere a tutti e per i bambini del villaggio le donne hanno preparato torte di latte.

« Io scendo! » grida Emilia e, prima che sua madre possa ribattere qualcosa, è già fuori dal palazzo.

Carlo è al catino che si rade meticolosamente.

« Vai alla festa? » gli chiede Amalia appoggiata allo stipite.

« No. » Intercetta nello specchio lo sguardo della moglie e lei abbassa gli occhi. « Vado in fabbrica. »

Dalle finestre salgono le prime note dell'orchestrina che prova un pezzo.

« Ma la fabbrica oggi è chiusa. »

« Lo so. » Finisce con tutta calma di radersi e pulisce la lama con la salvietta. « Ne approfitto per fare manutenzione. »

« Ma l'hai già... »

Carlo la zittisce con un'occhiata.

Sì, manutenzione l'ha già fatta ieri, e anche ieri l'altro: le macchine sono tutte a puntino, il padrone gli ha detto di non pensarci, di prendersi un giorno di riposo. Ma come può dire ad Amalia che solo nel cotonificio si sente realizzato, che là trova la pace, che non sopporta più di starle accanto?

Amalia tiene gli occhi bassi e Carlo per un attimo si sente in colpa.

« Tu vai », le dice ammorbidendo il tono. « Se non faccio tardi, magari dopo vi raggiungo. » Sanno entrambi che non lo farà.

Amalia gli porge la guancia e rimane in attesa. Carlo si ferma a un metro da lei e le sorride stirando le labbra in una smorfia di dolore, poi le stringe brevemente la mano e scappa via.

## 2

Nel campo accanto alla fabbrica, non lontano dalle nuove casette degli operai, sono state allestite alcune bancarelle e aree per i giochi. Proprio al centro svetta un altissimo palo ricoperto di grasso e addobbato in cima con ghirlande da cui pendono salami, formaggi, pagnotte e perfino un prosciutto intero, tutti messi in palio dalla *Benigno Crespi*; i ragazzi del villaggio si sono raggruppati in squadre: vincerà quella che riuscirà a raggiungere la sommità dell'albero della cuccagna e a tornare giù col maggior numero di leccornie. Tutti puntano al prosciutto.

Fredo vi gira attorno con aria scettica, mentre suo fratello, senza camicia, stiracchia il corpo magro e pallido. Non distante è stato piazzato un banchetto che raccoglie le iscrizioni.

« Perché non partecipi anche tu? Sei ancora in tempo », gli dice il Canèta, che fa parte dei *Fo de Co*, la squadra data per vincitrice.

Fredo fa una smorfia. « È un gioco stupido. Si fa sempre male qualcuno. »

Il Canèta dà un'alzata di spalle. Lui lo sa perché suo fratello non vuole prendere parte ai giochi, anche se non lo ammetterà mai: quelle lì sono cose da operai, gli impiegati non le fanno mica.

Alle due c'è in programma un torneo di tiro alla fune, più tardi una corsa con le botti e poi il gioco della lippa; per i più piccoli è stata riservata un'area con birilli, biglie e ruzzole. Per tutto il giorno il villaggio sarà animato da giochi e spettacoli, gira voce che i Crespi hanno anche fatto venire un mangiafuoco dalla Svizzera e la gente non vede l'ora di vedere che faccia ha, se ha la barba e se i denti sono neri.

Le gemelle dei Malberti hanno tredici anni e non sono belle, ma il fatto che si somiglino così tanto le rende in qualche modo simpatiche alla gente: così si aggirano come lupe per il paese, vendendo mazzolini di fiori alle signore. Fredo ne compra uno e lo regala alla Luigia, che si schermisce. Lui allora la prende per mano, accenna qualche passo di danza, le fa fare una piroetta.

«*Ta set pröpe mat*», lo rimbrotta sua madre, che sotto sotto è tutta contenta.

Remigio ha cinque anni e le sta sempre incollato alla sottana; ha occhi un po' sporgenti come quelli di una rana e un moccio perenne che gli cola giù fino al labbro. Le gemelle si divertono a fargli piccoli dispetti, ma lui non piange mai; nessuno lo ha mai visto piangere.

«*Mama, mama*», ripete in continuazione. «*Mama, mama.*»

Fredo lo accompagna alla bancarella delle torte. «*Ciapa, maia e fa sito*», gli dice passandogli una fetta di torta alle nocciole, sulla quale il bambino si avventa con ingordigia.

Emilia passa di lì in quella. Tutti gli occhi dei Malberti le si piantano addosso: quelli pieni di odio della Luigia, quelli gelidi di Fredo, quelli vuoti delle gemelle, quelli concupiscenti del Canèta. Un brivido di freddo le corre lungo la schiena e si gira indietro a cercare suo padre, che ha visto poco fa entrare in una delle casette in costruzione; mancano le ultime rifiniture, forse potranno trasferirsi già la prossima settimana. Emilia non vede l'ora.

«Dove vai, maestrina?» Così la chiama il Canèta, perché è l'unica del villaggio che va a studiare fino a Bergamo. Dicono che per questo si dà un sacco di arie, che crede di essere chissà chi.

Emilia non gli risponde e tira dritto.

«Maestrina, a scuola non ti hanno insegnato a parlare?» Il Canèta le si piazza davanti a gambe aperte, le mani sui fianchi, mentre la famiglia assiste divertita.

«Spostati», ribatte Emilia, accarezzando la fionda come una minaccia.

«Se no?» Il Canèta le arriva a pochi centimetri dal naso e respira il suo profumo di sapone.

Forse un giorno, mica tanto in là, potrebbe sposarla; in fondo sono coetanei e pure lei è una del villaggio. Ogni tanto, la sera, prima di addormentarsi, ci fantastica su: se la Vitali fosse sua moglie, le vieterebbe di andare in città; dovrebbe stare a casa, come fanno le donne serie, e accudire i bambini, perché avrebbero dei bambini, questo è certo. E poi dovrebbe obbedirgli, e stare sottomessa. Immagina se stesso che rientra dalla fabbrica e lei che si china a lavargli i piedi nel catino, come faceva la Luigia con l'Oreste. Il solo pensiero lo rende folle di desiderio e allora stringe il cuscino come se avesse il corpo dell'Emilia tra le mani.

« Vai a dirlo al figlio del padrone? »

« Baldracca », ripete la Luigia.

Le gemelle scoppiano a ridere e Remigio le imita.

Emilia si guarda ancora attorno in cerca di suo padre: di Carlo non si vede neanche l'ombra.

Il Canèta le si fa ancora più sotto, torreggiando su di lei. L'alito gli puzza d'aglio. Emilia sente il cuore che le pulsa con un ronzio nelle orecchie; forse è paura, forse è collera. Istintivamente solleva di scatto un ginocchio; non arriva a colpirlo, ma il ragazzo fa un balzo indietro riparandosi le parti basse.

Al Canèta la risata di Fredo fa più male di una ginocchiata.

« Maestrina », la richiama, mentre lei si sta allontanando, « lo sai dove va tuo papà, la sera, invece di venire in fabbrica? »

Emilia s'immobilizza. Non si è mai chiesta cosa faccia suo padre la sera, non ha mai messo in dubbio che vada davvero in fabbrica. Sa che dal Canèta sta per uscire l'ennesima cattiveria, sa che i Malberti odiano da sempre i Vitali e che non bisogna badare a quello che dicono, sua madre glielo ripete in continuazione. Eppure resta prigioniera, in attesa.

Segue un silenzio che a Emilia pare eterno. Quando si volta, il Canèta ha un sorriso crudele sulle labbra. Le fa un gesto osceno con la lingua e poi la lascia lì, a macerare nel dubbio.

## 3

*Milano*

Benigno Crespi è seduto allo scrittoio a consultare dei documenti. La pendola che ticchetta è l'unico suono, insieme a quello del pennino che gratta contro la carta. Bussano alla porta, Benigno alza gli occhi dal lavoro.

«Il signor conte per lei, signore», annuncia il maggiordomo.

Benigno aspettava quella visita, sua moglie Giulia l'aveva avvisato. *Cerca di essere gentile...*

«Fallo accomodare.»

Pio Morbio entra con passo baldanzoso. Il cognato è come sempre vestito con la massima eleganza, che riesce a trovare - pare - solo presso i migliori sarti di Londra; il panciotto in seta spicca sotto la redingote di colore scuro e il fazzoletto da collo è annodato con cura maniacale.

«Buongiorno, caro cognato.»

Benigno si alza e gli va incontro con la mano tesa.

«Giornata ancora un po' fredda, non trovate?»

«Il clima sembra impazzito di questi tempi», concorda Benigno. Vorrebbe arrivare al punto, perché ha ancora un sacco di lavoro da sbrigare, ma non può affrettare le cose. *Cerca di essere gentile...*

Morbio va alla finestra, scosta una tenda, guarda fuori. «Eccellente posizione.» Si trovano in una delle vie più centrali della città. «Forse un po' caotica.»

«Talvolta», conviene Benigno, che non si trova affatto d'accordo e cui l'atteggiamento disinvolto del cognato provoca irritazione.

Poi il conte si decide ad affrontare l'argomento per cui è venuto. «Dunque, la mia cara sorella vi avrà certamente accennato...»

Sì, Giulia gli ha accennato, anzi, gli ha spiegato tutto per filo e per segno; ma Benigno non intende rendere al cognato il compito più facile: se vuole qualcosa, deve abbassarsi a chiedere. Tace e resta a fissarlo con uno sguardo limpido.

Morbio si sistema meglio sulla sedia. «Si tratta di un affare molto interessante, soprattutto per voi.»

Benigno si lascia scappare un'alzata di sopracciglia, che non sfugge al conte.

«Il giornale ha ottime prospettive, le vendite si fanno interessanti», continua Morbio.

«Siete molto gentile, caro cognato, a voler condividere con

me queste prospettive.» S'intuisce l'ironia nella sua voce? Giulia direbbe di sì, ma lei gli legge dentro. «Ve ne sono sinceramente grato.»

«Sarebbe un modo saggio per differenziare i vostri investimenti», prosegue il conte. «Investimenti che, del resto... sono anche dei Morbio, trattandosi della dote di Giulia.»

Benigno sente come una staffilata. «Ho ampiamente ripagato mia moglie per quegli investimenti», ribatte.

Sono trascorsi cinque anni da quando ha avviato il nuovo cotonificio di Nembro col denaro di Giulia. Gli affari sono andati così bene da allora che l'investimento è fruttato almeno tre volte tanto. Ma non è a questo che si riferisce Benigno. Da quando l'ha sposata si è dedicato a lei con costanza e abnegazione. Non c'è nulla che le abbia rifiutato, nulla di quello che lei voleva che non abbia ottenuto; ha obbedito a ogni suo capriccio, ha assecondato ogni sua richiesta, da quelle più innocue, come il colore di un cravattino, ad altre più difficili e dolorose.

Si è fatto plasmare come creta dalle mani sapienti di sua moglie, ne è perfettamente cosciente: è vittima e complice di questo processo di trasformazione. L'ha fatto non solo perché la ama alla follia e non vuole perderla. L'ha fatto soprattutto perché è convinto che lei abbia ragione. Da tempo Benigno sente il richiamo di qualcosa che sia meno concreto del cotone, meno sporco della fabbrica. È un sentimento suo, o glielo ha instillato Giulia?

Suo fratello Cristoforo glielo dice spesso – per quanto ormai si vedano di rado –, che non lo riconosce più. E sovente nemmeno Benigno riconosce più se stesso. Ma rimane pur sempre un Crespi, porta il nome del nonno che avviò l'attività. Nelle sue vene scorre il sangue dei Tengitt. Non rinnegherà le proprie origini, non permetterà che vengano infangate.

«Ed è per questo che ci troviamo qui», taglia corto. Non gli sono mai riusciti i giri di parole in cui i nobili sono maestri. «Per tramite di vostra sorella, mi chiedete di rilevare una parte delle vostre quote del *Corriere della sera*, poiché vi trovate in difficoltà finanziarie.» Se gli avessero detto che un giorno si sarebbe rivolto con tanta schiettezza a suo cognato, e per di più da una posizione di superiorità, si sarebbe fatto una bella risata.

«Non parlerei di difficoltà finanziarie», puntualizza Pio Morbio. «Ho problemi di liquidità, ne convengo. Capita... Si tratta comunque di una fase momentanea, passeggera.»

«Ebbene, io accondiscendo alla vostra richiesta per l'amore che provo per mia moglie e poiché ritengo che Giulia sia nel giusto quando intravede nella stampa un buon investimento per il futuro.»

«Lo è sempre.»

«Ma il denaro che spendo», tira dritto Benigno, «il denaro che vi offro, non è di Giulia, tanto meno è dei Morbio. È il denaro dei Crespi che compra il *Corriere*. Non dimenticatelo mai.»

## 4

*Canonica d'Adda*

Verso mezzogiorno, attorno al padrone in piedi su un predellino di legno, si crea silenzio. Crespi inizia come sempre col ringraziare il parroco e le autorità, poi accenna per tappe al passato, al numero di fusi che è più che raddoppiato, all'introduzione della corrente elettrica, agli ordini che aumentano di mese in mese, al nuovo magazzino costruito in una posizione migliore; menziona la Grande Esposizione di Milano del 1881, dov'è stato chiamato a far parte della giuria che ha preso in esame i prodotti di cotone, portando ancora una volta il nome della *Benigno Crespi* sulle bocche di tutto il Paese e oltre.

Parla del presente e soprattutto del futuro: le casette che si stanno tirando su, con grande attenzione all'estetica, oltre che alla praticità, sono il suo vero orgoglio, il progetto che gli fa luccicare gli occhi. Verranno affittate a un canone calmierato, dedotto ogni quindici giorni dal salario del capofamiglia. Grazie ai nuovi investimenti, un numero sempre crescente di operai potrà venire a vivere qui e approfittare di tutte le comodità che la ditta mette a disposizione per i propri dipendenti. Alcuni vani saranno dati al medico del villaggio e altrettanti ospiteranno una scuola riservata ai figli dei lavoratori. Il nucleo iniziale sorto attorno all'opificio sta assumendo sempre più le sembianze di un villaggio vero e proprio, con tutto quel che serve per vivere, e per vivere bene.

Attorno al padrone sono tutti applausi, bocche spalancate per la meraviglia e grida di giubilo. Crespi si schermisce, fa cenno di smetterla, che non è il caso di esagerare, e soprattutto non ha ancora finito. Per la *Benigno Crespi* si prospettano grandi investimenti: il numero dei fusi triplicherà, arrivando a toccare la mirabolante cifra di quindicimila. Altri applausi. È imminente la produzione di filati di cotone egiziano pettinati, una rarità e una vera eccellenza. Ancora applausi.

Dopo il discorso, la *sciura* Pia e i figli distribuiscono piccoli doni ai bambini del villaggio. Niente è stato lasciato al caso: quello che desiderava una trottola riceve proprio una trottola e quello con un buco nelle scarpe ottiene scarpe nuove. Le gemelle dei Malberti ricevono dei fiocchi da mettere nei capelli, uguali, ma di colori differenti; allora si profondono in moine e inchini, e ricambiano con un mazzolino di fiori per la moglie del padrone. La gente allunga il collo per vedere se sono state fatte delle preferenze.

Emilia è l'ultima a essere chiamata. Riceve un libro che desiderava leggere da molto tempo, e intuisce che dietro la scelta del volume c'è lo zampino di Silvio. Amalia è in prima fila con gli occhi che brillano e ogni tanto si guarda attorno in cerca di Carlo.

Subito dopo prende avvio la gara dell'albero della cuccagna. Ogni squadra è composta da cinque partecipanti che, montando in spalla l'uno sull'altro, cercano di spingersi il più in alto possibile per raggiungere i premi appesi in cima. Si vede subito che gli *Staga adre* sono male assortiti: sono tutti troppo pesanti e neanche molto giovani. E infatti in breve sono costretti a ritirarsi, tra le esclamazioni di delusione dei sostenitori e quelle di giubilo degli avversari. Poi tocca ai *Balabiott*, che riescono ad arrivare in cima e agguantare un salame, prima di scivolare giù come una grossa lumaca. La gente sotto ride come matti, il padrone applaude.

Quando arriva il turno dei *Fo de Co* si alzano grida d'incitamento. Il primo giocatore arriva al palo e vi si avvinghia come se ci fosse in ballo la sua stessa vita. Il secondo giocatore si arrampica su di lui e gli monta in spalla, così anche il terzo e il quarto. Da ultimo il Canèta prende la rincorsa e aggrappandosi agli altri scala la torre umana con l'agilità di un gatto. Mancano ancora alcuni metri alla sommità; i ragazzi cercano di tirarsi su a forza di braccia e gambe, ma non è un compito facile perché il palo, unto di grasso, è molto scivoloso. Alla fine il Canèta agguanta tutto quello che riesce, usando perfino la bocca, e torna giù soddisfatto tra gli applausi del villaggio. Non ha preso il prosciutto, la sua vera mira, ma anche così non gli è andata male.

Gli ultimi in gara sono gli *Sta so de döss*; tra loro c'è un tipo alto e massiccio, con bicipiti gonfi che risaltano sotto le maniche della camicia e una barba folta e rossiccia. Giunto al palo, si leva la camicia e resta a torso nudo, mostrando a tutti il torace ampio e abbronzato. È diverso dagli altri operai, che il lavoro in fabbrica ha reso pallidi, ricurvi e smagriti.

« E quello chi è? » chiede Fredo al Canèta.

« È l'Albino, il figlio della Rita dei Carminati. »

Fredo vorrebbe chiedere di più - Cosa fa? Quanti anni ha? Dove vive? È sposato? Com'è possibile che non lo abbia mai notato prima? - ma decide di starsene zitto.

Intanto gli *Sta so de döss* si sono arrampicati l'uno sull'altro formando una torre umana. Il Canèta fa una smorfia disgustata. « Così non ce la faranno mai », commenta. Presto, però, rimane deluso.

Fredo non riesce a staccare gli occhi dal corpo di Albino: sotto la pelle imperlata di sudore i muscoli guizzano come anguille mentre la torre umana riesce a raggiungere e ad agguantare il prosciutto.

« *Vaca porca!* » impreca il Canèta.

Alla fine della prova, il padrone va a congratularsi coi vincitori. Albino abbassa il capo mentre gli stringe la mano, poi si gira e i suoi occhi incontrano per la prima volta quelli di Fredo.

## 5

Ai Vitali è stata assegnata la prima villetta che sorge proprio di fronte alla fabbrica, le finestre si affacciano sul lungo viale alberato che costeggia la filatura. Carlo vi entra con passo cauto e si guarda attorno. La casa profuma di nuovo.

Manca davvero poco. Gli infissi sono stati installati la scorsa settimana, resti di segatura sul pavimento nascondono le mattonelle colorate; i muri sono freddi ed emanano un sentore di umidità. Carlo vi appoggia una mano come se volesse saggiarne la robustezza. Non riesce a credere che tutto questo sia suo, o quasi.

Dopo il corridoio, sulla sinistra si entra in quello che sarà il cuore della casa. Carlo misura di nuovo la stanza con gli occhi: accanto alla stufa metterà il divano a barca in legno di noce che per l'occasione è stato rivestito con un morbidissimo velluto verde; c'è spazio anche per una coppia di poltrone in palissandro e, proprio vicino alla finestra, per un'alzatina. Il locale per ora è vuoto, a eccezione di una porta in legno grezzo appoggiata su due cavalletti, proprio al centro dove ci sarà il grande tappeto.

In un attimo il pensiero scappa via e vola a sua moglie. Amalia ha sempre freddo: quel tappeto Carlo l'ha comprato per lei, per ripararle i piedi dall'umidità che viene su dai pavimenti; è un regalo che per ora sta nascosto nella soffitta dei *palasocc*.

Carlo sospira. Si china sulla pialla da sbozzo, la impugna con entrambe le mani e con movimenti fluidi sgrossa la tavola in noce, mentre i pensieri scivolano via insieme ai riccioli del legno. Da fuori arrivano le voci del villaggio, le grida dei bambini, le esclamazioni di stupore, gli applausi. In una manciata di minuti il legno è perfettamente levigato; Carlo si leva il gilet e si dedica alle rifiniture. È così concentrato che non si accorge di Amalia che lo osserva ritta sull'uscio.

«Hanno premiato Emilia», gli dice, dopo un po'.

Carlo sussulta e i suoi occhi sono attraversati da un lampo d'ira. «Lo so.»

«Le avrebbe fatto piacere che ci fossi.»

Lui fa no con la testa. Non crede che a Emilia interessi; talvolta anzi sembra infastidita dalla sua presenza. « Avevo da fare qui. » Prende la sponderuola e si appresta a rifinire la superficie degli angoli interni.

Amalia rimane in silenzio a osservarlo mentre lavora. Lui sente addosso il suo sguardo come una specie di formicolio e intanto pensa a una scusa per mandarla via.

È da un po' che la Voce non si fa sentire. All'inizio Amalia si è sentita sollevata, libera, poi ha iniziato a sentirne la mancanza: ora non c'è più nessuno che la metta in guardia. È come il silenzio che cala nella foresta quando vola alto un predatore. Non pace, ma allerta, presagio di morte.

È questo che la spinge a parlare.

« Sai che non è successo niente », gli dice all'improvviso.

Sono trascorsi anni da allora e per tutto questo tempo non hanno mai affrontato l'argomento: hanno preferito ignorarlo, fingere che non fosse mai accaduto, e nel frattempo una patina di polvere vi si è depositata sopra, si è cristallizzata, è diventata più dura del marmo. Ma sanno entrambi a cosa si riferisce Amalia.

Carlo alza gli occhi dal lavoro senza sapere cosa rispondere, come reagire.

« Non è mai successo niente con l'Agazzi », ripete Amalia, « lo sai. »

Sì, Carlo lo sa.

Fa per rimettersi al lavoro, ma lei lo interrompe. « Io non volevo, ma mi rendo conto di averti messo in imbarazzo, di aver creato le condizioni per... Ti chiedo scusa. »

« Va bene », risponde Carlo, per tagliare corto. Non vuole rivangare il passato e non capisce perché sua moglie si sia decisa a farlo proprio ora.

Amalia gli volta le spalle, fa per avviarsi, ma qualcosa la trattiene. Le parole le escono da sole, come se non fosse lei a controllarle. « Per tutto questo tempo mi sono domandata perché tu abbia voluto punirci. Non me sola, ma anche Emilia. »

Per Carlo è come uno schiaffo.

« Ti sei allontanato da noi riempiendo ogni spazio col lavoro; hai usato la fabbrica come uno scudo per tenerci lontane da te e come una spada per ferirci. E, se capisco perché lo hai fatto con me e posso accettarlo come pena per i miei errori, mi sono chiesta fino quasi a impazzire perché tu abbia voluto punire Emilia.»

Si gira e lo guarda. Fuori sta calando la sera, nel vestito scuro che sfiora il pavimento Amalia sembra uno spettro che fluttua a pochi centimetri da terra; nella penombra Carlo riesce appena a vederle gli occhi brillare di una strana luce, unico indizio di vita.

«Poi ho capito», continua con un soffio. «Per tutta la vita sei stato un uomo retto, leale, buono, ragionevole, incline al perdono. In una sola occasione hai ceduto: Emilia era lì e ti ha visto; ha imparato che suo padre è umano, fallibile, iracondo. Ti sei allontanato da noi non per punirci, ma per vergogna delle tue azioni. Sei andato a nasconderti in fabbrica per sfuggire al suo sguardo di sgomento e rimprovero.»

Carlo sente le lacrime salire a bruciargli gli occhi e benedice l'oscurità.

«Pretendere di essere infallibili è tracotanza, oltre che stupidità», conclude Amalia. «Prima che arrivi la fine dobbiamo imparare a perdonarci.»

Amalia si volta ed esce senza fare rumore.

Se sapesse che questa è l'ultima volta che la vede, Carlo la tratterrebbe; correrebbe da lei, s'inginocchierebbe, piangerebbe sul suo grembo, implorerebbe perdono. Dopo forse farebbero l'amore come non lo hanno mai fatto prima.

Ma non lo sa, e la lascia andare via.

## 6

Emilia è seduta sui gradini della fabbrica rivolti verso il canale e sfrutta l'ultima luce del giorno per sfogliare il nuovo libro in santa pace.

«Eccoti finalmente!» Silvio le siede accanto.

Ora che va per i quindici anni, suo padre esige che in queste occasioni gli stia vicino per tutto il tempo; non può più eclissarsi come faceva prima: deve sostenerlo, discutere con gli operai, interessarsi alla vita del cotonificio, fare domande ed essere informato su ogni dettaglio. In compenso, però, ha avuto il velocipede che desiderava tanto: dall'alto del sellino, pedalando come un matto, si diverte a battere sul tempo le carrozze che vanno e vengono dalla fabbrica; dedica intere giornate alla manutenzione, ne tiene oliati gli ingranaggi, si arrovella per trovare stratagemmi che lo rendano ancora più veloce, e quando cade – e succede sovente – si rialza più preoccupato per i danni riportati dal mezzo che da se stesso.

«Ti piace?» dice a Emilia, indicando il tomo.

«Molto, grazie. Lo desideravo proprio.»

«Non devi ringraziare me», prova a schermirsi Silvio, «ma la *Benigno Crespi*.»

«E tu chi saresti?» ridacchia Emilia.

Lui non sa se sentirsi offeso o lusingato. «La ditta ha un'identità propria, è una cosa a parte.»

«Vero», argomenta lei. «Ma le ditte sono fatte di persone, come un sacchetto pieno di biglie. Sono le biglie che danno forma al sacchetto e non viceversa. Se tu lo svuoti, il sacchetto rimane, ma non è più un sacchetto di biglie; e se lo riempi con qualcos'altro, come della sabbia per esempio, è ancora diverso.»

«Stai dicendo che assomiglio a una pallina di vetro?» la butta sul ridere lui gonfiando le guance.

«Sì, ma la più grossa del sacchetto», ribatte Emilia. «Dopo tuo padre, naturalmente.»

Stanno un po' in silenzio a guardare il sole che va a nascondersi dietro il paravento degli alberi ancora spogli all'orizzonte, mentre dal fiume sale lentamente la nebbia.

«Hai mai pensato a cosa vuoi fare da grande?» salta su Silvio.

Sì, certo. Emilia ci pensa spesso, anche se il suo destino sembra già deciso. «Qui tutti dicono che sarò una brava operaia.»

«Oh, e chi lo dice?»

«Be', mio padre, il tuo...»

«Secondo me si sbagliano», dice Silvio. «Saresti una pessima operaia.»

«Dici?»

«Senza dubbio», le risponde lui dandole una gomitata affettuosa. «Indisciplinata, riottosa, polemica. La peggiore che si sia mai vista.»

Il suo amico scherza, ma non è molto lontano dal vero. Se potesse scegliere, a Emilia piacerebbe un giorno trovare un lavoro che le dia la possibilità d'imparare qualcosa di nuovo, per sempre. Una maestra o forse una scrittrice, magari entrambe. Perché altrimenti sta studiando tanto?

Sua madre, però, le ripete che chi troppo vuole nulla stringe e che bisogna accontentarsi di quello che ci manda il Signore, il quale se no ci toglie tutto.

«E tu cosa vorresti fare?» gli chiede.

Silvio fa un gran sospiro. «Temo che il mio destino non sia meno segnato del tuo: sono la biglia numero due, devo fare il mio dovere.»

«E se non volessi farlo?» butta lì Emilia. «Se ti sottraessi?»

È un'ipotesi che Silvio non ha mai neanche preso in considerazione. Dà un'alzata di spalle. «Credo che mio padre mi ucciderebbe con le sue stesse mani.»

«Io penso che saresti un ottimo direttore», commenta lei.

«Dici?» Silvio si sente lusingato.

«Senza dubbio. Dispotico, arrogante, antipatico, petulante: saresti il miglior direttore di sempre.» Emilia ride e la sua risata contagia l'amico.

«Signorino Crespi! Signorino Crespi!» Da qualche parte nella nebbia, che sta abbracciando ogni cosa, arriva la voce della signorina Saponaro, la bambinaia, che richiama Silvio all'ordine: «Dobbiamo andare! È tardi!»

«Vai, biglia», gli dice Emilia con una pacca sulla spalla. «È ora di tornare nel sacchetto.»

## 7

La fine di una festa – quando la festa non è più una festa, ma le persone non riescono ad accettarlo, e allora si ostinano a voler restare – è un prolungamento dell'agonia che a Fredo mette addosso un'infinita tristezza. Anzi, disgusto. Per questo se ne va sempre prima, quando i festeggiamenti sono ancora nel pieno e la gente non si accorge nemmeno della sua assenza.

Oggi, però, ha deciso di restare.

Dal fiume sta salendo la nebbia. Nell'aria umida della sera, alcuni volontari si danno da fare per sbaraccare tutto, di modo che domani non vi sia più traccia dei divertimenti passati e la fabbrica torni a essere fabbrica. I banchetti sono stati smontati e impilati in un angolo, coperti con un telone cerato, così anche le transenne. L'Agazzi è nel retrobottega che conta l'incasso della giornata. Il prete si è portato via le ghirlande di fiori che andranno a addobbare l'altare della chiesa di San Giovanni Evangelista e qualche fetta di torta avanzata dalla vendita per beneficenza.

L'unica cosa che non è ancora stata rimossa è il palo della cuccagna, perché per quello serve tempo. Qualcuno dovrà salire fino alla sommità e assicurarvi una cima, poi si scaverà attorno alla base e lo si farà cadere a terra; o forse sarà tagliato a pezzi e bruciato.

Fredo è lì sotto che s'interroga su come faranno a tirare giù quella enorme pertica, quando Albino gli passa accanto spingendo una carriola e quasi lo travolge.

« Ma prestate attenzione! » esclama Fredo. « Volete forse uccidermi? »

« Chiedo scusa, con questa nebbia non vi avevo visto. »

Fredo riconosce subito la voce e il cuore gli manca un battito. « Voi... dovete essere quel tale che ha vinto alla cuccagna. »

L'altro non risponde.

« Come vi chiamate? » insiste Fredo, che conosce già la risposta.

« Carminati Albino. »

Nemmeno la luna viene in aiuto di Fredo che rovista nell'oscurità lattiginosa per capire dove sia il suo interlocutore. La voce arriva da una distanza imprecisata, il timbro è basso, morbido.

« Ma tutti mi chiamano Bino. »

« Vi ho visto oggi. Siete stato... » Fredo non trova le parole.

O, meglio, le trova ma non crede che siano appropriate. È tutto il giorno, del resto, che non gli leva gli occhi di dosso; dopo l'albero della cuccagna, è stato a osservarlo di nascosto anche al tiro alla fune e nella corsa coi barili.

«Grazie», lo leva d'impiccio Bino, e sembra che la voce si sia avvicinata un po'.

«Io sono Malberti Alfredo», balbetta Fredo. «Lavoro giù, agli uffici della ditta, a Milano.»

«So chi siete...»

Fredo si sente percorso da una scarica elettrica.

«Passate in fabbrica, talvolta», spiega Bino. «Vi ho visto.»

Quando Fredo accompagna Crespi al cotonificio, ispeziona uomini e macchine con un'intransigenza che non ha nemmeno il padrone stesso; non solo pretende che tutto sia in ordine e funzionante, ma che anche gli operai siano impeccabili. I suoi occhi freddi come il ferro si posano su ogni cosa alla ricerca della minima imperfezione, di una svista, di qualsiasi pretesto per una sfuriata, per una vendetta personale.

Una volta ha redarguito un ragazzino solo perché non riusciva a smettere di tossire; ricurvo su se stesso, aggrappato alla macchina per reggersi in piedi, il povero ragazzo era così rosso in volto che pareva sul punto di scoppiare. «Lavori per una grande ditta, datti un contegno!» lo ha aggredito Fredo prima di sbatterlo fuori al gelo. Due settimane dopo il Canèta gli ha detto che il ragazzo era morto per una malattia ai bronchi. «Avrebbe fatto bene a curarsi», ha ribattuto suo fratello.

Non ha pietà per nessuno, Fredo. E del resto nessuno ne ha per lui, questo mette in pari le cose.

«Ora scusatemi, devo andare», dice Bino. «Ho delle cose da portare giù.»

«Vi aiuto», fa Fredo di getto.

L'altro per un attimo rimane senza parole, poi si china e tira su delle assi. «Prendete da questa parte.»

Fredo si lascia guidare dalla voce di Bino e si ritrova accanto al suo corpo che emana calore. Il carico è più pesante di quello che si aspettava, forse non avrebbe dovuto offrirsi, ma ormai è troppo tardi. Camminano a passetti verso la fabbrica, fino a entrare nel cono di luce di un lampione. Bino sorride sotto la barba. «Siete sicuro che... Volete che ci fermiamo?»

«No, no», mente Fredo. «Va tutto bene.»

Il legno ruvido delle assi gli taglia i palmi e la destinazione pare irraggiungibile. Attraversano la filatura, escono da una portina e scendono una rampa di scale che porta ai sotterranei.

Fredo non è mai stato qui; è un luogo che gli incute paura, così trova sempre una scusa per mandare giù qualcun altro.

«Siamo arrivati», fa Bino, che invece è tranquillo e a proprio agio. «Appoggiamole qui.»

Il seminterrato è rischiarato da una luce debole che allunga ombre pallide sul pavimento. Il soffitto è così basso che Bino quasi non ci passa.

Guardandosi attorno, Fredo si rende conto che quel luogo è più di un semplice magazzino. Su una pila di assi ben nascosta in un angolo, c'è una coperta di lana accuratamente ripiegata. A terra un sacco, che pare sia pieno di stracci, e subito accanto una gamella. «Vivete qui?» chiede.

Bino scoppia a ridere – ha una risata corposa e al contempo timida –, poi dà di spalle. «Sto con mia madre a Boltiere», spiega con voce bassa. «Talvolta vengo qui a riposarmi, solo qualche ora.»

Fredo non risponde. Man mano che gli occhi gli si abituano all'oscurità, nota un fornelletto, alcune candele, una scatola, un crocifisso, un paio di braghe appeso a un chiodo.

«Ce ne sono altre. Vi dispiacerebbe aiutarmi?» chiede Bino con una certa impellenza nella voce.

Vanno avanti e indietro per un bel pezzo; alla fine Fredo è così stanco che si lascia cadere ansimante sulla pila di assi. Ha le mani tutte piagate e sanguinanti.

«Non lasciate aperte quelle ferite», dice Bino passandogli il proprio fazzoletto, «potrebbero infettarsi.»

Fredo annuisce e si fascia la mano.

«Scusate, ho approfittato di voi», continua Bino. «Immagino non siate abituato.»

«No», ammette Fredo. «Sono altri i pesi che porto.»

Bino gli si siede accanto e lo guarda a lungo, serio, prima di chiedere: «Quale genere di pesi?»

Fredo si rende conto di essersi lasciato scappare una parola di troppo. « Niente, era solo un modo di dire. » Prova a metterla sul ridere: « Sapete, il peso dei numeri, la contabilità ».

Ma l'altro rimane serio.

Fredo si alza in piedi e si pulisce i pantaloni sotto lo sguardo attento di Bino. « È tardi, immagino dobbiate tornare a casa anche voi », si congeda.

« Se un giorno voleste parlare dei pesi che portate », dice Bino, porgendogli la mano, « mi trovate qui. »

## 8

*Milano*

Prima ancora che la carrozza svolti per entrare nel palazzo, Cristoforo capisce che qualcosa non va. Non importa la stagione o l'orario, se piove a dirotto o se la nebbia impedisce di distinguere un uomo da un cavallo: il maggiordomo lo aspetta sempre davanti al portone, tutto impettito, sull'attenti come se stesse ricevendo un duca; e, qualunque cosa accada, non perde mai il proprio sangue freddo.

Questa sera, però, quando i Crespi rientrano dalla festa al villaggio, Attilio è in strada che misura il marciapiedi avanti e indietro come un'anima in pena. Quando sente gli zoccoli che battono sul selciato alza la testa e corre incontro al landò rischiando di farsi investire.

« Ooooh! » fa il cocchiere, non si sa se rivolto ai cavalli o al maggiordomo. « Frena! »

Il padrone mette la testa fuori. « *Se sücet cusè, Tilio?* »

Il maggiordomo agita le mani sopra la testa. « Un messaggio per voi, signore. Da Busto. »

Nella penombra dell'abitacolo, Pia e Cristoforo si scambiano uno sguardo colmo di apprensione. Sanno entrambi cosa significa. La notizia, del resto, era nell'aria da un po'.

« Vai », sussurra Pia. « Al resto penso io. »

Cristoforo balza giù dalla carrozza ed entra a passo spedito nel palazzo mentre il maggiordomo lo ragguaglia. « È arrivato poco fa un servitore. Dice che vostro padre non si è sentito bene. »

« Dov'è ora? »

« Di sopra, signore. Vi attende nel vostro studio. »

Cristoforo irrompe nella stanza facendo sussultare l'uomo, un tipo piccolino che se ne sta impalato col cappello in mano. « Buonasera, signore. »

« Cos'è successo? » lo interroga il padrone.

Cristoforo si rende conto che è poco più che un ragazzo, avrà l'età di Silvio, e con occhi pieni di meraviglia non riesce a fare a meno di accarezzare ogni oggetto nella stanza, i libri finemente rilegati e disposti con ordine nella libreria in noce, il tagliacarte d'argento, la pendola che ticchetta serafica, il maestoso dipinto appeso proprio sopra lo scrittoio, le tende in broccato pesante con la passamaneria dorata.

« Parla, svelto! » lo incalza il maggiordomo. « Ti sei mangiato la lingua? »

« Erano quasi le sei. Il padrone era a tavola e si stava apprestando a cenare come ogni giorno, quando ha avuto un mancamento. Io non ero presente, ma la cuoca che gli stava servendo la minestra proprio in quel momento ha detto che il signore ha fatto una faccia strana, poi è diventato come di pietra, tutto irrigidito, e non si muoveva più. Lo abbiamo fatto sdraiare e abbiamo mandato a chiamare il medico, ma non ha ripreso conoscenza. »

« Andiamo a Busto », fa Cristoforo uscendo dallo studio. Sulla porta è colto da un dubbio e si ferma. « Mio fratello Benigno lo sa? »

« Sì, signore. Sono stato da lui prima di venire qui. È subito partito per Busto, credo che lo troverete già là. » Se il ragazzo credeva di aver fatto un buon lavoro, l'occhiata furibonda del padrone fa vacillare tutte le sue certezze. « Non dovevo? » fa a bassa voce, rivolto al maggiordomo.

Silvio li raggiunge in quella. « Il nonno sta male? » domanda.

« Non lo so », risponde Cristoforo, che non vuole dare voce ai propri pensieri.

« Vengo anch'io. » Non è una domanda, non è una supplica.

« Non se ne parla », ribatte suo padre. « Domani hai la scuola. »

Ma Silvio non si muove. Per la prima volta da che lo ha messo al mondo, Cristoforo si rende conto che suo figlio è diventato un uomo; all'improvviso gli nota la peluria sopra il labbro, le mani grandi, le spalle larghe, il torace ampio, perfino la voce è diversa, bassa, misurata. Com'è possibile che non se ne fosse ancora accorto?

Silvio non è più un bambino cui si possono raccontare bugie buone per tenerlo al riparo dalle intemperie della vita. Quello che fino a poco tempo fa sarebbe stato una forma di tutela, adesso non sarebbe altro che una prevaricazione e un insulto alla sua intelligenza, che è svelta, vivace. È ora che il suo rampollo impari che anche le persone che amiamo invecchiano, diventano fragili, si ammalano, soffrono e periscono, come tutte le altre. È ora che conosca il sapore di questa triste, ineluttabile verità. È ora che capisca che il tanto agognato desiderio di diventare grandi non è nient'altro che questo: non solo indipendenza e libertà, ma un carico immenso di responsabilità indesiderate, un fardello sovente doloroso di decisioni da prendere e scelte da fare. E, al contempo, è ora che abbia la consapevolezza di poter affrontare tutto quanto, perché questo significa diventare un uomo.

Molti suoi coetanei al villaggio lavorano già da cinque o addirittura sette anni. Glielo leggi negli occhi che l'età anagrafica non corrisponde a quella reale, sono occhi di vecchi su volti senza rughe. Cristoforo pensa ai Malberti, e a tanti come loro, che sono venuti al mondo già adulti, cui la povertà ha tolto il privilegio di poter essere davvero bambini.

Annuisce, serio. « Avverti tua madre. Ti aspetto di sotto. »

## 9

*Canonica d'Adda*

Le scale dei *palasocc* sono buie e silenziose, da sotto le porte non sfuggono spiragli di luce né suoni. Carlo sale i gradini a due a due, arriva all'ultimo piano e imbocca la scaletta di legno che porta alle soffitte.

Il sottotetto viene usato come magazzino comune ed è spesso motivo di litigi: capita che qualcuno non vi ritrovi più qualcosa che aveva riposto e allora sono accuse reciproche, urla, insulti; poi magari l'oggetto salta fuori, si scopre che non era stato rubato ma solo spostato, e allora la vita ricomincia come prima, come se non ci fossero mai stati accuse, urla e insulti. Talvolta invece non si sa più a chi appartenga una cosa che giace lì da tempo immemore, o qualcuno semplicemente ritiene che sia sua e se la prende senza dire niente, e all'improvviso un vecchio cencio che non interessava più a nessuno diventa per tutti di vitale importanza e le donne arrivano quasi alle mani.

Carlo ha nascosto il tappeto arrotolato su se stesso in un angolo, avvolto in una grande stoffa. Entra e rimane immobile ad aspettare che gli occhi si abituino all'oscurità totale; qualche ratto lo ha sentito e zampetta via squittendo, poi tutto rimane immobile e nel silenzio il battito del suo cuore rimbomba come una grancassa.

L'oggetto è grande, pesa come un corpo morto; Carlo se lo carica sulle spalle e scende cauto, senza fare rumore.

Ha trascorso il resto della sera a ripulire la nuova villetta. Non ci sarebbe fretta, ma il discorso di Amalia gli ha messo addosso una strana inquietudine; non è quello che ha detto, ma il fatto stesso che lo abbia detto: sua moglie di solito è così taciturna, così schiva, così restia ad affrontare le cose di petto e a dire le cose come stanno. Se parla, è un presagio orribile che la muove.

Dopo aver piallato la porta, Carlo ha raccolto tutta la segatura e rimosso la polvere; la casa non è perfetta, ma non le manca nulla e con un po' di pazienza potranno trasferirsi già domani dopo il turno. Quando Emilia tornerà da scuola, troverà il letto nella stanza nuova e spalancherà gli occhi per la felicità. Carlo sorride mentre attraversa il viale e apre la porta con una spallata.

Stende il tappeto e vi passa una mano sopra, come per accarezzarlo; è così morbido, così folto che per un attimo gli viene voglia di sdraiarsi e dormire lì. Ma non è così che vuole che vada:

i Vitali sono una famiglia e domani si trasferiranno tutti nella loro nuova abitazione, dove raccoglieranno i cocci dei loro cuori spezzati e con pazienza li incolleranno insieme.

Carlo esce richiudendosi l'uscio alle spalle, poi va a dare un'ultima occhiata alla fabbrica. Da quella volta in cui due intrusi hanno messo a soqquadro la filatura, non dimentica mai di fare un giro di ricognizione. Il cotonificio non dorme mai, ma oggi il padrone ha regalato a tutti un giorno di festa, e uomini, donne, bambini e fusi si godono il meritato riposo.

Presso la centrale, la nebbia è più fitta; Carlo si guarda attorno e nota qualcosa oltre il ponticello, un minuscolo punto rosso che diventa più intenso prima di scomparire, così piccolo che per un attimo pensa di essersi sbagliato. L'odore nell'aria, però, non mente.

Carlo attraversa il ponticello sotto il quale il canale s'inabissa con un risucchio. Proprio in questo punto l'acqua viene filtrata da una grande griglia prima di essere incanalata verso le turbine che animano l'opificio; spesso vi rimangono incastrati foglie, rami e tronchi, e perfino la carcassa di qualche povera bestia, che altrimenti finirebbero nei motori, inceppandoli, per questo operai muniti di lunghi rastrelli hanno il compito di ripulirla periodicamente. È un lavoro delicato, perché in un punto del canale dove la corrente è così forte che un momento di distrazione può essere fatale.

Fredo è seduto a fumarsi una sigaretta con la schiena appoggiata al muro della centrale. Carlo lo riconosce solo quando se lo trova di fronte.

«Sei tu, dunque», gli dice. «Cosa ci fai qui a quest'ora?»

Il ragazzo gli allunga una sigaretta. Il Vitali sulle prime è restio – i Malberti non regalano mai niente e, se regalano qualcosa, non è mai un regalo –, ma poi decide di accettare.

«Si può dire che vi stessi aspettando», risponde Fredo. E, davanti all'occhiata interrogativa di Carlo illuminato dalla fiamma del cerino, spiega: «Passate di qua ogni sera, sempre alla stessa ora. Siete una certezza».

«Do una controllata alla fabbrica prima di andare a dormire.»

«Oh, la fabbrica!» esala Fredo. «Vi piace tanto la fabbrica, non è vero?»

«A te no?» ribatte Carlo.

Il ragazzo dà un'alzata di spalle. «Questa fabbrica, un'altra... è solo un lavoro che serve per far arricchire qualcun altro.»

«Indossi degli abiti molto costosi, la tua famiglia ha un tetto sulla testa, non vi manca mai un piatto caldo. Non mi sembra che abbiate di che lamentarvi del trattamento dei Crespi.»

Fredo si lascia andare a una risata che ha qualcosa di amaro e qualcosa di folle. «Voi non avete proprio idea della vita che i signori conducono grazie alla vostra fatica e alla vostra devozione.»

«Non m'interessa», ribatte Carlo. «Quello che ho a me basta.»

«Ed è ciò su cui loro fanno conto: che vi accontentiate. Una paga dignitosa, una casetta nuova, una festa di tanto in tanto, qualcosa che per un contadino abbia le sembianze di un lusso... Vi concedono quel po' che basta affinché non vi poniate domande, non alziate la testa, non guardiate fuori da questo villaggio, oltre il vostro naso, al di là del fiume. A patto, naturalmente, che rispettiate le regole: altrimenti, vi tolgono tutto; a voi, a vostra moglie, perfino a vostra figlia. Neanche ve ne rendete conto di vivere nel ricatto, nella paura di perdere ogni cosa. Siete così attaccato a quelle quattro cose che i Crespi vi fanno piovere dal cielo che fareste qualsiasi cosa. Per i padroni, che tanto osannate, voi siete un oggetto alla stregua dei fusi, siete uno strumento, siete solo una *cosa* di loro proprietà.»

«Tu no, Fredo?» Segue un silenzio denso come la nebbia che li circonda. «Il fatto che tu costi di più non cambia le cose. Anche tu sei un oggetto di proprietà dei Crespi, solo meglio pagato.»

«Voi non sapete niente di me», ringhia il ragazzo.

«Ti sbagli», lo zittisce Carlo. «Vedi, il fatto che io sia solo un operaio e tu un impiegato non cancella la differenza d'età tra noi. Io non sono andato a scuola, ma ho incontrato molti uomini nella mia vita e ho imparato a studiare le persone. È una delle poche consolazioni che Dio ci dà per ripagarci del fatto che invecchiando perdiamo tutto; mentre la vista, i capelli e la forza ci vengono meno, guadagniamo un po' di saggezza con cui impariamo a leggere il mondo che ci apprestiamo a lasciare. Dunque non credere che io non sappia vedere oltre il mio naso.»

«E cosa vedete, ditemi, dall'alto della vostra saggezza?»

«In te?» Non è questo che Fredo ha chiesto, ma non fa in tempo a ribattere. «In te io vedo un giovane uomo incapace di accettare il proprio destino.»

A Fredo fa male come un pugno, ma al contempo si rende conto di poter essere, dopo molto tempo, sincero con qualcuno, di potersi aprire. «Mi state suggerendo di trovarmi una brava ragazza da sposare e magari mettere al mondo dei figlioli?»

«Aiuterebbe, ma non credo che cambierebbe le cose.»

Fredo sente lacrime salire a bagnargli gli occhi e le ricaccia giù. «Sapete, Vitali», dice dopo un po' con la voce spezzata, «una volta mi sono innamorato. Avrei lasciato tutto per il mio amore, anzi non desideravo altro. Ho dato tutto, a questa persona. La mia innocenza, la mia anima. È nobile, frequenta la casa dei Crespi: un marchese... un uomo sposato.» Fa una pausa, in attesa di una reazione che tuttavia non arriva. «Ho lasciato che mi corrompesse nel corpo e nella mente, o forse gli ho solo permesso di scavare dentro di me per tirare fuori la mia vera natura. È stata la cosa più brutta e più bella che abbia mai fatto e, per quanto mi sia costato caro, non me ne sono mai pentito.» Prende fiato. «Sfortunatamente, ho donato il cuore alla persona sbagliata.»

«Forse troverai qualcuno che ti ama davvero, un giorno.»

La mente di Fredo vola a Bino, ai bicipiti gonfi sotto la camicia. *Se un giorno voleste parlare dei pesi che portate, mi trovate qui.* «Forse.»

«Si è fatto tardi», dice Carlo alzandosi, «è meglio che vada.» Tra poco albeggerà e vuole essere in forze per accogliere le sue donne nella nuova casa, per iniziare con loro una nuova vita, per trovare il coraggio di chiedere scusa. Tuttavia rimane immobile. «Non ho ucciso tuo padre, lo sai», conclude.

È da molto tempo che voleva dirgli queste parole e, ora che

le ha tirate fuori, si rende conto di quanto pesassero dentro di lui, di quanto bramasse la sua comprensione.

« Lo so », risponde Fredo, nascosto nella nebbia poco distante. « Sono io che l'ho ucciso. »

« Questo non è vero... »

« Gli ho dato molti dispiaceri, non sono stato un buon figlio », continua il ragazzo. La voce è bassa e cupa, come se stesse parlando solo a se stesso. « Lui non mi ha capito. O, forse, aveva capito e non mi ha mai accettato. Voleva che fossi diverso e io non ne ho avuto la forza. Avrei potuto fingere, come fanno in tanti. Ma non ho voluto mentire, non mi sono piegato. Non lo trovavo giusto. Non sono stato capace di essere come voleva lui. Così l'ho deluso. »

« Io credo che tuo padre ti volesse bene », dice Carlo. « Forse non lo dava a vedere. »

Fredo si lascia andare di nuovo a quella risata amara, dolorosa. « Io sono un invertito, Vitali. Non l'avete capito? Mi piacciono gli uomini, sono un depravato, un abominio, uno scherzo della natura. » Prova una strana soddisfazione nel dirlo. « Non mi vuole bene nessuno. »

Carlo non sa davvero cosa dirgli. A una confessione tanto profonda solo il silenzio si addice.

« Andate », fa Fredo dopo un po', chiedendosi se non abbia rivelato troppo. Andrà a spiattellare tutto in giro? Domani il villaggio intero conoscerà la natura oscura dei suoi pensieri?

Carlo si allontana coi suoi segreti in tasca, Fredo lo capisce dal fruscio dei suoi passi sull'erba umida. Forse sperava che restasse, che gli desse una specie di assoluzione. Lo sente salire la scaletta che conduce alla centrale, quando il legno scricchiola sotto il suo peso; poco dopo il Vitali entra nel cono di luce che rischiara il ponticello sopra il canale, si ferma un istante, guarda verso di lui e saluta con la mano, prima di sparire di nuovo inghiottito dalla nebbia.

Alla prima occasione andrà a riferire tutto al padrone?

Fredo segue con gli occhi il tragitto che immagina stia percorrendo: l'ultimo tratto del ponte, la scaletta ripida che finisce sul piccolo spiazzo, poi a sinistra verso l'entrata della fabbrica; tra non molto ricomparirà sulla scala illuminata dal lampione che sale al cotonificio. Il ragazzo strizza gli occhi per mettere a fuoco, Carlo non si vede ancora.

Il tempo si dilata, Fredo resta in attesa con le orecchie drizzate, i nervi all'erta. Gli sembra di sentire un sospiro, forse un lamento, ma la nebbia attutisce tutti i rumori ed è impossibile dire da dove provenga, se davanti a sé o dietro, se vicino o lontano. Per quel che ne sa, potrebbe anche essere stato un animale, oppure il vento.

Poi qualcosa si spezza, rumore di legno secco, un grido, un tonfo. Qualcosa che piomba nell'acqua. Di nuovo silenzio, un silenzio surreale che fa fischiare i timpani.

Fredo balza in piedi, aguzza la vista. Il cuore nella cassa toracica scalcia come se volesse uscirne. L'istinto gli dice di correre; muove un passo verso la centrale, ma la paura lo frena. Con quel buio, con quella nebbia, scivolare è un attimo. Deve andare dritto o tenersi più a destra? Quanto è distante l'argine?

« Aiuto! » Dal canale viene su la voce del Vitali. Poco dopo la sua testa compare nel tratto illuminato, mentre cerca di vincere la corrente, e subito s'inabissa.

In preda al terrore, Fredo raggiunge la centrale, sale sul ponticello con le gambe che gli tremano, si piazza proprio a metà, dove il lampione disegna un semicerchio giallo sull'acqua nera.

« Vitali! » grida, e la sua stessa voce gli mette paura.

Le mani aggrappate alla ringhiera, Fredo si sporge, poi si guarda attorno in cerca di qualcuno. L'ombra del cotonificio è immobile e spettrale nella nebbia, quasi invisibile.

Proprio accanto a Fredo ci sono i due lunghi rastrelli che gli uomini usano per pulire la griglia. Ne afferra uno e lo stende verso il canale, mentre scruta nell'oscurità.

La testa ricompare appena un istante. « Aiutami! » La voce è debole, annacquata.

Fredo allunga il rastrello proprio nel punto in cui lo ha visto sparire. « Prendete! Aggrappatevi! »

Carlo ricompare poco distante, vede il rastrello, con uno sforzo disumano tira fuori il braccio e lo afferra. Perfino nell'oscurità Fredo legge l'orrore nei suoi occhi.

« Tenete duro! » gli grida. « Non mollate! »

Fredo si puntella con un piede e issa il rastrello verso di sé. Le mani, già piagate per il lavoro svolto con Bino, bruciano attorno al manico, il corpo di Carlo è appesantito dal risucchio del canale. Gli sembra di lottare con una bestia enorme e riottosa, di dover tirare fuori un toro intero. Ma non manca molto, ancora una decina di centimetri e potrebbe afferrarlo per la giacca: allora Carlo sarà salvo.

Fredo urla per sostenere lo sforzo. « Dai! »

S'immagina di trascinare sul ponticello il corpo privo di forze del Vitali. È ancora vivo, ce la può fare. Forse dopo si abbracceranno e forse piangeranno insieme. Un legame indissolubile li unisce: Carlo conosce i suoi segreti, è l'unico al quale Fredo abbia aperto il proprio cuore, che possiede le chiavi della sua stessa anima. Che lo tiene in pugno.

Se volesse, il Vitali potrebbe distruggerlo. Potrebbe andare a raccontare quello che sa a tutti, perfino al padrone. Fredo cerca di ricordare quello che gli ha confidato. Ha menzionato il marchese, ha detto che è sposato, che frequenta la casa dei Crespi: basterà poco per scoprirne l'identità.

È stato un ingenuo, uno stupido. Avrebbe dovuto tenere la bocca chiusa. Perché ha parlato?

Quando la storia verrà a galla, i Crespi lo licenzieranno. Poi lo denunceranno e lo chiuderanno in galera, oppure in un manicomio, uno di quei posti dove quelli come lui li picchiano con gli stracci bagnati, dove li legano ai letti, dove li usano come cavie, dove diventi matto anche se non lo sei. La sua famiglia perderà la casa e tutto il resto, moriranno di fame, nessuno vorrà dare loro una seconda opportunità. Se la storia venisse a galla, i Malberti sarebbero finiti. Non è quello che i Vitali hanno sempre voluto?

*Non deve venire a galla.*

Fredo chiude gli occhi e apre le mani. Non può vedere il terrore, lo sconcerto, la delusione negli occhi di Carlo. Ne sente appena il grido, che dura meno di un istante. Poi la corrente lo riacciuffa e se lo mangia.

## 10

*Busto Arsizio*

Silvio ha ceduto al sonno, mentre la carrozza procede più lentamente del solito: i cavalli, non meno di chi li guida, sono stremati e sui viali di campagna, in quell'oscurità, il rischio di finire fuori strada e ribaltarsi in una roggia è concreto; è già la seconda volta che il cocchiere si perde e deve tornare indietro. Salta giù, allunga la lanterna nel buio, impreca, cerca di capire dove si trovino, prova a indovinare la direzione.

«Scusate, *sciur* Crespi», grida dal suo posto in cassetta. «Qua non si vede niente.»

Cristoforo non risponde, non vuole che dalla voce traspaia disappunto o, peggio, inquietudine.

Perché non lo hanno mandato a chiamare mentre era al villaggio? Perché hanno aspettato che tornasse a casa? E soprattutto perché quello stupido ragazzo ha avvertito Benigno prima di lui? È lui il maggiore dei Crespi, spetta a lui il compito di guidare la famiglia adesso che...

Cristoforo si domanda se suo padre lo abbia aspettato, se lo troverà ancora vivo. Non vuole che se ne vada senza averlo salutato. Non vuole che lasci questo mondo nell'amara constatazione che, quando più sarebbe servito, il suo primogenito non era lì al suo fianco, che lo ha abbandonato per una festa di paese. Non vuole che si dica, che s'insinui, e nemmeno che si pensi, che ha mancato ai propri doveri, che non è stato un buon figlio.

Ripensa all'ultima volta in cui si sono riuniti tutti. Era lo scorso Natale? No, neanche allora la famiglia era al completo: Giulia non si era sentita bene e Benigno si era trattenuto coi Morbio. Si vedeva che Toni Tengitt ci era rimasto male, ma aveva cercato di non darlo a vedere per non guastare la festa con inutili tensioni. Quando padre e figlio si erano intrattenuti a fumare un sigaro dopo cena, Cristoforo si era lasciato andare a uno sfogo.

«Ci schivano», era sbottato. «Ci mancano di rispetto.»

Toni Tengitt non aveva risposto, limitandosi a soffiare fuori tutto il fumo in lunghe volute.

« E Benigno », aveva continuato Cristoforo, non sazio, « si fa manovrare come un... da quella... » Era così arrabbiato che non riusciva nemmeno a trovare le parole. « Non si rende conto che... » Stizzito aveva buttato a terra il sigaro.

Suo padre aveva aspettato che sbollisse la rabbia, poi aveva appoggiato la propria mano, grande e rugosa, col dorso punteggiato di macchie scure, sulla sua che ancora tremava. « Calma, Cristoforo... calma. »

« Io sono perfettamente calmo, è lui che... » Cristoforo aveva preso un profondo respiro. « Siamo *noi* la sua famiglia. Noi, non loro. »

« Ecco, la famiglia. Che cos'è la famiglia? » Toni Tengitt aveva alzato il pugno chiuso davanti al suo naso. « La famiglia è come una mano. C'è il pollice, c'è l'indice, e così via, ci sono tutte le altre dita. » Aveva aperto il palmo. « Qual è il più importante? Ognuno pensa di esserlo, perfino il mignolo, che sta alla fine ed è il più piccolo. Ogni dito è indipendente, libero di muoversi come vuole: anche questo rende la mano uno strumento straordinario, versatile, forte. Se tu ne togli uno, puoi ancora chiamarla mano, ma non è più la stessa cosa: è una mano solo a parole. Mancherà sempre qualcosa e, a un certo punto, ti renderai conto che senza quel dito non puoi più fare le stesse cose di prima o che non puoi farle bene come le facevi prima. Sarà sempre una mano, ma più debole. Cinque dita fanno una mano, non uno di meno. Perché una mano è davvero una mano solo se ogni dito collabora con gli altri, nonostante le differenze. »

Cristoforo lo aveva ascoltato in religioso silenzio. Oltre la collera, sapeva che suo padre aveva ragione, che a parlare era la saggezza.

« Allora, se vuoi che la famiglia sia ancora una famiglia e che possa continuare a fare tutte le cose che sa fare e che deve continuare a fare bene, devi tenerla unita. »

*E se una delle dita non volesse più far parte della mano, se si sentisse parte di un'altra mano? E se fosse il mignolo a volersene andare?*

In quella era uscita sua madre a richiamarli all'ordine. « Fa freddo, venite dentro! »

I due si erano avviati all'interno.

« Cristoforo. » Toni Tengitt lo aveva fermato sulla soglia e gli aveva piantato in faccia due occhi feroci, aggrappandosi al suo braccio. « Io sono vecchio, sono pieno di acciacchi, questo potrebbe anche essere il mio ultimo Natale... » Quando suo figlio aveva provato a ribattere lo aveva messo a tacere. « *Fa sito e scoltame.* Forse questo non è l'ultimo e ce ne saranno altri. Ma quanti vuoi che ce ne siano ancora? Il tempo passa, non torna indietro e non si può fermare. Quando sarà il momento, voglio che tu porti avanti la *Benigno Crespi*, che la tenga unita, salda. » Aveva di nuovo stretto il pugno. « Quando non ci sarò più, se tu e i tuoi fratelli inizierete a litigare, se metterete davanti il vostro interesse personale a quello della famiglia, il destino della ditta sarà segnato. Vi disperderete e in meno di un secolo non esisterete più. »

Cristoforo aveva distolto lo sguardo.

« Un secolo sembra tanto, ma non è niente », aveva puntualizzato Toni Tengitt. « Hai capito? »

« Sì, padre, ma non mi sembra il caso di... »

« Hai capito? » aveva insistito suo padre stringendo ancor di più la presa sul suo braccio. « Devi tenere unita la famiglia, Cristoforo. Promettimelo. »

Il suono degli zoccoli sul ciottolato lo risveglia dai suoi pensieri. Cristoforo guarda fuori e gli sembra di scorgere la mole squadrata della chiesa di Busto. In pochi minuti saranno a casa, finalmente.

*Lo farò*, pensa Cristoforo aggiustandosi sul sedile. *Terrò unita la famiglia.*

## 11

*Canonica d'Adda*

Fuori sta albeggiando e dalle imposte accostate entra una luce azzurrina. Amalia dorme rannicchiata su un fianco.

*Sveglia*, le sussurra la Voce.

Lei sbarra gli occhi, si gira di scatto: Carlo non è nel letto.

Allunga la mano e trova il suo posto freddo, le coperte sono intonse. Si butta giù dal letto, il pavimento è così gelido che le fa male la pianta dei piedi. Resta in ascolto con tutti i sensi all'erta.

Nel letto accanto, Emilia si agita sotto le coperte, prima di tirarsi su e guardarsi attorno.

Amalia è ritta nel mezzo della stanza, i capelli sciolti sulle spalle, le braccia lungo i fianchi, i pugni chiusi. Indossa appena la camicia da notte.

«Mamma...»

«Sstt!» Amalia si porta l'indice alle labbra e rimane immobile come una statua, gli occhi spalancati.

Era la Voce quella che le è sembrato di sentire? La paura si allarga nel suo cuore.

«Mamma, cosa c'è?»

«Silenzio, ho detto!» le intima Amalia.

*Non è tornato,* sussurra la Voce.

Amalia sobbalza, poi inizia a tremare.

Emilia si alza e le si fa sotto. «Non stai bene?» le dice cingendola con un braccio. Poi si guarda attorno in cerca di suo padre. *Sarà al cotonificio,* pensa. E subito le torna in mente il Canèta con le sue sporche allusioni. *Maestrina, lo sai dove va tuo papà, la sera, invece di venire in fabbrica?* «Papà?» grida, sperando di vederlo comparire dalla cucina.

La casa però rimane immobile e buia.

*Non tornerà più,* sibila la Voce. *È morto.*

«È morto», ripete Amalia con voce da oltretomba.

Non è la prima volta che Emilia assiste a queste scene e, anche se le mettono addosso sempre una grande inquietudine, col tempo ha trovato il modo migliore per affrontarle; o, quanto meno, ha imparato cosa non deve fare.

Prima di tutto, non deve perdere la calma: qualcuno, in casa, deve rimanere lucido. In secondo luogo, non deve contraddire sua madre, non deve mostrarsi incredula, non deve sminuire: servirebbe solo a farla infuriare. Terzo: luce. La luce scaccia le tenebre e i mostri che vi si rintanano.

Emilia corre a spalancare le imposte e si trova davanti un muro di nebbia, poi accende la bugia che tiene sul comodino.

« Vieni », dice a sua madre, prendendola sotto braccio. « Vestiamoci. »

« È morto », ripete Amalia in preda all'angoscia. Le si afferra alla camicia da notte e le pianta in faccia occhi stralunati che alla luce tremolante della candela paiono ancora più folli. Grosse lacrime le rotolano giù per le guance pallide.

Emilia si sente scossa dai brividi. « Fa freddo », le dice, cercando di non far trasparire l'inquietudine dalla voce. « Ora ci vestiamo, va bene? »

« Ma non lo capisci che tuo padre è morto? » grida scuotendola con una forza inaudita.

Sua madre sogna spesso che Carlo muoia. Talvolta lo vede cadere nel canale e tornare su col volto gonfio e marcio, talaltra lo vede intrappolato in una rete da pesca mentre i pesci gli mangiano il naso, gli occhi e la bocca, oppure arpionato da qualche pescatore sull'Adda. Ogni volta racconta con dovizia di particolari quello che ha visto, come se provasse una sadica soddisfazione nel descrivere a parole l'orrore che le si agita dentro. Ogni volta cambiano i dettagli, ma il succo rimane sempre lo stesso.

« È nel canale », mormora Amalia parlando col vuoto.

« Ora ci vestiamo », ripete Emilia, « e poi andiamo a vedere insieme. Va bene? »

Amalia fa sì con la testa, sembra più tranquilla, quasi rassegnata. Emilia spera di prendere tempo e che nel mentre suo padre rincasi, anche se qualcosa le suggerisce che, questa volta, è diverso.

Prende sua madre per mano e la veste, mentre lei non smette di piangere in silenzio; le pettina i capelli e glieli raccoglie nella solita crocchia bassa. Accende la stufa e vi posiziona una sedia proprio davanti.

« Aspettami qui », dice. « Vado a vestirmi e mangiamo qualcosa. Poi usciamo a cercare papà. »

Fuori intanto il villaggio si sveglia in una nebbia densa come burro e lentamente riprende vita. I primi operai entrano in fabbrica al richiamo della campanella e occupano il loro posto davanti alle macchine.

Il Vitali non si vede e la cosa non passa inosservata: è il primo turno che salta in cinque anni di lavoro. Gli operai s'interrogano, nessuno lo ha visto né ne ha notizie.

« Eccomi, sono pronta... » Le parole muoiono sulle labbra di Emilia quando, tornando in cucina, non trova Amalia. « Mamma? » grida, sapendo che non avrà risposta. La porta di casa è spalancata.

Emilia si avventa fuori dall'appartamento e quasi va a sbattere contro la Luigia dei Malberti. « Avete visto mia madre? Era qui, pochi istanti fa. »

La Luigia è sul punto di risponderle alla solita maniera, ma qualcosa la frena: forse lo sguardo della ragazza, forse l'angoscia nella sua voce. Stringe le labbra e fa no con la testa, mentre dietro di lei fa capolino Fredo, più lugubre del solito.

Emilia si precipita giù dalle scale ed esce. « Mamma? » grida.

Le risponde solo il ronzio della fabbrica.

Allora si mette a correre verso il cotonificio senza riuscire a vedere a un palmo dal naso. La nebbia rende ignoto il posto che conosce così bene: Emilia sa perfettamente dove si trova, ma al contempo non sa stabilire quanto sia distante l'edificio, se per caso non lo abbia già oltrepassato.

All'improvviso inciampa in una radice e cade faccia a terra. Il dolore esplode in mille stelline davanti ai suoi occhi, bruciano le ginocchia sbucciate, brucia il palmo delle mani, la caviglia pulsa. Emilia ricaccia indietro lacrime di frustrazione e si rialza con un gemito: più tardi, forse, si lascerà andare al lusso di un bel pianto liberatorio, ma adesso deve essere forte. Deve ritrovare sua madre.

Continua a camminare zoppicando finché il muro della fabbrica non appare alla sua destra, allora si rende conto di essere andata troppo oltre e torna sui propri passi costeggiando la fila ordinata di finestroni. Quando trova un ingresso si butta dentro senza pensare.

« Papà? » La sua voce si perde nel rombo delle macchine, gli operai chini sul lavoro non la notano nemmeno.

Emilia percorre i corridoi in cerca di qualcuno che conosce, realizzando solo in quel momento quanto grande sia lo stabilimento, quanto gli uomini non diversamente dalle macchine si assomiglino tra loro. Passa correndo accanto al Canèta, che cerca di brancarla con mani sudicie. « Niente scuola, oggi, maestrina? »

« Hai visto mio padre? » gli chiede.

Il Canèta si fa una risatina prima di rispondere soddisfatto: « Non si è visto oggi ». E poi, con tono basso e profondo: « Andiamo a cercarlo insieme... »

In quella arriva il caporeparto e il Canèta si rimette al lavoro a testa bassa. « Cosa ci fai qui, Emilia? » la incalza. « Dov'è tuo padre? »

« Stavo per chiederlo a voi », risponde Emilia, con la voce incrinata. « Credevo fosse in fabbrica. »

« No, stamattina non è venuto. »

Emilia intercetta lo sguardo malizioso del Canèta. *Maestrina, lo sai dove va tuo papà, la sera, invece di venire in fabbrica?*

« Non trovo più mia madre », fa Emilia, sentendo l'angoscia prendere il sopravvento. « È uscita senza che me ne accorgessi... Non sta bene. » All'improvviso realizza quello che sta accadendo e la realtà le piomba addosso con tutto il suo peso. Le cedono le ginocchia e non riesce più a trattenere le lacrime. « Aiutatemi, vi prego! »

Due operai vengono sguinzagliati per l'opificio a cercare il Vitali, mentre Emilia e il caporeparto si dirigono alla centrale idromeccanica. Con la scusa di dare una mano, il Canèta li tallona.

Fuori dal cotonificio la scalinata che porta al canale s'inabissa nella nebbia. Poco alla volta si crea un capannello di gente venuta a curiosare; tutti rovistano cercando di vedere oltre il muro di latte, senza trovare il coraggio per scendere.

« *Sciura* Vitali! » chiama il caporeparto.

In lontananza, le campane della chiesa di Trezzo battono otto colpi. In quello stesso istante un raggio di sole buca la coltre lattiginosa e dirada la nebbia. Ai piedi della scalinata compare la figura scura di Amalia, inginocchiata presso il canale con lo sguardo fisso sull'acqua.

« Mamma! » grida Emilia, correndo giù ad abbracciarla.

Amalia alza su di lei occhi rossi di pianto. « È morto », mormora. « È qui dentro, nel canale. »

Emilia si gira a cercare il caporeparto, che fa no con la testa. Vitali non è ancora stato trovato.

«Saliamo, mamma. Andiamo a cercarlo in fabbrica.»

«È qui», ripete Amalia senza distogliere lo sguardo dall'acqua. «L'ho visto.»

«È stato un sogno», prova a convincerla Emilia, che pure non crede a se stessa. «Solo un sogno.»

«*Sciura* Vitali», mente il caporeparto, «venite dentro. Vostro marito è in filatura che vi aspetta.»

Amalia però è come inchiodata sul posto. Quando provano a farla alzare, diventa una furia: urla insulti, scalcia, graffia, sputa, mena pugni nell'aria. Alla fine ci vogliono tre uomini per riuscire a sollevarla di peso e a portarla via.

Dall'altra parte del canale, Fredo assiste alla scena, pallido come uno spettro. Quando incrocia lo sguardo di Emilia, abbassa gli occhi e scappa via.

## 12

*Busto Arsizio*

Toni Tengitt è sul letto, vestito di scuro, le mani intrecciate in grembo; per qualche strano motivo, gli hanno tolto le scarpe, forse per non sporcare il copriletto. Attorno pianti e preghiere si alternano, mentre la casa è tutta un viavai di gente venuta a porgere le condoglianze.

Silvio lo osserva dalla porta, di più non osa avvicinarsi; fatica a riconoscere in quel corpo rigido e immobile suo nonno, che in vita non stava mai fermo, sempre indaffarato in mille attività. Ma non è questo a tenerlo lontano, a impedirgli di varcare la soglia. Accanto al letto, accasciato - anzi accartocciato - su una poltroncina, Cristoforo non smette più di piangere. Non lo ha mai visto così vulnerabile, così bambino, così umano; non è questa l'immagine che aveva di suo padre, che vuole avere di lui. Un misto di compassione, disagio, vergogna gli si agita dentro.

Suo zio Benigno gli arriva alle spalle. « Hai mangiato qualcosa? » gli sussurra all'orecchio.

Silvio sussulta, poi scuote il capo. È da ieri che non mette in bocca niente.

« Vieni, andiamo di sotto. » Lo prende per un braccio e lo trascina via.

La cucina di solito è il centro della casa, ma oggi è vuota, dal momento che sono tutti di sopra. Benigno traffica attorno alla dispensa sotto lo sguardo assorto di Silvio, tira fuori un pezzo di formaggio, lo annusa e lo ripone disgustato, poi ne tira fuori un altro di cui pare soddisfatto, ne affetta due pezzi, infine prende una pagnotta e la apre a metà; farcisce e allunga tutto al nipote. « Non è il Biffi in galleria, ma... » Gli strizza l'occhio.

Silvio sorride addentando il pranzo, mentre Benigno ripete l'operazione per se stesso.

« Allora », chiede Benigno, « come va su al villaggio? »

Silvio dà un'alzata di spalle, come a dire che non ne ha idea.

« Tuo padre mi dice grandi cose, sai », continua Benigno. « Dice che sei in gamba, sarai un grande direttore un giorno. »

Silvio sorride abbassando il capo. A dirla tutta non si sente tanto speciale, e non crede che suo padre abbia mai parlato di lui in toni tanto entusiastici, né a Benigno né a nessun altro; a ben vedere, con lui è tutto una critica, un'osservazione, sembra che non gli vada mai bene niente.

L'anno prossimo, non appena finirà la scuola, inizierà a lavorare. Suo padre sostiene che gli farà bene, che lo farà crescere. « Hai bisogno di vedere come va il mondo », ripete. Silvio è convinto di sapere già come va il mondo, non è mica uno stupido, a scuola è il migliore della classe. In ogni caso, con suo padre c'è poco da discutere: se si mette in testa una cosa, quella cosa va fatta, punto e basta. E, se Silvio spera di avere un sostegno in sua madre, si sbaglia di grosso.

Cristoforo ha trovato un cotonificio in Inghilterra dove lo prenderanno come operaio non specializzato per un mese: Manchester è la città più industrializzata d'Europa, dov'è nata l'industria del cotone e dove sorgono i più grandi opifici del mondo.

« Là vedrai come funziona davvero una fabbrica, cosa significa faticare, come funzionano le macchine. Imparerai il mestiere dal basso. È l'unico modo per capire, e poi imparerai la lingua e ti farai le ossa.» L'unica volta in cui Silvio ha provato a ribattere, che la lingua già la conosce e che per farsi le ossa andrebbe bene anche il cotonificio di Canonica, suo padre è andato su tutte le furie. «Arrogante, spudorato! È così che mi ringrazi per le opportunità che ti offro? Li vedi i tuoi coetanei in filatura! Lavorano da sette anni, non sono stati cresciuti nella bambagia come te! E non si lamentano mica! Zitti e lavorare! E tu? Tu osi anche avanzare delle richieste?» La filippica è andata avanti un'ora, mentre in casa tremavano anche le pareti. Silvio era livido di rabbia per l'umiliazione, ma non ha emesso un fiato.

Dove sta scritto che il suo destino è nel cotone, che è costretto a ereditare l'azienda di famiglia? E se non gli piacesse? E se volesse fare altro? Le domande di Emilia, solo poche ore prima, hanno fatto sorgere nuove domande, che forse non si era mai posto, ma che stavano nascoste da qualche parte dentro di lui e aspettavano solo il momento giusto per uscire. *Hai mai pensato a cosa vuoi fare da grande?*

Conosce bene l'opificio di Canonica: non sono del resto tutti uguali tra loro? Le fabbriche sono luoghi sporchi, torridi, puzzolenti. I ragazzini della sua età ci lavorano per dodici, quattordici ore al giorno e già dopo un mese cambiano faccia, hanno lo sguardo spento, non sorridono mai e la pelle vira al grigiastro: *sciabai*, li chiamano in zona - sciancati -, perché la lunga permanenza in piedi e le temperature elevate del cotonificio deformano irrimediabilmente i loro arti.

Per Silvio è diverso, lui è nato in una famiglia d'imprenditori. È la biglia più grande del sacco. Perché dovrebbe mescolarsi agli operai?

Silvio osserva suo zio che gli sta preparando un altro panino. Benigno è diverso da tutti gli altri Crespi, è l'unico che abbia avuto il coraggio di prendere le distanze dalla famiglia, di trovare la propria strada in ambiti diversi, di esprimere se stesso.

«Sapete, zio, mi piacerebbe un giorno lavorare al giornale», butta lì Silvio. «Essere come voi.»

Benigno si blocca nell'atto di affettare la pagnotta, lo guarda da oltre la spalla per capire se il nipote sia serio, se non sia uno scherzo, poi, intercettato il suo sguardo risoluto, dà un'alzata di spalle. « E cosa vorresti fare? » gli chiede.

Ecco un'altra differenza: gli altri suoi zii si metterebbero a ridere, lo canzonerebbero, nella migliore delle ipotesi sminuirebbero o cambierebbero discorso. Di certo gli farebbero notare che *quello* non è il momento opportuno per dire certe cose. L'industria del cotone, come gli ripete spesso suo padre, è la più fiorente della Storia e nel processo produttivo, dalle piantagioni del Sud America, dell'Asia, dell'Africa, passando dalla lavorazione negli opifici europei, fino alla vendita di tessuti finiti, coinvolge l'intero pianeta; le associazioni dei cotonieri sono tra le più potenti e ricche del mondo. Nessuno sano di mente lascerebbe questo settore, tanto meno i Crespi che vi operano con successo da decenni e che si stanno costruendo una reputazione a livello internazionale. Sarebbe come trovare una valigia di banconote e per capriccio bruciarle nella stufa, dice sempre suo padre, parlando non a caso di Benigno che, a suo dire, non si dedica con abbastanza impegno alle filature di famiglia.

« Non so di preciso. Forse mi piacerebbe scrivere. Voi come lo avete capito che volevate lavorare nella stampa? »

A Benigno vien quasi da ridere. Dovrebbe ammettere col nipote che il *Corriere* non è stato propriamente una scelta sua, che si è limitato a cogliere un'opportunità che il caso gli ha messo davanti, e per colpa della quale si è pure inimicato metà famiglia? Non vuole deluderlo, e tuttavia nemmeno mentirgli. Silvio è sveglio e merita la sua onestà.

« Certe cose si scoprono vivendole. Uno pensa di essere predestinato a un ruolo, oppure desidera con tutto se stesso percorrere una determinata strada, o magari non conosce l'esistenza d'altro... e poi il destino all'improvviso sparigliа le carte. Talvolta va male, ma può anche succedere che un imprevisto, quello che sul momento ci appare come una piccola tragedia, sia lo spunto per qualcosa di migliore. »

Silvio lo osserva attentamente. Si aspettava una risposta diversa, qualcosa di più semplice, diretto. Una specie di manuale d'istruzioni per costruire il proprio futuro.

«Per questo, quando si entra in una stanza, bisognerebbe sempre lasciarsi aperta almeno una porta. Per poterne uscire, senza dubbio. Ma soprattutto per consentire all'incertezza, al dubbio, alla casualità di entrare e, come una folata di vento, scompigliare tutto.»

Si sente così diverso da quelli che adesso stanno al piano di sopra, che per tutta la vita si sono sincerati di tenere ben chiuse le porte e lasciare fuori il caos. Non un refolo di vento, non un imprevisto. Nessuna domanda, nessun dubbio: sono nati *tengitt* e sono morti, o moriranno, *tengitt*, senza essere altro che *tengitt*.

«Dunque, per rispondere alla tua domanda, alla mia non più verde età, io non l'ho ancora capito cosa voglio fare. E credo che sia un bene.»

Poco dopo arriva la cameriera ad annunciare che lo aspettano di sopra per recitare il rosario. Congedandosi Benigno sorride dolcemente al nipote. «Tu resta qui, fai con calma», gli dice. «E lascia la porta aperta.»

## 13

*Canonica d'Adda*

Sono due giorni che del Vitali non si sa niente, due giorni che Amalia non chiude occhio. Alcune donne del villaggio si danno il cambio per starle accanto. L'Agazzi le manda su dalla locanda i migliori piatti, cucinati solo per lei, che tornano giù senza nemmeno essere stati toccati.

Sono venuti i carabinieri da Trezzo e hanno interrogato tutti. Nessuno però ha visto il Vitali, nessuno sa niente. *Una brava persona, tutta casa e fabbrica, un lavoratore instancabile, niente grilli per la testa.* È successo qualcosa di strano, di sospetto, recentemente? *Macché, non succede mai niente qui, si fa una vita regolare, tranquilla. È tutta brava gente, si conoscono tutti.* Motivi per cui il Vitali avrebbe potuto allontanarsi? *Nessuno. Il villaggio è piccolo, ma non manca niente. Il padrone provvede a ogni cosa, li tratta bene, la paga è buona, il lavoro non manca. Perché mai un operaio dovrebbe uscire da qui? La gente fa la fila per poter venire a lavorare dai Crespi.* Qualche motivo di attrito, qualche inimicizia, qualche litigio? *Qui ognuno pensa agli affari propri, non c'è tempo per litigare.* Ipotesi? La gente dà di spalle, scuote la testa. Non parlano volentieri coi carabinieri, che se ne sono andati promettendo accurate indagini, senza poter dare alcuna rassicurazione a Emilia.

In fabbrica sembra tutto normale, ma l'aria è tesa, pregna d'interrogativi, di dubbi, di sospetti. Alla fine del turno, gli operai confabulano tra loro sciamando fuori dai cancelli, mentre avanzano ipotesi, rievocano ricordi, cercano similitudini. Al villaggio non si parla d'altro.

«Io dico che è andato a donne», fa il Canèta. «Tornerà quando ne avrà avute a sufficienza.»

I più anziani scuotono il capo. «Ma va'!» ribatte uno. «Non il Vitali.»

«E perché no?» s'infervora il Canèta. «Gli uomini certi bisogni li hanno.»

«Non ha mai pensato ad altro che al lavoro, culo e camicia col padrone, quello lì.»

«Prima dell'Amalia aveva una moglie...»

«Sì, ma è morta.»

«Sei sicuro? A me hanno detto che è impazzita.»

«Anche lei?» Risatine nervose.

«Ve lo ricordate cosa ha fatto all'Agazzi qualche anno fa?» salta su uno. «Io c'ero. A momenti lo ammazza di botte.»

«Be', certo che pure il locandiere se l'era cercata...»

«Ma cosa vuoi che fa, quello, che gli manca anche una gamba!»

«Non è mica con la gamba che...» Altre risatine.

«Il Vitali ha ammazzato il mio Oreste», sentenzia la Luigia. «Non me lo sono mica dimenticato, io», continua. «Allora, se anche lo avessero fatto fuori, io dico che se lo meritava, se l'è cercata. Dio vede e provvede.» Si fa il segno della croce e guarda su, come a ringraziare il Signore.

Restano tutti senza parole e si guardano l'un l'altro imbarazzati, in cerca di qualcosa da dire per cambiare argomento.

«Per me è scappato», conclude Fredo. Tutti si voltano e lui

dà un'alzata di spalle. «Scapperei anche io, con la moglie che si ritrova.»

Qualcuno si fa una risata.

«Pensate alle vostre, di mogli», li aggredisce dalla porta della locanda l'Agazzi, che ha sentito tutto. «L'Amalia e l'Emilia sono di sopra che aspettano il ritorno del Carlo e, invece di essere in giro a cercarlo, state qua a far andare la lingua.» La gente abbassa la testa. «E tu, Fredo», continua l'Agazzi. «A proposito di scappare, com'è che non sei giù agli uffici di Milano? Hai deciso di venire a lavorare in fabbrica?»

«Ho delle cose da fare qui», sibila Fredo.

In città, il padrone è perso dietro le cose di famiglia, ad accoltellarsi coi fratelli per questioni di eredità; neanche si accorgerebbe della sua assenza, in tutta quella confusione. Così Fredo gli ha strappato il permesso di restare qualche giorno al villaggio per coordinare le ricerche del Vitali e sincerarsi che venga fatto tutto il possibile per ritrovarlo.

«Non ti affaticare troppo», ribatte piccato l'Agazzi.

In quella compare Amalia. Scalza, coi capelli sciolti, il vestito sciupato, gli occhi cerchiati di blu, le labbra pallide, sembra uno spettro in cerca di una dimora. Fa girare lo sguardo sui presenti, poi si ferma sull'Agazzi.

«Non è scappato, è morto», gli dice aggrappandosi alla sua camicia.

«*Sciura* Vitali, dovete avere speranza», prova a dire l'Agazzi. «Vedrete che lo ritroveranno.»

«Ma io so dov'è», dice Amalia. «È nel canale, me lo ha detto Dio. L'ho sempre saputo, da ancora prima che accadesse.» Torna a guardare gli astanti, soffermandosi su Fredo che è percorso da un brivido di paura. «Perché non volete tirarlo fuori?» E, poiché nessuno parla, insiste: «Tiratelo fuori, vi prego, prima che i pesci gli mangino la faccia».

«Da quanto non riposate?» le chiede l'Agazzi accarezzandola con lo sguardo. «Dovete prendervi cura di voi stessa e di Emilia.»

Lei non risponde, forse non ha nemmeno udito. Si volta e si allontana oscillando verso il canale.

«*Sciura* Vitali!» la chiama l'Agazzi. «Fermatevi, Amalia!»

E, poiché lei non si volta nemmeno, continua a voce più alta: « Vi prometto che lo tiriamo fuori ».

Amalia allora si blocca, poi si gira lentamente e mormora: « Me lo promettete? »

« Ve lo prometto », ripete l'Agazzi. « Ma prima dovete mangiare qualcosa. »

La gente si apre al passaggio di Amalia che torna mesta sui propri passi. « Me lo promettete? » ripete, sulla soglia della locanda.

« Sul mio onore. »

« Non potete fare promesse che non siete in grado di mantenere », interviene Fredo. « Siete solo il locandiere, qui non sta a voi comandare. »

Nessuno però gli dà retta.

In quella si leva un grido. « Venite! Correte, svelti! »

Tutti si girano. Un bambino corre verso di loro a piedi nudi: è un piccolo operaio che lavora al cotonificio da poche settimane. Ha un'espressione sconvolta in faccia. « C'è un corpo che galleggia nel canale! »

## 14

*Milano*

Attorno al tavolo è riunita tutta la famiglia Crespi, vale a dire tutti i figli maschi. Mentre in sottofondo il notaio snocciola cifre e nomi come un rosario, Cristoforo è seduto a testa bassa e si osserva la mano, che apre e chiude a intervalli regolari. Cinque dita che collaborano per essere qualcosa di più della somma dei singoli. *Cinque dita fanno una mano.* Da quando Toni Tengitt è morto, non pensa ad altro: alla promessa che ha fatto a lui, e soprattutto a se stesso. *Devi tenere unita la famiglia.*

Immaginando il mondo che sarebbe venuto dopo di lui, suo padre è stato equo e saggio: nella divisione ereditaria, a Cristoforo è toccato il cotonificio di Canonica d'Adda, a Carlo e Pasquale quello di Ghemme, a Giuseppe Vigevano e a Benigno Nembro. Tutti hanno avuto il giusto, nessuno è stato trascurato e nessuno si può lamentare.

Tuttavia c'è qualcosa nell'aria, una specie di tensione, qualcosa che a un estraneo potrebbe apparire come la normale conseguenza del lutto, ma che Cristoforo sa essere altro. È stato subito dopo i funerali, quella stretta di mano con suo fratello Benigno, troppo rigida, troppo formale, e poi un repentino distogliere lo sguardo. E la sensazione che fossero in due luoghi diversi, pur condividendo la stessa stanza, come se un muro di vetro li separasse.

« Usciamo? » gli sussurra all'orecchio Benigno. « Mi serve un po' d'aria. »

Cristoforo, attraversato da un'improvvisa scarica di felicità, scatta in piedi sotto lo sguardo allibito del notaio. « Proseguite, proseguite... » borbotta, avviandosi di sotto.

Il palazzo, come la maggior parte delle dimore signorili, ha una corte interna che si apre su un piccolo parco privato, dove la città col suo brulichio non riesce a entrare. I fratelli si siedono su una panchina all'ombra di una magnolia e restano in silenzio ad ascoltare la brezza che s'intrufola attraverso l'androne e accarezza le foglie. Cristoforo sa che Benigno ha qualcosa da dirgli e vorrebbe chiedere, affrettare le cose, ma teme di spezzare l'incanto: è da così tanto tempo che non stanno un po' insieme, loro due. L'altro tira fuori dei sigari e gliene porge uno.

« C'è una cosa che dobbiamo concordare », butta lì Benigno, insieme al primo sbuffo di fumo.

Cristoforo, cui sembra che sia già stato concordato tutto, si volta a guardarlo con sospetto.

« Il nome della ditta », spiega Benigno.

« Quale nome? »

« *Benigno Crespi* », ribatte suo fratello. « Dal momento che corrisponde esattamente al mio nome, vorrei tenerlo io, se per te va bene. »

Cristoforo salta in piedi come una molla e getta il sigaro a terra, mentre l'altro rimane immobile e calmo a fissarlo negli occhi. Da quanto si preparava a questo momento? Quante volte ha ripetuto la battuta per farla sembrare così ovvia?

« Non credo che cambi molto per te », continua Benigno.

Il giorno prima del funerale erano seduti a cena, lui e Giulia, come ogni sera dopo che i piccoli erano stati messi a letto dalla bambinaia. Sulla città si era abbattuto uno di quegli scrosci violenti che segnano il passaggio tra la primavera e l'estate; i vetri erano sferzati da raffiche di vento così forti che si era dovuto chiudere le imposte già nel primo pomeriggio e gli abitanti si aggiravano per la casa con le loro bugie in mano, galleggiando nella semioscurità come fantasmi.

Benigno adora osservare sua moglie mentre affetta la mela, per quel misto di determinazione e grazia con cui riesce a ricavare piccoli bocconi senza mai toccare il frutto con le mani, senza farlo rotolare fuori dal piatto, né emettere il minimo tintinnio; s'immagina così un abilissimo chirurgo nell'atto d'incidere un cuore umano: concentrato sul proprio compito, distaccato, indifferente alle sorti del paziente.

« Immagino che ora vorrai conservare il nome dell'azienda », ha buttato lì Giulia, pulendosi la bocca con l'angolo del tovagliolo. Benigno ha alzato sulla moglie occhi pieni di sconcerto e, forse, di dolorosa disillusione. « Sono certa che tuo fratello Cristoforo non sarà così egoista da privarti di un simile diritto », ha continuato lei senza scomporsi. « Mi sembra la cosa più naturale, la più giusta. »

« Ma cosa vai dicendo? » esclama Cristoforo.

« Dico che per il mio cotonificio di Nembro, e per eventuali attività future in capo a me, vorrei conservare il nome della *Benigno Crespi,* come del resto io mi chiamo. »

« E come ti è venuto in mente? » lo incalza Cristoforo.

« Mi sembra la cosa più naturale », ribatte Benigno, rendendosi conto di aver usato le medesime parole di Giulia. « La più giusta da fare. »

Cristoforo stringe i pugni. « Chiunque abbia avuto questa idea dimentica una cosa: che la *Benigno Crespi* non si chiama così in tuo onore. »

« Ma cosa c'entra? Non è questo che... »

« L'azienda si chiama così perché è stata avviata dal padre

di nostro padre, che incidentalmente si chiamava come te. Ed è stata portata avanti prima da nostro padre e poi da me, quando tu ancora dovevi venire al mondo.»

Anche Benigno si leva in piedi. «Ma sono stati gli altri cotonifici a tenerla in vita, mentre tu rischiavi tutto per inseguire l'utopia del villaggio operaio.»

«Ascoltami bene.» Cristoforo gli si fa sotto. «Quello che tu cerchi di farmi passare per una semplice formalità, per una «cosa naturale», come l'hai chiamata, non è affatto naturale e tanto meno è giusta. Vuoi farmi passare per uno stupido? Conosciamo entrambi il valore del marchio *Benigno Crespi*, un valore che io con la mia *utopia* ho decuplicato, mentre tu ti divertivi a giocare con la carta e l'inchiostro. Non ti permetterò di appropriarti del frutto di tutti i miei sforzi, di portarmi via quello che è mio.»

Dalla finestra al primo piano fanno capolino gli altri, richiamati dai toni che si sono pericolosamente alzati.

«E chi dice che è tuo?» lo sfida suo fratello.

Il fendente taglia l'aria prima ancora che Cristoforo se ne renda conto. In un attimo Benigno è a terra col naso sanguinante. «Tu sei uscito di senno!»

Cristoforo guarda su, verso le finestre di casa: il notaio, Carlo, Pasquale e Giuseppe assistono impietriti e muti. Erano al corrente del piano di Benigno di appropriarsi del marchio? Erano forse d'accordo?

Ora che l'adrenalina della collera sta scivolando via per lasciare il posto alla delusione, Cristoforo si rende conto che la mano gli pulsa terribilmente. Non faceva a botte da almeno trent'anni, e non ricordava che facesse così male, forse perché non si era mai sentito così tradito prima d'ora, forse perché il dolore che sente non è solo fisico.

Si guarda le nocche arrossate che iniziano a gonfiarsi; sente che gli stanno salendo lacrime di rabbia agli occhi, allora si volta e se ne va.

*Cinque dita fanno una mano,* ripeteva Toni Tengitt. Ma non oggi, e forse mai più.

## 15

*Canonica d'Adda*

« *Pietro gli disse: 'Signore, se sei tu, comanda che io venga da te sulle acque'. Ed egli disse: 'Vieni!' Pietro, scendendo dalla barca, si mise a camminare sulle acque e andò verso Gesù. Ma per la violenza del vento s'impaurì e, cominciando ad affondare, gridò: 'Signore, salvami!' E subito Gesù stese la mano, lo afferrò e gli disse: 'Uomo di poca fede, perché hai dubitato?'* » Amalia, in ginocchio sull'argine, stende la mano verso il canale mentre tutti la osservano impietriti.

Il corpo di suo marito è stato tirato fuori dall'acqua in un silenzio irreale, era gonfio, rigido e grigiastro: nessuno ha avuto il coraggio di guardare. Ora riposa in un telo che gronda acqua, mentre si attendono le autorità che sbrighino tutte le pratiche del caso. È evidente che, come faceva ogni sera prima di rincasare, l'uomo si è recato presso la centrale e che, perduto l'equilibrio per stanchezza, un malore o sfortuna, è caduto nel canale, dove non ha avuto scampo.

Emilia, accovacciata al suo fianco, non smette di piangere. Amalia si volta e sembra notarla solo in quella. « Non devi piangere, tuo padre è stato chiamato al cospetto di Dio. » Le fa una lentissima carezza, mentre sulle labbra si disegna un sorriso. « *Lungo il fiume, su una riva e sull'altra, crescerà ogni sorta di alberi da frutto, le cui fronde non appassiranno: i loro frutti non cesseranno e ogni mese matureranno, perché le loro acque sgorgano dal santuario. I loro frutti serviranno come cibo e le foglie come medicina.* »

« Mamma... » la implora Emilia singhiozzando.

« Devi avere fede, o il Signore ti punirà. » Le si aggrappa al braccio e la scuote con violenza. « *Le acque divennero poderose e crebbero molto sopra la terra e l'arca galleggiava sulle acque. Le acque s'innalzarono sempre più sopra la terra e coprirono tutti i monti più alti che sono sotto tutto il cielo. Le acque superarono in altezza di quindici cubiti i monti che avevano ricoperto.* » Si volta e pianta gli occhi in quelli della Luigia, che si affretta a farsi il segno della croce.

« Venite, andiamo via », sussurra l'Agazzi, cercando dolcemente di smuovere Amalia, che tuttavia pare inchiodata a terra.

Se provano a farla alzare, diventa una furia: scalcia, mena pugni, graffia, sputa; nemmeno i carabinieri osano avvicinarsi. Solo il parroco di Canonica, mandato a chiamare in tutta fretta, riesce a calmarla; pregano a lungo inginocchiati sull'argine mentre alle loro spalle non si placa il rombo della fabbrica. Infine, sul calar della sera, chiede di essere portata in chiesa.

« Andiamo a casa, mamma », la supplica Emilia.

Ma a casa non ci vuole andare, ripete che la sua casa è nel grembo di Cristo e, poiché tutti temono che l'Amalia ricominci a dare di matto e che si faccia notte, due donne si offrono di scortarla fino in chiesa; solo allora si alza e mansueta si fa condurre via. Attraversato il ponte, dall'altra parte del canale passa proprio accanto a Fredo, rimasto in piedi tutto il tempo, senza perdersi alcun dettaglio, e all'improvviso è scossa da un tremito che le deforma perfino i tratti del viso.

« *Fuggi, per la tua vita* », sibila, puntandogli contro l'indice. « *Non guardare indietro e non fermarti dentro la valle: fuggi sulle montagne, per non essere travolto!* »

Tutti sanno che all'Amalia dei Vitali manca qualche venerdì, la gente non ci fa nemmeno più caso, limitandosi a scansarla come una che porta gramo o ridendoci su. Per la prima volta, però, Fredo intravede oltre la follia un potere oscuro e inquietante; vorrebbe scappare da quella voce che gli scava dentro come un pugnale, da quegli occhi folli che riescono a scrutare fin nel suo petto, ma una forza misteriosa lo trattiene sul posto. Così resta immobile, paralizzato, incapace perfino di abbassare lo sguardo.

« *Padre, perdona loro, perché non sanno quello che fanno* », dice infine Amalia. Si fa il segno della croce e si allontana, senza più guardarsi indietro.

Emilia è l'ultima ad andare via. Nella confusione nessuno si è più curato di lei. Quando raccoglie le forze per rimettersi in piedi e tornare a casa, si rende conto che, dall'altra parte del canale, Fredo è immobile come una statua e ha lo stesso colore del cadavere di suo padre. Alza la mano per salutarlo, ma lui non risponde. Sente su di sé i suoi occhi freddi come il ferro, ora cerchiati di blu, che la seguono mentre risale lentamente la scalinata che porta alla fabbrica; a metà si ferma, come se qualcosa la richiamasse, e lo sguardo le cade giù, verso l'acqua scura che s'inabissa sotto la centrale: una mano invisibile le stringe le viscere mozzandole il respiro, allora Emilia si aggrappa alla ringhiera per non cadere e stringe forte i denti ricacciando indietro le lacrime.

All'improvviso prende coscienza di tutto il vuoto che la circonda e di come in una manciata di ore la vita possa cambiarci per sempre. Poco tempo prima su quella stessa scalinata, mentre il villaggio era in festa, si era divertita a stuzzicare Silvio con commenti irriverenti, del tutto inadeguati a una ragazza, specie se rivolti al figlio del padrone; quella sera, coricandosi, gli ultimi pensieri sono stati rivolti a lui, l'unico che al villaggio non la faccia sentire fuori luogo – forse perché lui non è *davvero* del villaggio –, l'unico con cui sia libera di essere se stessa, l'unico che la faccia sentire al sicuro. Prima che calasse il buio, Emilia era una ragazza col cuore pieno di fiducia, la bocca piena di risate, gli occhi pieni di malizia, la testa piena di progetti.

Adesso è diventata una donna.

## 16

Quand'era bambino, sua madre gli ripeteva sempre che, se fosse rimasto troppo a lungo impalato in un posto, avrebbe messo radici; era una cosa che gli faceva molta paura: s'immaginava che dai talloni potessero spuntare lunghe ramificazioni silenziose che, come carote, si sarebbero aggrappate alla terra, impedendogli di muoversi. Bastava il pensiero per farlo correre via.

Ora Fredo sa cosa intendeva dire la Luigia.

Dal terreno viene su un'umidità che passa attraverso la suola delle scarpe e risale a paralizzargli le gambe; le ginocchia sono due pezzi di pietra, le membra dolgono, i lombi bruciano come l'inferno, la schiena scricchiola come se stesse per rompersi e venire giù. Sente lo sguardo di Amalia ancora su di sé, dentro di sé.

Anche se riuscisse a muovere un passo, Fredo sa che da quel posto non se ne andrà mai più, che la sua anima sarà per sempre intrappolata sull'argine del canale, come un dannato che sconta la propria pena in eterno.

« Chi è là? » La voce cavernosa di Bino esce dalle viscere della fabbrica. « Chi c'è? »

Solo allora Fredo riesce a muoversi. Fa un passo, due, coi piedi pesanti come cemento, poi non riesce a resistere alla tentazione di sbirciarsi sotto le scarpe, temendo di scorgervi lunghissime radici.

Oltre il ponticello sospeso sopra il canale lo aspetta la speranza di un nuovo inizio. Ma a ogni gradino il terreno si fa vischioso come melassa e l'aria è densa, irrespirabile. Immobile, pietrificato, Fredo sente il mondo intero ruotargli attorno e qualcosa di amaro risalire dallo stomaco ad avvelenargli la lingua; allora si aggrappa con ambo le mani alla ringhiera e guarda su, certo di trovarvi due enormi occhi malvagi. All'orizzonte il cielo sfuma in meravigliosi colori che virano dall'arancio, all'indaco, al blu, mentre dalla profondità dell'universo si accendono miliardi di stelle come spilli sul punto di piovergli addosso.

« No! » implora.

« Malberti, siete voi? » chiede Bino allungando la lanterna.

Fredo allora chiude gli occhi e inizia a correre verso la luce. Gli sembra di correre per chilometri e chilometri, mentre dietro di lui il ponticello si sgretola al suo passaggio e il risucchio del canale si mangia tutti gli altri suoni. Corre trattenendo il fiato, finché non va a sbattere contro il petto di Bino e vi si aggrappa.

« State bene? » Bino spegne la lanterna e lo stringe a sé.

Il calore del suo corpo riporta Fredo alla vita, il respiro torna regolare, il battito si placa.

« Venite, andiamo dentro », gli dice Bino.

In un angolo delle viscere della fabbrica, Fredo siede sulla pila di assi e resta a osservarlo armeggiare col fornello per riscaldare la minestra.

« Non lo faccio mai... » balbetta Bino, a disagio. « E poi è sicuro, sto molto attento. »

« Cosa vuoi che me ne importi se questo posto va a fuoco! » sbotta Fredo.

Il cambio di tono non sfugge a Bino, che sorride allungandogli la gamella fumante. « Mangia, non hai un bell'aspetto. » Da uno strofinaccio tira fuori una mezza pagnotta, da cui ricava delle fette col proprio coltellino; infine, prende la bottiglia di vino che tiene nascosta dietro le assi e vi riempie una tazza.

La minestra è calda, saporita, densa: gli ricorda quella che fa la Luigia nei giorni di festa. A ogni sorso Fredo si sente un po' meglio. « E così vivi qui », gli dice, gustandosi l'espressione atterrita di Bino.

« No, io sto a... »

Fredo dà un'alzata di spalle, troncando il discorso.

« La strada è tanta, a piedi », mormora Bino.

« Potrei parlare col padrone. Potrei farti avere un appartamento nei *palasocc*, magari anche una villetta. » Se credeva d'impressionarlo, deve rimanere deluso.

« Mia madre è malata », scuote il capo Bino. « Non possiamo allontanarci, deve sempre esserci qualcuno che se ne prenda cura. »

« Oh, mi spiace », fa Fredo.

« È molto anziana, capita che non riconosca le persone, talvolta nemmeno me. Inoltre fa cose strane, smarrisce la strada, sovente è insonne o inappetente, oppure diventa aggressiva. Non è facile starle vicino... »

« Per questo vieni a rintanarti qui sotto. »

« Non lo dirai a nessuno, vero? » sussurra Bino. « Finirei nei guai, perderei ogni cosa. »

Fredo dà un'altra alzata di spalle mentre sente brillare dentro di sé la felicità per quel segreto che li unisce, che li rende complici. Poi un terribile sospetto lo assale.

« Hai sentito del Vitali? » butta lì, cercando d'imprimere alla propria voce quanta più disinvoltura gli riesce.

L'altro annuisce mestamente.

« Eri qui, quando...? »

Qualcosa nel suo tono, forse la fretta o una nota troppo acuta, attira l'attenzione di Bino, che lo osserva a lungo prima di rispondere. « No, ero a casa con mia madre. »

Il pomo d'Adamo di Fredo si muove su e giù. « La vedova, questo pomeriggio... » dice, dopo un po'. « Ha citato la Bibbia. »

« Era sconvolta. »

« *Fuggi, per la tua vita. Non guardare indietro e non fermarti dentro la valle: fuggi sulle montagne, per non essere travolto!* » ripete Fredo. « Un passo della Genesi, la distruzione di Sodoma e Gomorra. »

Si guardano a lungo, senza trovare le parole.

« Non vorrei che tu fuggissi », sussurra poi Bino, avvicinandosi. « Vorrei che tu restassi per sempre qui. »

*E dove altro potrei andare?* pensa Fredo, sciogliendosi nel suo abbraccio.

## 17

*Milano*

La porta è chiusa, ma la voce di suo padre è perfettamente udibile. Silvio, con l'orecchio premuto contro il legno, se lo immagina che misura la stanza a lunghe falcate, mentre sua madre siede composta come sempre nella poltroncina davanti allo scrittoio.

« Avevano pianificato tutto », dice Cristoforo, « ogni cosa. »

Una pausa lascia intendere che Pia stia dicendo la sua.

« Quali prove? » tuona Cristoforo. « Cosa serve di più?... dopo tutto quello che ho fatto per loro! Quell'infido! Quel traditore! »

Silvio si sente morire. Non era andato lì per origliare, voleva solo parlare con suo padre, cercare di fargli capire, o almeno prendere tempo. Le parole di zio Benigno hanno attecchito dentro di lui, non ha più smesso di pensarci. *Lascia aperta la porta* o, come potrebbe dire Emilia, *salta fuori dal sacchetto delle biglie di tuo padre e vai a rotolare per la strada che hai scelto.*

Sono giorni che l'aria in casa è tesa, anche se tutti fingono che vada tutto bene. Suo padre è un uomo severo, talvolta rigido, ma non è mai stato così cupo prima d'ora, così chiuso in sé. Certo a Silvio non dicono niente, ma non è difficile intuire quale sia il motivo. Anzi chi.

« È stata *quella*, non ci sono dubbi! »

Un'altra lunga pausa. Silvio resta con l'orecchio teso per cercare di carpire brandelli di discorso, domandandosi da che parte stia sua madre, se come sempre cerchi di mediare, di trovare un compromesso, di calmare gli animi. Se almeno lei fosse un po' meglio disposta, forse potrebbe avere un'alleata in casa.

Nel silenzio che segue, lo scricchiolio dell'ultimo gradino appare ingigantito, ma ormai è troppo tardi: il maggiordomo lo coglie in flagrante. Silvio avvampa, fa un piccolo balzo come per scappare, ma dove? Attilio si ferma in cima alla scala e abbassa lo sguardo, dando al figlio del padrone il tempo di dileguarsi. Poi davanti all'uscio si schiarisce la voce prima di bussare energicamente.

« Avanti! » tuona Crespi.

Silvio sente il cigolio della porta.

« Cosa c'è? » Il tono di suo padre è denso di collera.

Attilio tentenna.

« *Alüra?* »

« C'è di sotto vostro fratello Benigno, signore. » Una breve pausa. « Chiede di parlarvi. »

« Cristoforo... » La voce di Pia suona come un monito.

Ancora silenzio, segno che suo padre sta meditando. Tutte le lettere che Benigno gli ha spedito negli ultimi giorni sono state rispedite al mittente senza nemmeno essere state aperte.

« Fallo salire », dice dopo un po' con voce fiacca, come se la decisione gli fosse costata un'immensa fatica.

Pia esce e va di sotto ad accogliere il cognato, Silvio rimane rintanato in un angolo scuro del corridoio. Benigno arriva in pochi istanti mangiandosi la scala due gradini alla volta.

« Chiudi la porta », gli intima Cristoforo.

Silvio si aspetta di sentir uscire grida e ingiurie, ma l'unico suono è la pendola al piano di sotto che scandisce il tempo, un tempo che sembra lunghissimo. Spinto dalla curiosità, esce dal suo nascondiglio e torna a poggiare l'orecchio all'uscio; anche così, tuttavia, non riesce a carpire niente, nemmeno un sospiro. Le campane della chiesa battono sei colpi, di solito a quell'ora in famiglia si riuniscono tutti a cena. Silvio si domanda cosa abbia preparato la cuoca, se chiederanno a suo zio Benigno di fermarsi a mangiare con loro, come accadeva spesso in passato.

In quella l'uscio si spalanca e Silvio quasi cade a terra, trovandosi davanti suo padre che gli lancia uno sguardo accigliato.

« Addio », dice Cristoforo a Benigno, porgendogli la mano con una strana formalità.

« Addio », risponde l'altro, rifiutando la stretta. Poi rivolge a Silvio un sorriso mesto, prima di calarsi il cappello in testa e avviarsi all'uscita con passo stanco.

« Silvio! » tuona suo padre.

Al ragazzo si rizzano tutti i peli del corpo. Se è vero che Cristoforo non ha mai alzato una mano su di lui, è anche vero che certe sue occhiate fanno più male di una cinghiata.

« Vieni dentro. »

Silvio se ne sta sull'attenti davanti a suo padre che, seduto allo scrittoio, tamburella nervosamente con le dita. *Forza,* pensa il ragazzo, *dammi questa benedetta punizione.* Lo lascerà senza cena? Gli vieterà di tornare al villaggio da Emilia? Lo metterà a lavorare in filatura? Invece Cristoforo si prende del tempo, forse per far accrescere la tensione, forse per cercare di dominarsi.

« Vedi, Silvio », comincia Cristoforo, « quando avevo la tua età, volevo diventare prete. Era la cosa che desideravo di più al mondo. Tuo nonno non ne fu affatto felice: avevamo un'attività da portare avanti, bocche da sfamare... ma io seppi tenergli testa con tutto il fervore della gioventù e della fede. Così alla fine, dopo molte discussioni, riuscii a farmi mandare in seminario. » Ripensando a quel tempo spensierato, dopo molti giorni ritrova il sorriso. « Alcuni anni dopo, però, tuo bisnonno Benigno, il padre di mio padre, morì e la famiglia si ritrovò in gravi difficoltà finanziarie. Tuo zio Benigno a quel tempo era ancora molto piccolo... Io fui costretto a interrompere gli studi per contribuire a mantenere gli altri. »

Silvio rimane a bocca aperta. Suo padre non si è mai lasciato andare a confessioni tanto intime; non riesce a immaginarselo nelle vesti di prete, tanto meno di figlio ribelle.

« Fu una scelta molto dura. Avevo delle aspirazioni, dei desideri, e all'improvviso dovevo mettere tutto da parte per mantenere la famiglia. Dunque lasciai l'università, che avevo iniziato a frequentare dopo il seminario, e mi trovai un modesto impiego, niente di più lontano dalle mie ambizioni. »

Li ricorda come se fossero ieri, quei giorni: la sensazione di essere stato derubato, quel sentirsi schiacciato, inerme, ostaggio di scelte non sue, il desiderio di ribellarsi a tutto, e al contempo il peso della responsabilità verso le persone che amava. Ogni tanto, nel segreto del proprio letto, Cristoforo piangeva per la disperazione e lo sconforto.

« Ebbene, posto di fronte al mio dovere di figlio e di fratello, io scelsi di farmene carico a scapito delle mie inclinazioni, non senza soffrirne. Scelsi di anteporre la famiglia al mio egoistico desiderio individuale, e da allora non me ne sono mai pentito. Mai. » Cristoforo fa una pausa per concedere a Silvio il tempo di comprendere il senso profondo di quella confessione. « E sai perché? »

Il ragazzo scuote il capo.

« Non solo perché oggi, proprio grazie a quella dolorosissima scelta di fedeltà, sono a capo di una fiorente industria cotoniera, che dà lavoro a centinaia di brave persone e che ci permette di condurre una vita agiata. Non solo perché essa mi ha concesso la fortuna di conoscere tua madre e di avere te, le tue sorelle e tuo fratello. Ma soprattutto perché, ogni sera, mi corico sapendo di non aver mai voltato le spalle alla mia famiglia. »

Quella stessa famiglia che, solo pochi giorni dopo la morte del loro padre, ha cercato col sotterfugio di sottrargli la cosa più preziosa che lui ha costruito: il marchio della *Benigno Crespi*.

Alla fine, suo fratello è tornato sui propri passi: il prezioso marchio resterà a Cristoforo e per la sua attività Benigno userà quello di *Crespi & C.*, ma ciò non basta a cancellare quello che ha fatto né a ricostruire un rapporto di fiducia reciproca. Cristoforo, del resto, poco fa è stato chiaro: tra loro è tutto finito, non gli rivolgerà mai più la parola.

Pia compare sulla porta, ma non entra.

Cristoforo incrocia brevemente il suo sguardo, poi torna a concentrarsi sul figlio. « La casa in cui vivi, la villa sul lago d'Orta, il cibo che mangi, gli studi che compi, i viaggi che ti permettono di vedere il mondo, gli abiti che indossi e tutti gli altri agi di cui ti circondi, tutto quello che hai è il frutto dei sacrifici di persone venute prima di te. Tuo padre, tuo nonno e il tuo bisnonno hanno lavorato sodo e il tuo dovere è raccogliere la loro eredità e fare in modo che i loro sforzi non vengano sprecati. »

Silvio non parla. Solo poche ore fa era determinato a entrare nello studio del padre e dirgli che il suo desiderio è diventare un giornalista del *Corriere della Sera*, che la fabbrica non gli piace, che non vuole lavorare al cotonificio. Si era preparato un discorso, che ora gli pare ridicolo, patetico.

« È pronta la cena », dice Pia.

Cristoforo si alza e si avvia, Silvio lo segue a testa bassa. « Tu vai a letto senza cena », lo ferma suo padre. « Così forse imparerai che non si deve origliare. »

# PARTE SESTA

# 1

*Milano,*
*inverno 1884*

Il salottino cremisi, così chiamato per via del colore di tendaggi e tappezzerie, è una delle stanze preferite dai signori: vengono qui a leggere e chiacchierare, vi ricevono i loro ospiti e la signora Pia ama sedersi a ricamare nella poltroncina posta accanto alla finestra. In giorni freddi come questo, il caminetto rimane acceso finché la famiglia non si ritira per andare a dormire, talvolta anche fino a tarda ora.

« Metti da parte tutta la cenere, svelta! » ordina la governante.

È il primo compito del mattino: gli alari devono essere lucidati e i focolari ripuliti prima di essere riaccesi. Il nuovo palazzo è molto grande, ma la maggior parte delle stanze non viene utilizzata e rimane chiusa e fredda, perché il padrone sostiene che non serve sprecare tutta quella legna.

Il sole deve ancora sorgere. Emilia è inginocchiata davanti al caminetto da cui viene giù un gelo che profuma di neve e fumo.

« E bada a non sporcare dappertutto! L'ultima volta hai fatto un disastro! »

« Sì, signora Magni. »

È l'ultima arrivata, Emilia, così le toccano i lavori più pesanti. Dopo una rapida ma sostanziosa colazione, la giornata prosegue con cristalli da spolverare, argenteria da lucidare, camere da arieggiare, letti da rifare, tappeti da battere, biancheria da rammendare, pentole da lavare, pavimenti da spazzare... talvolta arriva a sera così stanca che si addormenta ancora tutta vestita, senza neanche mandare giù un boccone.

E non le dispiace, perché quando il padrone le concede una mezza giornata libera i pensieri tornano a tormentarla. Pensa a suo padre, alla pelle grigia, alle labbra blu, alle unghie nere; rovista nella memoria per ritrovare il suo sorriso, gli occhi vivaci, l'abbraccio caldo, la voce morbida e profonda, ma, quando finalmente riesce ad afferrarne il ricordo, ecco che il suo corpo gonfio e deforme torna a galla. Pensa alle lettere che ha spedito a sua madre nel monastero dove si è ritirata, tutte tornate al mittente, intonse. Pensa al ginnasio, ai suoi compagni riuniti nella grande aula fredda coi finestroni alti fino al soffitto, al dolce suono del greco antico e alla sterminata conoscenza racchiusa nei libri, a tutto il sapere cui non avrà più accesso. Pensa al cantiere continuo che era il villaggio, alla casetta tranquilla con le finestre affacciate sulla fabbrica, quella dove non sono mai riusciti a trasferirsi, alle corse nei campi e alla cosa che, più di tutto il resto, in città manca: il cielo. Ovunque si trovasse, a Canonica alzando gli occhi sopra l'orizzonte incontrava la striscia blu dell'infinito, mentre qui, strizzato tra gli alti palazzi, il cielo è ridotto a piccoli riquadri lattiginosi e spenti.

Il cervello è così pieno di pensieri che talvolta sembra sul punto di scoppiare.

Il padrone è stato buono, generoso. In fin dei conti, aveva ragione lui. «Come stai, bambina?» le ha chiesto il giorno dopo le esequie, pagate da lui stesso.

«Bene, signor Crespi», ha risposto lei con gli occhi ancora arrossati dal pianto. «Grazie.»

Lui ha fatto un sorriso doloroso, pieno di tenerezza, e le ha preso la mano, fredda e screpolata, nelle sue, grandi e calde. «Tuo padre era un brav'uomo, onesto, leale. Era un amico.» Su queste parole la voce gli si è spezzata e ha dovuto deglutire per mandare giù l'emozione.

«Sto comprando un nuovo palazzo, giù a Milano. È molto grande», ha aggiunto dopo un po'. «Silvio pensa che...»

«Io non voglio andare via», lo ha interrotto lei, attingendo alle ultime forze che le rimanevano.

Il padrone, per un istante, è rimasto senza parole. «Dobbiamo pensare al tuo futuro, bambina.»

«Il mio futuro è qui, al villaggio», ha ribattuto Emilia. «E non sono una bambina.»

Di nuovo quel sorriso lento e doloroso, poi il padrone si è

lasciato andare contro lo schienale della sedia e ha buttato fuori tutta l'aria.

« Potrei restare qui, lavorare al cotonificio », lo ha implorato. « Molti miei coetanei lo fanno. »

« Ma loro hanno ancora una famiglia », si è lasciato scappare Crespi.

È seguito un silenzio imbarazzato nel quale, tendendo l'orecchio, si sarebbero potuti sentire i denti di Emilia scricchiolare nello sforzo di trattenere il pianto.

« Bambina », ha ricominciato il padrone, « la vita in fabbrica è molto faticosa. E tu sei ancora troppo piccola per poter vivere da sola, hai appena quindici anni. Se ti succedesse qualcosa, io non me lo perdonerei mai. »

E così è arrivata in questo immenso palazzo, ancora in buona parte da ristrutturare, con gli uffici della ditta che occupano il piano terra, gli appartamenti privati della famiglia di sopra e quelli della servitù nel sottotetto.

« Si sono alzati tutti. Sbrigati a finire! » le intima la governante.

Emilia raccoglie l'ultima cenere, dispone la legna e accende il fuoco.

## 2

*Bergamo*

« Entrate, presto. Venite dentro. »

L'Agazzi s'intrufola nello spiraglio e subito il portone si richiude alle sue spalle con un tonfo sordo.

« Non riceviamo molte visite », dice la monaca, scortandolo lungo un corridoio freddo, su cui si aprono porte a intervalli regolari.

Si sente appena il ticchettio delle stampelle ingigantito dall'eco che rimbalza su altissimi soffitti. Le uniche finestre si affacciano su un chiostro interno al cui centro campeggia una magnolia, che ora si mostra nuda e fiera ai pochi visitatori.

« La badessa ci tiene a ringraziarvi per la vostra donazione. »

« Oh, ma non dovete disturbarvi... » si schermisce l'Agazzi, che ha fretta.

La monaca si ferma di colpo, ci manca poco che lui non le rovini addosso. « Nessun disturbo », ribatte, con lo stesso tono con cui sua madre, da bambino, gli diceva: « Finisci la minestra ». Poi si volta e, in uno svolazzare di tonaca, marcia verso una grande porta in noce scuro. Bussa e attende.

Da dietro il legno giunge un « Avanti! » che potrebbe essere di un uomo, se non fosse che si trovano in un monastero di clarisse. La monaca spalanca l'uscio su un imponente scrittoio, dietro cui sta impettita la badessa. « Accomodatevi », ordina squadrandolo con occhi severi. « E così, voi siete... »

« Un cugino », mormora l'Agazzi.

« Mi risultava che avesse solo delle sorelle, che tuttavia vivono lontano. »

« E me », aggiunge lui.

« Di cui non mi hanno mai parlato... » Seguono svariati minuti di silenzio in cui i due si sfidano senza mai distogliere lo sguardo. « La vostra donazione è stata molto generosa », dice poi la badessa, con tono più morbido.

« Ci tenevo ad assicurarmi che la vostra ospite avesse tutto quello di cui abbisogna. »

« La poverina è giunta da noi in un grave stato di agitazione per i terribili fatti di cui sarete senza dubbio al corrente. La famiglia Crespi ci ha caldamente raccomandato la cura della sua anima. »

L'Agazzi non ha difficoltà a immaginare *quanto* caldamente il padrone si sia raccomandato. E tuttavia non crede che quello sia il posto giusto per Amalia.

Si guarda attorno. Le pareti sono spoglie, imbiancate a calce; il volto sofferente di Cristo sulla croce parla di eterna rassegnazione. L'unica finestra, che si affaccia sulla piazza, è disposta così in alto da far entrare la luce ma da impedire di vedere fuori, oltre le inferriate. Come se il mondo di là dai muri non esistesse più.

« Ora sta meglio », continua la badessa. « Ha trovato la pace nella preghiera. »

« Vorrei vederla. » E, poiché l'altra lo guarda con diffidenza, aggiunge: « Se è concesso ».

« Questa non è una prigione, signor Agazzi. » Si alza e, senza attenderlo, spalanca la porta ed esce in corridoio. « Scortate il signore dalla nostra ospite », ordina a due giovani monache. « Sono certa che la cara Amalia sarà ben lieta di rivedere il cugino. » Pone sull'ultima parola un accento di scetticismo, che tuttavia l'Agazzi sceglie d'ignorare.

« Grazie, madre. Che Dio vi benedica. »

« Dieci minuti », ribatte lei. « Non vorremo che si stanchi, è ancora convalescente. »

Le novizie lo scortano lungo altri corridoi fino a uno scalone di pietra che sale formando una ripidissima U. La stanza di Amalia si apre a sinistra subito dopo le rampe: un piccolo locale disadorno, un letto sfatto, un enorme crocifisso, un catino e un inginocchiatoio.

« Amalia! » esclama l'Agazzi.

Lei alza gli occhi dal libro di preghiere. Non sono più gli stessi occhi intensi e penetranti della Madonna ombrosa che ha conosciuto anni orsono e che sovente tornano ad animare i suoi sogni. Lo sguardo di Amalia è spento, incolore, come tutto lì dentro. « Cosa ci fate qui? » mormora.

« Sono venuto a vedere come state... Vi trovo bene », mente lui.

« Prego molto. »

« Mangiate abbastanza? » È assai dimagrita dall'ultima volta che l'ha vista: se un tempo era esile, ora è consumata. « Dovete mangiare. »

Amalia dà un'alzata di spalle.

Restano a lungo in silenzio, finché la voce della badessa non viene a interromperli. « Dieci minuti! »

L'angoscia allora s'impadronisce dell'Agazzi. « Amalia », le dice, prendendole la mano, « venite via con me. Questo posto non è adatto a voi. »

Lei spalanca gli occhi, che per un istante tornano a essere vivi. « Qui sto bene, prego molto. »

« Potreste pregare anche altrove. Mi occuperei io di voi,

penserei a tutto, non vi mancherebbe niente», la supplica. «Venite via con me.»

«Voi non capite.»

«Io...» *Io vi amo*, pensa, prendendo coscienza solo in quel momento di quello che prova, che ha sempre provato. «So bene che non potrei mai sostituire vostro marito, e nemmeno lo vorrei: non mi permetterei mai. Ma farei di tutto per rendervi felice, e non chiederei nulla in cambio. Nulla, ve lo giuro.»

Lei gli fa una lenta carezza con mani fredde come la morte. «Io non posso essere felice, lo sapete anche voi.»

«Ma certo che potete! Siete giovane e...» *E bellissima.*

«Sono un'anima tormentata, inquieta. Dentro di me si agitano cose cui non è possibile dare un nome e che tuttavia fanno parte di me come il sangue e la carne di cui sono fatta. Non esiste un luogo dove ne sia al riparo.»

«E allora perché non con me? A me non fanno paura le cose di cui siete fatta.»

La badessa, sulla porta, annuncia la sua presenza con un colpetto di tosse.

Amalia distoglie lo sguardo. «Non vi farei mai questo. Né a voi, né a nessun altro che ami.» Ripensa a Emilia, alle sue lettere che tiene in mano a lungo prima di restituirle senza averle aperte. «Andate via, Luigi.»

L'Agazzi lotta per resistere alla tentazione di stringerla tra le braccia. Tre lettere sono bastate ad aprire uno squarcio di speranza nel suo cuore: Amalia lo ama, lo ha appena ammesso. Che importanza può avere tutto il resto? «Venite con me, vi supplico.»

«Non voglio rivedervi», dice poi lei, la voce tagliente come schegge di vetro. «Non tornate mai più.»

L'Agazzi ha sempre pensato che l'espressione «cuore infranto» fosse un eccesso poetico, roba da donnicciole. Ora, però, che ha sentito il proprio cuore andare in mille pezzi col tonfo di un coccio che si schianta a terra, sa che è possibile. Anche se continua a battere, un cuore si può spezzare.

## 3

*Canonica d'Adda*

Il cotone grezzo ha un odore tutto suo, un misto di ferro scaldato dal sole, di polvere, sudore e fumo; quando arriva al villaggio nei grandi carichi diretti al cotonificio, l'aria è così satura di pulviscolo che sembra di sentirlo perfino sulla lingua. Le balle vengono caricate su carretti più piccoli e trasferite nel magazzino, dove vengono aperte formando mucchi che sfiorano il soffitto: è un compito lungo, estenuante, che richiede ore e talvolta giorni di lavoro. Gli uomini usano stracci umidi per coprirsi naso e bocca, ma quando tornano a casa alla sera dopo il turno hanno sempre il fiato corto, come se i polmoni si fossero ristretti.

Alcuni operai stanno scaricando un carretto e, quando vedono passare il padrone, scattano sull'attenti; tra loro c'è anche Bino che, ritto in mezzo a tutto quel cotone, con la punta del forcone rivolta verso l'alto, i muscoli tesi, la fronte imperlata di sudore e i capelli un po' troppo lunghi che arrivano a sfiorargli le spalle, sembra proprio un Nettuno che emerge dalle onde schiumose.

Fredo, al seguito del Crespi, sente lo stomaco contrarsi in uno spasmo; non lo vede da due settimane e ha fatto di tutto per trovare un pretesto che lo portasse al villaggio. Sa che non deve farsi notare, che deve mostrarsi indifferente, ma la tentazione è troppo forte.

Rallenta il passo quel tanto che basta per staccarsi dal padrone, supera il gruppo di operai, poi si ferma di scatto, come se fosse stato colpito da una saetta. La schiena ritta, le spalle larghe, il mento alto. Gli uomini si scambiano un'occhiata allarmata: cosa avranno fatto di sbagliato, questa volta?

Fredo torna lentamente indietro. Sa di avere tutti gli occhi puntati su di sé; sa che quegli uomini grandi e grossi, armati di pale e forconi, non hanno strumenti per difendersi dalle sue sfuriate e dunque lo temono. Si prende tutto il tempo per assaporare quel momento di tensione, poi si ferma proprio davanti a Bino; divarica un po' le gambe, controlla l'ora sull'orologio da panciotto, si dà un'aggiustatina al ciuffo, appoggia le mani sui fianchi.

« Perché non hai il fazzoletto sul volto, tu? »

Bino abbassa il capo. Sa che, qualunque cosa dicesse, non farebbe differenza.

« Serve per proteggervi la gola e i polmoni. Credi di essere diverso dagli altri? Di poter fare come ti pare? »

Poco lontano, Crespi si ferma e osserva la scena. Ha già visto decine di sfuriate come questa, la maggior parte inutile ed eccessiva; non gli piace che il suo impiegato si accanisca con tanta ferocia sugli operai, prova sempre uno strano disagio. E tuttavia sa che, se intervenisse, la gente potrebbe pensare che non è in grado di controllare i propri dipendenti, che si fa mettere i piedi in testa, oppure che ha la mano troppo morbida, che non è davvero *padrone*; allora tace, sperando che finisca presto. Quando poi sono da soli lo rimprovera: « Non mi è piaciuto come li hai trattati questa volta, Fredo ». Ma il ragazzo ha sempre una motivazione valida: « Dovete perdonarmi, signor Crespi, non mi permetterei mai di mancarvi di rispetto. Ma lo avete visto anche voi, quell'uomo si era sporto troppo, poteva essere pericoloso. L'ho dovuto fare per la sua stessa incolumità, e soprattutto nell'interesse vostro: se qualcuno si facesse male, a rimetterci sarebbe sempre la *Benigno Crespi*. Non posso accettare che per incuria o leggerezza vi si arrechi danno, con tutto quello che fate per loro ». Così riesce a farlo sentire in colpa – no, Cristoforo non aveva proprio notato che quell'operaio si era sporto troppo: è un padrone così distratto? – e vince la partita.

« Sto parlando con te! » sbraita Fredo, avvicinandosi così tanto a Bino da sentirne il profumo. « Ci sono delle regole! »

« Chiedo scusa », mormora Bino. « L'ho perduto. »

Fredo incrocia le dita davanti al volto e lo osserva da sopra le nocche. Il suo amante nasconde nella barba un sorriso complice che possono vedere solo loro due. « L'hai perduto », ripete ad alta voce Fredo. « È questa la cura che hai per le dotazioni della ditta? Allora forse domani ci dirai che hai perduto il forcone, e dopo chissà, magari anche il carretto e poi il cavallo. Dobbiamo trarne la conclusione che sei un ladro? »

Bino alza gli occhi di scatto. « No! » C'è panico nella sua voce: una sfuriata può anche essere divertente, ma l'accusa di rubare alla ditta, per di più in presenza del padrone, è grave e potrebbe costargli il posto.

Fredo si rende conto di aver spinto il gioco troppo oltre e per un istante non sa come recuperare. Attorno c'è un silenzio irreale e con la coda dell'occhio può vedere il padrone coi sensi all'erta.

« Per oggi usa questo », dice, allungandogli il proprio fazzoletto. Nelle mani grandi e abbronzate di Bino quel sottile pezzo di stoffa sembra ancora più prezioso. « Domani verrò a controllare che ti sia messo in regola. E sarà meglio che tu lo abbia fatto. » Si prende una pausa, poi fa girare lo sguardo sugli altri operai. « Perché in caso contrario dovrai essere licenziato, insieme a tutti gli altri qui che, essendo stati testimoni di una così grave inadempienza alle norme di sicurezza, non l'hanno riportata alla direzione della ditta, e dunque sono altrettanto inadempienti. »

Inadempienza, norme, riportare. Quasi nessuno dei presenti ne conosce il significato, sono tutti analfabeti. Ma il concetto lo hanno capito eccome. Fredo sente la scarica di odio e paura scorrere tra i presenti e fatica a trattenere una risata.

Crespi tossicchia a significare che è ora di smetterla.

« E adesso tornate al lavoro, svelti », ordina Fredo. Dà un'ultima occhiata a Bino, che potrebbe essere interpretata come un monito e invece è un arrivederci, poi gira sui tacchi e torna dal padrone.

Gli operai immersi nel cotone fino alle ginocchia si rimettono al lavoro mugugnando parole di disprezzo. Bino piega il fazzoletto dell'amante e ne ricava un triangolo che si annoda sulla nuca. Subito il profumo della sua colonia gli invade i sensi, preannunciando l'incontro di quella sera.

## 4

*Milano*

Il nuovo palazzo di via Borgonuovo ha una scala secondaria che conduce al seminterrato; lungo il corridoio si aprono i locali di servizio, la cucina, la dispensa, la cantina, illuminati da piccole finestre poste in alto e chiuse da grate oltre le quali si vedono passare i piedi della gente in strada. Anche se nascosta, questa è la parte viva della casa, un luogo di odori e rumori, dove il profumo delle pietanze si mescola al vapore degli abiti che vengono stirati; quando salgono ai piani nobili, i servitori abbassano il tono e misurano le parole, ma qui è tutto un darsi voci in dialetto, correre da una parte all'altra, ridere sguaiatamente e commentare in modo volgare.

Appena ha un attimo libero Silvio sgattaiola giù e si rintana nel sottoscala con l'orecchio teso. A quindici anni e mezzo dovrebbe essere libero di andare dove gli pare, soprattutto in casa propria, ma la governante non vuole che venga qui, dice che questo non è il suo posto.

«*Milia, desciùlet!*» gracchia la Magni, che di questo regno sotterraneo è la monarca assoluta.

È la donna più brutta che Silvio abbia mai visto, con un naso lungo e affilato che ombreggia labbra sottilissime, quasi invisibili, e una fronte bassissima.

Silvio trattiene il fiato aspettando che la Magni gli passi accanto diretta ai piani superiori con la cesta della biancheria pulita, poi esce dal suo nascondiglio.

Emilia è sola nella dispensa, china a lustrare un tegame di rame.

«Se strofini ancora un po' me lo buchi», le dice Silvio.

Lei alza gli occhi, che per un attimo si riempiono di luce, prima di tornare a spegnersi.

«Vieni di sopra? Voglio mostrarti una cosa.»

Emilia scuote il capo. «Devo finire qui.»

Lui fa spallucce. «Finisci dopo.»

L'amica si lascia andare a una mezza risata: Silvio proprio non sa, non immagina nemmeno. Dopo i tegami, c'è da lucidare tutta l'argenteria, a cominciare dalle posate, passando per i vassoi e fino ai candelabri, dal momento che domani i padroni hanno ospiti a cena e tutto deve essere perfetto. E dopo l'argenteria ci sono i cristalli. E dopo i cristalli qualcos'altro: Emilia non sa cosa, ma di sicuro non è riposo.

« Dai, vieni », insiste Silvio. « Solo un attimo. »

« Non posso ti ho detto! » s'indispettisce lei.

Ultimamente le capita spesso di sentirsi pervasa da una specie di furore che all'improvviso le avvampa nel petto e sale a oscurarle i pensieri. Il cuore pulsa in testa da fare male. Emilia vorrebbe urlare fino a perdere la voce, come se col fiato potesse buttare fuori tutta la rabbia che ha in corpo. Stringe i denti, le nocche sbiancano e lo sguardo si fa cupo, feroce. Ma ha dovuto imparare alla svelta le regole di questo piccolo universo segregato. Qui la sua irriverenza non viene perdonata, a nessuno interessa il suo passato, i demoni che ha dentro; le sfuriate può farle solo la Magni, a lei tocca subire e obbedire.

L'unico con cui può lasciarsi andare è Silvio, che di certo non è contento, ma almeno porta pazienza.

« Scusami », gli dice. « Non volevo essere scortese. »

Lui sorride a labbra strette facendo una smorfia buffa.

« È che se non finisco qui la Magni poi chi la sente... »

« Oh, la Magni », ribatte Silvio, come a dire che di quella zitella non gliene importa un fico secco.

E la governante, per incanto o forse per maleficio, compare sulla porta. « Signorino Crespi... » dice, dopo aver lanciato un'occhiata feroce a Emilia. Non aggiunge altro: potrebbe essere un « In cosa posso servirvi? » oppure un « Cosa diavolo ci fate qua sotto? » Probabilmente la seconda.

« Proprio voi cercavo », risponde Silvio, provando a darsi un tono.

Lei non muove un muscolo, affatto impressionata.

« Emilia deve venire con me, di sopra... » continua Silvio, sentendo la propria sicumera sgretolarsi sotto lo sguardo severo della Magni. « Abbiamo delle faccende da sbrigare. »

« E di quali faccende... »

« Non sono affari che vi riguardano », ribatte Silvio, sperando che suo padre non lo venga mai a sapere. «E... questi tegami. Voglio che siate *voi* a lucidarli. Sono stato chiaro?»

La donna sbianca. «Certo, signorino Crespi», dice poi. «Come desiderate.»

Quando Silvio ed Emilia sbucano nel cortile del palazzo, lui si lascia andare a una grassa risata sotto lo sguardo scettico dell'amica.

«Non è stato divertente? Ha fatto una faccia!»

Emilia se ne sta con le braccia conserte. «Si può sapere cosa vuoi?»

Lui la prende per un polso e la porta su attraverso lo scalone d'onore. Tutto il primo piano è occupato dalla pinacoteca di suo padre; alle pareti sono appesi quadri di Correggio, Tiepolo, Canaletto, Guercino... Emilia la conosce bene perché spetta a lei il compito di lavare i pavimenti di questa ala.

«Ma se ti azzardi a toccare i dipinti ti faccio tagliare le mani», l'ha messa in guardia la Magni.

Tra una passata di panno e l'altra Emilia alza la testa e ammira queste straordinarie opere d'arte, domandandosi quanto possano valere. Se un operaio del cotonificio guadagna meno di due lire al giorno, quanti operai servono per comprare un quadro?

«Vieni, dai», le fa cenno Silvio precedendola nel lungo corridoio. «C'è una novità arrivata ieri.»

In fondo alla sala è stato messo un enorme mappamondo in legno. Il ragazzo lo indica con gesti enfatici.

«Globo terracqueo», le dice scandendo bene.

Lei lo guarda con aria di sufficienza. «So cos'è.»

Nella biblioteca della scuola, a Bergamo, ce n'era uno molto simile, anche se più piccolo. A Emilia piaceva farlo ruotare domandandosi quale genere di persone potesse vivere in luoghi tanto lontani, cosa mangiassero, come vestissero, che lingue parlassero; poteva fantasticare per ore inventandosi storie di gente che non aveva mai incontrato. Le sarebbe piaciuto, un giorno, poter scrivere di queste persone, delle loro vite. Il ricordo torna a galla insieme alla consapevolezza di tutto quello che ha perso, dei sogni che le sono stati strappati, del futuro che le è stato negato, e gli occhi le si riempiono di lacrime.

Silvio resta pietrificato, domandandosi cosa abbia fatto di sbagliato per farla piangere. « Cosa c'è? »

« Niente. » Emilia fa per andarsene, non vuole singhiozzare davanti a lui, non vuole dover spiegare, non vuole la sua compassione. Come potrebbe capire, del resto, lui che ha tutto?

Ma Silvio le si mette davanti, impedendole di scappare via. « Aspetta, non andare. » Allarga le braccia ed Emilia non riesce a trattenersi dal buttarsi nel suo abbraccio.

Per alcuni minuti nella pinacoteca si sentono solo i suoi singulti. Lui non fa domande: in fondo, non c'è niente da chiedere, niente da dire.

« Guarda », le dice quando finalmente si è calmata. « Il cotone è una pianta che abbisogna di particolari condizioni climatiche per crescere. Per questo viene da molto lontano. » Punta il dito sulle Americhe. « Qui veniva coltivato molti, molti secoli fa, quando ancora in Europa non ne conoscevamo l'esistenza. Da questi porti, oggi salpano grandissimi bastimenti carichi di cotone grezzo che affrontano viaggi lunghi e pericolosi attraverso gli oceani per approdare finalmente qui. » Il dito si ferma approssimativamente su Genova. « Da qui il cotone riparte verso nord e approda nelle nostre fabbriche, dove viene aperto, cardato, filato e tessuto. E poi... » Fa ruotare il mappamondo, prima piano, poi sempre più velocemente. « Poi riparte per essere venduto in ogni angolo del pianeta. » Sorride a Emilia, che ricambia. « Ma il cotone della ditta *Benigno Crespi* viene da qui. » Punta il dito sull'Egitto. « Puro cotone egiziano pettinato, adatto a filati di lusso: modestamente, il migliore. »

A Emilia il suo tono orgoglioso e goffo, il modo in cui gonfia il petto quando nomina la ditta, l'accento che mette quando dice « noi » e « nostro », tutto questo la fa sorridere.

« Mio padre è stato in Egitto. Un giorno ci andrò anche io. Vuoi venire? »

« Dove? »

« In Egitto. Pensa che fa così caldo che un uomo può anche rimanere arrostito nel deserto. » Fa una faccia buffa e versi strani.

« Smettila di fare lo stupido », ribatte Emilia, che non riesce a trattenere le risate.

« Ah, non mi credi. Ti porterò con me e poi ti lascerò ad arrostire nel deserto, così finalmente mi crederai. »

« Adesso però devo proprio andare », gli dice Emilia.

« Lo rifacciamo, domani? » le propone lasciandola in cima alle scale che conducono all'interrato.

« Devo lavorare. »

« Be', ma tu sei con me, quindi tecnicamente stai lavorando. »

« Silvio... » Emilia gli si fa sotto e abbassa la voce a un sussurro.

Lo guarda a lungo. Vorrebbe dirgli della sua vita, di come non abbia più un minuto per leggere, delle ginocchia livide a furia di lustrare pavimenti, di come qui si senta svilita, schiacciata. Vorrebbe dirgli che è tutta colpa sua: certo Silvio pensava di far bene, ma è stata sua l'idea di farla venire a Milano, senza pensare che sarebbe finita nei sotterranei a lucidare cose fino allo sfinimento. È sua la casa del villaggio che ha dovuto lasciare, come pure la fabbrica che ha ucciso suo padre. È tutto suo, nel bene e nel male.

Ma, in fondo, che colpa ne ha Silvio se sono nati in due diverse condizioni, se lui è più fortunato di lei? Se uno possiede tutto e l'altra niente?

« Grazie per quello che fai. » Gli fa una carezza e corre giù, lasciandolo senza parole e col cuore al galoppo.

## 5

*Boltiere*

Le ombre ondeggiano sul muro. La tavola è stata sparecchiata, i piatti sono nell'acquaio. Bino scruta fuori dalla finestra nel buio immobile e appende lo straccio alla maniglia con un sospiro. È già in ritardo.

« Bino, cosa c'è che guardi fuori in continuazione? » chiede la Rita dei Carminati.

Proprio stasera non ne vuole sapere di andare a dormire; è un continuo lamentarsi e accampare scuse, come se sapesse.

« Niente, mamma. »

« Bino, vieni qui, per favore, ché non mi sento bene. »

Lui le si siede accanto, mansueto. « Vuoi sdraiarti? »

« No, Bino, devo ancora mangiare. »

« Ma abbiamo già mangiato, mamma. »

Lei lo guarda con diffidenza. Proprio non si ricorda di aver cenato, non può essere vero; se fosse vero, si sentirebbe lo stomaco pieno, in bocca avrebbe il sapore del cibo. Invece la Rita ha ancora fame. « No... » dice.

« Sì, mamma », fa Bino, con pazienza. « La polenta, ricordi? » Va all'acquaio, tira fuori la scodella, la fa vedere alla madre.

Lei impallidisce. Nella sua memoria non c'è traccia della cena, le cui prove tuttavia sono davanti ai suoi occhi. Perché mai Bino dovrebbe mentirle? La Rita guarda nel camino: dal gancio sospeso sopra la brace morente dondola ancora il paiolo di rame. In casa c'è odore di cibo. Dunque è vero: ha cenato. Ma come può essersene scordata?

Il panico la assale, un senso di vuoto che dal suo petto dilaga a mangiarsi ogni cosa attorno, il fegato, la milza, gli intestini e su fino alla testa, poi tutto il resto fuori, il sofà, il camino, il tavolo, le sedie, l'acquaio con le scodelle, la casa e il paese intero. In pochi istanti la Rita si sente oscillare su un filo sottile, sotto il quale si spalanca il baratro del nulla.

Bino coglie i segnali, che ormai conosce bene. « Mamma », le dice, « va tutto bene, stai tranquilla. Sono qui io. »

« Non mi lasciare, Bino », pigola lei aggrappandosi alle mani del figlio con una forza incredibile.

« No, mamma. Non ti lascio. »

« Bino, quando muoio devi farmi seppellire a Boltiere. Ti ricordi? »

« Sì, mamma, me lo dici sempre. Ma non muori, stai tranquilla. »

« Non a Canonica, insieme ai Rota. Non sono brave persone, non voglio andare nella terra insieme ai Rota, che fanno i vermi cattivi quelli. »

« No, mamma, non ci vai nella terra insieme ai Rota. »

Per un attimo sembra rasserenata. Poi ricomincia: « Bino, ho mangiato stasera? »

Ci vogliono ancora due ore prima che la Rita si faccia mettere a letto e si addormenti. Bino resta a osservarla a lungo per sincerarsi che il sonno sia profondo, poi si richiude piano la porta alle spalle e sbuca nel cortile. La cascina è avvolta nel buio, tutte le finestre sono spente. Bino cammina rasente i muri, costeggia la siepe poggiando i piedi con cautela sulla ghiaia e infine raggiunge il portone che dà sulla strada; quand'è fuori inizia a correre, prima piano, poi sempre più veloce. L'aria gelida della notte gli brucia i polmoni, le lacrime si cristallizzano agli angoli degli occhi. In breve raggiunge il ponte sul Brembo, da cui sale un'umidità fastidiosa; la luna si specchia sulla sua superficie opaca e rischiara la vegetazione imbiancata di brina. Bino costeggia correndo la locanda dei Doneda, poi decide di tagliare per i campi. Il terreno è instabile e scivoloso a causa del ghiaccio, le campane della chiesa di Brembate battono dieci colpi. Bino accelera la corsa.

Quando arriva in vista del villaggio rallenta; ha il fiato così grosso che teme lo possano sentire perfino gli operai che dormono nelle casette accucciate attorno alla fabbrica. Il cotonificio invece è sempre sveglio: la sagoma dei finestroni illuminati dalla luce elettrica lo fa assomigliare a una cattedrale, al cui interno si celebra il rito del progresso al suono ininterrotto delle macchine: giorno e notte, si ripete instancabile il miracolo del cotone grezzo tramutato in filato.

Bino si guarda bene attorno prima di attraversare la strada ed entrare per un istante nel cono di luce dell'unico lampione, poi costeggia il muro e finalmente raggiunge i sotterranei.

Il suo amante, seduto sulla pila di assi, ha i nervi tesi e i sensi all'erta. Quel posto gli mette inquietudine, non solo perché se lo trovassero lì dovrebbe dare una spiegazione.

« Fredo... » sussurra Bino.

Lui scatta in piedi. Lo attende da più di tre ore in quella specie di catacomba che sono le viscere della fabbrica. È stato più volte sul punto di andarsene, conteso tra l'irritazione e il dolore per l'abbandono; ma ogni volta una debole luce di speranza rischiarava i suoi pensieri. *Aspetta ancora cinque minuti, magari adesso arriva.*

«Eccomi», gli dice Bino stringendoselo al petto.

Fredo si abbandona all'abbraccio, sentendo la propria carne fondersi in quella dell'amante. Mentre l'attesa cresceva insieme alla paura, si era ripromesso di fargli una sfuriata, di schiaffeggiarlo, di tenergli il muso e non rivolgergli mai più la parola, ma ora che sono finalmente insieme la felicità che lo pervade è così piena, così placida, così perfetta da cancellare tutto il resto.

«Mia madre...» spiega Bino. Sente tra le braccia il corpo di Fredo scosso da un tremore sempre più forte. Fa per allontanarlo da sé, ma l'altro gli è aggrappato con foga. «Non fare così, su...» Lo stringe ancora più forte, temendo di romperlo, mentre sente la camicia inzupparsi delle sue lacrime.

Piange, Fredo.

Piangere sul petto di Bino è la cosa più bella che fa con lui. «I Malberti non piangono», ripeteva sempre l'Oreste. Da piccolo, se Fredo piangeva perché era caduto sbucciandosi un ginocchio, suo padre rincarava la dose e ci dava dentro finché il bambino non esauriva tutte le lacrime. Così in breve ha imparato a trattenersi. *I Malberti non piangono,* si è ripetuto per tutta la vita, men che meno davanti alla gente.

La cosa buffa è che perfino Remigio, che pure suo padre per fortuna non l'ha mai conosciuto, non piange mai, come se quel comandamento si fosse tramandato col sangue. Quando cade - e capita sovente, perché quell'imbranato pare non sappia neanche mettere un piede davanti all'altro senza inciampare su se stesso - si rialza col volto stravolto dal dolore, magari col labbro rotto o il naso sanguinante, ma non gli esce una sola lacrima.

«Non lasciarmi», supplica Fredo. «Ti prego, non lasciarmi.»

A Bino vien quasi da ridere, tanto è assurda quell'ipotesi. Come potrebbe lasciarlo? Come potrebbe buttare via la cosa più bella che gli sia capitata? Prima d'incontrare Fredo, Bino è stato solo per tutta la vita; avere tutta quella gente attorno

– la famiglia, i parenti, gli amici, gli operai – ha accresciuto la sua sensazione di essere solo al mondo col proprio segreto. Da quando invece ha incrociato per la prima volta lo sguardo di Fredo, quel giorno alla festa del villaggio, il mondo si compone di due individui. « Mai », gli sussurra sulla tempia.

Più tardi apprestano il letto per la notte, buttando alcune vecchie coperte sulla pila di assi e un sacco pieno di cotone grezzo a mo' di cuscino. Non è comodo, ma a Fredo piace stare rannicchiato ad ascoltare il respiro che entra ed esce da Bino finché lui non si addormenta.

Ogni notte, da quella terribile notte, il Vitali viene in sogno a dirgli che lo capisce e che lo ha perdonato. Se gli dicesse che lo odia, sarebbe più facile; invece Carlo riaffiora dalle acque, bluastro e gonfio come l'ultima volta che l'ha visto e, col viso quasi cancellato dalla lunga permanenza in acqua, lo assolve. Accade sempre poco prima dell'alba, proprio alla stessa ora in cui le mani di Fredo si sono schiuse lasciando che la corrente del canale si mangiasse Carlo. Tutte le sere Fredo si corica sapendo che lo rivedrà e la mattina dopo si sveglia di soprassalto, ogni giorno un po' più esausto.

Solo quand'è con Bino riesce a sfuggire ai propri mostri. Al suo fianco, riuscirebbe a dormire anche su un letto di brace.

Bino invece quand'è con lui non vorrebbe dormire mai: è così felice di averlo accanto che il sonno gli pare uno spreco di tempo. Resta a guardare il suo amato inerme e privo di sensi, la fronte ampia, il bel naso dritto, le labbra carnose, la pelle bianchissima e perfetta, stupendosi ogni volta che una creatura simile sia toccata proprio a lui.

I primi raggi di sole, bassi all'orizzonte, bucano le finestrelle del seminterrato e rischiarano appena la loro piccola tana abusiva. Bino scuote Fredo con delicatezza, lo sveglia sfiorandogli con le labbra le palpebre, accende il fornelletto e riscalda un po' di minestra.

Sulla porta si separano con un ultimo dolorosissimo bacio e tornano nel mondo di fuori, ognuno a recitare la propria parte.

# 6

*Milano*

Ogni mattina, prima che l'alba dia vita alla casa e alla ditta, Cristoforo butta giù i piedi dal letto, indossa la vestaglia, inforca le pantofole e sgattaiola fuori dalla camera, mentre Pia ancora dorme nella stanza attigua. I suoi passi risuonano sul gelido scalone.

In cerca di una residenza più ampia e di rappresentanza, in cui ci fosse spazio anche per gli uffici della *Benigno Crespi*, tra le molte alternative disponibili, Cristoforo ha messo gli occhi su questa vecchia dimora della nobile famiglia Perego e l'ha comprata senza nemmeno chiedere una lira di sconto, sapendo di averla pagata un po' più del dovuto e consapevole degli imponenti lavori di ristrutturazione di cui l'edificio abbisognava.

« Ma perché? » gli hanno chiesto prima Pia e poi tutti i consiglieri.

Da buon venditore, Cristoforo è abituato a tirare sul prezzo di qualsiasi cosa: è un istinto, prima che una regola non scritta del commercio. Ma non coi Perego, non coi nobili.

« Perché posso », ha risposto, mettendo a tacere ogni discussione.

La pinacoteca è la parte che preferisce, ed è questa la meta di ogni suo pellegrinaggio mattutino. Apre la porta, sbircia dentro per sincerarsi che non ci sia nessuno, entra e richiude con la massima cautela; al centro del lungo corridoio allarga le braccia e prende un profondo respiro sentendo crescere l'euforia. *Eccomi, miei vecchi amici,* dice tra sé salutando le Madonne e i santi che lo osservano dalle cornici dorate. È quasi completamente buio, non può neanche vederli, ma sa esattamente dove si trovano tutti i suoi tesori: una collezione che è molto più di un semplice investimento.

Prende una poltroncina, la sistema esattamente nel mezzo, si siede e sta lì immobile per qualche minuto con un gran sorriso sulle labbra; a un certo punto sospira, si rialza, rimette a posto la poltroncina e, com'è entrato, se ne esce.

Emilia assiste a questo strano rito ogni mattina. La prima

volta, stava lavando il pavimento nell'ala attigua quando ha sentito uno scricchiolio sospetto; sulle prime ha pensato a un ratto, ma poi si è ricordata che qua i ratti non ci sono, quanto meno non ai piani superiori. Allora ha avuto paura, perché l'esperienza le ha insegnato che gli uomini non sono innocui come gli animali. Intimorita e incuriosita si è sporta oltre l'angolo per vedere chi fosse. Nella luce azzurrina dell'alba Crespi se ne stava tutto impettito sulla sedia.

« Siete voi », ha detto con sollievo nella voce. « Mi ero spaventata. »

Il padrone, di solito così gioviale, è balzato su come se l'avesse morso una vipera. « Cosa ci fai qui? » ha sibilato.

« Lavo i pavimenti, signore. »

« A quest'ora? »

*E quando, se no?* ha pensato Emilia.

« Vai via », le ha ordinato lui. « Torna di sotto. »

Da quella volta, Emilia sta molto attenta a non disturbare il padrone. Qualcosa le suggerisce che si tratta di un rito privato, intimo, così non ne ha fatto parola con nessuno, tanto meno con la Magni, che è una pettegola di prima categoria.

« Ah! » sospira Cristoforo, non sapendo di essere visto.

La sua tela preferita è la *Natività* del Correggio, non si stancherebbe mai di ammirarla. Lo affascina l'uso della prospettiva, col punto di fuga spostato un po' di lato e la vista del mare sullo sfondo, il gioco di luce attraverso le nuvole; ma più di ogni altra cosa apprezza la scelta dei colori con cui il pittore è riuscito a far risaltare la Madonna nei suoi abiti sgargianti che si stagliano sul panorama di terre bruciate e il lucore del Bambino, bianchissimo, come se l'artista si fosse scordato di dipingerlo. Ogni volta che lo osserva, vi trova qualche dettaglio in più, un'ombra che non aveva notato, la forma di una foglia, l'espressione di un volto... Ha una vita davanti per scoprire tutti i segreti di questo tesoro.

In giornata arriverà un nuovo quadro, una veduta del Canaletto che, gli hanno detto, è davvero preziosa. È tutto pronto per accoglierla, c'è già il gancio alla parete: gli ospiti ne saranno estasiati. A Cristoforo piace prepararsi, studiando qualche dettaglio del dipinto, curiosità, aneddoti, da snocciolare con studiata disinvoltura agli avventori.

« Questo mi è costato un po' », si lascia scappare ogni volta. « Ma guardatelo: non ne è forse valsa la pena? »

La pinacoteca è un ottimo investimento: il valore di alcuni quadri può arrivare a raddoppiare in appena sei mesi. A Cristoforo piace pensare che sui muri di casa sua non ci siano appesi solo interi pezzi di storia dell'arte o la manifestazione tangibile del genio di alcuni straordinari pittori. Appesi al muro di casa sua ci sono i *dané* – tanti *dané* – e chiunque, venendo qui, può vederlo da sé. A questo, del resto, servono le cene e le visite che sua moglie Pia organizza con regolarità.

Ma non è questo il motivo che lo porta qui ogni mattina. Suo padre era certo benestante, alla famiglia non ha fatto mancare niente, ma nessuno di loro avrebbe mai potuto immaginare che i Tengitt di Busto Arsizio sarebbero arrivati a possedere una collezione di *dané* appesi al muro. Questi dieci minuti di autentica solitudine che si concede ogni mattina gli servono a non dimenticare, nel vortice degli impegni da sbrigare, delle carte da firmare, delle decisioni da prendere, quello che è diventato, quello che ha fatto, quello che ancora può fare.

I *dané*, dopo tutto, sono lo specchio di chi li possiede, e lui viene qui a guardarsi in faccia.

## 7

*Canonica d'Adda*

Rino, il figlio dell'Agazzi, ha sei anni, tutti trascorsi nella cucina della locanda a osservare il padre mentre, saltellando sull'unica gamba, trita, affetta, mescola, impasta e dà ordini.

Oggi dovrebbe essere a scuola, ma la scuola proprio non gli piace. La maestra del villaggio pretende che stia seduto, immobile, per un sacco di tempo, e lui nel frattempo si annoia; allora dopo un po' si alza, cammina per l'aula, cambia posto, fa qualche dispetto, esce e rientra, rimediando sempre una punizione corporale. Non c'è sofferenza fisica, tuttavia, che gli faccia passare la voglia di fare di testa propria.

« Lo sai che non devi comportarti così », gli ripete suo padre. « Se lo viene a sapere il padrone... »

Da qualche anno, Crespi ha messo a disposizione dei figli degli operai alcuni vani adibiti a scuola e assunto una maestra che insegni loro a leggere, scrivere e far di conto; ai più promettenti, che un giorno potrebbero diventare capireparto o addirittura impiegati della ditta, il padrone paga il proseguimento degli studi a Bergamo. E Rino sarebbe tra questi, se non fosse per quella sua insopprimibile avversione alla disciplina.

L'Agazzi ci ha provato in ogni modo a fargli capire che così facendo si metterà solo nei guai, ma la gente del villaggio dice che è troppo permissivo, che non ha usato abbastanza la cinghia, forse perché - insinuano - gli manca una gamba.

« Certo non gli può correre dietro », commenta la Luigia dei Malberti mentre è al lavatoio con le altre donne. Come stamattina, che il bambino proprio non ne voleva sapere di andare a scuola, è scappato fuori nei campi e addio.

« Dovrebbe trovarsi una moglie », sentenziano, « un bambino non può crescere senza madre. »

« Ma chi vorrebbe prendersi uno storpio? »

L'Agazzi non raccoglie le provocazioni. *Con gli anni Rino imparerà a mediare, a frenarsi,* si ripete. È convinto in cuor suo che non sia necessario muovere le mani per ottenere obbedienza, che il rispetto conquistato con le botte non sia destinato a durare. E a dirla tutta quella sua creatura così indipendente, così ribelle, a lui piace, e non solo perché l'ha fatta lui; gli piace che si ostini a pensare con la propria testa, che non si accontenti di fare quello che fanno tutti gli altri e che non tema di pagarne le conseguenze. E poi, quel che più conta, il bambino mostra uno spiccato senso della giustizia: non porta rancore verso nessuno e non esita ad aiutare gli altri, pure quelli che qualche minuto prima gli erano nemici; e se qualcuno viene punito, a suo avviso ingiustamente, si schiera esponendosi senza indugio alle rappresaglie. Per suo padre questo conta più che saper restare in fila o ripetere una poesia a memoria. E, quando qualche malalingua si permette di dargli consigli su come dovrebbe tirare su il bambino, la rimette subito al suo posto.

Al villaggio però tutti si sono accorti che, da qualche tempo, l'Agazzi non è più lo stesso, che gli manca qualcosa. Anche la sua famosa zuppa sembra meno densa, meno saporita.

« È da quando se n'è andata *quella* », dicono.

Una sera, uscendo dalla fabbrica, il Canèta lo ha visto, ritto sulla soglia della locanda, che guardava su verso le finestre delle stanze un tempo occupate dai Vitali. Subito lo è andato a riferire a sua madre, e la Luigia a tutti gli altri. E, poiché la gente pareva molto interessata, il Canèta ha pensato di aggiungerci qualche particolare succoso. « L'ho sentito che diceva delle cose, ma incomprensibili, con una voce strana, cavernosa. E sono sicuro di aver visto che negli occhi aveva qualcosa, come una luce rossa. »

Sì, è vero. Ogni sera, dopo aver messo a letto il bambino, l'Agazzi se ne sta qualche minuto a guardare su, sperando ancora di scorgere l'ombra di Amalia che lo saluta con la mano, sebbene sappia che è impossibile, e di giorno, quand'è nel retrobottega, sentendo la porta aprirsi, ha come un sussulto e la mente d'istinto pensa - spera - che sia lei che torna. Talvolta gli pare di rivederla lungo il canale, accasciata accanto al corpo del marito, e nelle orecchie ha ancora le sue grida. Pensa all'atroce profezia cui nessuno ha dato credito e si domanda cosa avrebbe potuto fare per impedire che si realizzasse.

« Quella strega gli avrà fatto un maleficio dei suoi. »

*Forse hanno ragione*, pensa l'Agazzi, deve trattarsi di un maleficio, perché, da quando non c'è più lei, è come se questo posto avesse smarrito il proprio significato originario. Dopo aver incarnato il sogno di un futuro migliore e la sfida del progresso, questo villaggio che gli ha regalato una seconda e poi una terza vita ora è solo una prigione di ricordi e di rimpianti.

# 8

*Milano*

I signori hanno dato un'altra di quelle cene per le quali in città sono diventati famosi. Vi prendono parte dai dieci ai quattordici invitati, scelti di volta in volta tra gli amici di famiglia, cui si aggiunge sempre qualche cognome nobile, cliente speciale del cotonificio. La regia è in capo alla *sciura* Pia, che frequenta le dame di Milano nei più importanti eventi di beneficenza.

È lei che cura ogni dettaglio con maniacale attenzione, a partire dagli inviti, stampati elegantemente su un prezioso cartoncino, fino alla posizione a tavola di ciascun commensale, studiata con largo anticipo e un pizzico di furbizia: alla destra e alla sinistra dei padroni siedono sempre gli ospiti più illustri. I loro nomi sono scritti su un cartoncino posato sul tovagliolo e ogni posto, oltre alla batteria di argenteria e cristalleria, ha un piccolo cavalletto d'argento dov'è posato un menu vergato a mano.

La signora ci tiene che il marito non sfiguri in società. Vestita del suo miglior abito da pranzo, una scollatura generosa ma mai inadeguata, e con una certa abbondanza di gioielli, Pia accoglie gli ospiti insieme al marito nell'androne del palazzo, illuminato a giorno per l'occasione.

Ogni ricevimento comincia sempre con una visita alla pinacoteca.

« Questo me l'ha consigliato il Bertini », dice Cristoforo, indicando un quadro, ora un altro. « Un vero esperto d'arte, il direttore del Poldi Pezzoli. E persona squisita, intimo amico. »

Gli ospiti, che pure erano stati informati dell'imponenza della collezione, rimangono sempre a bocca aperta. Il padrone però si ostina a voler tenere le luci basse e quando qualcuno gli fa notare che ci si vede poco risponde che l'elettricità potrebbe danneggiare i dipinti.

« Ci fermiamo qui », dice poi. « L'altra ala è ancora vuota, per il momento. Ma la collezione cresce di giorno in giorno, i miei consulenti sono al lavoro per cercare nuovi pezzi. Ho intenzione di completare tutto il piano entro breve, solo opere di primissimo livello, di elevato valore.» Parla sempre un po' troppo, Cristoforo, quand'è in presenza di nobili, e la cosa non sfugge né a loro né a lui stesso. «Se tornerete tra un mese, vedrete com'è cresciuta. E il mese dopo ancora di più.»

«Ci toccherà rivederci spesso, dunque», commentano gli ospiti.

Era quello che Cristoforo sperava. «Ne sarei onorato», conclude, facendo strada verso la grande sala da pranzo.

Anche il menu è stato attentamente scelto dalla *sciura* Pia: otto antipasti alla moda francese, tra cui aringhe del Baltico in salsa bianca, caviale ricoperto di cipolla tritata minutamente, sardine dell'Atlantico in salsa piccante, accompagnati da conchiglie ricciute di burro finissimo, cui seguono un *potage* leggero, ostriche, pesce bollito e la specialità della cuoca, *bœuf à la cuillère*, con quattro contorni; e poi naturalmente del gelato con piccola pasticceria, frutta in abbondanza e un ricco dessert accostato a dell'ottimo champagne. Ogni pranzo ha sempre qualche cosa di esotico, che gli invitati non hanno mai visto, né assaggiato.

Stasera ha invitato un marchese, conoscenza di vecchia data e ottimo cliente, che mancava da molti anni da Milano, essendosi trasferito con la famiglia a Parigi. Sono tornati da poco in Italia e a Cristoforo è sembrato un gesto cortese invitarli a prendere parte alla vita mondana.

«E i vostri affari», s'informa il marchese, «vi danno sempre gran soddisfazione?»

«Non ci possiamo lamentare», risponde Cristoforo, cercando di non mostrarsi troppo compiaciuto. «Il lavoro non manca, e dunque nemmeno i profitti. Ma certo non è solo merito mio. Ho la fortuna di aver trovato validi collaboratori.»

«Io dico sempre che quando ne trovi uno affidabile devi tenertelo stretto», commenta sua moglie Lucille. «Sono così rari.»

Pia concorda sollevando il calice con un sorriso.

«Ma non si dovrebbe mai farglielo capire», continua Lucille, «perché poi si montano la testa e pretendono.»

La signora di fronte a lei annuisce energicamente. «Non immaginate cosa mi è successo meno di un mese fa.» Tutti gli occhi convergono su di lei. «Dunque, avevo questa cameriera, molto giovane, che lavorava per me dacché era piccina. Si può dire che l'ho cresciuta io, se capite cosa intendo. Un bel giorno, non mi sparisce mica un orecchino di perle?»

I presenti trattengono il fiato in attesa del finale.

«Ebbene, chi poteva essere stato se non lei cui ho concesso il privilegio di entrare ogni giorno nel mio boudoir?»

«Ma è orribile», commenta Lucille.

La signora fa un gesto noncurante con la mano. «Badate, non era tanto per il valore dell'oggetto in sé. In fondo nemmeno mi piacevano quegli orecchini, erano di foggia vecchia.»

«Avevano ben sei mesi di vita», interviene il marito, e gli altri uomini scoppiano a ridere.

«È la stupidità, che non potevo perdonare», scandisce la signora picchiettando con la mano sul tavolo. «Perché rubare un orecchino, e rubarne uno soltanto, beninteso, sarebbe stato stupido.»

Emilia, ritta contro la parete, assiste alla scena. Non dovrebbe essere qui, le cameriere non sono ammesse a servire a tavola in una casa perbene; ma proprio questa mattina uno dei valletti è stato colto da febbre violenta e non si è fatto in tempo a trovare qualcuno che lo sostituisse. Di tanto in tanto la ragazza si scambia un'occhiata involontaria col padrone e subito abbassa lo sguardo. Lui, a capotavola, rigido nella marsina, le sembra a disagio; non è la stessa persona che marcia nei corridoi del cotonificio, le maniche della camicia tirate su anche in inverno, chiamando tutti gli operai per nome e dispensando sorrisi e consigli.

Tutto in quella stanza le sembra una recita, cui nessuno vorrebbe davvero prendere parte, a dispetto dell'ottimo cibo. Queste persone mangiano senza avere fame, ridono senza divertirsi, stanno insieme senza piacersi. E parlano a sproposito.

«E la fiducia, la gratitudine...» commenta una.

«L'avevo fatta anche studiare», continua la signora. «Non troppo, quel che basta. Poteva servirmi che la cameriera sapesse scrivere, di tanto in tanto.»

Le altre donne si scambiano un'occhiata complice. È noto nell'ambiente che le lettere della signora sono infarcite di errori.

« Forse le faceva scrivere alla serva », sibila Lucille nell'orecchio del marito, che nasconde una risatina in un colpo di tosse.

« E dunque io ti faccio studiare e tu mi fai una cosa così stupida? » alza la voce la signora. « Un orecchino *soltanto*? »

« Suppongo l'abbiate cacciata », le dicono.

« Suppongo abbiate prima cercato le prove della sua colpevolezza », interviene Cristoforo, lanciando una fugace occhiata a Emilia, che si sente avvampare.

« E quali altre prove mi servivano? » ribatte la signora. « È una cameriera. Entra nella mia stanza. Certo che l'ho cacciata, il giorno stesso. Pessime referenze, non avrebbe più trovato un lavoro neanche a supplicare. »

Nella sala da pranzo cala un silenzio di ghiaccio.

« Gradite ancora un goccio di Sauternes? » chiede Pia.

Emilia si stacca dal muro e va a rabboccare i bicchieri, come le hanno spiegato. Nessuno si accorge di lei, è come se il vino si versasse da solo.

« Ma la storia non è mica finita », continua la signora, dopo aver preso un lungo sorso di vino. « Dunque la caccio, com'è giusto che sia. E due giorni dopo? »

« Vi ha fatto qualche dispetto? » chiede Lucille con la voce rotta.

« L'orecchino salta fuori, accanto al pianoforte. »

« Accanto al pianoforte? »

« Eh, si vede che l'avevo perduto cantando... »

« La mia signora ha una voce splendida », commenta suo marito cercando di cambiare argomento. « Un usignolo. »

« Al che la richiamo », tira dritto lei, « e le comunico che può riprendere il lavoro. E quella, l'ingrata? Mi dice che preferisce stare accanto a una vecchia zia malata. Dopo tutto quello che ho fatto per lei. »

« Certe persone è meglio perderle che trovarle », commenta Crespi, alzandosi da tavola.

Tutti annuiscono. Solo Pia ed Emilia capiscono a chi si riferiva davvero Cristoforo.

« E dunque questo vostro cotonificio », riattacca il marchese mentre s'incamminano verso il salottino dove sarà servita della pasticceria mignon col caffè. «Mi piacerebbe visitarlo, un giorno, presto o tardi», dice poi.

A Cristoforo s'illuminano gli occhi. «Davvero?»

«Ma certamente. Se ne dice un gran bene.»

«Allora sarete mio ospite non appena il tempo ce lo concederà.»

«Con grande piacere», ribatte il marchese.

## 9

Nelle cucine non è rimasto più nessuno, perfino la Magni è andata a dormire. Ma non prima di aver ordinato a Emilia di rimettere tutto a posto.

Silvio resta a osservarla a lungo, appoggiato allo stipite, mentre lei getta i resti della cena in un secchio. «Ciao!» le dice dopo un po'.

«Ti sei ammattito? Mi hai fatto morire per lo spavento!»

Silvio indossa la veste da notte in velluto sopra il pigiama e ha un sorriso furbetto.

«Cosa ci fai qui? E a quest'ora?» gli domanda.

I figli dei padroni non prendono parte ai ricevimenti; si limitano a fare una breve apparizione tra la visita alla pinacoteca e la cena, per salutare gli ospiti. La *sciura* Pia è molto severa nella loro educazione: devono scendere vestiti di tutto punto, anche Daniele che ha quasi sei anni ed è il più piccolo, e presentarsi dando la mano ai signori e facendo un piccolo inchino alle signore. Sono stati istruiti su chi hanno davanti e sanno esattamente cosa dire; sanno soprattutto quali sono le conseguenze se non si comporteranno bene. Gli ospiti si mostrano deliziati dalla grazia delle bambine e dalla tenerezza di Daniele, ed elogiano Silvio, prospettandogli un grande futuro da imprenditore cotoniero. Finito il teatrino, non più di un quarto d'ora, i piccoli Crespi vengono rispediti negli appartamenti privati, dove cenano con la bambinaia e poi vanno a letto come sempre.

« Ti ho portato una sorpresa », esclama Silvio, con le mani nascoste dietro la schiena.

Emilia sospira. « L'unica sorpresa che potrebbe essermi gradita in questo momento è un letto. »

« Allora temo che resterai delusa », dice, mettendole sotto il naso un piatto strabordante di dolci.

Emilia strabuzza gli occhi. Durante i ricevimenti così importanti c'è talmente tanto da fare che la servitù non ha nemmeno il tempo di buttare giù un boccone. È tutto il giorno che le sfilano davanti pietanze meravigliose, senza che possa assaggiarne nemmeno una forchettata. « E questi da dove vengono? »

« Be', li ho rubati. » Pausa. « Cioè, tecnicamente sono miei, quindi li ho solo presi. Ne vuoi? »

Le preferite di Emilia sono le tartellette alla polacca, perché sono fatte col cioccolato, che è una prelibatezza. È dall'alba che nella cucina aleggia il profumo acre del cacao mescolato a quello delle uova e del burro, ma la Magni tiene tutti d'occhio. Guai ad avvicinarsi al forno, gli ingredienti sono misurati al grammo.

Si siedono a tavola e Silvio resta a guardarla mentre Emilia si riempie la bocca e mastica con gli occhi chiusi e un sorriso estatico.

« Com'è stata la cena di oggi? » le chiede lui.

Emilia dà di spalle e manda giù un ultimo boccone. « Signore ingioiellate, discorsi stupidi, tuo padre annoiato a morte e un sacco di piatti da lavare. »

« Quanto vorrei esserci... »

Emilia, invece, ne avrebbe fatto volentieri a meno. « Ora però devo finire di rassettare tutto, altrimenti non dormirò abbastanza da potermi reggere in piedi domani », dice alzandosi.

« Ti aiuto », si offre Silvio.

Lei scoppia a ridere e lui si sente un po' offeso. « Domani hai la scuola », gli dice, provando una fitta di dolore. « Vuoi addormentarti sui libri? »

Anche Silvio si alza. « Grazie. »

Lei lo guarda con diffidenza. « Per cosa? »

« Per questo. » Con la mano indica la cucina, la pila di piatti da lavare, la ramazza in un angolo. « Per tutto quello che fai qui. »

« Mi pagate », ribatte lei. Voleva solo sminuire, e invece è risultata sgarbata, rabbiosa.

Silvio resta per un attimo senza parole. « Be', grazie comunque », sussurra. E se ne va, prima che lei possa replicare.

## 10

*Canonica d'Adda,*
*primavera 1884*

Stanotte c'è novilunio. Fredo esce di casa quando tutti i Malberti dormono. Sono giorni ventosi, ancora freddi, e sopra la sua testa si spalanca una stellata da togliere il fiato. Ma non c'è tempo da perdere, la strada è lunga. Esce dal villaggio e taglia per il bosco, camminando a testa bassa per non inciampare nelle radici. L'oscurità è così densa che la si potrebbe mangiare col cucchiaio. Dopo essersi perso un paio di volte, finalmente raggiunge il Brembo e lo costeggia per un lungo tratto, fino a un gruppo di case raccolte attorno al campanile. Cammina ancora guardandosi le spalle, poi attraversa il vecchio ponte di corsa ed entra di nuovo nei boschi.

Quando raggiunge la cascina dei Carminati, si ferma e aspetta calmando il respiro. Attorno non si muove una foglia, tutto è spento e silenzioso. Spinge piano il portone, che piange cigolando sui cardini. Lontano si sente il latrato di un cane. Fredo rimane immobile, trattenendo il respiro.

Quando il cuore si calma, costeggia la siepe e arriva davanti alla porta. La maniglia è fredda, fa un po' resistenza. È stato qui solo una volta, spera di non sbagliarsi. Entra, richiude la porta. In casa c'è ancora un bel tepore, segno che il camino si è spento da poco. Aspetta che gli occhi si abituino a quella nuova oscurità, prima di fare un passo. Quando si sente sicuro, avanza con le braccia tese in avanti; sbatte contro il tavolo, a tastoni trova una candela e la accende.

« Chi è? » domanda la voce di Bino impastata di sonno.

Fredo compare sulla porta, con la bugia in mano e un gran sorriso in volto.

Quando riconosce l'amante, l'altro balza giù dal letto e in pochi passi lo raggiunge, gli strappa la candela di mano. « Ma sei impazzito? Vuoi che finiamo in prigione? »

Qualche settimana fa, all'improvviso, la Rita dei Carminati è morta: una sera ha detto a Bino di non sentirsi bene, si è raccomandata per l'ennesima volta che non la seppellissero a Canonica nella stessa terra dei Rota, poi si è coricata e non s'è più alzata. Tutti se l'aspettavano, la Rita era vecchia, e un po' anche lo speravano, perché era diventata davvero un problema da quando aveva preso l'abitudine di uscire di notte e andare in giro per il paese senza nemmeno mettersi le scarpe; di recente vedeva cose che non c'erano, poi entrava nella casa degli altri, convinta che fosse la sua, e si sedeva a tavola, leccava i piatti, metteva le mani dappertutto. Ma guai a cacciarla via, perché allora diventava aggressiva, e mai si sarebbe detto che un corpo così minuto potesse contenere tanta forza.

Tutti se l'aspettavano, tranne Bino che, pur vivendole accanto, non s'era accorto di quanto fosse peggiorata la situazione e di quanto lui stesso fosse esausto.

Da quando la Rita non c'è più, lui e Fredo si vedono più spesso e, anche se Bino non lo ammetterebbe mai, ora nella sua risata c'è una leggerezza che prima non c'era, agli appuntamenti arriva puntuale e non ha fretta di tornare a casa. S'incontrano ancora nella loro tana segreta, nei sotterranei del cotonificio. Fredo però è stufo di far l'amore con l'orecchio teso e i sensi all'erta, mentre poco distante i ratti banchettano coi resti della loro cena; vuole un letto vero e lenzuola che profumano di bucato.

« Non mi ha visto nessuno », dice Fredo. « Sono stato attento. »

Bino è teso, contrariato. « Cosa diamine ti è venuto in mente? »

« Avevo voglia di vederti. »

« L'appuntamento era per domani, al solito posto. »

Fredo sbuffa e si guarda attorno. La casa è povera e spoglia, si compone di due stanze appena, il mobilio è vecchio. Comunque meglio di un sotterraneo che puzza di muffa ed escrementi.

« Non puoi restare. Se ti vedesse qualcuno... »

« Faremo piano », supplica Fredo. « Andrò via prima dell'alba. »

Bino scuote il capo, ma Fredo gli si aggrappa con foga e gli sigilla le labbra con un bacio. Consumano un amplesso frettoloso e violento, che lascia entrambi senza forze.

« Non devi rifarlo mai più », gli dice Bino rivestendosi. « Promettimelo. »

Fredo emette il lamento di un animale morente. « Non ti è piaciuto? »

« È pericoloso », continua Bino. « Promettimi che non verrai mai più qui. »

« Non voglio tornare là sotto. »

Bino sospira. « E dove vorresti andare? »

*Lontano*, pensa Fredo. In un posto dove possano amarsi alla luce del sole, dove non siano costretti a nascondersi nel sottosuolo come scarafaggi, dove il prezzo della loro felicità non sia la prigione.

« Quello è il nostro posto », gli sussurra Bino con una lunga carezza. « Noi apparteniamo a un mondo nascosto. »

Fredo sente un nodo stringergli la gola. *No*, pensa. Non ha fatto tanta fatica a ritagliarsi un posto nella società per poi consumare i propri giorni nei sotterranei di un cotonificio. Non è quello il suo posto, non lo accetterà mai.

« Il luogo che cerchi non esiste sulla Terra », continua Bino, decifrando i suoi pensieri.

La memoria di Fredo torna alle feste in casa del marchese, ai palchi alla Scala, ai vini pregiati, ai cibi esotici, alle carrozze private. Sì, quel posto esiste. Il problema non è il *dove*, bensì il *quanto*: se c'è una cosa che ha imparato da quando frequenta i ricchi, è che è il denaro a fare la differenza tra quello che si può fare e quello che non si può fare. Il denaro costruisce mondi dove tutto è possibile.

Ma come potrebbe dirglielo? Bino non sa nemmeno cosa ci sia al di fuori della loro tana, non ha mai visto altro che quel triangolo di terra tra il Brembo e l'Adda, non è mai stato al di là del fiume.

« Devi andare adesso », gli dice Bino, osservandolo pensoso mentre raccoglie le sue cose e si riveste in fretta. Poi, un istante prima che apra la porta, è colto da una insolita inquietudine, da una smania di trattenerlo. « Fredo », lo richiama. « A me non importa il luogo. Insieme possiamo essere felici ovunque. »

Fredo annuisce ed esce nel buio. Per la prima volta congedandosi da lui prova uno strano sollievo.

## 11

*Canonica d'Adda*

Il carretto glielo ha prestato un lontano cugino di Capriate, che si è anche offerto di dargli una mano col trasloco. È arrivato di prima mattina, si è fatto offrire un bicchiere di vino e ha subito iniziato a caricare ogni cosa. L'Agazzi non può far altro che andare avanti e indietro sulle stampelle, come un cane da guardia. « Piano, piano! Quello è fragile! »

Il nuovo locandiere è stato gentile e disponibile. « Non preoccupatevi, se doveste scordare qualcosa ve lo farò spedire. Non stiamo mica lontano, dopo tutto. »

Il viaggio che aspetta l'Agazzi e suo figlio Rino non è lungo. Non distante dal cotonificio, proprio sulla sponda dell'Adda, sorge il vecchio edificio della dogana della Repubblica veneta, che dopo l'Unità d'Italia è stato riconvertito in una locanda. Il proprietario è un uomo anziano senza eredi e cercava qualcuno che avesse voglia di occuparsene. Ci sarà molto lavoro da fare, lo stabile è vecchio e fatiscente, la cucina trascurata; nonostante l'ottima posizione, non ha più molti clienti.

Quando l'Agazzi è venuto a saperlo, il richiamo di una nuova sfida ha vibrato dentro di lui riaccendendo una scintilla di vita che credeva di aver perso per sempre. Quella notte ha sognato Amalia che piangendo lo supplicava di non partire e si è svegliato madido di sudore. È stato proprio quel sogno a fargli trovare il coraggio di comunicare la propria decisione al padrone e la mattina dopo gli ha scritto una lettera grondante di gratitudine e di scuse.

*Stimatissimo signore,*
*mi mancano le parole a ridirvi tutto quello che il mio cuore si prova...*

« Ricordatevi di mettere la cotenna nella zuppa », si raccomanda.

Il nuovo locandiere è sul punto di ribattere che adesso il gestore è lui, ha avuto l'incarico dal padrone in persona, e farà di testa propria. Ma nella voce dell'Agazzi coglie una vena di malinconia così dolorosa che si trattiene.

« Lo farò », gli dice, allungandogli la mano, che tuttavia l'altro non stringe.

L'Agazzi si volta e rientra per un ultimo giro nella locanda, mentre con gli occhi accarezza il bancone, i tavoli, le sedie. Il nuovo gestore gli sta appresso, perché da come quello ondeggia sulle stampelle sembra sul punto di svenire.

« Sapete », dice l'Agazzi, appoggiando una mano al muro, « questo l'ho tirato su io, quando avevo ancora tutte e due le gambe. »

« È ben dritto », commenta il locandiere, che non sa bene come comportarsi. « Un muro perfetto. »

« Sette anni. Sembra ieri. »

« Eh, il tempo vola... »

Nel silenzio che cala su di loro, la pendola ticchetta come a voler sottolineare quest'ultima ovvietà.

« Siamo pronti! » annuncia da fuori il cugino dell'Agazzi, che è già alla guida del carretto, con accanto il piccolo Rino scalpitante.

Gli occhi dell'Agazzi s'inumidiscono e il locandiere si schiarisce la voce. « Potrete tornare a trovarci quando vorrete... »

« Certo », risponde l'Agazzi, ma sa che non lo farà. Il suo tempo al villaggio è finito.

Sullo spiazzo antistante la locanda si è raccolto un gruppetto di persone venute a dirgli addio. Ci sono perfino la Luigia dei Malberti, con le gemelle e Remigio al seguito, e un po' discosto Fredo.

L'unico che non si è fatto vedere è il padrone; dicono che arriverà più tardi con un cliente molto importante. L'Agazzi sperava di stringergli un'ultima volta la mano, magari di potergli spiegare a voce tutte quelle cose che in una lettera non possono stare, ma Crespi con una scusa o l'altra si è sempre fatto negare.

« Andiamo, papà, che è tardi! » lo richiama Rino.

L'Agazzi si decide a stringere la mano del locandiere, che tira un sospiro di sollievo, poi butta le stampelle sul retro del carretto e salta su con un balzo. Gli abitanti del villaggio restano muti a guardarlo mentre rimpicciolisce in lontananza fino a scomparire.

## 12

La carrozza ferma davanti alla locanda poco prima di pranzo. Cristoforo scende per primo. Il nuovo locandiere lo accoglie sulla soglia, mento alto, grembiule inamidato, sorriso smagliante.

« *Sciur* Crespi », lo saluta tendendogli la mano. « Bentornato. »

« *L'è töt a post?* » chiede il padrone.

Dietro di lui compare la figura smilza e pallida del marchese che si calca il cappello in testa e si guarda attorno con circospezione. Quest'idea di visitare la fabbrica non sa bene come gli sia venuta. Certo non immaginava che Crespi lo avrebbe preso alla lettera... ma ormai è qui, e tocca far buon viso.

« Prego, caro marchese, venite avanti », lo accoglie Cristoforo. « Abbiamo immaginato che il viaggio vi avrebbe messo appetito. »

A dire il vero, il viaggio gli ha fatto venire la nausea e il solo pensiero di mettere qualcosa in bocca lo fa stare male. Sorride stirando le labbra, poi entra nella locanda senza degnare di uno sguardo il locandiere, che avrebbe avuto piacere di stringere la mano a un marchese. All'interno l'odore di verze stufate gli è insopportabile.

« Oh, che buon profumo di minestra », dichiara Crespi. « L'avete fatta voi? »

« Personalmente », annuncia il locandiere.

« Bene, bene. Allora portatecene due piatti, e quel vostro vino naturalmente. »

In quella la porta della locanda si apre con uno scampanellio ed entra Fredo. Abbagliato dalla luce di fuori non riconosce subito i presenti, ma gli basta fare due passi per rendersi conto della trappola in cui è caduto.

Il marchese è come lo ricordava, bellissimo e altezzoso, la postura elegante, le mani affusolate percorse da vene blu, quei ricci irresistibili, forse un po' più brizzolati di allora, forse leggermente più radi. I ricchi invecchiano sempre meglio dei poveri.

Fredo sapeva che, prima o poi, gli sarebbe capitato d'incontrare ancora quegli occhi scuri come due gocce d'inchiostro – l'ambiente in fondo è piccolo – ed era certo che non avrebbe vacillato, che sarebbe rimasto impassibile, fuori come dentro. Sono trascorsi molti anni dall'ultima volta in cui lo ha visto e sono accadute così tante cose da allora... non si sente più la stessa persona. Non è più l'innocente giocattolo di un esperto manipolatore, ha imparato la lezione, ne ha fatto tesoro. È diventato un uomo: un uomo che può anche uccidere.

E allora perché il cuore gli ha mancato un battito e ora corre e scalcia, come se volesse fuggirgli lontano dal petto?

« Oh, Fredo! » lo saluta il padrone, più gioviale del solito. « Questo è il nostro segretario di cui mi chiedevate, ricordate? » dice rivolto al marchese, che rimane impassibile. « Vieni, Fredo, non restare sulla porta. Siediti e mangia qualcosa con noi. »

Al marchese non sfuggono le gote arrossate di Fredo. Si alza e gli tende la mano. « Mi ricordo di voi, ragazzo. »

« Ho ventisette anni », puntualizza Fredo.

Negli occhi del marchese passa un lampo divertito.

« Il signor marchese ci ha fatto l'onore di venire a vedere il nostro cotonificio », spiega Crespi. « È stato a Parigi per molti anni, avrà dimenticato com'è fatto il nostro Paese. »

« Sono certo che il vostro segretario mi saprà mostrare tutto quello che c'è da vedere. »

« Ah, senza dubbio: Fredo è il migliore. » Poi Crespi si fa serio. « Constaterete che qui è tutto alla buona, immagino molto diverso da quello cui siete abituato. »

« Molto », risponde l'altro, secco.

« Ma apprezzerete la qualità, tutto genuino. »

« Non vorrei fare tardi. Ho degli impegni in città per questa sera. » Lancia un'occhiata a Fredo e lo vede arrossire.

Crespi sulle prime non sa cosa rispondere. « Oh, certo », dice poi. « Non vi ruberemo molto tempo. »

Il pranzo dura poco. Cristoforo si ritrova a ingollare la minestra ancora troppo calda, sotto lo sguardo spietato del suo ospite, che invece non tocca cibo. Decisamente non un buon esordio per il nuovo locandiere, che tuttavia negli anni a seguire andrà dicendo di aver avuto come primo cliente un marchese vero.

« Vogliamo vedere questo vostro cotonificio, dunque? » annuncia il marchese alzandosi e dirigendosi alla porta.

L'interno della fabbrica è un luogo torrido e chiassoso; al passaggio del padrone gli operai si levano il cappello e fanno un piccolo inchino. In filatura decine di donne e bambini si muovono in sincrono coi fusi e non è possibile capire se sia l'uomo a governare le macchine o viceversa. Crespi di tanto in tanto si ferma e, gridando, dice il nome dell'operatore e spiega la sua mansione.

« Non credevo fosse necessaria tanta gente per fare una camicia », commenta il marchese, convinto di fare una battuta.

« Non una », risponde Cristoforo, che invece lo ha preso sul serio, « ma diverse centinaia. »

Passati in tessitura, il marchese approfitta di un istante in cui il padrone è occupato a dare ordini al caporeparto per allontanarsi con Fredo. « Dopo aver visto questo posto, posso dire di sapere com'è fatto l'inferno », commenta scherzando, ma non troppo.

« Perché sei tornato? Perché ora? » Il baccano delle macchine sovrasta le voci, regalando loro una specie d'intimità.

« Non ne sei felice? »

Fredo stringe i pugni. « Sai cosa intendo. »

Il marchese si prende del tempo. « Hai sentito quello che ha detto il tuo padrone: ho avuto da fare », risponde con semplicità. « Lucille si è voluta trasferire per qualche anno a Parigi, abbiamo avuto un altro figlio, un maschio stavolta. Ho dovuto fare il mio dovere. » Fa una pausa, in cui appare pensoso. « Lo sai, le donne sono creature capricciose, instabili. »

« E così ora ti torno comodo? »

Il marchese dà un'alzata di spalle.

« Potrei anche non essere disponibile », obietta Fredo. « Potrei avere altro cui pensare. »

Il marchese scoppia in una risata garrula che svela la sua vera natura. « Oh, ma sentilo! E così avresti... E chi mai sarebbe questo 'altro cui pensare'? »

« Non ti interessa, non sono faccende che ti riguardano. »

« Uno del posto, suppongo. » Il marchese ne ha conferma dallo stupore che balena negli occhi di Fredo. « Un operaio. » Lo dice con un tale disgusto che Fredo sente montare la collera.

Bino è molto meno di un operaio. Non ha neanche il privilegio di accedere alle macchine. Sta nei sotterranei, fa i lavori più pesanti, carica e scarica la merce, non sa leggere e non sa scrivere, i suoi pensieri sono semplici. Puri.

« E dunque lo ami? » chiede con nonchalance il marchese, fingendosi interessato a un telaio.

« Sì », risponde Fredo, senza esitazione.

L'altro stringe le labbra in un moto di stizza. « Ti manderò a chiamare, nelle prossime settimane », dichiara dopo un po', avviandosi all'uscita. « Ho in animo di fare un grosso ordine, mi servono delle stoffe pregiate come quelle che producete solo qui alla *Benigno Crespi*. E tu verrai a consegnarmele. »

« Non sono un fattorino. »

« Lo chiederò personalmente al tuo padrone, e tu obbedirai. »

Fredo stringe i denti. La rabbia che prova per non potersi sottrarre al gioco crudele del suo antico amante gli provoca quasi un dolore fisico. Vorrebbe ribellarsi, gridare, ma poco distante gli operai li osservano, forse invidiandolo per il privilegio di potersi intrattenere tanto a lungo con un nobile.

« Tieni », gli dice il marchese, lasciandogli cadere in mano il proprio orologio. « In ricordo del tempo passato. »

Fredo lo osserva. È d'oro massiccio, lucido, pesante. « Non posso accettare. »

« Non fare il prezioso », ridacchia l'altro. « Lo so che ti è sempre piaciuto. »

« Ora non più », ribatte Fredo, restituendogli l'oggetto. Poi gli volta le spalle e torna dal padrone.

## 13

*Lago d'Orta,*
*estate 1884*

Ogni anno, una settimana prima che la famiglia si trasferisca al lago, una parte della servitù viene spedita alla villa per apprestare ogni cosa, con al seguito una gran quantità di valigie e bauli.

Il giorno in cui è arrivata Emilia, pioveva a dirotto. *Cosa diavolo ci verranno a fare qui...* si è domandata saltando giù dalla carrozza e affondando nel fango fino alle caviglie.

« Stai attenta a non bagnarti », le ha detto la Magni reggendole l'ombrello sulla testa. « Se ti ammali non ho nessuno che ti sostituisce. »

È stata la prima e l'ultima volta che le hanno permesso di entrare dall'ingresso principale. Il porticato delimitato da colonne dava accesso all'androne più grande e imponente che avesse mai visto. Emilia è rimasta a bocca aperta nel vestibolo, grondando acqua sul meraviglioso mosaico fiorentino. Nonostante il maltempo rendesse tutto più cupo, era impossibile non notare la magnificenza di Villa Pia: sopra la sua testa, dal soffitto altissimo, retto da colonne in marmo intarsiato e decorato di blu come a riprodurre la volta celeste, pendeva un immenso lampadario di cristalli che lanciava bagliori tutt'attorno; gli stucchi alle pareti sembravano fatti con l'uncinetto e i mosaici del pavimento parevano provenire da luoghi lontani ed esotici.

«Svelta, sbrigati!» le ha abbaiato la Magni. «Cosa fai lì impalata?»

Da quel momento Emilia non ha più avuto un attimo di tregua. Riportare alla vita un edificio di quelle dimensioni è un lavoro estenuante e il tempo è volato. I libri che le ha regalato Silvio prima di partire sono rimasti sul comodino senza essere aperti e il bellissimo lago d'Orta, di cui lui le ha tanto parlato, ha potuto vederlo soltanto dalle finestre, mentre ne stava lavando i vetri.

Talvolta, però, trovandosi sola in una stanza, si concede il lusso di sognare d'essere la regina di quel castello. Con gli occhi chiusi immagina d'indossare un bellissimo abito all'ultima moda e sedersi su una di quelle poltroncine a sorbire il tè accompagnato da squisiti dolcetti ancora caldi di forno, di svegliarsi in uno di quei letti altissimi che profumano di sapone e colonia, schiudere le tende e iniziare la giornata godendosi il panorama, oppure al riparo di un grazioso ombrellino passeggiare lungo la riva del lago, mentre Silvio...

«Non hai ancora finito?» l'aggredisce la Magni lanciandole un'occhiata penetrante. «Non ti fare strane idee.»

Emilia se ne sta a testa bassa, sentendosi avvampare per l'umiliazione.

«Domani arrivano e non hai combinato niente», sbuffa la Magni. «Sei andata a prendere i fiori? Il padrone vuole che la *sciura* Pia li trovi nella camera da letto al suo arrivo.»

«È andato l'autista, doveva già uscire.»

«Ah, trovi sempre delle scuse, tu. Sei una scansafatiche! L'avevo detto che non andavi bene, tutto quello studio ti ha rovinato il cervello. Con la famiglia che ti ritrovi, poi...»

Accesa dalla scintilla di queste ultime parole, in un istante la rabbia avvampa dentro Emilia come un incendio, alimentato dal ricordo doloroso di un passato ancora troppo vicino per essere perdonato e ingrossato dalla stanchezza e dalla mancanza di sonno.

«E voi, cosa siete voi?» le si fa sotto sfidandola. «Siete solo una stupida zitella col cervello corto e il naso lungo, troppo brutta e troppo vecchia per trovare marito, incattivita e senza alcuno svago nella vita se non quello di maltrattare i vostri sottoposti! » Lo ha sempre pensato, ma questa volta lo ha anche detto: anzi, lo ha urlato. E sa che non la passerà liscia.

La Magni fa un passo indietro e resta un attimo interdetta. « Dovrebbero tagliartela quella lingua avvelenata! » sibila poi.

Emilia si accorge che le sue parole hanno colpito nel segno, perché da qualche parte dentro di sé la Magni le sente vere.

« Finisci alla svelta », le dice. « Più tardi facciamo i conti. »

Il giorno dopo è il grande giorno. La carrozza col maggiordomo e il resto della servitù arriva alla villa con leggero anticipo, poi tutti si dispongono in fila sul piazzale antistante la casa ad aspettare i padroni.

« Tu no », dice la Magni a Emilia. « Ci sono le latrine da svuotare. »

## 14

È una bella giornata di sole, le piogge dei giorni precedenti hanno reso terso il cielo e brillanti i colori; la brezza anticipa il profumo dei tigli e increspa la superficie del lago.

Pia scende dalla carrozza e si guarda attorno riparandosi gli occhi con la mano. La mole di Villa Pia spicca nella vegetazione come un fiore altero, col suo minareto che svetta nel cielo dominando l'orizzonte. Rimane sempre estasiata da questo tributo d'amore di Cristoforo.

Maria Pia e Bice seguono la madre su per lo scalone che porta alle loro stanze private, mentre Daniele trova un modo di sfuggire alla bambinaia ed esce a correre sul prato.

In un attimo la casa si riempie delle loro grida. Pia vuole sapere cosa ci sarà per cena, le bambine si alternano al pianoforte, Daniele fa come al solito i capricci e la tata cerca di convincerlo a rientrare.

Cristoforo saluta tutto il personale con una stretta di mano e un sorriso, s'intrattiene un po' a chiacchierare, informandosi sulla gestione della casa e le ultime novità, poi marcia nello studio, portandosi appresso una borsa gonfia di documenti da rivedere. Ci sono delle questioni da ultimare prima di potersi concedere un po' di riposo. Ha chiesto a Fredo di accompagnarlo, gli sarebbe servito il suo aiuto, ma quello ha insistito che sarebbe stato più utile in città.

Il giorno dopo, manda a chiamare Emilia nello studio. Lei s'immagina che la Magni abbia fatto la spia, entra e rimane impalata in attesa del proprio destino. Ci ha pensato tutta la notte, mentre fuori il vento aggrediva la villa facendo scricchiolare le tegole del tetto. Sarebbe tanto male se la cacciassero via? E cosa potrebbe fare per tirare a campare? Dove potrebbe vivere? La Magni le ripete che quelle come lei, che non sanno stare al loro posto, finiscono a prostituirsi e muoiono giovani.

«Vieni avanti, bambina. Chiudi la porta.»

Cristoforo la osserva a lungo. In un anno appena, la figlia di Carlo è davvero cambiata: forse non è cresciuta in altezza, ma il fatto che sia molto dimagrita la fa sembrare più slanciata, con un punto vita strettissimo sottolineato dal grembiule. Assomiglia sempre di più a sua madre, coi capelli nero corvino che spiccano sulla pelle pallida e quegli occhi profondi, intensi, in cui non è difficile perdersi; ma nel suo sguardo ci sono un'irriverenza e una consapevolezza che ad Amalia mancavano. Solo in questo momento però Cristoforo vi scorge qualcos'altro, un rimprovero silenzioso, un moto di collera a stento trattenuto, un bagliore ferino. È giusto chiamarla ancora bambina?

«Ti ho portato questi.» Appoggia la mano su una pila di libri. «Te li manda Silvio.»

«Grazie», ripete meccanicamente Emilia, e tuttavia li lascia dove sono. Del resto, da quand'è arrivata qui non è riuscita a leggere nemmeno gli altri. «Lui non c'è?»

Cristoforo la osserva ancora per qualche istante, come se volesse leggerle dentro. Già da qualche tempo Pia muove obiezioni sulla presenza della ragazza nella loro casa. «Sei sicuro che abbiamo fatto la cosa giusta?» Lui non lo sa, ha fatto l'unica cosa che sul momento gli sembrava sensata: ha cercato di onorare la promessa fatta al fedele Vitali tanti anni prima, che si sarebbe preso cura della sua famiglia.

La Magni ieri è venuta in lacrime, riferendo che la ragazza è svogliata, irriverente, rompe tutto quello che tocca, e ora alza anche le mani: a supporto gli ha mostrato un graffio sulla guancia. Cristoforo l'ha liquidata in fretta, sminuendo l'accaduto.

«La difendi perché ti ricorda suo padre», lo ha accusato Pia.

«Emilia non mi sembra il tipo che ha bisogno di essere difeso, sa benissimo farlo da sé.»

«Infatti aggredisce il nostro personale. Hai visto la Magni, era tutta scossa, povera donna.»

«La Magni non è povera e talvolta dubito perfino che sia una donna.»

«Quella ragazzina è imprevedibile, potrebbe fare del male anche ai nostri figli.»

Su questo punto lui nutre fortissimi dubbi; gli sembra, semmai, che Emilia sia fin troppo affezionata ai suoi ragazzi, e a uno di loro in particolare.

«Silvio è all'estero», le spiega Cristoforo. «Dopo la scuola, è andato a fare esperienza in un cotonificio di Manchester, in Inghilterra.»

Lei sembra molto delusa; l'estate sarà lunghissima senza la sua compagnia. Vorrebbe chiedere quando tornerà, ma capisce che è meglio tacere. Prende i libri. «Grazie. Posso andare?»

Cristoforo annuisce ed Emilia gira sui tacchi con più leggerezza di quand'era entrata.

«Bambina», la richiama quand'è già sulla porta. «Hai aggredito la signora Magni?»

Emilia sussulta. «No!» esclama. «No, non è vero! Io non ho...»

Cristoforo alza una mano mettendola a tacere. «Ti credo.» Le crede davvero, poteva anche evitare di chiederle. «Però devi capire una cosa.»

Emilia si mette sull'attenti.

«Per quanto ingiusto, il mondo è fatto di gerarchie che devono essere rispettate. Io e tuo padre eravamo legati da profonda stima reciproca, e tuttavia egli non mi ha mai mancato di rispetto e ha sempre obbedito ai miei ordini, che gli piacessero o meno. In egual modo voglio bene a sua figlia e sono determinato a onorare la promessa di prendermi cura di te. Ma se riceverò ulteriori lamentele mi troverò costretto a prendere decisioni spiacevoli per entrambi. Ti è tutto chiaro? »

« Sì, signor Crespi. »

« Bene. Per oggi sei esonerata da tutte le mansioni. Voglio che tu vada a fare una passeggiata, che torni, ti lavi e che poi faccia una bella dormita, cosicché domani sarai più riposata e bendisposta nei confronti dei tuoi superiori, cui esigo tu chieda scusa. La giornata di oggi verrà detratta dal tuo compenso, in quanto non lavorativa. Ora puoi andare. »

« Grazie, signor Crespi. »

« Ah, Emilia... » la richiama un'ultima volta il padrone, con un sorriso complice negli occhi. « Silvio sarà qui tra un mese e mezzo. »

## 15

*Milano*

Tutto è andato come aveva previsto. Ha ordinato alla *Benigno Crespi* una gran quantità di stoffe, poi ha chiesto che fosse Fredo a consegnargliele e lui non ha potuto far altro che soccombere alla volontà del suo padrone. Questo significa essere poveri: significa doversi vendere anche la libertà.

Il marchese sorride ripensando a quando, ormai oltre un mese addietro, il ragazzo è apparso sulla porta del suo studiolo. Era livido per l'umiliazione e tuttavia i suoi occhi saettavano qua e là, dando un prezzo a tutto quello su cui si posavano.

Ancora non sa perché abbia voluto riprenderselo. Nel frattempo ne ha avuti altri, di ragazzi. Adora sceglierseli tra il popolo, istruirli, plasmarli, dar loro un assaggio di quello che la vita avrebbe potuto essere se fossero nati in un'altra famiglia, di quello che si sono persi per un capriccio di Dio, che li ha messi al mondo figli di operai e contadini. In fondo, questi giovanetti sono solo degli esperimenti: è curioso constatare come il denaro – o anche la semplice promessa di esso – sia in grado di cambiare le persone. Questi ragazzi arrivano qui senza aver mai assaggiato un sorso di whisky invecchiato o tenuto in mano una catenina d'oro, e in poche settimane si venderebbero la madre pur di non smetterla più.

Fredo era il più disperato, il più feroce di tutti. Credeva veramente di poter cambiare la propria condizione, pensava addirittura di averne diritto. È per questo che, negli ultimi sette anni, il marchese non lo ha mai dimenticato?

Scosta le tende e guarda giù in strada, emettendo un lamento.

Inutile negarlo, qualcosa negli ultimi tempi è cambiato: una mattina si è svegliato tutto d'un tratto più vecchio. Forse la colpa è stata di sua moglie Lucille, la prima a dirgli che « alla sua età », dovrebbe riguardarsi; o forse è dei figli, che gli crescono sotto il naso a una velocità spaventosa, sottolineando il tempo che passa e la fine che si avvicina. Mentre quelli sbocciano, lui avvizzisce. Così, all'improvviso, guardandosi allo specchio ha scoperto dei solchi attorno agli occhi che era certo di non aver mai avuto prima e i capelli gli sono parsi più radi, più fragili; per tacere del gilet, che tira sotto quello che ha tutto l'aspetto di essere un primo accenno di pancia, lui che si è sempre vantato di poter condurre una vita disordinata senza doverne pagare il prezzo. Da quel momento è stato impossibile non farci caso: le rughe ogni giorno si sono fatte più profonde, sulle mani gli sono comparse delle macchie più scure, ogni mattina si sveglia con un nuovo acciacco, qualche strano malessere. Ha dovuto perfino rendersi conto che, se dopo una certa ora mangia pesante, la notte poi dorme male. È come se il proprio corpo gli si ribellasse contro, quell'ingrato: dopo tutti i piaceri che gli ha dispensato.

Il marchese non vuole invecchiare: ha ribrezzo dei vecchi, della loro pelle avvizzita, dello sguardo spento, dei denti ingialliti, della postura ingobbita. La vecchiaia è un oltraggio alla bellezza.

Fredo, invece, è ancora splendido come lo conservava nella memoria. Anche se pure in lui qualcosa è cambiato. Non è stato facile capire cosa, ma adesso il marchese non ha dubbi: il ragazzo ha acquisito una consapevolezza di sé, un potere oscuro che lo rende pericoloso e al contempo irresistibile.

Questo ha fatto impazzire di desiderio il marchese. Questo ha segnato il destino di Fredo.

E poi c'è *l'altro*. Certo, non era difficile immaginare che, in tutto quel tempo, il ragazzo si sarebbe trovato qualcuno tra i suoi simili. È bello, giovane: non sarebbe potuto rimanere solo a lungo. Ma se questo per la ragione non è altro che un'ovvietà, averne avuta conferma ha bruciato come sale su una piaga nell'orgoglio del marchese, che non può tollerare di essere stato dimenticato, messo da parte per un contadinotto. Fredo, la sua creatura, il suo esperimento più riuscito. È così che lo ripaga?

Dalla strada sale lo scalpiccio di una carrozza che si ferma davanti al portone. Il marchese guarda giù e vede Fredo scendere con un balzo. Lo ha mandato a prendere col più bel tiro a quattro che possiede e, sebbene con lui il ragazzo si dia un gran da fare per mostrarsi indifferente e distaccato, una volta in strada si guarda attorno per sincerarsi d'essere stato visto scendere da quel simbolo di potere e ricchezza.

Il marchese sorride sornione, pregustando le ore che seguiranno.

## 16

*Lago d'Orta*

Gli ultimi giorni sono stati torridi; dal lago si alza un'afa insopportabile e non un refolo di vento viene a soffiarla via. Nel tardo pomeriggio, Pia si fa sistemare una chaise-longue all'ombra di un grande cedro del Libano e vi resta a sonnecchiare, mentre Bice e Maria Pia, le figlie di dieci e dodici anni, recitano poesie o leggono brani in francese.

«Vi ho portato la limonata, signora.» Emilia regge un gran vassoio su cui tintinnano una brocca e dei bicchieri.

«Oh, grazie, cara. Metti pure sul tavolino.»

«Emilia, è vero che conosci il francese?» le chiede Bice, che per lei ha una vera adorazione.

Venire a Villa Pia le piace, può fare cose che a Milano le sono proibite, come correre nei prati e stare alzata fino a tardi, ma qui, all'infuori di sua sorella Maria Pia e di suo fratello Daniele, non ci sono altri bambini e le giornate in questo posto possono essere di una lentezza esasperante. Emilia trova sempre il tempo per scambiare qualche parola con lei, è gentile, s'interessa, la ascolta con un'attenzione che gli altri non le riservano. A differenza delle altre cameriere, sa condurre una conversazione, non si limita ad avvampare, rispondere a monosillabi e scappare via. Ma quel che più le piace di lei è il modo in cui la tratta, come se Bice fosse già un'adulta: non ride delle sue idee strambe, non le liquida con un gesto della mano, e soprattutto non le va a riferire alla bambinaia. È una complice gentile, che talvolta le fa un po' pena.

« Un pochino. Non bene come voi, signorina Crespi. »

« La Magni non lo sa il francese », sussurra Bice, e Maria Pia scoppia a ridere.

« Bice, non disturbare la cameriera mentre sta lavorando », la rimprovera sua madre. « Emilia, per cortesia, portami quei biscottini alle mandorle. La limonata mi mette acidità. »

« Certo, signora. » Emilia torna sui propri passi risalendo il prato verso le cucine.

È così che la rivede Silvio, dopo quasi due mesi, e sulle prime quasi non la riconosce. La sua figura snella si staglia in controluce sullo sfondo del lago, ondeggiando dolcemente; Emilia rallenta, poi si ferma portandosi una mano sopra gli occhi. Quel giovane uomo che la osserva da lontano, in una posa scanzonata e le mani in tasca, è davvero lui, il suo vecchio amico d'infanzia?

È cambiato, Silvio. Le esperienze all'estero, lontano dall'influenza della famiglia, lo hanno reso più responsabile, cauto. È entrato in cotonifici grandi il doppio o il triplo del suo come un semplice operaio, ha conosciuto coetanei di un'estrazione sociale diversa e diversi dai compagni di scuola e dagli amici che frequenta di solito, ha toccato con mano le loro semplici vite fatte di lavoro e fatica, ha mangiato il loro pane, bevuto la loro birra; si è confrontato con loro ad armi pari, uscendone spesso sconfitto. Per la prima volta fuori dal mondo ovattato in cui è cresciuto, si è trovato - solo, esposto, indifeso - in una condizione d'inferiorità e ha provato sconcerto, paura, disappunto, rassegnazione. Tutte le sue certezze sono andate in frantumi, ricomponendosi in nuove, differenti certezze. Ha pianto di rabbia, desiderando tornare nel posto da cui fino a poco tempo prima voleva scappare.

Poi ha conosciuto una ragazza dai capelli rossi come certi tramonti, gli occhi verdi come la campagna inglese, la pelle bianchissima, quasi trasparente, che gli si è concessa forse con troppa leggerezza. Perdendosi in lei gli è sembrato di essere di nuovo a casa. Hanno pianto entrambi, salutandosi e Silvio le ha promesso che sarebbe tornato presto a prenderla, che l'avrebbe amata per sempre.

«Ciao», le dice quando si trovano l'uno di fronte all'altra.

*Cos'è successo alla sua voce?* si domanda Emilia. Si è abbassata di un tono, è divenuta più roca, profonda. *Ti hanno ficcato un tizzone ardente in gola?* vorrebbe canzonarlo, com'era solita fare. Ma forse il tizzone lo hanno ficcato in gola a lei, perché se la sente secca e non trova le parole.

«La Magni ti ha strappato la lingua?»

In quella, Pia lo scorge da lontano e, prima ancora che Emilia possa rispondere, tutta la famiglia gli si fa attorno in un abbraccio collettivo.

«Il nostro uomo», lo chiama suo padre, che gli stringe la mano con fermezza, occhi negli occhi, per camuffare di formalità l'emozione.

«Il mio bambino», lo chiama sua madre cui sfugge una lacrima.

Le ore che seguono sono un interrogatorio senza tregua. Tutti vogliono sapere, conoscere i dettagli, farsi raccontare gli aneddoti più succosi. Com'era la fabbrica? Ti sei comportato bene? Hai mangiato? Quanti fusi avevano? E la gente del posto com'è? Il viaggio è stato lungo? Il filato di che numero lo producono? Perché ci hai scritto così di rado? Sei riuscito a riposarti almeno un po'?

A cena, Silvio, seduto a tavola alla destra di Cristoforo, non smette un attimo di parlare. Ha portato doni per tutti, un profumo francese per sua madre, un taccuino per suo padre, dei cappellini per le sorelle, un nuovo giocattolo per Daniele. Talvolta nella foga si lascia sfuggire qualche parola in inglese e tutti ridono. Racconta di giornate più lunghe che in Italia, del sole che tarda a tramontare.

Cristoforo lo lascia parlare mostrando meraviglia, come se quei posti lui non li avesse mai visitati.

« Pensate che non hanno imposte alle finestre: una vera tortura. E il cibo, così monotono, così insapore! » racconta, tra un boccone e l'altro di filetto al marsala. La cuoca gli ha preparato una gran quantità di manicaretti, perché tutti lo trovano dimagrito e temono che si ammali. « Per tacer della pioggia! Non ne ho mai vista tanta in vita mia. »

Si dilunga soprattutto sugli aspetti negativi, temendo che se lasciasse trasparire troppo entusiasmo potrebbe ferire i suoi genitori. E quindi sì, il cotone è di qualità superiore, ma niente che non si possa produrre anche qui in Italia. E la loro birra, certo, ma a confronto di un vino nostrano...

Si diverte, invece, a strabiliare le sorelline e Daniele, che non vogliono più andare a dormire, tutti rapiti dai racconti delle cose meravigliose che forse, un giorno, anche loro potranno vedere. Allora la campagna diventa estesa da perdersi e i temporali terribili e le navi grandissime e il viaggio epico.

Due giorni dopo, sazia di tutti quei racconti, la famiglia decide di andare a fare una gita all'isola di San Giulio, poco distante. Silvio però ha dello studio arretrato da recuperare prima che ricominci la scuola e decide di rimanere alla villa.

« Potresti venire... solo qualche ora », insiste sua madre. « A Daniele sei mancato tanto, lo sai. Gli farebbe piacere stare con te. »

È da quando Silvio è tornato che suo fratello gli sta incollato addosso: lo segue ovunque, fa tutto quello che fa lui, ripete le sue frasi come un pappagallo, non gli dà un attimo di tregua. Sua madre gli dice che deve avere pazienza, che Daniele è piccolo, che deve prendersi cura di lui, che è un suo dovere. E certo, Silvio lo capisce bene, ma a tutto c'è un limite: proprio per questo hanno una bambinaia. « Sì, *maman*, ma... »

« Lascialo stare », interviene Cristoforo. « È giusto che s'impegni. »

« Non ti stancare troppo, *nani* », si rassegna Pia, baciandolo sulla tempia.

Lui la lascia fare anche se quelle attenzioni ora lo mettono a disagio e si ritira in biblioteca, mentre Daniele viene portato via a braccia perché non vuole separarsi dal fratello maggiore.

Nel primo pomeriggio, quando Silvio è immerso in una traduzione dal latino che non gli dà tregua, bussano alla porta. « Avanti! »

Emilia entra reggendo un vassoio con dei panini. « La cuoca mi manda a dire che non intende assumersi la responsabilità del tuo decesso, e pertanto ti ha preparato questi. »

Silvio scoppia a ridere. Dubita fortemente che la cuoca abbia usato proprio quelle parole. « Vieni », le dice alzandosi e stiracchiando la schiena dolente. « Appoggia qui. »

Emilia obbedisce, poi non riesce a trattenere la curiosità. « Cosa traduci? »

« Tacito. » Silvio addenta una fetta di pane. « O almeno ci provo. »

Emilia allunga il collo, poi fa no con la testa. « La *consecutio* è tutta sbagliata. »

Lui la osserva a lungo: è sempre la solita irriverente, solo un po' più... donna. « Ricordi ancora il latino? » la provoca.

Emilia per un attimo rimane spiazzata. « A differenza di te, io sì », ribatte.

« Allora aiutami. »

Lei si fa una risatina amara. « Così poi potrai vantarti di un lavoro che non hai svolto tu? » Gira sui tacchi e fa per andarsene, ma Silvio è più svelto e la trattiene per un polso. Il contatto lascia per un istante entrambi stupiti.

« Perché sei arrabbiata? » le domanda. « Cosa ti ho fatto? »

*Sei andato via*, vorrebbe rispondergli. *Senza avvertirmi, per quasi due mesi. Mi hai lasciato qui sola, con questa gente con cui non ho niente in comune, cui non piaccio, che non mi vuole. E non mi hai scritto nemmeno una volta. Mi sei mancato.* « Niente. »

« Mi sei mancata », le dice di getto. In parte mente, perché mentre era in Inghilterra aveva altro cui pensare, tra l'apprendistato e quella ragazza coi capelli rossi, ma intuisce che a Emilia farà piacere, e in qualche modo vuole consolarla della propria assenza. Ma è anche vero che adesso, vedendosela davanti, ritrovando la sua allegra irriverenza e sentendo sotto il palmo il calore della sua pelle, si rende conto che le è mancata davvero.

Lei sbuffa per ricacciare giù quel briciolo di felicità che sente ribollire dentro. « Oltre a non sapere il latino, non sai neanche mentire. » Fa per liberarsi dalla sua presa, ma Silvio non la lascia andare.

« Rimani », le sussurra con voce profonda.

Emilia si sente scossa dai brividi come se avesse la febbre.

In quella entra la governante, che li trova troppo vicini l'uno all'altra. Silvio molla la presa sul polso di Emilia e a lei sembra di volare via.

« Proprio te cercavo », gracchia la Magni a Emilia. « Dovresti essere di sotto, la cuoca ha bisogno di una mano per preparare la cena. »

« Sì, signora Magni. » La ragazza fa un piccolo inchino rivolto a Silvio e si avvia a testa bassa.

« Un momento », la richiama Silvio. A Emilia sembra che il mondo smetta di girare e trattiene il respiro. « Stai dimenticando il vassoio. »

Lei torna sui propri passi sotto l'occhio vigile della governante che la scruta da lontano.

« Questa notte », le sussurra Silvio quando gli è vicina. « A mezzanotte, qui. »

Emilia lo guarda negli occhi con un misto di paura e divertimento.

« Non tardare. »

## 17

Emilia si è sdraiata sul letto senza cambiarsi d'abito e ha aspettato. Si era ripromessa di dormire almeno un'oretta, ma i pensieri l'hanno tenuta sveglia nonostante la stanchezza.

Perché Silvio le ha dato quell'appuntamento? Cosa deve aspettarsi? È saggio andarci? E perché non vede l'ora?

Nella stanza accanto si sente la Magni russare. La pendola nel corridoio batte l'ora con dodici lugubri rintocchi e il cuore di Emilia manca un battito. Il palazzo di notte ha qualcosa di spettrale; la luce della luna rimbalza tra le pareti creando strani giochi d'ombra e disegnando sagome deformi sul pavimento.

Emilia resta un po' ad aspettare, per assicurarsi che nessuno si sia svegliato, poi butta giù i piedi dal letto e s'infila le scarpe; schiude la porta ed esce. Nel silenzio della casa addormentata sembra che tutti i suoni siano amplificati; le porte cigolano, i pavimenti scricchiolano sotto i suoi piedi, perfino il proprio respiro fa un rumore insopportabile. Imbocca lo scalone, scende due piani e quando arriva alla biblioteca rimane sulla porta, indecisa se entrare. Poi un rumore le dà il coraggio di aprire la porta.

Silvio è in piedi accanto allo scrittoio. La luna lo rischiara per metà, lasciando l'altra metà oscura. «Sei in ritardo», la rimprovera. Ma nella voce ha un gorgheggio di eccitazione che non riesce a nascondere. «Vieni avanti!»

«Tu devi essere pazzo», dice Emilia. «Se ci trovano qui...»

«Ma noi non ci faremo trovare», ridacchia Silvio. La prende di nuovo per mano e la conduce fuori dalla biblioteca, poi giù dallo scalone e infine nelle sale sul retro, al piano terra.

«Ma dove...»

«Sstt!» le intima lui.

La mano di Emilia, fredda e un po' ruvida, si perde in quella di Silvio che invece è calda e ferma. Aprono con cautela la porta a vetri che conduce al giardino ed escono. Il parco è immenso. Silvio taglia a sinistra al riparo di un grande salice e finalmente si ferma.

«Tieni», le dice allungandole un piccolo involto.

Non doveva andare così, se l'era immaginato molto diverso. Non pensava che sarebbe stato così impacciato, così frettoloso. E soprattutto pensava che lei avrebbe avuto una reazione diversa.

«Cos'è?» chiede Emilia osservando scettica il pacchettino, senza prenderlo.

«Aprilo e lo scoprirai.»

« Non dovevi. »

Lui sbuffa. Perché deve sempre rendere tutto così complicato? « No, non dovevo », ribatte. « Però volevo. »

Solo allora Emilia si decide ad accettare il regalo.

« È un profumo », le anticipa Silvio, che proprio non riesce a trattenersi. « Francese. Alla violetta. »

Emilia non ha mai avuto un profumo. Suo padre ne aveva regalato uno a sua madre, ma Amalia non lo metteva mai perché diceva che Dio punisce la vanità con la malattia. E ovviamente era vietato anche a Emilia usarlo: così quella preziosa boccetta era rimasta sul comò, intatta, per anni. E ora chissà dov'è finita.

« Non ti piace? » la incalza Silvio che col passare dei minuti si sente sempre meno sicuro di sé.

« Oh, sì. È... è molto bello. »

« Annusalo, dai. »

« Ma non saprei quando usarlo. »

« Oh, be', mia madre lo usa tutti i giorni. »

Emilia gli lancia uno dei soliti sguardi che hanno il potere di sbriciolarlo. « Ti sembro una ricca signora che prende il tè col profumo di violetta addosso? »

Silvio non nasconde la delusione. Quel profumo gli è costato un sacco di sacrifici. Anche se suo padre è un industriale potente, lo hanno spedito oltre Manica coi soldi contati, giusto lo stretto necessario per vivere e togliersi qualche sfizio; Cristoforo inoltre si è assicurato che il cotonificio presso il quale Silvio ha svolto il praticantato lo pagasse il minimo indispensabile. I Crespi Tengitt non vengono tirati su nella bambagia. Devono imparare il valore delle cose, sudarsi tutto quello che hanno.

« Scusa », gli dice Emilia. « Non sono abituata a ricevere regali. » Svita il tappo e un profumo dolciastro si spande tutto attorno. « È ottimo », mente. « Lo userò nelle occasioni speciali. »

Restano un po' a guardarsi, indecisi su chi debba fare la prima mossa.

« Ora devo andare, però », dice lei.

Silvio è deluso, ma non trova il coraggio di opporsi né una scusa per trattenerla. Emilia si volta lentamente e si allontana camminando nell'erba bagnata dall'argento della luna.

« Emilia! » la rincorre.

Lei si ferma e aspetta.

« Mi sei mancata. » Le prende la mano e la attira a sé.

Emilia non ricorda nemmeno da quanto tempo non viene abbracciata. Il calore del corpo di Silvio la scioglie; si lascia andare contro il suo petto e chiude gli occhi. « Anche tu. » Le braccia di Silvio sono grandi e forti. Per la prima volta da quando la sua famiglia si è sgretolata, Emilia si sente al sicuro.

« Non andare più via », gli dice. « Non lasciarmi sola. »

« Mai », le promette lui, che in quel momento ci crede davvero.

Con l'indice le solleva il mento e si perde a lungo nei suoi occhi neri, prima di chinarsi a baciarla.

## 18

*Canonica d'Adda*

È da più di un mese che Fredo manca dal villaggio. Un mese durante il quale, semplicemente, è sparito: non una visita, non una lettera, nemmeno un messaggio di poche parole. Gli unici che ne hanno sentito davvero la mancanza sono la Luigia e Bino, sconosciuti l'una all'altro e tuttavia uniti dall'amore per la stessa persona.

Qualcuno vedendolo aggirarsi per le strade attorno al cotonificio sotto il sole torrido d'agosto crede di vedere un fantasma. Non può essere lui quel ragazzo emaciato che cammina ricurvo come se portasse sulle spalle un peso immenso. Non può essere lui, perché Fredo non andrebbe mai in giro con quell'abito stazzonato, senza cravatta né cappello, con la barba sfatta e i capelli spettinati.

« *Oè, Fredo!* » gli grida un altro. « *S'è sücedit cusè?* »

Lui non lo degna di uno sguardo e tira dritto fino alla villetta dei Malberti. Dentro c'è solo la Luigia, che oggi ha il turno di notte ed è sdraiata nel letto a cercare di dormire.

« *Mama* », la chiama Fredo.

La Luigia si affretta giù dalle scale, che quasi cade. È da tanto che aspetta questo momento, ma quando se lo trova davanti rimane pietrificata. Avrebbe molte domande - cos'è successo? Dove sei stato? Perché non ci hai dato notizie? Stai bene? - ma l'istinto le dice che per il momento è meglio tacere.

Si abbracciano stretti, stringendo i pugni, come forse non si sono mai abbracciati prima.

« Scusami », le dice Fredo.

La Luigia si asciuga le lacrime col dorso della mano e traffica col tegame. « Hai fame? Devi mangiare. »

Fredo non ha fame, ma vuole farla contenta, così annuisce. In pochi minuti sua madre gli mette un piatto davanti e si siede saziandosi nel guardarlo mangiare. Lui pilucca, alza la testa dal piatto, si guarda in giro, manda giù, si morde le labbra, sembra sul punto di piangere.

« *S'è sücedit cusè, Fredo? Ta stet be?* »

Lui la guarda e per un istante è tentato di raccontarle tutta la verità. Non merita forse di sapere quale abominio ha messo al mondo?

A Milano, non distante da piazza San Marco, c'è un palazzo in cui vive un marchese di antica nobiltà. È un palazzo enorme, con tantissime stanze, da perdersi dentro; e servi laboriosi come topini che corrono su e giù in continuazione, per soddisfare i capricci del loro padrone.

È un uomo malvagio, questo marchese, e come tutti gli uomini malvagi ha un potere magico: sa scovare, nelle persone che incontra, il loro nucleo più oscuro per portarlo alla luce; gli piace stare a guardare mentre si scoprono avide, egoiste, prepotenti. E, quando si è stancato di giocare con le loro vite, le getta via.

Anche ieri sera, Fredo era nel suo palazzo. Anzi, nel suo letto.

Alla fine ha ceduto. Sapevano entrambi che sarebbe accaduto: lo sapeva il marchese, che è ricco e ottiene sempre quello che vuole, e lo sapeva Fredo, che si accontenterebbe delle briciole della sua ricchezza. Certo, il marchese lo fa bere e tutto quello champagne gli fornisce un buon alibi con cui giustificare la propria lussuria. Ma Fredo l'ha sempre saputo. Perché lo voleva.

Poi Fredo ha parlato. Finisce sempre col parlare troppo, questo è il suo problema. Non ha mai davvero imparato la lezione. Voleva impressionarlo, darsi un tono. Che stolto! Gli ha raccontato di Bino, della sua tana nascosta nelle viscere del cotonificio, dei loro incontri segreti. E gli ha rivelato anche *quell'altra cosa.*

Oh, l'espressione del marchese! Meraviglia, divertimento. Se Fredo sperava di trovare in lui una qualche forma di compassione, si sbagliava di grosso, l'illuso. «Sapevo che non mi avresti deluso», ha commentato prima di avventarsi di nuovo sulla sua bocca.

Questa mattina, prima di cacciarlo fuori dalla stanza, il marchese gli ha sventolato sotto il naso un orologio d'oro. «Devi fare una cosa per me.»

«Ti ho già detto che non lo voglio», ha ribattuto Fredo. Non si sarebbe fatto comprare. Non di nuovo.

«Non è tuo», ha spiegato serio il marchese. «Voglio che lo lasci nei sotterranei del cotonificio, tra le cose di *quell'operaio.*» Ha fatto una pausa per consentire a Fredo di capire bene. «Ho già detto al tuo padrone che non lo trovo più dal giorno in cui sono venuto al villaggio. Potrei averlo perso, oppure...»

«Non farò mai una cosa simile.»

«Certo che la farai, mio adorabile assassino.» Si divertiva come un matto, il marchese.

«Perché? Perché mi vuoi fare questo?»

«Ma non lo voglio fare *a te.* Io ti amo e voglio che restiamo insieme. Solo noi due.»

«Puoi avermi quando vuoi, lo sai.»

«Se credi che mi accontenterò di dividerti con quel...» I tratti del viso gli si sono sconvolti per il disgusto.

«Lo lascerò, non lo vedrò mai più. Te lo giuro.»

«Ah!» ha ridacchiato il marchese. Poi, tornato serissimo: «Suvvia, cosa vuoi che gli succederà, in fondo? Lo cacceranno e si troverà un altro lavoro da qualche altra parte. Una fabbrica vale l'altra, gli operai sono tutti uguali».

Sapevano entrambi che non sarebbe andata così. Un operaio accusato di essere un ladro non lo vuole più nessuno, e Crespi ha conoscenze dappertutto. Bino sarebbe stato rovinato, per un capriccio del marchese.

« Potrei ucciderti », l'ha minacciato Fredo afferrandolo per il collo.

Il marchese si è sentito scosso da un brivido di paura che, per la prima volta dopo tanto tempo, lo ha fatto sentire di nuovo vivo. « Oh, sciocchino. E poi come faresti ad avere tutto questo? » Con la mano ha indicato la stanza, ma era molto di più quello cui si riferiva: la vita cui ha sempre ambito, che gli spetta di diritto, che altrimenti gli sarebbe negata. Lusso, agi, potere.

Ecco perché è tornato al villaggio. Per portare a compimento una profezia.

« Fredo, perché non ti sposi? » gli chiede la Luigia di punto in bianco.

Lui trasecola.

« Hai bisogno di una donna, non puoi restare solo. »

« Sì, mamma », mormora Fredo. « Penso che lo farò. » Si alza.

« Dove vai? » gli chiede lei sentendo crescere dentro un'angoscia inspiegabile.

« Devo fare una cosa. »

« Ma poi torni? »

No, Fredo non tornerà. Da certe scelte non si torna più indietro.

« Certo, mamma. » La bacia in fronte ed esce.

## 19

Nella notte ha piovuto, uno di quei temporali estivi, improvvisi e violentissimi, con lampi che rischiaravano a giorno il cielo, vetri rotti, baracche scoperchiate e alberi divelti. Per andare al lavoro in fabbrica, Bino non ha potuto come fa sempre guadare il Brembo, che in poche ore si è gonfiato da far paura, ma ha dovuto fare il giro largo, passando sul ponte accanto alla locanda dei Doneda.

Quando arriva in vista del cotonificio, capisce subito che c'è qualcosa di diverso nell'aria. Alcune donne attraversano la strada correndo ed emettendo voci, altre sono affacciate alle finestre dei *palasocc* e allungano il collo per vedere meglio. E, quel che è peggio, Bino non sente il suono familiare delle macchine in funzione.

*Il temporale deve aver fatto danni,* pensa, affrettando il passo. Ma quand'è in prossimità dei sotterranei, il sangue gli si gela nelle vene. Proprio all'ingresso, un capannello di uomini parlotta sbirciando dentro, senza osare entrare. Sopra le loro teste, Bino scorge i cappelli di alcuni carabinieri che con le torce illuminano un angolo che non riesce a vedere.

« Cosa succede? » chiede agli uomini lì fuori.

Ma quelli fanno no con la testa, l'espressione tirata, lo sguardo accigliato. Qualcuno mormora « Incredibile », « Che disgrazia », « Chi l'avrebbe mai detto ».

« Permesso, permesso. » Bino si fa largo a spallate.

« Fermo là, dove state andando? Cosa credete di fare? Identificatevi », gli intima un carabiniere sbarrandogli il passo.

« Carminati Albino, di Boltiere. Sono un operaio. Cos'è successo? » Un sospetto terribile inizia a farsi largo dentro di lui.

« Voi lavorate qui? » lo incalza il carabiniere.

« Sì, certo », mormora Bino, con la gola secca.

« Qui sotto? »

« Be'... anche. » Meglio essere cauti.

« Venite avanti, avremo delle domande da porvi. »

Bino sa di essere in trappola, ma il carabiniere lo prende per l'avambraccio e lo spinge avanti con modi bruschi.

È così che lo vede. Nell'angolo più nascosto dei sotterranei, da un gancio nel soffitto pende il corpo di Fredo. Non lo riconosce subito: il volto è bluastro, la lingua penzola di fuori in modo grottesco, gli occhi sono sbarrati e iniettati di sangue, la punta dei piedi penzola a pochi centimetri da terra. Ma Fredo è sempre il suo Fredo, e come se non bastasse annodato al polso ha ancora il fazzoletto che tanto tempo prima gli ha regalato Bino. *Se un giorno voleste parlare dei pesi che portate...*

Il figlio dei Carminati, questo omone grande e grosso, che

non è mai stato malato un sol giorno da che è arrivato in fabbrica, perde i sensi all'istante.

Nella tasca del gilet di Fredo viene trovato un orologio d'oro, pesante e lucido. Sulla cassa interna ci sono incise queste parole: DA LUCILLE, CON AMORE.

Suicida, assassino e bugiardo, Fredo si congeda dal mondo con l'onta di essere l'unica cosa che non è mai stato: un ladro.

Non avrà le esequie: la Luigia non ha trovato un solo prevosto disposto a farlo entrare in chiesa. Il suo corpo viene sepolto in terra sconsacrata. Ogni anno, nel giorno che ricorda l'anniversario del loro primo incontro, Bino va di nascosto a deporvi dei fiori.

# PARTE SETTIMA

# 1

*Milano,*
*primavera 1886*

Per l'ottavo compleanno di Daniele, la famiglia Crespi ha organizzato una festa. Niente di ufficiale, solo pochi intimi: non per questo, però, meno lussuosa. Dopo una colazione di sedici portate, la cuoca ha preparato tre diverse torte e tartellette, bon bon e dolcetti di ogni tipo in accompagnamento a champagne d'annata, serviti nel salottino cremisi, dove sono stati disposti anche i regali per il bambino.

Sono giorni che Daniele è eccitato al solo pensiero di tutti quei dolci, di quei doni, di quelle attenzioni, al punto che, quando finalmente giunge il momento, è irritante e intrattabile.

« Ma smettila una buona volta! » sibila suo fratello, stanco di vederselo saltellare attorno.

« Silvio! » lo rimprovera sua madre. Non serve che dica altro, un'occhiata è sufficiente per rimetterlo al suo posto. Poi la *sciura* Pia addolcisce il tono: « Daniele, siediti un po', sei tutto sudato ».

Lui non l'ascolta nemmeno, tutto preso a correre attorno al pianoforte. La Saponaro è ritta contro la parete con le labbra strette e un'espressione contrariata in volto. Il bambino sta davvero esagerando e, se fosse per lei, gli darebbe una bella battuta sul sedere, allora vedi come gli passa la voglia di correre; ma in presenza della padrona perde tutta la propria autorità, ridotta al rango di servetta.

« È così emozionato... » lo giustifica la madre con un sorriso compiaciuto.

« È insopportabile », sibila Silvio, cacciandosi in bocca una tartelletta.

« Non mangiare tutti i dolci, che poi ti fanno male », lo rimprovera la madre. « E stai su composto. »

Silvio lancia un'occhiata alla pendola, domandandosi quanto manchi alla fine di quello strazio: sono appena le tre del pomeriggio. Ha un mal di testa insopportabile, e suo fratello che strilla mentre le sorelle strimpellano al pianoforte di certo non aiuta. Vorrebbe solo andare di sopra a stendersi al buio, in silenzio, ma oggi non è concesso: oggi è la festa di Daniele e sembra che tutto il mondo debba festeggiarlo. Sbuffa, guardando di nuovo la pendola.

« Vieni », gli dice il padre, alzandosi. « Usciamo. »

Silvio lo osserva, cogliendo anche in lui qualche segno d'insofferenza. Scendono dallo scalone d'onore e sbucano nel cortile interno.

Cristoforo appoggia la schiena a una colonna, tira fuori un sigaro e se lo accende con tutta calma. Dalle finestre del salottino cremisi fuoriescono le note del pianoforte e lo strillo isterico di Daniele. « Devi avere pazienza », dice, buttando fuori il fumo.

Silvio ha uno scatto d'ira e scalcia un sassolino invisibile. Non osa ribattere. Cosa dovrebbe dirgli? Che tutte le attenzioni riservate a Daniele lo mandano in bestia? Che il fatto che lui sia il preferito di casa lo ferisce, lo umilia? O che detesta quella specie di pulce saltellante che è suo fratello?

« È il più piccolo, lo sai. » Anche Cristoforo si sentiva così nei confronti di Benigno, all'inizio. « Tua madre ha rischiato di perderlo. »

Lui dà un'alzata di spalle. *Sarebbe stato meglio,* sta per dire, ma il padre lo fulmina con lo sguardo.

A Cristoforo non sfugge che, ultimamente, Silvio è diverso. Ha sempre la testa tra le nuvole, è distratto, assente. Quel che è peggio, è insofferente a tutto, specie all'autorità che, fino a quel momento, non aveva mai messo in discussione: quella dei genitori. Certo, il ragazzo si domina, o almeno ci prova, ma non è difficile leggere nei suoi gesti un guizzo di ribellione, talvolta perfino d'odio. E poi c'è il problema della scuola: questo è l'ultimo anno, il più importante; tra sei mesi comincerà l'università, anche se di questo passo rischia di essere bocciato. Solo l'anno scorso era così diligente, così zelante, così concentrato... in meno di un semestre il suo rendimento è calato in modo drastico. E non c'è punizione che sembri sortire effetto; proibirgli di uscire pare quasi che gli faccia piacere. Certo, a scuola i professori chiudono un occhio, talvolta anche due, ma non potrà campare di rendita a lungo.

« Vuoi dirmi cosa succede? » gli chiede, sperando che sia la volta buona.

« Ho mal di testa », brontola Silvio. E dal tono si capisce che volentieri avrebbe risposto: *Non sono affari tuoi.*

Cristoforo prende un bel respiro. « Tra un paio d'ore puoi andare a sdraiarti. »

Il ragazzo dà un'altra alzata di spalle, si ficca le mani in tasca e guarda ostinatamente a terra, come se con gli occhi potesse scavare una buca da cui scappare via.

« Tua madre ci tiene che ci siamo tutti, lo sai. »

« Sì, sì. »

Cristoforo getta via il sigaro con un moto di stizza. « Andiamo », gli ordina. Attraversano il cortile e vanno dritti alle stalle, dove lo stalliere sonnecchia in un angolo.

« *Töt a post, Genio?* »

« Sì, signor Crespi », risponde l'altro scattando in piedi. « Ce l'ho qui. » Si china in una cesta, vi rovista un istante e ne tira fuori un cucciolo di setter dal pelo fulvo.

Silvio rimane senza parole. Ha sempre desiderato un cane.

L'animale scodinzola passando di mano tra lo stalliere e Crespi, che sorride come un bambino. Lo ha comprato da un importatore che li fa arrivare direttamente dall'Inghilterra, dove i nobili questa razza la usano per la caccia. « *To, ciapa* », fa a Silvio, mettendogli in mano il cucciolo.

Gli occhi del ragazzo si dilatano per lo stupore e la gioia. « È... per me? » balbetta.

Solo allora Cristoforo si rende conto dell'errore che ha fatto e per un istante resta senza parole. Avrebbe dovuto spiegarglielo prima, avvertirlo: sarebbe stato meno doloroso per entrambi. Ormai però è troppo tardi, e comunque Silvio deve imparare a mettere da parte se stesso per la famiglia. « È per tuo fratello. Per il suo compleanno. »

La delusione è evidente in Silvio, subito seguita da un moto di stizza. « Gli avete regalato un cane? » Che vuol dire: *A lui sì e a me no?*

« Non io. Tu. » Suo padre lo sfida con lo sguardo. « Vai su a darglielo. »

Silvio resta immobile col cucciolo che si divincola tra le sue braccia. Sono bastati pochi minuti a contatto col suo pelo caldo e soffice per non volersene più separare. E suo fratello, dopo averci giocato per qualche settimana, se ne disinteresserà come fa con tutto il resto. « Non è giusto », sibila, rosso in volto.

« Vai su a darglielo », ripete Cristoforo scandendo in tono minaccioso.

Il ragazzo gli lancia un'ultima occhiata piena di veleno prima di girare sui tacchi e obbedire.

## 2

*Canonica d'Adda*

La prima volta era stato con un operaio di tessitura con l'alito che puzzava di vino. Erano appena usciti dal turno e all'Elvira dei Malberti scappava la pipì. In fabbrica è vietato fermarsi per andare in bagno: bisogna tenerla per tutto il tempo, e dodici ore sono lunghe da passare. Quella volta le scappava così tanto che la pancia le faceva male, ed era tutto uno stringere i denti, tenere le gambe incrociate e saltellare sul posto. Appena fuori dal cotonificio, era corsa a nascondersi in mezzo agli alberi quanto più lontano era riuscita, si era tirata giù le braghe alla svelta maledicendo tutte quelle sottogonne, si era accucciata e finalmente aveva liberato la vescica con un sospiro di sollievo. Solo dopo si era accorta che, non distante, lui la osservava.

Quell'uomo, un tipo di Capriate sulla cinquantina, con moglie e cinque figli, le aveva messo gli occhi addosso da un po' in fabbrica. Non bello, ma pur sempre un maschio. E l'Elvira ne era nascostamente orgogliosa: che un uomo, maritato per giunta, guardasse lei, e proprio lei, in tutto il reparto, doveva pur voler dire qualcosa. Talvolta ci aveva perfino fantasticato, ma certo non avrebbe mai immaginato che sarebbe andata così.

Vedendolo tra la vegetazione, l'Elvira si era tirata su le braghe in tutta fretta, poi era rimasta come paralizzata. Era vestita, eppure si sentiva ancora nuda. C'era qualcosa, nel suo sguardo, che la metteva a disagio. Ma l'Elvira era un tipo semplice - lo ripeteva sempre anche la Luigia che le sue gemelle non erano tanto sveglie, perché si vedeva che Dio aveva dato metà cervello a ciascuna - e non aveva capito.

Era quasi l'imbrunire e nella boscaglia fitta i contorni di tutte le cose sembravano sfumare nella nebbia. Lui aveva fatto tre passi e le si era avvicinato. « Lo vedo, in fabbrica, che mi guardi tutto il tempo », le aveva detto.

Sì, era vero: lei lo guardava, ma sempre in risposta ai suoi, di sguardi. Era un gioco di cui non conosceva nemmeno le regole. Avrebbe anche potuto dirglielo a quel tipo con l'alito di vino, ma l'Elvira non voleva farsi passare per una sprovveduta, così aveva cercato di mostrarsi esperta di quelle cose, già donna. Lo aveva fissato con una specie di spavalderia e lui aveva riso, scoprendo denti ingialliti.

Tutto poi si era consumato in pochi minuti, lì, contro un albero non lontano dal cotonificio. Lui l'aveva presa e, con un'agilità che, a ben vedere, lasciava intendere una certa esperienza in materia, le aveva sollevato le sottogonne, tirato giù le braghe e si era spinto dentro di lei. Neanche si era accorto che l'Elvira aveva emesso un grido acuto. Aveva fatto il comodo suo, ansimando e grugnendo come un maiale, e in un attimo era tutto finito.

L'Elvira non sapeva cosa pensare, e non era stato il dolore lancinante al basso ventre a farle davvero male. Al dolore fisico, dopo tutto, i Malberti sono abituati, se lo tramandano di generazione in generazione: che sia il freddo che ti brucia le dita dei piedi o le sberle della Luigia o la schiena dolente per il turno o i morsi della fame, non fa molta differenza. A farle davvero male era stato quello che lui aveva detto dopo.

« Quale sei, te? » aveva detto.

Ecco, quell'uomo che l'aveva presa, cui si era concessa - ancora non le era chiaro come si fossero svolte le cose –, non sapeva nemmeno il suo nome. E, forse, non gli interessava neanche.

« L'Adele », aveva risposto l'Elvira, senza sapere perché. Neanche la loro madre, del resto, riusciva a distinguerle.

« Ah », aveva commentato lui. « Brava. » Poi se n'era andato abbottonandosi i calzoni.

Quella notte, l'Elvira non aveva dormito. Si sentiva ancora addosso il suo peso, aveva ancora nelle narici il suo odore. Non capiva bene cosa fosse successo là nel bosco, se fosse una cosa bella o brutta. E poi si era trovata le braghe sporche di sangue, cosa che un po' la preoccupava e un po' la faceva vergognare. Doveva dirlo a qualcuno? A sua madre, al parroco, al medico? La cosa migliore, si era detta al termine di quella lunga notte insonne, era stare zitta e vedere come si mettevano le cose.

Il giorno dopo, però, se si aspettava che lui le riservasse qualche forma di galanteria, doveva rimanere delusa. Non solo non le aveva messo gli occhi addosso, com'era solito fare, ma non l'aveva neanche salutata. Come se l'Elvira - o l'Adele: faceva differenza? - non fosse mai esistita.

Per questo alla fine del turno lo aveva seguito fino a Capriate, nella cascina dove lui viveva con la famiglia. L'aveva fatto così, senza neanche provare a non farsi notare, con una certa spavalderia. E di sicuro lui l'aveva vista, anche se per un bel tratto aveva proprio fatto finta di non accorgersi di niente. *Si stancherà*, si era detto, *tornerà a casa*. Arrivato però in prossimità della propria, di casa, aveva avuto paura.

« Cosa vuoi, sgualdrina? » le aveva abbaiato addosso.

L'Elvira aveva paura, ma si era mostrata forte, caparbia. « Quello che mi spetta », aveva ribattuto, senza sapere bene nemmeno lei cosa volesse, cosa potesse pretendere.

« Eccotelo, allora. » E per tutta risposta l'aveva riempita di botte. « Se ti avvicini ancora a casa mia, ti ammazzo. » Le aveva sputato addosso, lasciandola semisvenuta a terra.

Ma il giorno dopo quella che lui credeva l'Adele aveva ripetuto tutto da capo, con ottusa perseveranza: turno, inseguimento, botte. E così per altri due giorni, al punto che quell'uomo alla fine ne era quasi impaurito.

« Ma si può sapere cosa vuoi da me? » le aveva chiesto con angoscia nella voce.

E lei: « Quello che mi spetta ».

Era giorno di paga al cotonificio e l'uomo aveva la tasca

gonfia di banconote. Lui aveva messo la mano in tasca con un gesto indolente, ne aveva cavato fuori qualche moneta e gliel'aveva lanciata ai piedi. « Cosa c'è? » le aveva chiesto, cogliendo il suo sgomento e scambiandolo per insoddisfazione. « Non ti bastano? »

L'Elvira non se l'aspettava, ma le aveva raccolte lo stesso, poi le aveva tenute a lungo nel palmo, domandandosi cosa volessero dire.

Accadeva un anno fa, quando l'Elvira e l'Adele avevano da poco compiuto quindici anni.

Da quella volta, ogni due settimane, nel giorno di paga, l'Elvira lo incontra nel bosco, gli lascia fare i propri comodi e poi raccoglie le monete da terra. Non ne è felice, però dei soldi c'è sempre bisogno e, da quando non c'è più Fredo a prendersi cura di loro, le cose non vanno tanto bene per i Malberti.

E in fondo, se un uomo - maritato per giunta - è disposto a pagarla, qualcosa vorrà pur dire.

## 3

*Milano*

L'ultimo anno è stato il più bello della sua vita. Ci sono sempre pavimenti da lavare, letti da rifare, argenteria da lucidare, e la Magni non è certo diventata più tenera: al contrario, da quando vede Emilia così gaia sembra si accanisca ancora di più su di lei, con ogni genere di lavoro umiliante. Nonostante in casa la servitù sia stata ulteriormente accresciuta con l'assunzione di una nuova sguattera, è alla giovane Vitali che tocca svuotare le latrine, pulire i focolari, portare su e giù secchi di carbone. Lei però tiene duro, anzi sembra non dispiacersene affatto. « Certo, signora Magni. Non è un problema, signora Magni. Volentieri, signora Magni », ripete con voce squillante, un sorriso serafico e gli occhi che brillano di vita.

« Ti stai prendendo gioco di me, ragazzina? » la accusa la governante.

«Certo che no, signora Magni.» E prima che l'altra possa aggiungere qualcosa Emilia è già andata via, camminando con passo leggero, quasi a tempo di danza.

Il padrone è contento di vederla finalmente serena. «Te l'avevo detto che avrebbe trovato il proprio equilibrio e che si sarebbe adattata bene», fa notare Cristoforo a sua moglie. «Il tempo guarisce tutti i mali.»

La *sciura* Pia non si sbilancia. Ha notato anche lei che la ragazza sta meglio, e le fa piacere naturalmente. Ma per esperienza sa che nessuna cameriera è felice di spazzare a terra o di pulire i vetri e, se lo fa col sorriso, è perché nasconde qualche segreto.

Il segreto del buonumore di Emilia, di questa nuova energia che la pervade, sta nascosto nella biblioteca dei Crespi. Nello scaffale più alto c'è un vecchio libro di cui nessuno ricorda l'esistenza; è così malmesso che in alcuni punti la rilegatura è scollata: basta estrarlo un pochino per riuscire a infilare un dito nella pelle della copertina, là dove Silvio le lascia i suoi messaggi.

«Cosa ci fai qui?» abbaia la governante, trovandola arrampicata sulla scala.

«Spolvero, signora Magni.»

«Non lo hai già fatto ieri?»

«No, ieri l'ho fatto dall'altra parte della libreria.»

Emilia aspetta che la megera se ne sia andata, poi si rintana in un angolo a leggere. Silvio le lascia solo poche righe scritte in codice: sono indizi che portano a qualche piccolo regalo, un fiore nascosto in un libro, una poesia sotto un tappeto, un paio di bonbon per iniziare bene la giornata, oppure un appuntamento per la notte seguente.

Lei risponde facendogli trovare un oggetto fuori posto, un soprammobile girato verso la parete, una cornice a rovescio, dettagli che gli altri nemmeno notano ma che nel loro linguaggio segreto sono pieni di significato.

Quel palazzo che, fino a poco tempo fa, le sembrava una prigione ora è pieno di opportunità, un castello di giochi, un labirinto in cui divertirsi a rincorrersi.

Emilia entra nella sala da pranzo e si richiude la porta alle spalle. I Crespi si sono ritirati nel tardo pomeriggio dopo i festeggiamenti per il compleanno di Daniele e la stanza è tutta in disordine: bisogna sparecchiare, pulire la cera delle candele che è caduta sulla tovaglia, ramazzare e arieggiare la stanza.

«Eccoti!» Silvio sbuca da dietro una tenda ed Emilia sussulta.

«Tu vuoi farmi morire dallo spavento!»

«Ti stavo aspettando. Ce ne hai messo di tempo...» le dice andando ad abbracciarla.

Lei lancia un'occhiata verso la porta. «Aspetta.» Fa per andare ad assicurarsi che sia ben chiusa, ma Silvio la trattiene.

«Dai, vieni qui.» La afferra per la vita e la stringe a sé. Il contatto col suo corpo caldo e morbido lo fa impazzire di eccitazione. C'è qualcosa però nei suoi modi, una specie di disperazione, che lo rende frettoloso, perfino brusco.

«Stai bene?» gli chiede Emilia.

«Ma sì», prova a sminuire Silvio. Le ruba le labbra e per qualche minuto il mondo attorno a loro scompare e niente ha più importanza. «Mi sei mancata.»

«Ma se sono stata in questa casa per tutto il tempo! E ti ho anche servito il dolce», ride lei senza però riuscire a contagiarlo. «Dimmi cos'hai.»

Silvio si lascia cadere su una sedia. «Hanno regalato un cane a Daniele», sbuffa.

«Oh, ma è...» *Stupendo,* sta per dire, ma è chiaro che lui non è d'accordo. «Non sarai mica geloso.»

«Di un cane, io?»

«Di tuo fratello.»

«No!» esclama Silvio, forse troppo in fretta. «Non è per il cane, è che...» È difficile trovare le parole, riuscire a spiegare perfino a se stesso, mettere a fuoco i propri pensieri. «Tu non hai fratelli, non puoi capire.»

Emilia dà un'alzata di sopracciglia e incrocia le braccia al petto, allontanandosi di qualche passo.

«Scusa, non volevo dire...»

«Sì che lo volevi dire.»

«È che c'è sempre di mezzo Daniele. Daniele, Daniele, Daniele... Per i miei genitori sembra non esista altro al mondo.

Daniele di qua, Daniele di là, Daniele di su, Daniele di giù. Daniele vuole, Daniele ottiene. Il cane, per esempio. Ma è solo un esempio. Sembra che a me mi abbiano messo al mondo solo per servire e prendermi cura di mio fratello.»

«Mi pare improbabile.»

«Che ne sai?»

«Perché sei il primo e, quando ti hanno messo al mondo, non potevano sapere che ne sarebbero seguiti altri.»

«Mi prendi in giro.»

«Un po'.»

Silvio sbuffa, però si sente già un po' meglio. Lo sa, Emilia, di fargli questo effetto? Di avere il potere di rendere tutto il resto inutile e insignificante? Anche il mal di testa gli è passato, anzi sembra che non ce l'abbia mai avuto, nemmeno se ne ricorda. «Vieni qui», le dice sentendo crescere il desiderio.

«No», ridacchia lei.

«Te lo ordino.»

«Allora ancora di più no.»

Silvio si alza e in pochi passi le è addosso, poi la spinge contro il muro per impedirle di scappare.

Lei è tesa, la casa ancora brulica di gente. «È pericoloso.»

«Adoro il pericolo», le sussurra all'orecchio, facendole venire la pelle d'oca.

La volontà allora cede: Emilia sente il corpo diventare privo di forze, come se le ossa si fossero sbriciolate e le articolazioni sciolte nel calore del suo abbraccio. Accade sempre così quand'è con Silvio. Gli si abbandona contro e lascia che lui sia lo scheletro che la sorregge, lo scudo che la protegge, il mantello che la nasconde.

Il bacio dura a lungo mentre attorno cala un silenzio irreale e l'unico suono è quello dei loro cuori che battono all'unisono. Se irrompesse la famiglia al completo, non se ne accorgerebbero nemmeno.

Quando le lascia riprendere fiato, Emilia ha le labbra gonfie e arrossate. «Potrebbero scoprirci», sussurra.

«E allora?» fa Silvio.

Lei gli punta i palmi contro il petto e attingendo a tutte le proprie forze lo spinge via. «Mi licenzierebbero!»

Lui cerca di riacciuffarla, fa un passo, poi un altro, ma Emilia indietreggia. Com'è possibile che non capisca, che non si renda conto? « Sarei rovinata. »

« Non dire sciocchezze. Ci sono io. »

Lei fa no con la testa sentendo crescere la furia. « Non fare promesse che non puoi mantenere. » Tra poco sarà estate e lui partirà per un altro praticantato all'estero. In famiglia non si parla d'altro. Poi verrà l'autunno e comincerà l'università, a Pavia per giunta.

Emilia sa – ha sempre saputo – che c'è qualcosa di più grande di lei, e perfino di loro: la fabbrica, il suo ruolo, le sue responsabilità. Lo sa e lo accetta. Come accetta il baratro delle differenze che li separano: dopo gli studi, Silvio comincerà col dirigere il cotonificio e da lì in avanti potrà solo crescere, sarà fatto cavaliere come suo padre e poi magari entrerà in politica e chissà che altro. Per lei invece si prospetta una vita intera a strofinare mattonelle del pavimento e il massimo cui può ambire è di prendere il posto della Magni. Non ci vuole pensare, ma lo sa e lo accetta.

Non è disposta però ad accettare che lui si prenda gioco di lei, che la illuda. Non vuole esporsi a questa ennesima sofferenza.

« No », le dice Silvio. « Tu sei mia, non ti lascerò mai. »

La sente cedere di nuovo e si china per baciarla, quando uno scricchiolio risuona nella stanza come una frustata. Silvio ha appena il tempo per balzare a nascondersi dietro un tendaggio, che la Magni irrompe nel salottino.

« Chi c'è qui? » gracchia.

Emilia è paonazza, appiattita contro la parete. Sente ancora addosso il calore del corpo di Silvio.

La governante fa girare lo sguardo per tutta la stanza. « Ho sentito delle voci. »

« Devo essere stata io. Talvolta mi capita di parlar da sola. »

È chiaro che la Magni non le crede, ma il pretesto è troppo ghiotto per non umiliarla. « Non starai diventando pazza come tua madre? »

Anche se Emilia sa che la governante si diverte a torturarla e ha imparato a incassare le sue provocazioni senza battere ciglio, sentir nominare sua madre ha ancora il potere di accendere in lei una rabbia furiosa.

Un giorno dello scorso inverno, ha ricevuto dal monastero di Bergamo una lettera di poche righe con cui la badessa le comunicava che Amalia era morta. Emilia, che non la vedeva dal giorno in cui il cadavere di suo padre era affiorato nel canale del villaggio, era stata accompagnata in tutta fretta a Bergamo per assistere alle esequie e, davanti al volto finalmente sereno di Amalia, pur nel dolore della perdita, aveva provato una specie di sollievo. Per tutta la vita un tarlo invisibile s'era mangiato sua madre da dentro, portandosi via un pezzetto per volta, senza risparmiare nemmeno quelli che le stavano accanto. Per Emilia, istintivamente aggrappata alla vita, era impossibile comprendere, ma soprattutto accettare, che qualcuno - e qualcuno di così caro, della cui carne lei stessa era fatta - potesse aver sprecato tutta la propria esistenza, e le sue meravigliose opportunità, gettandola via così. In cuor suo aveva sempre pensato che ci fosse ancora una speranza, ancora una possibilità di salvezza. Poco prima che gli impresari pagati dal Crespi chiudessero la bara, aveva guardato la madre un'ultima volta. Davanti alla sua espressione indifferente, impassibile e austera, Emilia aveva capito che Amalia era finalmente in pace e che non v'era altro modo affinché lo fosse. In quell'istante l'aveva perdonata e così era riuscita a perdonare anche se stessa.

« Non azzardatevi a parlarmi così », ringhia, pestando un piede a terra.

Forse è la sua espressione furibonda, gli occhi che saettano, il tono basso e minaccioso: la Magni dà un ultimo sguardo alla stanza e gira sui tacchi. « Sbrigati a finire qui », le dice uscendo. « C'è da pulire la cucina di sotto. »

Solo quando la governante esce, Emilia ricomincia davvero a respirare.

« Accidenti che tono! » commenta Silvio ridacchiando. « Hai messo paura perfino a me. »

« Ti prego, vattene », lo supplica Emilia. « La Magni potrebbe tornare da un momento all'altro. »

Lui le cinge la vita con tutta calma e la attira a sé. « Stasera ci vediamo? »

« No », ribatte lei.

« E invece sì. » Sorride e la bacia. « Dimmi di sì. »

« No. »

« E io non me ne vado finché non dici di sì. »

« Oh, smettila. » Emilia fatica a trattenersi dal ridere.

« Dimmi di sì. »

« Va bene, va bene », risponde spingendolo via. « Adesso esci. E fai piano! »

« A mezzanotte, nella pinacoteca. »

Silvio schiude piano la porta, mette fuori la testa, sbircia a destra e sinistra. Il corridoio è deserto, allora esce e se ne va con disinvoltura. Con la mente è già all'appuntamento di stanotte. È così felice che non si accorge della Magni che, rintanata in una rientranza del corridoio, lo ha visto sgattaiolare fuori dal salottino cremisi.

## 4

*Trezzo sull'Adda*

« Il bambino non può restare. »

L'Agazzi è in piedi davanti allo scrittoio del direttore della scuola, che non gli ha neanche riservato la cortesia di farlo accomodare su una sedia. Non doveva essere una cosa lunga, del resto. La situazione è chiara, inequivocabile.

« Ma se voi poteste... se voi cercaste... »

« Vi prego di non insistere. Peggiorereste solo la situazione. »

Rino sta accanto al padre con la testa bassa. Se solo l'alzasse un po', si vedrebbe che ha un occhio pesto, il naso sanguinante e il labbro rotto.

« Ma come posso... nelle mie condizioni... » L'Agazzi non è tipo che supplichi né che provi a muovere a compassione, e doverlo fare risveglia la gamba mancante che inizia a scalciare, come se fosse ancora attaccata.

Il direttore si alza con un gesto stizzito, appoggia le mani al piano della scrivania e si china su di lui con fare arcigno. « Mio caro signore, se credete che sia dovere della scuola farsi carico di responsabilità in capo ai genitori, vi sbagliate di grosso. La scuola non intende e non può sostituirvi nel dovere educativo che vi siete assunto generando la vostra prole.»

No, non era questo che intendeva l'Agazzi. Cercava solo un po' di comprensione. «Ma vi prometto che...»

«L'avete già fatto», lo interrompe il direttore. «E abbiamo visto com'è finita.»

Si voltano entrambi a osservare il bambino, che non emette un singhiozzo, nemmeno un furtivo tirar su col naso, qualcosa - qualsiasi cosa - che possa essere scambiato per un pentimento.

«Lo vedete anche voi», sottolinea il direttore.

«È un bambino vivace, non lo nego, ma riconoscerete che ha una mente brillante e...»

«Non sta a voi dirlo!» lo zittisce l'altro dando una manata al tavolo. Segue un silenzio lunghissimo, poi il direttore continua con tono più morbido: «Ma voglio riconoscervelo, il bambino ha dato segni d'intelligenza».

«E dunque...»

«E dunque questo non fa che aggravare la sua posizione. L'intelletto non può sostituirsi al saper vivere civile. Se non è accompagnato dal dominio degli impulsi, esso non solo viene sprecato ma può virare in una propensione diabolica.»

All'Agazzi sembra una previsione un po' eccessiva, ma non crede che sia il momento giusto per puntualizzare. «Cosa faccio adesso?» chiede, dando involontariamente fiato ai propri pensieri.

«Lavoro. Nove anni è l'età legale, non ci sono ostacoli», lo liquida il direttore. «Voi avete un'attività, potreste prenderlo come garzone.»

L'Agazzi scuote il capo. Questo è fuori discussione: Rino deve fare esperienza altrove, deve vedere il mondo, scegliersi la propria strada.

«Oppure ci sono i campi; in questa stagione due giovani braccia tornano sempre comodo», continua il direttore. «Mi risulta inoltre che voi abbiate lavorato al villaggio dei Crespi, potreste mandarlo al cotonificio.»

Solo in quella Rino alza la testa come se fosse stato colpito da una scudisciata, e pianta negli occhi del direttore uno sguardo pieno d'astio.

« Sono certo », continua lui guardando altrove, « che il lavoro sarà d'insegnamento a questo piccolo ribelle. Forse, provando la fatica fisica, avrà modo di rendersi conto di quali privilegi ha sprecato col proprio comportamento irresponsabile e finalmente si pentirà delle proprie azioni. Sono fiducioso che il regime di una fabbrica potrà adempiere al compito nel quale noi purtroppo abbiamo fallito: impartirgli la disciplina. »

« Vi ringrazio », esala l'Agazzi, che è stanco, non tanto di stare in piedi quanto di sopportare la filippica. « Saluta », ordina a Rino.

Il bambino fa no con la testa e anzi tira fuori la lingua.

Se solo non dovesse reggersi alle stampelle, suo padre gli mollerebbe un ceffone. Ma le stampelle gli offrono anche una buona scusa per non farlo, perché in fondo anche lui vorrebbe mostrare la lingua al direttore.

Escono in silenzio, l'uno traballante, l'altro saltellante.

« Questo posto non faceva per me, papà », dice il bambino quando sono sul piazzale inondato di sole. Usa sempre espressioni da adulto che, uscendo da un corpo così piccolo, hanno un effetto comico.

L'Agazzi guarda il figlio domandandosi se esista sulla Terra un posto che fa per lui. « E adesso cosa ne faccio di te? » sospira.

## 5

*Canonica d'Adda*

I Malberti si sono trasferiti in una villetta più piccola, dove vivono la Luigia, il Canèta, una delle gemelle e Remigio. Non sono più la tribù chiassosa di un tempo. L'Oreste non c'è più, Serafino e mamma Terenzia ormai sono morti da anni e l'Ottavia è andata in sposa al figlio del mezzadro, l'Adele si è trasferita a Lecco, dove ha sposato un lontano cugino. Da quando poi è successa quella cosa...

Nessuno ne parla, non lo nominano nemmeno, come se non fosse mai esistito. Ma lo spettro di Fredo vive ancora con loro, intinge il pane nella zuppa, lascia un solco dentro il letto, sposta le tendine per guardare fuori. La Luigia, quand'è certa d'esser sola, gli parla – *Bambino mio, cosa hai fatto? Perché non me ne hai parlato? Come ho potuto non accorgermene?* – e se è distratta o molto stanca le succede di apparecchiare per cinque.

Al villaggio, a qualcuno pare ancora di vederlo aggirarsi come un'anima in pena nei pressi del canale: sta là, col suo bel vestito dal taglio impeccabile, il fisico lungo e snello, le mani bianchissime ficcate in tasca e con sguardo folle fissa l'acqua. Poi la nebbia si dirada o la gente guarda meglio, e si scopre che era solo un vecchio tronco o un gioco di luce.

Più di ogni altra cosa, però, sulla famiglia Malberti aleggia lo spettro della vergogna, non solo per quel gesto estremo che è un insulto a Dio, ma soprattutto per quel congedo tanto infamante, per quella esplicita, quasi fiera ammissione di colpevolezza. Poteva immaginare, Fredo, che le sue colpe sarebbero ricadute su quelli rimasti? Che sua madre al mercato sarebbe stata additata, che la gente avrebbe faticato a rivolgerle la parola, che più che compassione avrebbe trovato sospetto e disprezzo?

« Ci sono io adesso, mamma », le dice il Canèta cingendo le spalle della Luigia e baciandole la tempia, come un tempo faceva suo fratello maggiore.

Lei sospira, alza sul figlio occhi arrossati e stanchi, si sforza di fare un sorriso, ma le esce solo una smorfia dolorosa.

Il Canèta ci resta sempre male. Per Fredo aveva un'autentica ammirazione, ed è per questo che è tanto arrabbiato: perché il suo idolo lo ha deluso, lo ha preso in giro, tradito, umiliato.

Adesso il Canèta è il maschio più grande: ha diciotto anni, a lui è intestato il contratto di affitto della villetta, perché è lui il capofamiglia, un ruolo che ricopre con orgoglio e un pizzico di prepotenza. È così che faceva l'Oreste ed è così che farà lui, perché questo fa l'uomo di casa: comanda.

Fredo però aveva tutto un altro stile. Sapeva leggere e scrivere con scioltezza, mentre al Canèta gli anni di scuola dell'obbligo non sono serviti quasi a niente. In casa era amato per la sua gaia leggerezza, per i commenti sferzanti, per la galanteria e i regali generosi. Certo, guadagnava bene, se lo poteva permettere: mica come il Canèta che sta ancora a oliare le macchine in filatura per quattro soldi.

E in fabbrica, poi, Fredo era temuto. La gente gli portava rispetto: non perché lo amasse, ma perché ne aveva paura. Quando invece il Canèta prova ad alzare la cresta, non lo degnano della minima attenzione, come se non esistesse nemmeno. Nessuno ha paura di lui, nessuno lo prende sul serio.

« Io esco », dice l'Elvira. Fuori sta calando il buio, tra poco sarà notte.

Il Canèta le si pianta davanti con le mani sui fianchi. « Dove vai? »

« In fabbrica. »

« Ci sei già stata. »

« Ci devo tornare. »

« A fare cosa? »

L'Evira lo guarda senza trovare una risposta. Certo non può dirgli la verità, ma non ha pensato a un'alternativa. Si scambia un'occhiata con Remigio in cerca di aiuto, ma suo fratello è immobile e inespressivo come sempre.

« A fare cosa? » la incalza il Canèta.

« *Lasala sta* », gli dice la Luigia con tono stanco.

L'Elvira approfitta dell'istante di distrazione del fratello per aggirarlo e scappare fuori. Lui fa per brancarla, ma troppo tardi: nei pugni gli resta solo aria.

Il Canèta si lascia cadere sulla sedia e picchia il bicchiere sul tavolo, come un tempo faceva suo padre. Nessuno però si affretta a riempirglielo.

## 6

*Milano*

Fare l'imprenditore non è facile. Uno pensa che siano i soldi, il problema – e lo sono, senza dubbio –, ma il denaro è inanimato e il suo comportamento risponde a regole precise, quindi sicure, prevedibili. La vera difficoltà è gestire le persone: ricchezza e disperazione dell'imprenditore, le persone hanno il pregio e il limite di pensare autonomamente, il che le rende sovente ingestibili.

Cristoforo è seduto allo scrittoio, la schiena dritta, rigida, un po' chino in avanti, coi gomiti appoggiati sul piano e le dita incrociate davanti alla bocca. Se ne sta rintanato nello studio e risponde stizzito a tutti.

Tre giorni fa, sua moglie è entrata nello studio senza neanche bussare. Cristoforo ha sollevato gli occhi dalle carte incontrando quelli di Pia in lacrime; a sentire lei, in casa si era appena consumata un'immane tragedia: la cameriera, quella spudorata, cui avevano dato perfino un tetto, insidiava il loro bambino. Cristoforo sulle prime ha pensato a Daniele, non essendovi altri bambini in famiglia.

« La Magni li ha visti amoreggiare nella pinacoteca... di notte! »

È stata chiamata la governante, che ha confermato quello che tutti, pur non volendo ammetterlo, avevano sempre intuito: Silvio ed Emilia, coetanei, ormai legati da un'amicizia decennale e riuniti sotto il medesimo tetto, sono diventati intimi. Troppo intimi.

« Quella rovinerà la vita di nostro figlio. » E a Cristoforo che cercava di farle capire che si trattava solo di una cameriera, per quanto graziosa, e non di una strega, Pia ha risposto con inaudita veemenza. « Ti rendi conto che potrebbe... » Una vera signora non avrebbe mai potuto completare la frase, ma sapevano entrambi cosa intendeva dire: i pettegolezzi delle dame della città sono pieni di servette civettuole e figli illegittimi. « È ancora troppo giovane, non si rende conto di cosa sta facendo, di cosa rischia. »

Cristoforo è convinto che sia normale che il ragazzo abbia certe idee per la testa – anche lui a diciott'anni non pensava ad altro –, ma che la cosa si esaurirà col tempo e che, anzi, cercare di separarli a tutti i costi non farà altro che renderli più cocciuti, uniti. I giorni successivi, però, sono stati una litania di « Tu gli devi parlare », e « Quella se ne deve andare », così Cristoforo si è deciso a convocare suo figlio.

Silvio è in piedi davanti a lui; ha rifiutato la sedia che suo padre gli ha offerto e tiene la testa bassa e uno sguardo di ostinata determinazione. Niente, del resto, è più ingestibile di un giovane uomo innamorato, o convinto di esserlo. È l'ultimo giorno disponibile, perché domani il ragazzo partirà per una nuova esperienza all'estero, questa volta in Francia. Certo, Cristoforo non si aspettava che suo figlio esordisse con un perentorio « Io intendo sposarla ».

A Cristoforo viene quasi da ridere, ma, rendendosi conto che Silvio è serissimo e soprattutto molto determinato, capisce che la cosa va affrontata di petto. « E con quali soldi? »

Il ragazzo alza gli occhi da terra e lo sfida. « Questo non è un problema. »

Cristoforo si lascia andare a una risata denigratoria, che a suo figlio fa l'effetto di una sberla. Ride a lungo, poi all'improvviso si fa serio. « Tu credi che ti darò l'azienda di famiglia », gli dice puntandogli contro l'indice. « Pensi che ti spetti di diritto. Pensi di non dover dimostrare niente a nessuno. »

Segue un silenzio tesissimo. Sì, Silvio lo pensa. Anzi, lo pretende.

« Ascoltami bene. Ho costruito questa azienda dal niente, l'ho portata a essere da piccola attività a conduzione familiare a un'impresa che dà lavoro a centinaia di persone e che esporta i propri prodotti anche all'estero. Ho lavorato fino a spaccarmi la schiena e ho rischiato personalmente per arrivare dove sono, senza l'aiuto di nessuno. La strada che mi ha condotto qui è lastricata di rinunce, alcune delle quali molto dolorose, più che di soddisfazioni. E non ho fatto tutto questo perché la mia prole potesse un giorno sedersi bella comoda a papparsi i frutti del mio sudore. » Si lascia andare sullo schienale della poltrona e incrocia le mani in grembo. « Lascerò la mia azienda all'uomo che si dimostrerà capace di prenderne le redini con lucidità, determinazione e spirito di abnegazione, disponibile anche a immani sacrifici e atroci rinunce, se necessario. Se pensi che la cederò al primo che porta il mio cognome, che basti chiamarsi Crespi per avere la mia stima e soprattutto i miei soldi, confermi di essere il viziato che non avrei mai voluto avere come figlio. E, se credi che metterò te davanti all'azienda, significa che non sai nemmeno contare: perché tu sei uno contro diverse centinaia di uomini, donne e bambini.»

Silvio si rende conto che Cristoforo non gli sta parlando da padre, bensì da uomo d'affari. Ma, se col primo poteva cercare una crepa nella sua corazza appellandosi al buon cuore o implorando comprensione, il secondo è spietato e privo di scrupoli. E gli fa paura.

«Dunque, se vuoi sposare quella ragazza, hai la mia approvazione», conclude Cristoforo. «Non ti dirò di no. È bella, intelligente, onesta. Un'ottima scelta. Suo padre era un brav'uomo.» Si accende un sigaro in tutta calma e lo scruta attraverso il fumo. «Ora quindi davanti a te si aprono due strade: domattina puoi partire per la Francia, concludere il tuo percorso di praticantato, tornare, iscriverti all'università, laurearti e passare i prossimi anni a dimostrarmi d'essere degno di ereditare la mia impresa; oppure puoi lasciare ogni cosa, uscire da questa casa, trovarti un impiego che ti dia da mangiare, sposare Emilia, fare dei figli. Ormai sei un uomo e sei libero di scegliere. Ma devi sapere che non puoi prenderle entrambe.»

Silvio aveva messo in conto che il confronto sarebbe stato duro, ma se lo immaginava diverso: pensava che suo padre avrebbe alzato la voce e che lo avrebbe costretto a rinunciare a Emilia. Per quanto doloroso, sarebbe stato più facile, perché gli avrebbe tolto la responsabilità di una scelta che non vuole dover fare.

«*Alüra!*» Cristoforo picchia la mano sul tavolo e il ragazzo sussulta. «Non ho tutto il giorno da perdere.»

Silvio alza gli occhi e incontra quelli feroci di suo padre. Sanno già entrambi come andrà a finire. Cosa ne sarà, da domani, di Emilia?

# PARTE OTTAVA

# 1

*Crespi d'Adda,*
*luglio 1893*

Come ogni anno, nel giorno di San Cristoforo si celebrerà l'anniversario della fondazione del villaggio che, da quattro anni, ha adottato il nome dei padroni: ora le persone che vivono qui possono dirsi « crespesi ».

Sono cambiate molte cose da quel radioso giorno del '78: nessuno della vecchia generazione avrebbe mai potuto immaginare che l'opificio sarebbe cresciuto a tal punto da ospitare così tanti fusi e operai, e che le casette attorno si sarebbero moltiplicate venendo su come funghi. In posizione sopraelevata, l'edificio della chiesa è quasi ultimato, proprio accanto alle nuove scuole, che invece sono già in funzione da un anno.

Ai vecchi piace stare seduti al sole ad asciugarsi le ossa, davanti a un bicchiere di vino, mentre rievocano il passato, che nei loro discorsi è sempre migliore del presente.

« Ma te lo ricordi com'era qua? Non c'era niente », dice uno che ha perso tre dita nella cardatrice. Fa un cenno al Rino dell'Agazzi, che ha quasi sedici anni e da sette lavora in filatura. « Tu dovevi ancora nascere, ma io c'ero. Niente, solo campi. L'abbiamo tirato su noi, questo posto. »

Rino fa sì con la testa, come a dire che lo sa, glielo hanno ripetuto decine di volte. Adesso diranno che loro alla sua età non avevano niente, però non si lamentavano mai, mentre le nuove generazioni sanno solo piangersi addosso, e voglia di lavorare ne hanno poca. Ogni anno in questo periodo gli ripetono sempre le stesse cose: anche questa è una tradizione, insieme ai balli della gente, ai giochi dei bambini, ai discorsi del padrone.

« Quanta fatica », commenta uno con gli occhi piccoli di vino. « Rientravo la sera tutto sporco di fango, e non avevamo neanche i vestiti da cambiarci. La mia povera mamma me li metteva davanti alla stufa e, se si asciugavano, bene, se no il giorno dopo andavo a lavorare coi vestiti umidi.»

«Non avevamo niente», aggiunge un altro. «Ma guai a lamentarsi.»

Tutti scuotono il capo insieme con aria desolata, forse per il ricordo della fatica e della fame, forse per gli anni andati che non torneranno mai più.

«Adesso hanno anche il medico», riprende quello con tre dita di meno.

Da qualche settimana, passa di bocca in bocca la notizia che presto verrà a vivere al villaggio un medico pagato dai Crespi, per il quale si sta perfino costruendo una villetta apposta sul Fosso Bergamasco.

«Ai miei tempi, se ti facevi male, era colpa tua che non eri stato abbastanza attento. E se ce la facevi bene, se no...» Dà un'alzata di spalle, come a dire che si sa, capita.

«E comunque i Crespi il medico non ce lo danno mica per simpatia», salta su Rino, che è stanco di ascoltare e vuole dire la sua. Tutti sanno che è un tipo polemico, ormai lo conoscono bene, e infatti lasciano correre. «Serve per aggiustarci se ci rompiamo, come il manutentore per le macchine. Alla fine chi ci guadagna sono sempre i padroni.»

«Ma te lo ricordi il Silvio?»

Gli operai temono che qualcuno li senta parlare male della famiglia e che vada a far la spia, così cercano subito di cambiare discorso.

«Era alto così, non arrivava nemmeno alla Crighton.»

Il giovane si è fatto strada, lo sanno tutti. A ventun anni era laureato e direttore del cotonificio, poco dopo è stato nominato cavaliere come già suo padre, poi segretario del circolo industriale agricolo e commerciale di Milano, intimo amico di grandi imprenditori, politici, banchieri. Il suo status lo tiene spesso lontano dal cotonificio, non è facile vederlo qui, come invece accadeva con suo padre che, pur con tutte le differenze, gli operai sentivano quasi come uno di loro.

Silvio ha venticinque anni e lo scorso inverno si è sposato, ma la nuova *sciura* Crespi non si è ancora fatta vedere al villaggio e le ragazze di qui non stanno nella pelle.

Da qualche tempo si coglie l'occasione dell'anniversario di fondazione del cotonificio per presentare al padrone, in una breve ma sentita cerimonia, le spose dell'anno. Questa volta le giovani del villaggio che sono state promesse in matrimonio sfileranno davanti alla sposina per eccellenza: la *sciura* Teresa che, avendo rapito niente meno che il cuore del figlio del padrone, dev'essere per forza eccezionale per bellezza, tempra e spirito.

« Tu ci vai? » chiede l'Elvira dei Malberti a Emilia.

Sono sdraiate in un prato sopra il Fosso Bergamasco a prendere il sole con gli occhi chiusi e le mani dietro la testa.

Emilia ci mette un bel po' a rispondere. « Non lo so », sbuffa.

A ben vedere non ne ha per niente voglia. Di recente si sente sempre stanca, dorme male, si rigira per ore nel letto e riesce a prendere sonno solo sul far dell'alba. Il cotonificio lavora trecentosessanta giorni l'anno, il che significa che lei, come del resto tutti quanti, non ha mai un attimo di riposo.

« Sfila anche la fidanzata di mio fratello », commenta l'Elvira. Il Canèta si sposerà in autunno con una ragazza di Trezzo, l'Ugolina dei Massenti. « Anche se hai già venticinque anni, non devi preoccuparti », dice poi, interpretando il silenzio dell'amica come un segno di afflizione. « Se ci è riuscita lei che è brutta come il peccato, ci puoi riuscire anche tu. »

« Non è per questo. »

« Certo, come no... » dice l'altra, che evidentemente non le crede.

L'Elvira è stata la prima amica che Emilia si è fatta in filatura. Tornata da Milano, si è ritrovata a combattere in un mondo ostile e sconosciuto. In poco più di tre anni d'assenza, il villaggio era stato stravolto dai cambiamenti: le poche villette si erano moltiplicate, il villaggio brulicava di volti sconosciuti, il cotonificio si era allargato. Emilia non riconosceva più il luogo dov'era stata felice con suo padre e sua madre; questa grande macchina di uomini e ingranaggi l'aveva espulsa e ora la ripudiava.

Il padrone, sempre fedele all'antica promessa fatta a Carlo, le aveva rimediato un posto da operaia in filatura, ma quella fabbrica, che Emilia credeva di conoscere, accanto alla quale era cresciuta, cullata al suono amico dei telai meccanici, si era rivelata ben altra cosa: l'aria resa irrespirabile dal pulviscolo del cotone, un clima torrido, incidenti all'ordine del giorno e il rischio costante che scoppiasse un incendio; turni estenuanti di dodici ore, tutto il tempo in piedi, con la schiena a pezzi e il rombo delle macchine nelle orecchie, che non se ne andava nemmeno quando finalmente usciva all'aperto. E poi le persone, per la maggior parte donne e bambini, non più schiavi delle macchine ma già parti di esse, chini, ricurvi, ritorti. Deformati dal lavoro.

Il primo giorno c'erano lei e il Rino dell'Agazzi, che allora aveva nove anni. Erano nuovi e il caporeparto li aveva affidati a un operaio esperto, il quale aveva mostrato loro in modo sommario il lavoro e poi li aveva piantati in asso. Non era un compito difficile e, dopo tutto, il lavoro monotono e ripetitivo le permetteva di non pensare; a differenza del figlio dell'ex locandiere, che non provava nemmeno a nascondere il disgusto per quel posto, Emilia si era adeguata alla svelta. A fine giornata, però, le fischiavano le orecchie e, uscendo di corsa dallo stabilimento, era andata a cercare la pace del bosco.

Era là che si erano riviste dopo tanto tempo, Emilia e l'Elvira. Ma la gemella dei Malberti non era sola: con lei c'era un uomo che si era subito dileguato a testa bassa.

« Lo vai a dire al padrone? » le aveva chiesto l'Elvira il giorno dopo. Non temeva che lo raccontasse a sua madre o a suo fratello, bensì a Crespi.

Emilia non aveva ben chiaro il significato di quello che aveva visto nel bosco, ma in ogni caso non avrebbe fatto la spia. Aveva scosso il capo. « Sei l'Elvira? »

« No, sono l'Adele », aveva mentito l'altra.

Emilia era rimasta a lungo a osservarla pensosa. « L'Adele non ha quel neo lì vicino all'orecchio. Tu sei l'Elvira. »

Era la prima volta che qualcuno notava la differenza con la sua gemella, forse perché era la prima volta che qualcuno la guardava davvero, con autentico interesse, e l'Elvira ne era rimasta contenta. Nei giorni successivi, comunque, l'aveva tenuta d'occhio, dal momento che sua madre ripeteva sempre che dei Vitali non ci si può fidare. Niente, però, lasciava intendere che Emilia avesse fatto la spia: era stata di parola.

Da allora, piano piano, hanno superato la diffidenza reciproca e sono diventate amiche; anzi, si può dire che la Vitali sia la sua unica amica perché « a una così » non vuole accompagnarsi quasi nessuno.

« Dai, vieni anche tu », la supplica l'Elvira. « Vediamo che faccia ha la moglie del *sciur* Crespi. »

Emilia non ha raccontato a nessuno quello che c'è stato a Milano. Per tutto questo tempo è stata molto attenta a non incrociare Silvio o a farlo solo in circostanze molto affollate; forse lui i primi tempi avrebbe anche voluto, qualche timido tentativo di riavvicinamento l'ha fatto, ma lei lo ha sempre tenuto a distanza.

« Sono stanca. » Non sta mentendo. Si sente davvero spossata e le capita spesso, ultimamente, di avere dei capogiri improvvisi.

« Infatti non hai mica una bella cera », conferma l'Elvira. « Non ce la fai a trovarlo un marito, con quella faccia lì. »

« Non lo voglio un marito. »

« Tutte lo vogliono. Non puoi stare senza marito. »

Emilia si tira su a sedere e quel piccolo sforzo le costa un'enorme fatica. « E tu allora? »

Lei si fa una risata amara. « Io ne ho fin troppi di mariti, praticamente tutti quelli del villaggio. » Solo con Emilia può permettersi di essere così diretta, così brutalmente sincera, perché sa che lei non la giudica. « Senti, adesso io vado », dice alzandosi in piedi. « Tu stai a prendere un po' di sole, che sei più pallida di uno spettro. Vedo se ti trovo in giro un buon partito, magari uno vedovo. »

« Non lo voglio un marito », ripete Emilia.

Ma l'amica è già ridiscesa saltellando verso la fabbrica e non l'ascolta più.

## 2

La festa del paese è al suo culmine. Sul piazzale rialzato dove sta sorgendo la chiesa sono state disposte tre imponenti sedie, simili a troni; ai due estremi sono seduti il padrone e sua moglie Pia, al centro Silvio. La banda intona una marcia trionfale che dà l'avvio alla sfilata delle spose dell'anno, la gente getta fiori ai loro piedi. Sono tutte vestite con abiti tradizionali e hanno sorrisi radiosi. C'è anche l'Ugolina dei Massenti, che tra poco andrà in sposa al Canèta: nonostante sia ancora molto giovane, ha caviglie gonfie e corporatura massiccia.

« Ha trovato marito perfino lei, che ha i denti storti », sussurra l'Elvira all'orecchio di Emilia.

Emilia non le dà retta. A dire il vero l'Ugolina le fa un po' pena: il Canèta non si preannuncia come un marito premuroso.

La musica finisce e la gente applaude. Il parroco di Capriate fa un lungo discorso sull'importanza di mettere su famiglia e a Emilia sembra che non le stacchi gli occhi di dosso, che nel suo tono ci sia un rimprovero. Poi chiama una per una le ragazze e impartisce loro una rapida benedizione. Silvio sorride bonario, annuisce, applaude, infine consegna a ciascuna una busta con del denaro, omaggio della famiglia alle future spose; poi si alza. Ha una corporatura snella, scattante, occhi profondi, baffi folti e modi da gran signore. Tutti gli occhi sono per lui, sulla piazza cala il silenzio. Silvio si abbottona la giacca con tutta calma, come se fosse solo nel proprio boudoir, poi sorride, fa due passi e arriva proprio davanti a Emilia, seduta in prima fila. Sorride di nuovo, mima un piccolo inchino e le porge la mano invitandola ad alzarsi.

« Te l'avevo detto che oggi avresti trovato marito », le dice l'Elvira, con una punta d'invidia nella voce.

Emilia è confusa, non sa come comportarsi. Una parte nascosta dentro di lei canta di gioia e vorrebbe prendere la mano di Silvio, ma al tempo stesso qualcosa la trattiene, una specie di rabbia silenziosa, a lungo repressa, un desiderio di ribellione.

Attorno c'è un silenzio irreale; tutti sono in attesa, trattengono il respiro. Silvio non si muove, sembra di pietra: sta lì impalato, col palmo rivolto verso l'alto, aspettando solo che Emilia si decida, e intanto la fissa. Qualsiasi ragazza del villaggio vorrebbe essere al suo posto.

« No! » grida Emilia.

Un refolo di vento agita le chiome degli alberi lungo il viale del cotonificio. Uno stormo di cornacchie si alza in volo gracchiando. Silvio invece resta immobile, con quello sguardo tronfio.

« No, no, no! » Emilia si desta gridando, in un bagno di sudore.

Accanto a lei sono seduti il Canèta e suo fratello Remigio. « Ciao, maestrina. Ti guardavamo dormire. Hai delle belle gambe. »

« Belle gambe », ripete Remigio.

Emilia si rannicchia sull'erba, tirandosi la gonna fin sotto i piedi.

« Hai avuto un incubo », le dice il Canèta. « Cosa stavi sognando? »

« Che vuoi? »

« Niente, ti guardavo. Hai delle belle gambe. Vero, Remigio, che la maestrina ha delle belle gambe? » Fa una pausa studiata, poi le si avvicina un po' e scandisce: « Te le abbiamo toccate, mentre dormivi ».

« Belle, belle », conferma Remigio.

All'improvviso Emilia si sente sporca e colpevole, vulnerabile e sola. Non è la prima volta che il Canèta si diverte a metterla a disagio, anzi si può dire che non faccia altro: è un continuo lanciarle occhiate piene di concupiscenza, battute volgari, doppi sensi. Soprattutto all'inizio, forte della sua anzianità di servizio, in fabbrica si divertiva a imporle compiti umilianti, come costringerla a pulire il pavimento china davanti a lui, che si concedeva tutto il tempo per studiarne le forme. Spesso è stata l'Elvira a venirle in soccorso, inventandosi una scusa per mandarla via o prendendo a male parole il fratello.

Ma prima d'ora non le era mai stato così vicino, mai quand'erano soli e soprattutto mai mentre lei dormiva. Sentendo crescere l'angoscia, Emilia si domanda cos'altro lui possa aver fatto e come sia possibile che non se ne sia accorta. Fa per tirarsi su, ma ha un capogiro e deve restare seduta.

« Stai bene, maestrina? » Il Canèta la osserva con un sorriso storto, poi si alza. « Ti aiutiamo noi. »

Emilia ha caldo, non riesce a respirare. Tutto attorno è sfuocato, confuso. Nelle orecchie ha un rombo che le fa venire mal di testa. « Vai via », gli dice cercando d'imporre un tono autoritario alla propria voce. Le sembra che esca distorta, debole, quasi inudibile.

« Non essere scortese, vogliamo solo aiutarti », ridacchia il Canèta. Le gira alle spalle e facendole passare le mani sotto le ascelle le afferra i seni. « Remigio, prendila per i piedi. »

Il più piccolo dei Malberti non è un tipo sveglio; al villaggio lo sanno tutti. Talvolta gli capita di rimanere imbambolato a fissare il vuoto come se per alcuni istanti il suo cervello si fosse inceppato. Anche adesso accade, concedendo a Emilia un piccolo vantaggio.

Lei attinge alle ultime forze, si puntella a terra coi talloni e si divincola, piantando una gomitata nello stomaco del Canèta, che non era preparato a una simile reazione e se la lascia scappare. Emilia corre giù per il fianco del Fosso Bergamasco, diretta alla fabbrica. Corre stringendo i denti, senza nemmeno guardare dove va, senza osare voltarsi indietro per controllare se il Canèta la stia inseguendo, mentre sente i polmoni prendere fuoco. Corre per un tempo che le sembra eterno finché non raggiunge la locanda, dove gli anziani seduti fuori a bere la guardano perplessi.

Qui, sentendosi finalmente al sicuro, si ferma a respirare. Spalanca la bocca, ma l'aria non arriva. Il panico la prende e, prima ancora che possa chiedere aiuto, cade a terra priva di sensi.

## 3

Con questo caldo, l'Adda si è molto ritirato. Il suo corso, che poche centinaia di metri più a monte scorre in anse placide e gonfie, qui, impoverito dal canale della Martesana da una parte e da quello del cotonificio dall'altra, arranca sul letto pietroso prima di accogliere il Brembo e ricominciare a essere un fiume vero.

L'Elvira attraversa il ponte diretta verso Trezzo. Oggi c'è

mercato e coi risparmi che è riuscita a mettere via le piacerebbe comprare un cappellino. Quando arriva in vista delle bancarelle rallenta il passo, si dà una sistemata ai capelli, si tira un po' giù la gonna a coprire bene le caviglie, si abbottona la camicia fino all'ultimo bottone e alza il mento. Il mercato è affollato, rumoroso, colorato; all'Elvira piace questa allegra confusione che le permette di perdersi tra la gente: è come essere soli senza però esserlo davvero. Poco lontano, un gruppo di donne si sta contendendo un pezzo di stoffa sotto lo sguardo divertito del commerciante che nella disputa vede crescere il valore della propria merce. « L'ho visto prima io! » sbraita una. « Ma poi l'hai messo giù », ribatte l'altra. « L'avevo solo appoggiato. » Ma una terza salta su: « Io l'avevo visto già la settimana scorsa, è mio! » Nessuna delle tre si decide a mollare la presa sulla stoffa, che viene strattonata di qua e di là. « Se me la rovinate, ve la faccio pagare », salta su il venditore, che comincia a essere stufo.

L'Elvira si domanda quale straordinario pezzo di stoffa possa generare una tale contesa, e si avvicina per dare una sbirciatina; deve sgomitare non poco tra la gente che ha accerchiato le donne per assistere allo spettacolo, ma finalmente ci riesce. È un bello scampolo di velluto di un verde brillante che cambia colore con la luce e sembra davvero soffice, ma varrà il prezzo? Allunga una mano per toccarlo e in quella viene notata da una delle tre.

La reazione è repentina: la donna cambia espressione – dapprima stupore, poi incredulità, infine disgusto – e subito molla lo scampolo come se scottasse, imitata dalle altre. La gente in breve si dirada, bisbigliandosi cose all'orecchio e lanciandole occhiate in tralice.

L'Elvira rimane sola, con la stoffa ai piedi. La raccoglie, constatando che è davvero morbida come sembrava. « Be', se non lo vuole più nessuno, lo prendo io », dice, cercando di non far trasparire il disagio. « Quanto mi fate? » chiede al commerciante, immobile come una statua di sale dietro il banchetto.

Lo conosce bene, si chiama Arrigo. La domenica, quando la moglie è in chiesa, lui frequenta un altro tipo di messa. Si vanta sempre d'avere i soldi, fa promesse da gran signore, ma dopo tira sul prezzo, con la scusa che anche a lei, in fondo, è piaciuto.

« È già venduta », dice un donnone comparso alle spalle dell'uomo, probabilmente la moglie.

Ora che l'ha vista, l'Elvira non si stupisce che l'Arrigo cerchi un'alternativa. Mette giù la stoffa con deliberata lentezza. Dentro si sente morire per l'umiliazione e la rabbia, ma non darà soddisfazione a nessuno. « Tanto non la volevo, non mi piace », ribatte. « Sono venuta per comprare un cappellino, io. »

La donna si fa una risata grassa quanto lei. « Non c'è nessuno che ti venderà qualcosa, qui. »

L'Elvira si sente avvampare e, prima che gli occhi le si riempiano di lacrime, gira sui tacchi e se ne va via in direzione del fiume. Oggi non avrà il cappellino, e forse mai.

Ha sempre conosciuto il prezzo delle proprie scelte e, anche se delle volte, come oggi, il disprezzo della gente le brucia come sale su una ferita, la sua decisione ormai l'ha presa da tempo.

Sua sorella si è sposata sette anni fa con un cugino che sta nel lecchese: l'Adele e l'Elvira si assomigliano come gocce d'acqua, ma non potrebbero essere più diverse. Di qua e di là dal fiume, del resto, tutti sanno che ci sono *due* gemelle Malberti. Sono alte uguali, hanno gli stessi occhi neri come il carbone, lo stesso naso lungo, la stessa bocca sottile, il mento sfuggente: sono così uguali che le si potrebbero anche confondere, ma una può andare al mercato a comprarsi quel che vuole e la gente le porta rispetto, l'altra no. Una è quella buona, l'altra invece è marcia.

*Pazienza,* si dice l'Elvira imboccando il ponte sull'Adda che la riporta a Crespi: non potrà avere il cappellino, ma in compenso ha tutti gli uomini del villaggio. E le loro mogli non possono farci proprio niente.

## 4

L'ambulatorio è una scatola piena di luce; il sole entra dalle finestre a sud, buca le tende e rimbalza sulle pareti intonacate di bianco, bianchi sono i letti disposti su due file ordinate, bianche le lenzuola. Gli infermi sono così pallidi che a stento li si distingue dal resto.

Quando ce ne sono molti, come in questi giorni, viene chiamato a supporto un giovane medico di Canonica. Ci sono una donna che ha avuto un parto difficile, due ustionati per la fuoriuscita di vapore da una caldaia, un ragazzo caduto dall'impalcatura nel cantiere della nuova chiesa; dei dieci ricoverati, ben sei sono affetti da pneumonia del cotone.

Tra questi c'è anche Emilia che per due giorni ha alternato febbre e delirio a brevi momenti di lucidità, in cui ha cercato di scappare. Quando apre gli occhi, si trova di fronte il volto serio del medico che, seduto su uno sgabello a poca distanza, la osserva attentamente.

« Buongiorno », le dice.

La prima immagine che le torna in mente sono le mani del Canèta che la frugano e in un istante la paura dilaga. Emilia scatta in cerca di una via di fuga, ma qualcosa la trattiene per i polsi. Guarda giù e vede le cinghie di cuoio.

« State tranquilla, siete al sicuro », la rassicura il medico. « Non avete niente da temere. »

« Dove sono? »

« Vi trovate nell'ambulatorio del villaggio, io sono il dottor Pagnoni. » La sua voce è bassa, profonda, e a Emilia infonde calma. « Siete affetta da una forma di pneumonia molto comune tra i lavoratori dell'opificio, che comporta il restringimento delle vie aeree dovuto all'inalazione di particelle di cotone, dunque difficoltà respiratorie, talvolta febbre e perdita di conoscenza. »

Lei strattona le cinghie che la tengono legata al letto. « Perché? »

« Nei giorni scorsi siete stata molto agitata, è stato per il vostro bene, cercavate di alzarvi rischiando di cadere. » Sorride sotto la barba rossiccia. « Ma non credo siano più necessarie, mi sembra stiate già meglio. » La slega.

« Posso andare a casa? »

Un altro sorriso. « Non ancora. »

Il disappunto è evidente in Emilia. « Devo lavorare. »

Lui scuote il capo. « Per qualche tempo siete esentata. Ordine del signor Crespi in persona, che vi ha mandato quelli. » Sul tavolino accanto al letto c'è un mazzo di fiori in un vaso, con un bigliettino accanto.

Il cuore le manca un battito, mentre le torna in mente l'ultimo sogno in cui Silvio la chiedeva in sposa. Senza più degnare il medico di attenzione, si avventa sul biglietto e lo apre. È su carta intestata della ditta: il padrone - Cristoforo, non quello che sperava - le augura una pronta guarigione. Emilia si lascia andare a un sospiro, al termine del quale si ode chiaramente un lungo sibilo.

Il medico la osserva pensoso, accarezzandosi la barba. « Le vostre condizioni sono serie, signorina Vitali. Non voglio mentirvi. » Si guarda attorno con vaga circospezione. La regola che gli hanno insegnato prevede che ai pazienti si riveli il meno possibile. Una previsione sfavorevole può gettarli nello sconforto, renderli poco collaborativi; al contrario, una troppo ottimistica potrebbe illuderli e indurli a essere poco cauti. Il medico è l'unico a detenere la verità e il paziente deve, semplicemente, obbedire. Questa è la regola. Una regola che lui infrange di continuo. « I sintomi sono stati trascurati a lungo e la malattia è degenerata. C'è la possibilità che sfoci in una patologia polmonare permanente, anche invalidante. » Aspetta che Emilia comprenda sino in fondo il significato di quella frase.

Lei deglutisce, stringe i denti e infine annuisce. « Qual è la prognosi? »

Negli occhi del medico passa un lampo di sorpresa. Non si aspettava di sentir uscire queste parole dalla bocca di un'operaia. Ma forse quella che ha davanti non è un'operaia come tutte le altre. « Molto dipenderà da voi », continua. « Se sarete collaborativa e concederete al vostro corpo il riposo di cui ha bisogno, le cose col tempo andranno migliorando. Dovete avere fiducia. Mi rendo conto che quello che vi chiedo non è poco, a dispetto delle apparenze. »

« Va bene », dice Emilia, cercando di non piangere.

Il dottor Pagnoni si alza, rivelandosi alto e imponente. « Ci rivedremo presto », le dice con un sorriso.

## 5

Oggi il Rino dell'Agazzi torna in filatura. Da quando lavora al cotonificio ha girato tutti i reparti e svolto tutte le mansioni. Ovunque lo abbiano messo, ha trovato qualcosa da ridire, qualcuno con cui accapigliarsi. I Crespi lo avrebbero già cacciato, se non fosse per il non trascurabile fatto che con le macchine, più che con le persone, ci sa proprio fare: la velocità con cui le monta e le smonta non ce l'ha nessuno, e soltanto ascoltandole riesce a capire cosa c'è che non va. Per tacere poi della rapidità con cui s'inventa soluzioni.

« Figlio mio », gli dice suo padre, che sta ancora giù alla locanda dell'ex dogana, « se imparassi a stare zitto, ogni tanto, forse diventeresti anche caporeparto. »

Ma a lui non interessa diventare niente, tanto meno un capetto. Sono tutti uguali. A quelli piace mostrare i muscoli con gli operai, metterli in riga, alzare la voce. È gente che, diversamente, non saprebbe come farsi obbedire nemmeno dal cane. *Quando la merda la monta i scagn...*

Qualche tempo fa si è lamentato della paga. « Non ti basta? » dicevano gli operai. « Cosa vuoi di più? »

Ma non era la sua paga, il problema. Era venuto a sapere che le donne, che componevano il grosso della forza lavoro al cotonificio, erano pagate di meno. Lo sapevano tutti; era sempre stato così. « Perché? » aveva domandato. « Dodici ore di un uomo sono dodici ore di una donna. » Avevano cercato di fargli capire che una donna produceva meno, perché era più debole, quindi di conseguenza veniva pagata meno, che era giusto così. Per questo i fanciulli venivano pagati ancor meno.

« E allora perché non assumono solo uomini? » aveva domandato un giorno a un gruppo di operai che erano alla locanda. « Se la donna produce meno, me lo spiegate perché ce ne sono così tante? » Attorno a lui si era fatto silenzio. Tutti volevano capire dove volesse andare a parare. « Ce lo fanno passare come un favore, ma la verità è che la donna produce tanto quanto l'uomo, ma al padrone costa meno. »

Le donne all'inizio non gli davano retta. Tutti sapevano che il figlio dell'Agazzi era una testa calda, che cercava sempre la polemica e aveva idee strane in testa. E poi le cose erano sempre state così, da che mondo è mondo. Ma a un certo punto le sue tesi avevano cominciato a sembrare sensate e la gente aveva iniziato a mormorare di malcontento. Pure gli uomini, che le donne le consideravano inferiori, dovevano riconoscere che sarebbero stati più contenti se le loro mogli avessero portato a casa una paga migliore.

E così lo avevano spostato di nuovo in filatura.

« *Oè, Rino. Te cumbinat cusè?* » chiede uno, ridacchiando.

« Ridi, ridi. Se fosse per quelli come te, il mondo andrebbe a rovescio. » Tutti pecoroni sono: vanno dietro al padrone senza domandarsi dove sono diretti né perché; s'interessano appena del loro orticello e, purché non gli manchi mai la minestra nel piatto, va tutto bene, anche le ingiustizie. Ma intanto il mondo va avanti, si evolve. E loro restano indietro.

« Per fortuna ci sei te a raddrizzarlo », ribatte quello. Tutti attorno ridono.

Rino stringe i pugni e si rimbocca le maniche della camicia. Se vogliono fare a botte, lui è sempre pronto.

In quella, passa l'Elvira con un secchio pieno d'acqua e l'attenzione degli operai è tutta per lei, che lancia occhiate piene di promesse. Un tipo alto e corpulento, il più spavaldo di tutti, le molla una manata sul sedere che la solleva da terra.

« Ahia! » grida l'Elvira.

« Non ti azzardare! » scatta Rino, facendoglisi sotto. « Chiedi scusa alla signora! »

« Signora? » Quello ride come un matto. « Ma lo sai chi è? Quella è l'Elvira! »

Certo che Rino lo sa chi è. Tutti al villaggio sanno chi è l'Elvira e cosa fa. Non per questo è un buon motivo per mancarle di rispetto. « Ho detto chiedi scusa! »

« *Lasa sta* », dice l'Elvira, che è abituata a quelle cose e ormai non ci fa più caso.

« No che non lascio stare. Nessuno si deve permettere di mancare di rispetto a una signora. »

« Ma perché non ti fai mai gli affari tuoi? » gli chiede l'altro mollandogli uno spintone.

Con la coda dell'occhio, Rino vede avvicinarsi il caporeparto e quasi gli viene da ridere. È solo il primo giorno che è tornato in filatura e già si fa cacciare, pensa. Poi sferra un pugno al tipo corpulento e lo manda lungo disteso a terra.

## 6

In pochi giorni l'infermeria si è quasi svuotata. Restano appena Emilia e un bambino di una decina d'anni, entrambi affetti da pneumonia. Nelle lunghe ore vuote del giorno, lei prende una sedia, gli si mette accanto e gli racconta qualche storia, che inventa di volta in volta. Quella di oggi ha per protagonista una rana del Brembo che non riesce più a saltare.

« Vedo che avete ritrovato il fiato », commenta il dottor Pagnoni, che la osserva da un po'.

Emilia sorride. Si sente meglio, anche se è ancora molto debole. Il problema, però, è la noia. In infermeria sono vietate perfino le visite e il tempo non passa mai. « Devo restare ancora a lungo? » chiede. In un angolo nascosto del proprio cuore, forse sperava che Silvio sarebbe passato a trovarla, e invece...

Lui scuote il capo. « Non dipende da me, ma dal dottor Garzaroli: è lui il medico del villaggio. Io lo aiuto solo quando serve. » Oggi non dovrebbe nemmeno essere lì.

Emilia sbuffa e lui nota che il sibilo in fondo al respiro non si sente più.

« Ma metterò una buona parola. » Resta un po' sulla porta con le braccia dietro la schiena, poi si decide a entrare. « Vi ho portato questi. » Le porge dei libri. « Ho pensato che potessero essere di compagnia. »

Emilia resta senza parole e, per la prima volta, lo osserva: avrà una trentina d'anni, è alto, massiccio; ha una fronte ampia, occhi color nocciola, o forse verdi, la barba molto folta e poco curata con degli intensi riflessi ramati. Se non fosse per gli abiti che indossa, non sembrerebbe affatto un medico; anche le mani sono grandi, da contadino.

Sotto lo sguardo attento di Emilia, Enea Pagnoni si sente a disagio. Forse i titoli che ha scelto non le piacciono, forse non avrebbe dovuto essere tanto invadente, tanto sfacciato. «Vi chiedo scusa, non volevo mancarvi di rispetto.»

«Oh, no, io non...» Sta per dirgli che li apprezza moltissimo, che lei adora i romanzi e che nessuno le regalava libri da molto, molto tempo.

Ma dalla sala attigua, dove il dottor Garzaroli ha lo studio di visita, provengono delle voci. Una, in particolare, Emilia la conosce bene.

«Ah, eccovi qui!» esordisce Garzaroli entrando nell'infermeria. «Il cavalier Crespi è venuto a trovarvi, signorina. Sarà lieto di vedere che vi state prontamente rimettendo.»

Silvio avanza di alcuni passi. Quando Emilia alza gli occhi e incontra i suoi, lui si arresta come un soldato disarmato davanti a un fucile. La donna che lo segue è alta ed esile, vestita con un abito scuro che evidenzia il punto vita strettissimo e un vaporoso cappello di piume. È bella, e a Emilia questa constatazione fa male. Nella sala cala un silenzio imbarazzato, che dura solo pochi istanti.

«Voi siete quella operaia, dunque», esordisce facendosi avanti la nuova *sciura* Crespi. «Io sono Teresa Crespi Ghiglieri. Spero stiate meglio.»

Ha occhi non troppo grandi, un po' distanti, un naso ben dritto, una bocca grande. Ha un portamento disinvolto, ma elegante. L'Elvira, che è sempre informata su tutto, ha riferito a Emilia che la sposa del padrone ha ventun anni.

Emilia si alza. È panico quello che le sembra di vedere nello sguardo di Silvio? «Buongiorno», dice a Teresa. «Sto meglio, grazie.»

«Servirà ancora molto riposo», dice Garzaroli, «ma contiamo di dimetterla già domani.»

Emilia non lo sapeva e la sorpresa per un attimo cancella il disagio per la presenza di Silvio e della moglie. Cerca il dottor Pagnoni, ma lui è già andato via.

«Questa è un'ottima notizia!» commenta Silvio, forse con eccessivo entusiasmo. «Ottima davvero!»

« Molto bene », dice Teresa. Poi, rivolta a Silvio: « Non vorremo far stancare la nostra convalescente, vero? »

*Io non sono di nessuno, tanto meno vostra,* pensa Emilia, che si morde la lingua e stira le labbra in un sorriso che non arriva agli occhi.

« Bene, dunque... » balbetta Silvio. « Aspettiamo di riavervi presto in fabbrica, signorina Vitali. »

Lei gli lancia un ultimo sguardo di sfida e lui abbassa gli occhi.

## 7

Remigio rincasa dal turno percorrendo il lungo viale alberato che costeggia la fabbrica. A quindici anni i suoi coetanei sono già uomini, pensano alle donne, fanno a botte, bevono vino. Lui invece si perde ancora nei propri pensieri. Non lo fa apposta: ci si trova dentro all'improvviso come se fosse nel cotonificio deserto e gira, gira, ma non riesce più a trovare l'uscita. Basta un niente perché i pensieri lo risucchino. Per esempio, la prima volta che è stato sul *Gamba de Legn*: giunto sul ponte metallico di Trezzo, il tram a vapore faceva un rumore infernale, però regolare. Remigio si era accorto che sembrava quasi una musica ed ecco che subito si era ritrovato al centro di una banda di strumenti sgangherati che avanzava sui binari. Chiavi inglesi percosse su enormi caldaie emettevano lugubri rintocchi, ingranaggi dentellati giravano cigolando, biglie di vetro venivano agitate in barattoli vuoti, lunghe cinghie si spezzavano con uno schiocco, da tubi lunghissimi usciva un sibilo di vapore. Remigio il sedere ce l'aveva ben saldo sul tram, ma gli occhi e le orecchie erano spalancati su un altro mondo, molto più ricco e interessante di quello reale.

Il problema è che, quand'è nei suoi pensieri, non può essere anche fuori, perché sarebbe come voler entrare nell'Adda, ma senza bagnarsi.

Qualche volta, sua mamma o suo fratello Canèta, vedendolo imbambolato con lo sguardo perso nel vuoto e la bocca spalancata da cui cola un filo di bava, gli mollano un ceffone, e allora lui ritrova subito l'uscita. Non sa quanto tempo sia passato né cosa sia accaduto nel frattempo, ma sa che quello che ha visto non è meno reale del mondo che gli gira attorno: perché le cose, se esistono nei pensieri, devono esistere anche fuori, da qualche parte. Ci prova, ogni tanto, a spiegare dov'è stato, ma le parole non vogliono proprio uscire, come se qualcuno gli avesse fatto un incantesimo per impedirgli di raccontare quello che ha visto.

Arrivato all'ultima villetta, oltrepassa lo steccato ed entra. La Luigia è seduta al tavolo della cucina, immobile. Stanotte ha sognato Fredo che la portava a ballare alla festa del paese e svegliandosi ha maledetto la luce del giorno che le ha strappato via suo figlio.

«*Mama*», dice Remigio.

Lei non si muove.

Oggi sono venute alcune donne da Trezzo a dirle che sua figlia, quella marcia, la deve tenere in casa, che sono stufe di vederla in giro di qua e di là dal fiume a mangiare gli uomini con gli occhi. Non è la prima volta che accade, ma ogni giorno che passa la Luigia è sempre un po' più stanca. È come se la pelle, un tempo spessa e dura, le si fosse assottigliata e tutto le penetrasse dentro, fino al cuore. Sì, lo sa cosa fa l'Elvira. Quando se n'è accorta ormai era troppo tardi per tornare indietro, per salvarla. Lo sa, e non è che ne sia felice, certo. Ma quella disgraziata è pur sempre sua figlia, e di figli gliene restano sempre meno, alla Luigia. Come si può odiare la propria carne?

«*Mama*», ripete Remigio.

Lei si volta. Nel buio non le si vedono i lineamenti, ma Remigio sa che sta piangendo, perché a furia di vivere nell'altro mondo, quello ricco di emozioni, colori e pensieri, ha sviluppato una sensibilità particolare per il dolore altrui. A volte lo sente come fosse il proprio.

Anche adesso, per esempio, riesce a entrare nei pensieri della Luigia. Vi si accede per un lungo corridoio buio, come una galleria scavata col cucchiaio nella pancia di un monte, dove i passi risuonano vuoti. Al fondo si apre in uno slargo dal soffitto basso, opprimente. La Luigia è là e, con le proprie sciagure, sta tirando su un muro di mattoni: una vita di povertà, un matrimonio di sacrifici e poche gioie, un marito morto ammazzato, un figlio prediletto che l'ha lasciata sola ad affrontare la vergogna, una figlia che butta via il proprio corpo come se fosse una cosa da niente. Remigio sa bene che, nel muro che impedisce a sua madre di ripercorrere a ritroso la galleria per raggiungere la luce, c'è anche lui: un mattone storto, tutto sbeccato, che non va bene nemmeno per tapparci un buco.

*Prendimi per mano, mamma, usciamo insieme di qui,* vorrebbe dirle.

Ma le parole proprio non escono.

« *Mama* », ripete Remigio, con lo sguardo perso nel vuoto e un filo di bava che gli cola dalla bocca.

## 8

È da molto tempo che Silvio non entra nei *palasocc*. Prima che il papà di Emilia morisse, loro due venivano spesso a nascondersi qui. Sgattaiolavano dentro e poi si mettevano a origliare dietro le porte, scambiandosi occhiate complici. Certo, di recente non ha avuto molti motivi per venirci.

La lettera che gli ha spedito Garzaroli, però, merita una visita di persona. A Silvio, che aveva chiesto di rimanere aggiornato sulle condizioni della « signorina Vitali », il medico ha fatto presente che erano molto migliorate, e che tuttavia sconsigliava caldamente il rientro in fabbrica: il rischio che la malattia si ripresentasse con anche maggior vigore era concreto.

« Vai di nuovo là? » gli ha chiesto stamattina Teresa, vedendo che si preparava di tutto punto.

La coppia vive in un'ala del palazzo di via Borgonuovo, che è stata appositamente ristrutturata e riarredata. Stanze che, si spera, presto saranno abitate da una nuova generazione di Crespi.

Silvio, mentre s'impomatava i baffi, l'ha guardata attraverso lo specchio. Teresa aveva un'espressione di preoccupata rassegnazione. « È la mia fabbrica, sono il direttore. »

Non era questo che intendeva lei. « Sta meglio quell'operaia? » gli ha buttato lì con nonchalance.

« Quale operaia? » ha risposto Silvio distogliendo lo sguardo. « Ne ho centinaia. »

« Quella cui abbiamo fatto visita in ambulatorio. » Ha fatto una lunga pausa, poi ha aggiunto: « Era sciupata, però graziosa ».

Silvio s'è lasciato andare a una bella risata. « Non sarai gelosa... »

« Certo che no », ha ribattuto lei con tono piccato. « Ma, di centinaia che ne hai, hai fatto visita solo a quella. »

« Te l'ho detto », ha risposto Silvio spazientito. « Mio padre era amico del suo e gli ha promesso di prendersene cura. »

Non gli piace che Teresa s'impicci del cotonificio. Poco prima delle nozze, Cristoforo è stato chiaro: « Non permettere alle donne di mettere il becco negli affari ». Era evidente che pensava a Benigno e Giulia. « Il loro feudo è la casa, in fabbrica comandiamo noi. »

« Tornerò presto », ha tagliato corto Silvio, poi l'ha baciata dolcemente sulla guancia ed è uscito per evitare altre discussioni.

Ora che si trova fuori dal portone, però, non è tanto sicuro di stare facendo la cosa giusta. E tuttavia ormai è un uomo, dirige lo stabilimento, ritiene un suo dovere farsi carico dei problemi dei dipendenti, come prima di lui ha fatto suo padre.

Sale le scale a due a due senza incontrare nessuno e, giunto davanti alla porta di Emilia, si aggiusta la cravatta e bussa. Lei, trovandoselo davanti, rimane senza parole. In tanti sono venuti a farle visita da quand'è tornata a casa. Il primo a passare è stato il Rino dell'Agazzi, che poi ha iniziato a pontificare sulle condizioni insalubri della fabbrica e sulla necessità degli operai di sollevarsi contro lo sfruttamento del padrone. È venuto anche il Canèta, ma non lo ha fatto entrare. L'Elvira, invece, è di casa: viene ogni giorno a portarle qualcosa da mangiare, sostenendo che se non mette su un po' di peso un marito non lo troverà mai. Tutti si aspettava di vedere, tranne lui.

*È la malattia*, si dice. Le capita ancora di avere difficoltà a respirare, per esempio dopo aver fatto le scale.

« Posso entrare? »

*Perbacco, è casa tua. Non serve chiedere*, pensa Emilia facendosi da parte.

Silvio si guarda attorno, annuendo. « Molto... bello qui. »

Lei lo osserva con le braccia conserte e uno sguardo ostile. « Posso conoscere il motivo della tua visita? » va dritta al punto. Non voleva essere scortese, ma essere lì da sola con lui dopo tutto quel tempo la mette a disagio. L'ultima volta che hanno condiviso l'intimità di una stanza lui le ha fatto promesse che non è stato in grado di mantenere. Poi si sono persi di vista per sette anni e tuttavia il ricordo di quell'ultima sera, stretti nell'abbraccio l'una dell'altro, è ancora così vivo che fa male.

« Sì, ehm... posso accomodarmi? »

Emilia gli indica la sedia, ma lei resta in piedi.

« Volevo... sapere come stai. »

« Ero convinta che il dottor Garzaroli ti tenesse aggiornato. »

« Sì, infatti... »

« E comunque, come vedi, sto molto meglio. Presto tornerò al lavoro. Non voglio approfittare oltre della generosità della *Benigno Crespi*. » Va alla porta e la spalanca. « Grazie per la visita. »

Silvio però rimane seduto. « Devo parlarti, Emilia. »

Lei la richiude con un tonfo. « Non credi che sia un po' tardi? Pensi che basti bussare alla mia porta per cancellare sette anni di silenzio? » Sente la rabbia crescere e il respiro venire meno, ma non può fermarsi. « Oh, certo, qui è tutto tuo. La fabbrica, le case, il canale, perfino le persone. Me lo hai fatto notare dal primo giorno in cui t'ho incontrato. Quindi dimmi, *padrone*. » Calca l'accento sull'ultima parola, conferendole un significato disgustoso. « Cosa vuoi che faccia per te? »

Lui impallidisce. Certo aveva messo in conto che lei non sarebbe stata amichevole, ma non immaginava che covasse dentro ancora tanta rabbia. « Non puoi tornare in fabbrica », le dice, piatto.

Emilia, che credeva si stesse parlando d'altro, arretra. La vergogna le imporpora le guance.

« Il dottor Garzaroli teme che, esponendoti nuovamente al pulviscolo del cotone, la malattia si ripresenti, questa volta senza possibilità di guarigione. » Parla tutto d'un fiato, per impedirle d'intervenire. « In ogni caso, non intendo sottrarmi alla promessa che mio padre ha fatto al tuo. Mi prenderò cura di te. »

« Oh, ti prego! » sbotta lei. « L'ultima volta che ti sei preso cura di me mi sono ritrovata a oliare macchine in filatura. Non certo quello che mio padre si augurava. O forse pensi di riportarmi a fare la cameriera a Milano, così che possa fare la serva a tua moglie? »

Il pensiero di trovarsele vicine entrambe, ogni giorno, gli strappa un brivido. E di certo Teresa non approverebbe: anche se Silvio non sa bene come abbia fatto, deve aver intuito qualcosa. Le donne sono creature sensibili, intuitive o, più semplicemente, sospettose.

« E, soprattutto, quale arroganza ti porta a ritenere che io abbia bisogno di te? Credi che senza il tuo intervento io non sia in grado di vivere? » Emilia ha un piccolo capogiro e si aggrappa alla sedia per non cadere.

« Stai bene? » le si fa sotto Silvio.

« Lasciami stare. »

« Volevo solo aiutarti... »

« Per una volta, prova a pensare a quello che voglio io. »

« Ma si può sapere cosa vuoi? » le domanda esasperato.

Emilia non sa rispondere. Sa cosa *non* vuole: non vuole che Silvio metta di nuovo le mani nella sua vita, non vuole che la si muova come una pedina, non vuole che qualcuno decida per lei. Sapere cosa vuole, invece, è più difficile: comporta una lucidità che credeva di avere, ma che in questo momento si rende conto di non possedere. « Voglio che tu te ne vada. »

Silvio annuisce e si avvia all'uscita. L'incontro cui si preparava da stamane e forse anche da prima, che credeva avrebbe ricucito i rapporti e chiarito le scelte del passato, è stato una disfatta totale. La prima, forse l'unica della sua vita.

« Mi dispiace per come sono andate le cose », mormora quand'è sulla porta. « Eravamo entrambi troppo giovani. »

Forse Silvio ha ragione, erano troppo giovani. Nessuno dei due allora poteva scegliere cosa fare della propria vita. Eppure tra loro, a dispetto delle apparenze, il più disgraziato è lui: i suoi antenati hanno tracciato un solco dal quale non è mai stato libero di uscire. Prima ancora che nascesse si sapeva che sarebbe diventato un imprenditore cotoniero, che avrebbe sposato una ragazza di buona famiglia, con cui avrebbe messo al mondo futuri imprenditori cotonieri.

All'improvviso Emilia si rende conto di sapere alla perfezione cosa vuole. «Aspetta», lo richiama. «Devo chiederti una cosa.»

## 9

*Crespi d'Adda,*
*autunno 1893*

L'edificio della scuola mostra il volto pallido al sole tiepido del mattino. Appena tre gradini separano Emilia dal primo giorno della sua nuova vita, e i piedi non le sono mai sembrati così pesanti. Impalata davanti al portone ancora chiuso, guarda su verso le finestre della prima elementare.

Che faccia avranno gli allievi? Saranno obbedienti? Indisciplinati? Riuscirà a farsi rispettare? E se all'improvviso perdesse la voce? Se non ricordasse più quello che deve dire?

Quando ha avanzato la richiesta a Silvio, l'ha fatto senza riflettere. L'idea è affiorata alla mente e in un attimo è uscita dalle labbra.

«Voglio diventare una maestra del villaggio», ha detto con una certa spavalderia, di cui ora non si capacita. Le sembrava così liberatorio avere il potere per la prima volta nella vita di scegliere davvero cosa fare e di non doversi accontentare del male minore, di qualche forma di ripiego.

Forse non credeva che Silvio l'avrebbe accontentata, che avrebbe accettato di buon grado e che tutto si sarebbe svolto in modo così rapido e naturale. Così, quando lui ha detto di sì, e poche settimane dopo la cosa era fatta, è arrivata l'insicurezza.

In fondo, ha chiesto quello che aveva sempre sognato. Ma

sognare può anche far paura. Prendere in mano il proprio destino è, prima di tutto, un'assunzione di responsabilità. Nessuna scusante.

« Certo che ce la fai », ha sentenziato l'Elvira, che è fiera di lei. « Così magari adesso che diventi una maestra qualcuno che ti sposa lo trovi. »

Nelle settimane seguenti, Emilia non ha fatto altro che studiare. Non si ricordava che fosse così faticoso. E così bello.

Di tanto in tanto, il dottor Pagnoni passava a portarle qualche nuovo libro. S'incontravano sempre fuori dai *palasocc*, nel sole torrido d'agosto, e s'incamminavano lentamente lungo il viale alberato che costeggia la fabbrica, parlando di letteratura e, più raramente, delle loro vite.

È assai riservato, Enea. Tutto quello che Emilia è riuscita a sapere è che viene da una famiglia di contadini molto poveri, che hanno fatto immani sacrifici per dare un'istruzione al loro unico figlio; i suoi genitori, però, non hanno avuto la gioia di vederlo laureato, perché sono morti prima, e ora lui non ha più nessuno. Sono molte le cose che hanno in comune.

« Cosa aspetti? » le ha chiesto l'Elvira ieri sera. « La pazienza di un uomo non è mica infinita. Credimi, io ne so abbastanza. »

Emilia ha finto di non aver sentito.

« Di questo passo, quello si sposa la Rosa dei Montrasio di Canonica, che ha pure le orecchie in fuori. E tu? Tu hai un'idea sbagliata del matrimonio, te lo dico io », ha continuato l'Elvira. « Colpa dei libri che hai letto. Ti hanno messo in testa idee sbagliate. »

A Emilia il dottor Pagnoni piace. È un bell'uomo, istruito, educato, discreto: in una parola è perfetto. Ma questo errore lo ha già fatto, non intende ricascarci. Ora che ha trovato la propria strada, il proprio equilibrio, che si è ricavata una nicchia di felicità tutta sua, non vuole consegnare la propria vita nelle mani di un estraneo. E, per quanto perfetto, Pagnoni rimane pur sempre un estraneo.

E poi adesso Emilia non ha in mente altro che la scuola. Ci tiene che vada tutto bene, non vuole deludere nessuno, soprattutto se stessa. Ora che se la trova davanti si chiede se non abbia fatto il passo più lungo della gamba.

« Buongiorno, signorina Vitali », cinguetta la direttrice, marciando verso il suo posto di comando.

Le piace, la direttrice: è ruvida, diretta, ma non manca di umanità. Quando si sono conosciute, ha voluto subito mettere in chiaro che l'amicizia col cavalier Crespi non l'avrebbe agevolata nel lavoro. Forse sperava di farle cambiare idea, ma ha ottenuto l'effetto opposto.

*Non sono qui perché sono amica di Silvio,* si ripete mentalmente.

La direttrice ferma sulla soglia le lancia un'occhiata severa. « Aspettate forse che il cavalier Crespi venga ad aprirvi? » la provoca, non senza lasciarsi scappare un sorrisetto.

Ecco la spinta che le serviva. *Sono qui perché me lo merito.*

Emilia gonfia il petto e alza il mento. Un gradino alla volta entra nella sua nuova vita.

## 10

*Canonica d'Adda*

L'ultimo paziente è un conciatore che lavora le pelli nel proprio cortile per conto di un grossista di Bergamo: l'altra mattina, di punto in bianco, si è svegliato con le mani coperte da piaghe fin quasi ai gomiti; non ci sarebbe nemmeno andato dal medico, se non fosse che, poche ore dopo, anche la pelle attorno alla bocca, al naso e agli occhi ha iniziato ad arrossarsi e a prudere da impazzire.

Non è la prima volta che il dottor Pagnoni vede questo tipo di escoriazioni, che dipendono in larga parte dall'uso dei prodotti per la concia e da scarsa igiene.

« Dovete tenerle pulite e usare questo unguento », gli spiega, mentre gli fascia delicatamente le mani, « e venire da me a cambiare le bende ogni due giorni. »

L'uomo lo guarda con un'espressione smarrita. « Ma come faccio a lavorare? »

« Mi dispiace, per qualche tempo dovrete smettere. »

L'altro tira indietro la mano di scatto. « Ma non posso! Chi mantiene i miei figlioli? »

La reazione non stupisce Enea, che torna con la memoria a suo padre, un contadino di Canonica che nella vita ha lavorato e basta. Un giorno, mentre era nella stalla, il mulo lo aveva colpito con un calcio in pieno petto; nessuno, nemmeno Enea, che pure in quei mesi si stava laureando in Medicina, si era accorto di niente finché non era stato troppo tardi: il vecchio Egisto era morto una settimana dopo, accasciandosi all'improvviso mentre era nei campi.

« Si tratta solo di una pausa di un paio di settimane. Forse, se sarete scrupoloso, anche meno », gli dice Enea alzandosi. « Se però le ferite s'infettassero, allora si rischia di dover amputare una o entrambe le mani. »

Il conciatore impallidisce. « Va bene », dice. Se non fossero tra uomini, si metterebbe a piangere. « Quanto vi devo, dottore? »

Enea alza le mani. « Niente. Mi pagherete poi, quando sarete guarito. »

« In serata allora vi mando mia figlia con le uova fresche. »

L'uomo ha una femmina in età da marito e non smette di sperare che il medico prima o poi si faccia avanti.

« Vi ringrazio », dice Enea, che ha altro per la testa.

Fuori è una giornata perfetta. L'aria profuma d'autunno e il sole scalda senza essere fastidioso. Enea guarda l'orologio. Con un po' di fortuna sarà alla scuola di Crespi giusto in tempo. Si toglie la giacca, si rimbocca le maniche della camicia, si allenta la cravatta e si mette in cammino.

Quando arriva al villaggio, Emilia è appena uscita e sta contando i bambini per sincerarsi che non ne manchi nessuno. « Piano, non spingete », dice, prima di congedarli. « Ci vediamo domani! » Si porta la mano agli occhi e istintivamente cerca lui: la figura imponente, un po' ricurva come se fosse sempre a disagio, le grandi mani da contadino, il cappello troppo piccolo. Lo trova addossato al tronco di un albero, lungo il muro della fabbrica, e gli sorride.

Da quando si conoscono, Enea l'ha vista sorridere molte volte, però mai in questo modo. È un sorriso che le viene da dentro.

« Ieri eravate così inquieta che sono venuto a vedere come state », le dice, mentre s'incamminano lungo la fabbrica. È una scusa patetica. Se fosse sincero le direbbe che è venuto perché impazziva dal desiderio di rivederla, perché spera che questa sia la volta buona.

Si allontanano dal villaggio mentre Emilia racconta la sua prima giornata da maestra, senza riuscire a smettere di parlare: conosce a memoria i nomi di tutti i suoi allievi, figli degli operai del posto, e su ognuno ha un aneddoto da raccontare. « Sono così piccoli, hanno ancora tutto da imparare. »

« Sarete bravissima. »

Sì, adesso Emilia sa di potercela fare. Le sono bastate poche ore coi bambini per capire che quella è la vita che vuole e che finalmente è sua, perché ha avuto il coraggio di afferrarla.

Arrivati alla confluenza del Brembo con l'Adda si siedono sulla rena e stanno a guardare alcuni uccelli planare con eleganza sull'acqua e poi rialzarsi in volo con la preda nel becco.

« Emilia... » le dice lui.

Si è preparato questo discorso per giorni. *Siate indulgente verso di me, se oso esprimervi quanto il mio cuore sente per voi... Ditemi che il mio amore non vi offende...* Ma adesso che se ne stanno appollaiati a scaldarsi all'ultimo sole, così vicini che lui può sentire il profumo del suo corpo, in tale intimità e con tale naturalezza, tutte queste parole gli sembrano ridicole, inutili.

Emilia inclina un po' la testa scoprendo la venuzza blu che le scorre sotto la pelle bianchissima del collo. Si fissano a lungo e questa volta lei non abbassa lo sguardo: ha occhi scuri e profondi come pozzi nei quali è facile cadere.

Ora Emilia dovrebbe aspettare che lui trovi il coraggio di dichiararsi, mostrarsi stupita, forse un po' indignata, avvampare e poi permettere che la colga come si coglie un frutto dall'albero. Ma perché dovrebbe lasciargli credere di essere stata scelta? Perché dovrebbe accettare di recitare ancora una volta la parte dell'oggetto inanimato, privo di volontà, in balia degli eventi? Perché dovrebbe fare a se stessa un torto tanto grande?

« Sì », dice.

Poi gli si aggrappa con entrambe le mani alla camicia e lo attira a sé con risolutezza.

# PARTE NONA

# 1

*Milano,*
*aprile 1898*

Quando sono in privato, Cristoforo e Pia hanno abitudini molto frugali. A tavola non amano abbuffarsi e detestano gli sprechi: la regola, che vale anche per la servitù, è che nulla deve essere buttato. Le scarpe e gli abiti dismessi dei padroni, debitamente risistemati e adattati, passano ai dipendenti, mentre quel che non può in nessun modo essere riutilizzato viene donato ai più poveri, attraverso le innumerevoli opere di carità di cui la *sciura* Crespi è instancabile promotrice. A pranzo poi si servono poche portate, in porzioni ridotte, e quello che avanza si riscalda per cena: con la pancia pesante si pensa male, ripete Cristoforo, che la sera ricava un'intima gioia nel ritirarsi presto a leggere un libro davanti al focolare.

Il pranzo di Pasqua, però, è lungo e festoso: un'occasione per concedersi qualche lusso, molte portate, ricette che vengono rispolverate solo nelle grandi occasioni, e piccoli vizi per i nipotini.

Dopo la messa, tutta la famiglia si è riunita attorno al grande tavolo della sala da pranzo, addobbato con cura e con un certo sfarzo. A un capo della tavolata, Pia tiene in braccio il primogenito di Silvio e Teresa, Benigno, che ha tre anni e si è addormentato stringendo in mano un pezzo di pane, incurante della confusione che gli regna attorno.

«Mamma, lasciate che lo prenda io», si offre la nuora.

Pia scuote il capo. «Ma no, cara. Non ti disturbare. Nel tuo stato, è meglio che non sollevi pesi.»

Dopo Benigno, è subito arrivato Emilio e ora Teresa è all'ultimo mese di gravidanza: tutti sperano che questa volta sia una femminuccia. A dispetto delle apparenze – la corporatura minuta, l'incarnato pallidissimo, i tratti fini, aristocratici, il tono di voce basso e i modi pacati – la moglie di Silvio è una donna forte, autorevole. Coi bambini è dolce, ma ferma, inflessibile.

« Nessun disturbo », dice. E con un cenno del capo richiama la bambinaia, che porta di sopra i piccoli per il sonnellino pomeridiano.

Pia, un po' delusa, spinge via qualche briciola dal tavolo, poi alza lo sguardo e incontra quello di Cristoforo. Seduto a capotavola con gli occhi socchiusi e l'accenno di un sorriso sulle labbra, sembra che sonnecchi; in realtà si sta godendo questo momento speciale. Gli capita così di rado di riuscire ad avere la famiglia al completo riunita attorno a sé che non gli sembra vero.

Pia gli sorride, complice. Anche a lei piace farsi da parte ed essere spettatrice del mondo che loro due, insieme, hanno creato.

*Sei contento?* gli chiede nel linguaggio muto e segreto che hanno messo a punto in anni di complicità. I baffi di Cristoforo si piegano impercettibilmente all'insù. *Di più,* risponde lui, *sono completo.*

I padroni dividono il loro tempo tra il palazzo di Milano, dove continua a crescere la collezione d'arte, e la splendida villa sul lago d'Orta. La famiglia si allarga ogni mese di più: dopo Silvio e Teresa, le figlie Bice e Maria Pia si sono ben maritate, e ora il sangue dei Crespi Tengitt si mescola a quello dei Rosselli del Turco e dei Fracassi di Torre Rossano: cognomi composti, cognomi nobili; e poi c'è Daniele, che ha vent'anni e un intelletto brillante, audace: tra non molto si laureerà in Chimica ed entrerà nella gestione della ditta a tempo pieno.

Il vecchio padrone torna di tanto in tanto al villaggio, dove constata con un pizzico di meraviglia gli ultimi progressi. In posizione un po' sopraelevata rispetto al nucleo primigenio del villaggio sono state costruite due graziose villette riservate al medico e al cappellano. Gli operai che vivono e lavorano a Crespi hanno tutto quello che possono desiderare, e anche di più. Il riconoscimento più prestigioso, poi, è arrivato con la visita al villaggio della regina Margherita: un evento che appena vent'anni fa la famiglia di *tengitt* di Busto Arsizio non avrebbe nemmeno potuto immaginare. Tutto il villaggio era in festa e ne avevano parlato perfino i giornali.

Seguendo il filo dei medesimi pensieri, gli occhi di Cristoforo e Pia convergono sul loro primogenito, impegnato in una vivace conversazione col cognato.

Da quando Silvio, dopo la laurea, ha preso in mano le redini dell'azienda, Cristoforo si è fatto progressivamente da parte e in breve tempo tutte le responsabilità sono passate di mano dal padre al figlio, che ora ha la procura su tutti gli affari.

Grazie alla sua determinazione, la *Benigno Crespi* da qualche tempo ha incrementato con successo l'esportazione dei propri prodotti. L'obiettivo finale, molto ambizioso, della nuova gestione è l'integrazione verticale della fabbrica: non solo il reparto di filatura, cui si è da poco affiancato quello di tessitura, ma presto anche tintoria e finissaggio. Il cotonificio si è ingrandito con l'aggiunta di nuovi fabbricati, costruiti sempre con un occhio all'estetica oltre che alla funzionalità: la stella a otto punte, simbolo della ditta e della famiglia, si ripete a intervalli regolari nei rosoni in cotto che impreziosiscono i muri.

Proprio accanto alla fabbrica, è sorta la nuova Villa Crespi, che gli operai chiamano « il castello », perché a quello di fatto assomiglia: il palazzo, coi suoi mattoni a vista, le merlature e il maschio che svetta massiccio nel cielo sopra l'Adda, ricorda una costruzione medievale. Anche quando non è fisicamente presente, Silvio è sempre lì, con un occhio benevolo e attento a vigilare sul piccolo popolo laborioso. Proprio qui è nato Emilio, il suo secondo figlio.

È Silvio lo stupore più grande per Cristoforo. Ad appena trent'anni ha accumulato una tale quantità di onori e cariche da far impallidire chiunque: dopo essere diventato presidente dell'Associazione dei cotonieri ed essere stato nominato commendatore, è stato tra i fondatori della Società del Benadir, attraverso la quale lo Stato italiano ha delegato ai cotonieri lombardi il governo assoluto di questa parte dell'Africa, e ci si aspetta che presto entrerà anche in politica. Sembra che la sua fame di successi sia insaziabile, a tal punto che talvolta Cristoforo ne è intimorito.

Certo, è giusto che faccia di testa propria: le nuove generazioni hanno una mentalità più vivace, non temono il rischio. E poi Silvio è laureato, la differenza con suo padre che ha solo un diploma si vede eccome. Per il vecchio, la fabbrica era un'estensione della famiglia e gli operai erano tutti suoi figli; quando invece Silvio sfila per i corridoi dell'opificio vede dei dipendenti: persone cui lui corrisponde un equo salario, in cambio del quale si aspetta del lavoro ben fatto. Non è forse eccessivo?

A Cristoforo torna spesso alla memoria quel giorno di qualche anno fa. Al villaggio si attendeva un curato per la nuova chiesa. « Ce lo sceglieremo come torna comodo a noi », aveva sentenziato Silvio, che poi aveva scritto al vescovo di Bergamo affinché gli sottoponesse alcuni candidati da vagliare. Quando avevano avuto davanti il curato, Cristoforo si era alzato in segno di rispetto e gli aveva ceduto la propria sedia; Silvio invece era rimasto impassibile dietro lo scrittoio, occhi bassi su un plico di carte, lasciando il candidato in attesa.

« Accomodatevi, vi prego », gli aveva concesso dopo un po', d'un tratto amichevole e disinvolto. « Come ho detto a Sua Eccellenza, è un vero onore che abbiate accettato d'esser parte della nostra piccola comunità. »

Don Alborghetti e Cristoforo si erano scambiati un'occhiata fugace. Erano stati sottoposti al giudizio del giovane commendator Crespi non meno di tre candidati e lui aveva scartato quelli che non gli erano congeniali.

« Grazie a voi per avermi voluto », aveva risposto timidamente il curato.

« Avremo tanto bisogno del vostro lavoro. »

*Interessante scelta di parole*, aveva pensato Cristoforo.

« Io la vedo più come una missione », aveva provato a ribattere don Alborghetti, avendo cura di non fissarlo troppo a lungo negli occhi.

« Lo è, lo è », aveva concordato Silvio. « Vi è stato consegnato il capitolato? »

Vi era stilata una lunga lista di doveri in capo al nuovo sacerdote della frazione, compilata da Silvio in persona. A fronte di un onorario mensile di cento lire, avrebbe dovuto celebrare la messa nei giorni indicati dalla famiglia, nelle ore che le sarebbero tornate di maggior comodo. Qualora egli avesse avuto motivo legittimo di assentarsi, avrebbe dovuto prima averne il permesso dal direttore dello stabilimento, cioè da Silvio stesso, e in caso di grave inosservanza sarebbe stato esonerato senza alcun preavviso, con l'obbligo di lasciare il villaggio.

« Naturalmente. » Il curato aveva allungato sulla scrivania il documento. « L'ho già controfirmato. »

« Vedete, don Alborghetti », aveva continuato Silvio con tono più morbido, « noi siamo una piccola comunità: di certo molto accresciuta negli ultimi tempi, anche grazie ai miei sforzi, e tuttavia a me piace vederla ancora come una famiglia. Mentre altrove si levano le voci dello scontento operaio, qui ci pregiamo di non aver mai avuto simili manifestazioni di dissenso. Voi mi chiederete quale sia il segreto di tanta concordia. » Aveva fatto una pausa per consentire all'altro di annuire. « Ebbene, è importante, anzi vitale che questo piccolo popolo, come mi compiaccio di chiamare i nostri operai, non perda mai di vista la propria guida. Una famiglia deve avere un padre, e più grande è la famiglia più forte dev'essere il padre. »

« Immagino che il vostro non sia un compito facile, commendator Crespi. »

« Oh, ma presto non sarò più solo, avendovi al mio fianco. Sarò sempre ben lieto di udire da voi commenti sull'andamento morale di tutta la frazione e dello stabilimento, e anzi espressamente vi incarico di sorvegliarlo e di riferirmene con la massima frequenza possibile. » Silvio si era alzato, segno che il colloquio era finito, e don Alborghetti aveva fatto lo stesso. « Ora scusatemi, ma devo tornare al lavoro. Il dovere mi chiama. »

Cristoforo era rimasto impalato ad assistere allo sfoggio di potere del figlio, senza osare aprir bocca, e anche ora osservandolo ridere disinvolto prova il medesimo terrore nel rendersi conto di aver messo al mondo una creatura così diversa da sé, con un'altra concezione della fabbrica e dei lavoratori.

*Abbiamo fatto di lui un mostro di ambizione?* domanda ora con gli occhi a Pia, che forse ha gli stessi suoi dubbi, le sue stesse paure.

## 2

*Crespi d'Adda,*
*maggio 1898*

« Ecco, vedete. Leggete qui. » Un gruppo di operai si fa attorno al Rino dell'Agazzi e tutti allungano il collo per sbirciare sul giornale, sebbene molti di loro non sappiano leggere. Rino si schiarisce la voce: « *Non solo si tumulta, si sciopera: manca o è ad alto prezzo il pane, vengono a mancare le mercedi: il disagio sale dalle classi popolari ai piccoli negozianti.* Capite, qui è la rivoluzione ».

« Eh, la rivoluzione! » fa uno. « Esagerato! »

« Ma sì, ma sì. Lo dicono anche i giornali, leggi qui. Anche nelle province di Bari e Foggia si ritiene che i tumulti siano dovuti alla miseria. E a Firenze il ministero dell'Interno ha impartito l'ordine ai prefetti di sorvegliare i depositi delle armi e di sequestrarle. Il governo teme i tumulti. »

« Ma Bari, Foggia...! » Nessuno sa di preciso dove si trovino, salvo che sono lontane. « Qui a Crespi queste cose non succedono. Non ci manca mica il pane. »

« E in Spagna, allora? » rincara Rino. « Qua si dice che a Valencia è stato sequestrato il sindaco e in altre località sono stati distrutti i magazzini del grano e gli uffici del dazio. »

« La Spagna, poi... ancora più lontana! »

« Ma è la rivoluzione, non lo capite? Tutto il mondo si sta sollevando contro le ingiustizie dei potenti ai danni della povera gente come noi! »

In quella passa il curato, e il capannello si disperde. « *Sciur* Agazzi », lo chiama, « non vi ho veduto alla messa di domenica scorsa. Eravate indisposto? »

Rino alza il mento in segno di sfida. « Peggio, don Alborghetti. Peggio! Ero al lavoro. »

Il prete non batte ciglio. « Conto di vedervi dopodomani, allora. »

« Se Dio vorrà », fa Rino, che per domenica ha già altri piani.

« Dio vuole sempre », ribatte don Alborghetti. « Siete voi che mi sembrate alquanto svogliato. » E, prima che il ragazzo possa ribattere, la sua sagoma smilza s'infila in chiesa.

Rino apre nuovamente il giornale e s'immerge nella lettura. Da ogni parte d'Italia arrivano notizie di sollevazioni popolari contro il rincaro del prezzo del pane. Ovunque rivolte e morti. Alla gente armata di sassi rispondono i carabinieri coi fucili.

*In questo una sassata colpisce un carabiniere che lascia cadere il fucile carico, il quale scattando bucherella il soffitto. Allora il maresciallo ordina il fuoco. Cadono morte tre persone e ferite moltissime. Una viene uccisa vicino ad una edicola a cento metri dal palazzo municipale. I morti sono:*
*Antonellini Pio, d'anni 52 (lascia sei figli).*
*Ghetti Giacomo, d'anni 58 circa.*
*Una donna di Villanova, della quale non ho potuto sapere il nome, d'anni 33 con 5 figli!*
*Longanesi, d'anni 78, passato da parte a parte da una fucilata.*
*I feriti sono tredici, fra i quali un ragazzo se non morto, moribondo.*

« Maledetti! Assassini! » sibila Rino.

Ma i potenti, gli ingiusti, coloro che s'arricchiscono sulla fatica della povera gente, e il governo, che è al servizio di costoro, hanno le ore contate. Il popolo ne ha le tasche piene, è evidente.

Anche per questo, domani, Rino andrà a Milano: perché, in questo triangolo da ottantacinque ettari incastrato tra due fiumi, la gente ha quel poco che serve per campare, e soprattutto ha paura di perderlo.

Non è da qui che può partire la rivoluzione. Ma in città da domani si cambia il corso della Storia.

## 3

La Luigia è morta una mattina di sei mesi fa: Remigio, che le dormiva accanto, non se n'è nemmeno accorto. O forse sì, ma non voleva crederci. «*Mama, mama*», sussurrava, mentre la scuoteva piano. «Sveglia, *mama.*»

L'Elvira invece ha capito subito. Del resto, ormai, sua madre era morta da molto tempo.

«Vieni, Migio, ché ho messo su il latte.»

Lui inclina un po' il capo e le sorride. Si è messo di nuovo la camicia a rovescio: ogni tanto lo fa perché, dice, così è come averne una nuova.

«Non puoi andare in fabbrica così, lo sai che ti prendono in giro, la gente non capisce mica.» Sbuffando gliela sbottona, la rigira e gliela infila di nuovo, mentre lui la osserva estasiato.

Remigio adora l'Elvira, è tutta la famiglia che gli resta. Certo, c'è ancora il Canèta, che però è andato a vivere con la famiglia dell'Ugolina; sta solo tre villette più giù, ma è come se si fosse trasferito in un altro paese: a volte, incontrandoli per strada, neanche li saluta. Remigio invece non odia nessuno, è come se fosse venuto al mondo sguarnito di questa capacità; quando conosce una persona, istintivamente ne prova simpatia e le si concede con disarmante generosità. Non riesce a provare odio nemmeno per quelli che lo canzonano o che, peggio, contando sulla sua scarsa reattività, lo malmenano. Così al villaggio tutti, in un certo senso, vogliono bene al Migio dei Malberti, come si vuole bene a un cane zoppo e con le pulci, che però non morde mai.

L'Elvira mette le scodelle del latte in tavola e taglia una grossa fetta di pane nero. Sta per sedersi anche lei, quando lo stomaco le si contrae in uno spasmo doloroso e qualcosa di liquido le risale quasi fino in gola. Si tappa la bocca con entrambe le mani ed esce correndo. Quand'è nell'orto, finalmente si libera.

*No,* pensa, mentre un capogiro le piega le ginocchia, *proprio questo no.*

Alcuni operai che passano di lì diretti in fabbrica, vedendola carponi nell'orto, le fischiano dietro e le indirizzano qualche complimento triviale. Lei li ignora, mentre cerca di respirare a pieni polmoni e il battito torna alla normalità.

«*Ta stet be, Vira?*» le chiede Remigio, preoccupato, sulla porta.

« *Töt a post, Migio*. Torna dentro, che arrivo. »

Invece non va per niente bene. L'Elvira sa cosa vuol dire quello che è appena successo, prima o poi doveva accadere, anche se dopo tutto questo tempo ormai pensava che fosse impossibile. Adesso, però, sente il panico salire.

Ha veramente dentro un bambino? Come farà a occuparsene?

## 4

Emilia esce di scuola e, come ogni giorno, si avvia con passo leggero lungo il viale che costeggia il cotonificio in direzione del Brembo. È una bella giornata, l'aria profuma di primavera; fuori dalle casette operaie, la biancheria stesa al sole mossa dal vento porta fino a lei odore di bucato. Qualche bambino la saluta con la mano: « Buongiorno, signora maestra ».

Ormai li conosce quasi tutti, avendoli visti passare per la sua classe nei cinque anni d'insegnamento: entrano che sono spaesati come pulcini che hanno smarrito il nido e a Emilia piace vederli crescere, acquistando indipendenza e consapevolezza.

A uno sguardo superficiale sembrano tutti uguali. Ogni bambino, però, è diverso dagli altri, unico. Ci sono quelli cui la scuola pesa, che fanno il conto alla rovescia delle ore che li separano dalla fine della giornata e dei giorni che mancano alla fine dell'anno; stanno tutti ingobbiti con gli angoli della bocca ostinatamente spinti in giù. Ci sono quelli che s'impegnano, ma proprio non ce la fanno e, rendendosi conto di essere gli unici a non aver capito qualcosa, si rannicchiano nel banco fin quasi a scomparire. Ci sono quelli che hanno talento, ma non lo coltivano, e allora lo perdono; e ci sono quelli che il talento non ce l'hanno, ma riescono a eccellere a suon di sacrifici e impegno. Ci sono quelli che si annoiano, perché le cose pensano di saperle già, e allora scalpitano e si fa una gran fatica a tenerli fermi. Ci sono quelli portati per la matematica, quelli per l'italiano, quelli per il disegno; quelli con una memoria formidabile e quelli smemorati. Ci sono quelli dal pensiero razionale, ordinato, metodico, e quelli che hanno una fantasia dirompente e caotica. A una prima occhiata, Emilia riesce a leggerli come libri aperti. Quelli che tengono gli occhi bassi e non hanno fatto i compiti, quelli con gli occhi arrossati che ieri sera le hanno prese dal padre, quelli che stentano a tenere gli occhi aperti perché aiutano la famiglia in tutte le faccende domestiche, quelli con gli occhi cisposi che hanno bisogno di un bel bagno. Il loro comportamento in classe riflette le loro vite domestiche, il rapporto coi genitori, la serenità interiore, le aspettative per il futuro. Saranno più di un centinaio i bambini cui ha insegnato, ormai, ma Emilia li ricorda tutti, uno per uno, ricorda i nomi e le loro storie.

Finora, però, Dio non ha ancora voluto dargliene uno suo, di bambino, e ogni tanto Emilia si scopre a domandarsi cosa abbia fatto di sbagliato per meritare questa punizione.

Ha sposato Enea nel settembre del '94, presso la chiesa del villaggio, non prima però di aver sfilato nella tradizionale cerimonia di presentazione delle spose dell'anno.

« Non voglio andarci a quella stupida cerimonia dal sapore medievale », si era sfogata con l'Elvira.

L'altra aveva fatto una smorfia disgustata. « Così ti perdi la busta coi soldi dei Crespi. »

« Oh, capirai », aveva sbuffato Emilia. « Per quel che me ne importa... »

Fino all'ultimo aveva pensato di darsi malata.

Il giorno della sfilata, però, l'Elvira l'aveva trascinata a forza fino in piazza. « Senti, devo dirtelo. Non so cosa sia questo Medioevo di cui parli da settimane, ma tutte le ragazze prima del matrimonio vogliono sfilare davanti ai padroni, lo desiderano da quando sono bambine: se non vai alla cerimonia delle spose dell'anno la gente penserà che sei diversa. » E davanti allo sguardo scettico di Emilia: « Devo spiegartelo io cosa vuol dire o ci arrivi da sola? »

Il vecchio padrone, consegnandole la busta coi soldi, omaggio della ditta ai suoi dipendenti, le aveva stretto forte la mano. Silvio sembrava fin troppo indifferente alla cosa, mentre sua moglie fin troppo contenta.

A margine della festa, Silvio li aveva avvicinati con un pretesto. Enea stava per tornare a Canonica ed Emilia aveva intenzione di accompagnarlo per un breve tratto per poter restare ancora un po' insieme.

« Emilia è molto cara alla nostra famiglia », gli aveva detto Silvio con un tono condiscendente. « Vi esorto dunque a prendervene cura come merita. »

*Non ho bisogno che qualcuno si prenda cura di me,* era sul punto di rispondere lei.

Ma Enea l'aveva preceduta. « Se la conoscete così bene, saprete che non ha bisogno di qualcuno che si prenda cura di lei. »

In quella, Emilia aveva avuto la conferma che Enea era l'uomo giusto. E forse l'aveva avuta anche Silvio, che si era congedato alla svelta girando sui tacchi tutto impettito.

Una sera, poco prima del matrimonio, anche il Canèta si era fatto avanti. « Dottore », gli aveva detto, « lo sapete con chi va in giro la vostra donna quando non ce l'avete sott'occhio? »

Enea gli si era piantato di fronte, le braccia conserte, l'espressione seria. « No, non lo so. Con chi? »

Il Canèta aveva perso subito la sua arroganza. « Niente », aveva balbettato. « Dicevo per dire. » E da quella volta non aveva più osato avvicinarsi a loro.

Emilia aveva tirato fuori dal cassetto più basso del comò il vestito da sposa di sua madre.

« Non ti porterà male? » le aveva chiesto l'Elvira. Poi, rendendosi conto di essere stata indelicata: « Intendo dire che forse dovresti mettere, non so, qualcosa di nuovo ».

Emilia era rimasta a riflettere osservando a lungo l'abito dal taglio semplice, monacale. « Forse i miei genitori hanno avuto poco tempo a disposizione, sai. Ma si sono amati molto », aveva concluso. « Io penso che mi porterà fortuna. »

La cerimonia avrebbe dovuto essere intima e riservata, proprio come la volevano loro, ma sul piazzale della chiesa si erano radunati un po' tutti: gli allievi di Emilia con le loro famiglie e i pazienti di Enea venuti da Canonica. Ai pochi cui non era giunta la notizia, aveva pensato l'Elvira, che tuttavia quel giorno non si era fatta vedere, nel timore di rovinare la festa.

Dopo le nozze, i nuovi coniugi - a Emilia suona così strano essere chiamata *sciura* Pagnoni - si sono trasferiti a vivere in una porzione di villetta, composta da un tinello con la stufa, un cucinotto e una camera da letto al piano terra, con le finestre che si affacciano su un piccolo orto privato dove hanno piantato insieme un albero di fico; nelle lunghe sere d'estate si siedono sotto le sue fronde a chiacchierare a bassa voce, tenendosi per mano.

Ogni mattina, Enea si fa a piedi o in bicicletta il tragitto che lo porta dai suoi pazienti a Canonica.

Ora lei lo vede sbucare dal bosco spingendo a mano la Linton. «Si è bucata di nuovo», le dice, con un sorriso rassegnato. Poi la stringe a sé ed Emilia si perde nel suo abbraccio.

S'incamminano chiacchierando verso la loro abitazione, dove la pianta di fico attende il loro ritorno, mentre il sole va a nascondersi dietro la vegetazione. Quando Emilia vede di lontano la loro casetta, si sente pervasa da un senso di placida felicità che dà un senso a tutta la sua vita.

In questo angolo di terra ha perso e ritrovato tutto, però mai come ora si sente completa. Forse, un giorno, i figli verranno.

## 5

*Milano*

Hanno tutti paura per le strade. Hanno paura i ricchi, che temono d'essere presi di mira per le loro ricchezze; hanno paura i poveri, per lo stesso motivo, ma a rovescio. Hanno paura gli sbirri, che sono stati mandati in giro per mantenere l'ordine; e hanno paura i rivoltosi, che non si rivolterebbero se non avessero paura di restare senza pane per i loro figli.

Così si respira un'aria strana in città. Tutto sembra come sempre, ma al tempo stesso la tensione è palpabile. La gente si guarda attorno come se temesse da un momento all'altro di veder spuntare un gruppo di rivoltosi da dietro l'angolo. Le donne si affrettano a rincasare, trascinandosi appresso i bambini, si sta fuori poco e malvolentieri, e dei fastosi tiri a quattro coi pennacchi non se ne vede più in giro neanche uno.

Daniele cammina a passo svelto, la testa bassa, rasente i muri. Ha una preziosa scatola di latta in mano. L'ultimo dei figli di Cristoforo Crespi è un giovane uomo molto bello, magro, slanciato, un po' pallido, con lo sguardo vivace, irriverente; alle donne piace perché è disinvolto, sagace e ha modi da gran signore. E a lui piacciono le donne, ma non solo quelle: gli piace la vita e tutto ciò che di vita trasuda. Il buon cibo, il buon vino, i bei vestiti, i viaggi e le avventure spregiudicate, tutto ciò che è nuovo, inedito, pure un po' pericoloso.

Da qualche tempo frequenta in tutta segretezza una giovane di buona famiglia che gli ha rapito il cuore. Sono in molte, in realtà, quelle che glielo hanno rapito, perché il suo è un cuore generoso, che si distrae facilmente. E non saranno queste sollevazioni per il pane né i continui appelli delle autorità a restare in casa a fargli passare la voglia di vederla. Complice il fatto che i suoi genitori sono partiti per il lago d'Orta, non è stato difficile sgattaiolare fuori senza che nessuno se ne accorgesse.

Il palazzo della ragazza ha un grande giardino che si allunga sul retro fino a una via secondaria. Si danno appuntamento qui due volte alla settimana, sempre alla stessa ora. Basta scavalcare il muro di cinta, approfittando di alcuni mattoni che sporgono, ed è fatta. La ragazza finge di andarsene a leggere in pace un libro nella frescura della vegetazione, questo nessuno glielo nega. E, se mai qualcuno si avvicinasse, da quel punto del giardino sarebbe facile vederlo arrivare.

«Devi essere impazzito», lo ammonisce lei, che tuttavia è felice di vederlo.

«Per un tuo bacio potrei affrontare un esercito intero.» Le porge la scatola dei cioccolatini.

Lei arrossisce e abbassa la testa. Daniele le solleva il mento con la punta dell'indice e la bacia facendole correre le mani sulla vita e sui fianchi. La ragazza è rigida, indecisa tra il desiderio e la buona creanza.

«Stanotte ti ho sognato», le dice Daniele, ansante. Non è vero, ma sa che le fa piacere sentirselo dire. « Eri finalmente mia. » La stringe un po' più a sé e torna a baciarla con più passione, notando che lei non si tira indietro.

« Fermati », gli dice la ragazza dopo un po', a disagio, cercando di tenergli a freno le mani. E, poiché lui non le dà retta, ci mette più energia. « Ti ho detto fermati! » È rossa in volto, ha le labbra gonfie di baci, sulla pelle bianca del collo ci sono i segni lasciati dalla barba ispida di Daniele.

« Sei così bella... »

« Non puoi fare sempre quel che vuoi », gli dice, spingendolo via.

« Invece sì. » Le afferra un polso e la riacciuffa. Sa che questo è un gioco delle parti, che lei deve negarsi e lui deve insistere. « Faccio sempre quello che voglio », le dice con un tono quasi minaccioso, e la sente tremare tra le proprie braccia.

« Sei un arrogante », mormora la ragazza.

Daniele fa un sorrisetto compiaciuto. È vero, lui fa sempre quello che vuole. Se vuole uscire nel bel mezzo di una sommossa, esce. Se vuole baciare una ragazza, la bacia. Se vuole andarsene di punto in bianco, se ne va.

« È tardi », le dice, godendosi la delusione sul suo volto.

Il mondo intero è fatto a misura di Daniele. Quel muro è alto il giusto perché lui lo possa scavalcare, la disposizione delle piante del giardino è fatta per nascondere le sue avances, la città intera si ferma per consentire il suo passaggio.

È così che funziona, quando sei nato in una famiglia privilegiata, e ancor più quando sei l'ultimo nato e a portare avanti il buon nome del casato ci pensa Silvio. L'ambizioso, il determinato, il responsabile, quello con la testa sulle spalle, che non delude mai nessuno: il primo, per nascita e meriti. All'ombra di questo ingombrante fratello, Daniele ha un privilegio che all'altro è stato negato: può godersi la vita, senza preoccuparsi delle conseguenze.

E, quando vuole una cosa, non la deve neanche chiedere. Ce l'ha già.

## 6

*Crespi d'Adda*

I fedeli escono dalla chiesa in fila indiana e poi si disperdono per la piazza. Gli uomini vanno alla locanda a farsi un bicchiere, le donne restano al sole a chiacchierare. Oggi Enea è stato chiamato con urgenza a Canonica per un uomo che si è ustionato tirandosi addosso dell'olio bollente, così Emilia è sola. L'Elvira l'aspetta fuori dal portone come un cane da guardia.

« *Sciura* Malberti », la ferma il parroco. « Perché la messa la seguite sempre da fuori? »

« Perché se entro vi mangio le pecorelle », ribatte lei. Quante *Ave Maria* dovrebbe recitare per mondarsi la coscienza?

« Cosa ci fai qui? » le chiede Emilia trovandosela davanti.

« Sono venuta a prenderti », fa l'altra con disinvoltura.

Emilia capisce subito che c'è qualcosa che non va. L'Elvira di solito si tiene ben lontana dalla chiesa: l'omelia infervora i fedeli, rendendoli più intransigenti, e se le altre donne la trovassero seduta sulle stesse panche su cui i loro mariti appoggiano il sedere arriverebbero anche a sbranarla.

« Andiamo giù al canale? » le chiede l'Elvira.

A Emilia quel posto non piace. È passato tanto tempo, ma guardando l'acqua scura prova sempre una sensazione di disagio e talvolta le capita all'improvviso di ritrovarsi davanti agli occhi l'immagine del corpo gonfio di suo padre e di avere la sensazione di soffocare. Così se ne tiene alla larga e, se proprio deve passare di là, cammina alla svelta, a testa bassa, dal lato opposto del sentiero.

« Dai, andiamo », insiste l'Elvira.

Camminano in silenzio ascoltando il canto degli uccelli, mentre Emilia le lancia occhiate oblique. « Va tutto bene? »

« Sediamoci un po'. »

Senza dubbio l'Elvira ha qualcosa d'importante da dirle, ma Emilia capisce che insistere peggiorerà solo le cose, così decide di assecondarla. Per un bel pezzo parlano del più e del meno, senza farsi domande. Quando la chiesa però batte un rintocco,

Emilia si rende conto che, se Enea tornasse a casa, non troverebbe nemmeno la tavola apparecchiata.

«Devo andare, Vira.» Forse allora si deciderà a dire quel che deve. «È tardissimo.»

«Ti accompagno.»

Camminano senza aggiungere una parola fino alla villetta dei Pagnoni. Il villaggio è deserto, tutte le famiglie che non sono in fabbrica sono riunite attorno al desco. Sotto il sole a picco, l'ombra della ciminiera è quasi invisibile.

Quando si salutano, Emilia conclude che, forse, l'amica non aveva niente da dirle, forse voleva davvero farsi una passeggiata al canale e basta, forse non c'è nessun segreto da estorcerle. «Ci vediamo domani», le dice. «Salutami il Migio.»

Ha quasi richiuso la porta dietro di sé quando l'Elvira la richiama. «Ah, Emilia!» le grida. «Quasi dimenticavo.»

Emilia mette fuori la testa con sguardo interrogativo.

«Mi sa che aspetto un bambino.»

## 7

*Milano*

Il garzone rientra correndo, sembra impazzito. Era uscito per una piccola commissione solo dieci minuti fa. «Chiudete, presto! Sprangate tutto!» La gente di casa lo guarda senza davvero comprendere l'urgenza. «Vi ho detto chiudete! Svelti!»

Il portone viene sprangato e la servitù corre a serrare le imposte che affacciano su via Borgonuovo.

In quel momento, Silvio scende le scale. «Cosa succede?»

«I rivoltosi sono su via Monte Napoleone e stanno venendo da questa parte inseguiti dalle guardie!»

Ieri pomeriggio nelle vie della città è stato affisso un manifesto che recava la firma del tenente generale Fiorenzo Bava Beccaris, comandante del terzo corpo d'armata.

*Milanesi!*

*I disordini che da ieri funestano questa città vanno prendendo l'aspetto di una vera sommossa e perciò, a seconda degli ordini Ministeriali, assumo la Direzione superiore per il ristabilimento dell'ordine pubblico.*

*Consiglio ai Cittadini di starsene nelle loro case affinché le truppe abbiano a trovarsi di fronte ai soli dimostranti e possano così agire colla massima vigoria.*

Più tardi, la città è stata posta in stato di assedio: tutti i permessi di porto d'armi sono stati annullati e ai cittadini in possesso di armi è stato ingiunto di consegnarle al Circondario; vietati tutti gli assembramenti, coprifuoco alle ore ventitré, tutti gli esercizi chiusi la sera, divieto di trasmettere telegrammi privati che diano informazioni sui disordini. Per tutti i contravventori è previsto il deferimento al Tribunale Militare.

Tutto questo non è però servito a dissuadere i rivoltosi, che ora pare siano parecchie migliaia.

« Sbucano da tutte le parti, escono dalle fabbriche e si riversano in strada. La cavalleria sta cercando di disperderli, ma non ha gioco facile. Hanno eretto delle barricate con tutto quello che hanno trovato in giro e alcuni hanno raggiunto i tetti delle case e lanciano sassi, tegole e perfino mobili contro gli ufficiali. » Attorno al ragazzo si è formato un capannello che ascolta con aria preoccupata.

« Dove sono i bambini? » chiede Silvio alla bambinaia.

« Giocano in cortile, come sempre. »

« Presto, andate a prenderli e portateli di sopra. Anche mia moglie », le ordina. Poi rivolto alla servitù: « Sprangate tutto, controllate che non sia stato dimenticato niente, poi correte anche voi ai piani alti ».

Dalla strada si ode un fortissimo boato, sembra che la casa vibri dalle fondamenta.

« Io resto con voi », dice un domestico, da poco reduce dal servizio militare.

Silvio annuisce e gli mette in mano un vecchio fucile da caccia, lieto di aver disobbedito all'ingiunzione della consegna di tutte le armi. « Nessuna esitazione. Spara a chiunque entri da quel portone.» Poi corre di sopra, a vedere come stanno Teresa e i bambini.

Le stanze del palazzo sono in penombra. Teresa cerca di mostrarsi disinvolta per far coraggio ai bambini, ma l'occhiata che si scambia col marito rivela tutta la sua apprensione. Queste rivolte non minacciano solo le mura domestiche. Minacciano le loro vite così come le hanno sempre conosciute, i privilegi che hanno sempre dato per scontati. Rendersi conto che davanti a quest'orda inferocita non hanno davvero modo di difendersi, che sono inermi e che possono solo subire fa crescere l'angoscia.

«Stai bene?» le chiede Silvio, pensando soprattutto alla creatura che porta in grembo.

«Sì, sì», replica lei.

«Torno presto. Non avvicinatevi alle finestre, per nessun motivo!» Ieri sul *Corriere* c'era la notizia di una donna colpita a morte da uno sparo mentre era affacciata a curiosare.

Silvio si precipita giù dalle scale.

Il domestico è nel cortile che pattuglia l'ingresso. «Tutto tranquillo per adesso.»

Restano lì, con l'orecchio teso, cercando d'intuire quello che accade di fuori. Si alternano momenti di calma irreale a schioppi improvvisi. Silvio cammina nervosamente avanti e indietro col fucile in mano, ogni tanto va su a controllare che stiano tutti bene e ripete le sue raccomandazioni.

Qualunque cosa accada, difenderà la propria famiglia, il proprio mondo, fosse l'ultima cosa che fa. Non permetterà ai rivoltosi di portargli via quello che ha costruito, che gli spetta di diritto.

Passa un tempo che pare eterno, il sole disegna un arco nel cielo allungando le ombre a terra, poi va a nascondersi dietro i tetti, l'aria si fa più fresca, nel quadrato di cielo disegnato dal palazzo compaiono le prime stelle. Dei rivoltosi, nemmeno una traccia.

## 8

*Crespi d'Adda*

« L'Elvira avrà un bambino. »

Enea alza gli occhi dalla scodella e rimane un istante con la mano sollevata a mezz'aria, poi appoggia il cucchiaio e sospira.

Sono giorni che Emilia non pensa ad altro, anche se non ha ancora trovato il coraggio di dare forma ai propri pensieri. L'Elvira avrà un bambino, proprio lei che non ne vorrebbe, e invece...

« E invece... »

I gomiti puntati sul tavolo, le mani intrecciate davanti alla bocca, Enea la osserva. Non è uno di molte parole, ma adesso non sa proprio cosa dire perché mai come ora una parola sbagliata potrebbe farle male.

« Mi hai sentita? » lo incalza Emilia con voce stridula.

« Sì. »

« E cosa ne pensi? »

Enea dà un'alzata di spalle. « Non c'è niente da pensare. »

« C'è sempre da pensare. » Emilia si alza, gli sottrae la scodella ancora mezza piena e rovescia tutto nell'acquaio, mentre lui resta impassibile. « Me lo ha detto così, come una cosa da niente. »

Lui è convinto che non avrebbe fatto nessuna differenza il modo in cui glielo avesse detto, perché il punto è un altro.

« Non si accorge nemmeno di quello che sta facendo, come... come un animale », continua lei, dandogli le spalle. « È così stupida! » Poi, senza nemmeno rendersene conto, scoppia in singhiozzi.

Enea rimane un istante immobile e frastornato. Per quanto la conosca bene, non l'aveva mai vista piangere. Scoprirla così fragile gli fa paura.

Si alza e va ad abbracciarla. La stringe così forte che quasi le fa male. « Non devi disperare », le sussurra. « Avremo anche noi un bambino. »

# 9

*Milano*

La città ha accolto il Rino dell'Agazzi col calore che lui aveva sperato. È arrivato a Milano col treno interprovinciale da Vaprio. Giunto sulla circonvallazione tra porta Monforte e porta Vittoria, il tram è stato fermato da circa duecento dimostranti. La gente, impaurita, è scappata via; Rino, invece, è rimasto e ha aiutato i manifestanti a rovesciare in strada le carrozze. Poco dopo, sono arrivate le truppe di cavalleria che hanno provato a sgomberarli, senza però riuscirci. Erano armati fino ai denti, quei vigliacchi, ma sono solo potuti rimanere a guardare mentre il convoglio veniva cosparso di petrolio e poi incendiato. Fiamme altissime e fumo nero si levavano in cielo mentre, poco distante, un'altra barricata veniva eretta usando i tronchi degli ippocastani. Porta Venezia, porta nuova, porta Ticinese... tutta la città è messa a ferro e fuoco.

È proprio così che Rino se la immaginava, la rivoluzione: calda, anzi rovente. E lui vi si trova nel mezzo, esattamente al centro. Migliaia di uomini e ragazzi, e anche moltissime donne.

Non conosce nemmeno una delle persone che gli sono accanto, eppure li sente tutti fratelli e sorelle. Molto più del sangue, li unisce la rabbia contro il potere repressivo del governo, contro i privilegi di quelli che fanno le regole ma possono permettersi di non seguirle, contro i ricchi che fingono d'interessarsi ai loro operai ma poi guardano solo al profitto e moltiplicano i loro averi sfruttando il lavoro sottopagato, contro i dazi che vanno a gonfiare le tasche dei soliti privilegiati. Li unisce il desiderio di giustizia, il sogno di una civiltà più equa, in cui non accada mai più che l'interesse di uno calpesti i diritti degli altri. Lottano per sé, per le proprie famiglie, e anche per quelli che non sono scesi in strada: forse, soprattutto per loro. Per quelli che non possono, perché sono anziani o malati e non ne hanno la forza, oppure che non hanno trovato il coraggio, perché sono pavidi e preferiscono essere sottomessi e morire di fame piuttosto che alzare la testa; e perfino per quelli che i manifestanti li hanno in odio, per i carabinieri e le loro famiglie, perché costoro non sanno di essere uno strumento del potere.

« Maledetti! Vigliacchi! » grida Rino, prendendo a colpi d'ascia il portone d'un palazzo.

Da lontano si ode provenire lo squillo di tromba dell'artiglieria, poi un boato. Non passa molto tempo che, dalla parte opposta della via, arriva la cavalleria al trotto e cerca di disperdere i manifestanti. Alcuni scappano, ma il grosso rimane, affatto spaventato, anzi reso ancor più determinato. Poco distante da Rino, un carabiniere viene afferrato da un gruppo di rivoltosi, disarcionato e tirato a terra; calci, pugni e bastonate gli piovono addosso, mentre quello cerca di estrarre la sciabola e mena colpi alla cieca. Grida con una voce stridula, e Rino si rende conto che è poco più che un ragazzo, con gli occhi sbarrati dal terrore.

« Accerchiamento! » urla all'improvviso uno dei rivoltosi. « Sono dappertutto! »

Da una parte all'altra della strada, le forze dell'ordine hanno chiuso ogni via di fuga e si mettono in posizione di tiro. Squilla la tromba e un attimo dopo parte una raffica. Segue un istante di silenzio, e quando la nebbiolina degli spari si dirada restano sul terreno svariati morti e feriti.

Rino, appiattito nella rientranza del portone, è scampato ai colpi appena per un soffio; alcune schegge di legno, però, gli si sono conficcate nel braccio e sulla manica della camicia si sta allargando una macchia di sangue. Le orecchie fischiano, la gola brucia, gli occhi lacrimano, le mani tremano.

Dalla via, sempre più vicino, parte un altro squillo di tromba, il segnale che prepara l'artiglieria al fuoco. Questa volta Rino non riuscirà a sfuggire alla raffica.

Il terrore lo rende folle; afferra l'ascia e si accanisce con furia contro il portone che in un istante cede creandogli un varco verso la salvezza. A pochi passi da lui, il giovane carabiniere disarcionato dalla folla è a terra privo di sensi; se lo lascerà lì verrà travolto dalla cavalleria in carica, o dai rivoltosi in ritirata. Rino lo afferra per la giubba e, attingendo alle ultime forze, ignora il dolore al braccio e lo trascina nel palazzo.

Dentro c'è una calma irreale. L'ampio cortile, con la fontana che zampilla al centro, le statue imperturbabili e la vegetazione rigogliosa, sembra ancora più lussuoso, ancora più sfacciato. In un angolo la servitù è appiattita contro il muro e trema di paura. Rino, con l'ascia in una mano e nell'altra il corpo del giovane carabiniere, per un attimo si vede coi loro occhi: un rivoltoso armato, coperto di sangue, venuto a cercare vendetta.

Istintivamente alza le mani in segno di resa e lascia cadere l'ascia e il giovane carabiniere. In quella, il Rino dell'Agazzi si accorge di aver portato in salvo un cadavere.

## 10

*Trezzo sull'Adda*

Sono giorni che suo figlio non si fa vedere e l'Agazzi comincia a essere in pensiero. Il ragazzo non è nuovo alle sparizioni: ogni tanto parte, non dice dove va e a fare cosa, né quando tornerà. Però fino a oggi è sempre tornato, e non è mai stato via così a lungo.

Ultimamente, poi, dai clienti che passano alla locanda arrivano notizie sempre più preoccupanti. Sembra che in tutte le città ci siano state sollevazioni popolari e che gli arresti siano molti. Ancor di più i morti.

Dovrebbe andare a chiedere ai carabinieri? E se, così facendo, mettesse nei guai suo figlio, se confermasse dei sospetti?

Oggi dal cotonificio hanno mandato il Canèta a chiedere dove fosse Rino, ché non lo vedono dalla settimana scorsa. Cosa avrebbe dovuto dire? Che non ne aveva la più pallida idea nemmeno lui? Che sperava non fosse chiuso in una prigione o, peggio, in una bara?

« L'ho mandato a comprare della merce dalle parti di Crema », ha mentito. « Tornerà domani. »

Il Canèta non era mica convinto, si vedeva. Si è fatto offrire da bere, allungando ogni tanto il collo per controllare che Rino non fosse nel retrobottega, e poi se n'è andato con le pive nel sacco. « Ditegli che, se domani non torna, questa è la volta buona che il padrone lo caccia. »

L'Agazzi aspetta, sussultando ogni volta che la porta della locanda si apre con uno scampanellio. Quando ormai non ci spera più, sente bussare alla finestra della cucina che dà proprio sul fiume. È quasi sera e la locanda è piena di avventori con la testa china sulle zuppe.

Di là dal vetro, Rino ha un aspetto terrificante.

« Cosa ci fai lì? » gli dice suo padre. « Vieni dentro! »

« Meglio che non mi vedano. »

*Questa volta l'ha combinata grossa,* pensa l'Agazzi aiutandolo a entrare dalla finestra. Quando ce l'ha davanti, ne ha conferma definitiva: il ragazzo ha un occhio gonfio e livido, un taglio sulla fronte ancora aperto, la camicia inzuppata di sangue ormai rappreso, un braccio inservibile.

« Dove sei stato? » Zoppicando sulle stampelle, gli fa strada lungo la ripida scala che porta agli appartamenti del piano di sopra. « Credevo fossi morto. Sono venuti a cercarti anche dalla ditta. »

Rino avanza a fatica, zoppicando pure lui. « A Milano c'è stata una carneficina. Le guardie hanno sparato sulla gente. Manifestanti, curiosi, passanti... donne, bambini! Avevano l'ordine di sparare ad altezza uomo. »

« Sei pazzo? Sei andato a Milano? »

« E dove se no? »

L'Agazzi aiuta il figlio a svestirsi e lo fa sdraiare a letto. « Come ti sei conciato così? »

Rino ci mette un po' a rispondere. « I carabinieri mi hanno preso. »

« Cosa? » Si deve sedere anche lui per non svenire a terra. « Ti sei fatto arrestare? »

« No, non ci sono riusciti », borbotta. « Sono scappato prima che m'identificassero. »

L'Agazzi si tiene la testa tra le mani. « Lo sai che per quello che c'è stato a Milano rischi il Tribunale Militare? »

« Hanno sparato sulla folla che era armata di bastoni, quei codardi! Per stanare la gente barricata nei palazzi, hanno sfondato i muri a cannonate. Hanno perfino arrestato dei frati, ti rendi conto? Sono rimasti così tanti cadaveri a terra che non bastavano più le barelle per portarli via. Bava Beccaris ha sulla coscienza centinaia di morti. Assassino! Maledetto! »

« Ma lascia stare Bava Beccaris! » lo scuote l'Agazzi. « Ti rendi conto che tra quei morti potevi esserci anche tu? »

Rino distoglie lo sguardo. Certo che lo sa, se l'è vista brutta. E non è neanche servito a niente, perché la rivolta è stata spenta nel sangue e per un bel pezzo nessuno oserà più ribellarsi. *La quiete è ritornata a Milano,* titolano i giornali. A questo servono i cannoni: a terrorizzare quelli che rimangono in vita.

Padre e figlio restano in silenzio per un bel pezzo, ognuno perso nelle proprie riflessioni.

« Ora devo scendere », dice l'Agazzi tirandosi in piedi a fatica. « La locanda è piena e se non mi vedono chissà cosa pensano. » Rino annuisce. « Prendi il secchio, pulisciti bene e poi cerca di dormire. Domani devi tornare al cotonificio. »

« Non ci torno da quelli. »

« Sentimi un po'. Se per disgrazia si sparge la voce che ho accolto un fuggiasco in casa mia, ci finisco anche io davanti al Tribunale Militare. Invece di preoccuparti di donne, bambini, frati, operai, oppressi e compagnia cantante, ogni tanto potresti preoccuparti anche di tuo padre. »

Rino sbuffa e incrocia le braccia al petto. L'Agazzi scuote il capo ed esce traballante sulle stampelle. È a metà scala, quando Rino lo richiama.

« Papà », gli dice. Segue una lunga pausa. « Scusami se ti do tanti pensieri. »

## 11

*Crespi d'Adda,*
*gennaio 1899*

Anche se nessuno glielo ha detto, Remigio sa che nella pancia dell'Elvira c'è un uomo in miniatura. Spesso rimane imbambolato a fissarla, mentre s'immagina questo ometto, in tutto identico a lui, che vive nel pancione di sua sorella; essendo minuscolo, il ventre di una donna è un enorme labirinto, nel quale è facile perdersi. L'omino gira, gira, gira, ma non trova mai l'uscita.

Se lo immagina che di notte si corica in un lettino non più grande di una scatola di fiammiferi, e la mattina dopo si sveglia stiracchiandosi tutto; poi si mette pazientemente in cammino. Quand'è stanco, si siede ai piedi di una pianta e si gode un po' di frescura mentre mangia una mela o un pezzo di formaggio. C'è tutto quello che gli serve nella pancia dell'Elvira, ma lui vuole uscire lo stesso. E allora si rialza e si rimette in cammino. A un certo punto, gli sembra di riconoscere un sasso di forma strana che aveva già notato passando in precedenza. Si sbaglia o è tornato sui propri passi? L'omino pesta a terra i piedi con un gesto di stizza. Riuscirà mai a trovare l'uscita? Sopra di lui, intanto, il cielo prende un bizzarro color ciclamino, il che significa che sta per venire sera. *Come farò?* si domanda l'omino in preda all'angoscia. *Dovrò dormire sotto le stelle?* Piange, l'omino. Le lacrime sono così piccole che un uomo non potrebbe vederle, ma per lui sono grandi abbastanza; gli rotolano giù dalle guance e cadendo a terra si trasformano in fiori. Ed ecco che svoltando l'angolo, proprio quando non ci sperava più, compare un lettino. *Oh, come sono stanco,* pensa l'omino, sedendosi sul soffice materasso di lana. Ha camminato tutto il giorno in cerca dell'uscita. La stanchezza gli piomba addosso come un masso, il cielo sopra di lui si oscura, anche le stelle si spengono per non dargli fastidio; l'omino si sdraia sbadigliando, le palpebre pesano come macigni. *Forse domani troverò l'uscita,* pensa l'omino cedendo al sonno.

«Migio», lo strattona l'Elvira, tirandolo fuori dai suoi pensieri. Ha un'angoscia nella voce che Remigio non le ha mai sentito prima.

È sera, si sono da poco messi a tavola. Sono giorni che l'Elvira fa delle smorfie strane, all'improvviso, come se avesse mal di pancia. È cresciuta tantissimo in questi mesi, e Remigio pensa che dentro anche l'omino sia diventato più grande.

«Vai a chiamare l'Emilia, svelto.» A terra, sotto la sedia dell'Elvira, c'è una piccola pozza.

Remigio scatta in piedi e corre fuori senza nemmeno mettersi il cappotto. Le strade sono ghiacciate, scivola e si ritrova con la faccia per terra; si rialza e continua a correre mentre dal naso gli cola moccio misto a sangue.

Non c'è nessuno in giro. Il villaggio potrebbe essere disabitato, se non fosse per la fabbrica che non smette di produrre col suo solito rombo. Remigio se la immagina spesso come un enorme gatto dal pelo giallognolo, accucciato accanto all'Adda a fare le fusa, con la ciminiera a formare la lunghissima coda puntata all'insù.

Sta per perdersi di nuovo in questo pensiero, ma gli viene in mente che l'Elvira ha bisogno d'aiuto, e allora accelera. Corre così veloce che, quando arriva davanti alla porta della villetta di Emilia ed Enea, non riesce a fermarsi e ci sbatte contro.

Enea se lo trova davanti con tutta la faccia ammaccata. « *S'è sücedit cusè, Migio?* »

Emilia fa capolino dietro il marito.

« Corri, Emilia, corri », le dice Remigio. « L'Elvira si è fatta la pipì addosso. »

## 12

*Milano*

Il teatro domina la piazza con la sua mole squadrata. Potevano venire a piedi, del resto abitano poco distante, ma Cristoforo ha preferito la carrozza. Non solo perché fa freddo.

Palco numero 10, secondo ordine, settore destro. Nel tempo è stato posseduto da nobili, vicari, banchieri, e ora da lui. Non è certo la prima volta che viene alla Scala, ma detenere un palco è tutta un'altra cosa. Sul suo stesso ordine figurano il barone Leonino, il conte Borromeo d'Adda, il marchese Saporiti Rocca, la baronessa Luppis, la contessa Barbiano di Belgioioso, e il palco proprio accanto al suo è del conte Borgia. Nessuno viene qui solo per l'opera, che pure come si sa è la migliore d'Europa e, forse, del mondo; alla Scala si viene per stringere amicizie e concludere affari, per sfoggiare abiti e gioielli, per vedere e farsi vedere: a questo servono gli specchi alle pareti, per spiare i vicini. Le signore vengono per coinvolgere le amiche nelle proprie iniziative benefiche, che raccolgono fondi per i bisognosi o per i deboli. Esserci è già una dichiarazione di status, dal momento che far parte dei palchettisti è una cosa seria, serve un rogito del notaio, come per qualsiasi altro immobile, e non è facile accaparrarsene uno, ma ne vale la pena.

Cristoforo ha speso una piccola fortuna per far risistemare il suo, dal momento che tappeti e tappezzerie erano ormai fatiscenti e non piacevano a Pia: ha scelto una tappezzeria di lampasso color crema con cornici di legno color perla e oro, sgabelli e poltrone ricoperti di pelle, tende di seta lucida con frange e passamanerie, altre tende all'ingresso del palco di seta pesante; il camerino ha uno chiffonnier a cassetti e una piccola credenza di noce a due antine, un tavolino coperto di tessuto cremisi e un piccolo sedile sempre di noce coperto di pelle, mensole e porta abiti, oltre a tutto quello che può servire a una dama.

Ora che Silvio si occupa di tutto, a Cristoforo piace godersi un po' la vita. La sua parte l'ha fatta, adesso tocca ai figli. Lui può dedicarsi alla sua collezione d'arte, andare a teatro, riposarsi un po', coccolare i nipotini raccontando loro vecchie storie.

Scende dalla carrozza e dà il braccio a Pia; si guardano un istante, poi entrano a testa alta. L'ingresso del teatro li accoglie in un baluginio di luci che si riflettono sugli specchi e sui marmi. Dentro c'è ancora poca gente; forse sono arrivati troppo presto.

« Iniziamo a salire », gli sussurra Pia all'orecchio. Non distante da loro ha scorto i cognati.

Anche se spesso si sono incontrati qui alla Scala e altrove, Cristoforo ha mantenuto fede alla sua promessa di non rivolgere mai più la parola a Benigno; quando proprio non c'è alternativa, si scambiano solo poche parole di circostanza, lo stretto indispensabile per mettere a tacere le chiacchiere, e poi ognuno se ne va per la propria strada.

Anche Cristoforo li nota e sulle prime è tentato di defilarsi come al solito, ma qualcosa questa volta lo trattiene. Si ferma a chiacchierare con una vecchia conoscenza e aspetta che suo fratello e la moglie gli passino vicino. Si ritrovano l'uno di fronte all'altro e allora non possono fare a meno di salutarsi.

Benigno ha cinquant'anni e una corporatura massiccia, un viso tondeggiante su cui spiccano barba e mustacchi folti, ormai brizzolati, la fronte ampia, lo sguardo sereno. È ormai uno dei maggiori azionisti del *Corriere della Sera* che, con un utile pari alla metà degli utili del *Cotonificio Cantoni*, il più grande d'Italia, rappresenta la fonte più cospicua dei suoi profitti. Gli affari insomma gli vanno a gonfie vele.

« Anche voi qui », fa Giulia, come se li avesse notati solo in quell'istante.

È sempre molto bella e l'abito in velluto di seta blu scuro, strettissimo in vita, sembra fatto apposta per sottolinearne la figura ancora esile e slanciata; la mantellina bordata di pelliccia lascia libero il collo fasciato da un colletto alto, e i capelli sono raccolti in un discreto chignon.

« È un piacere rivedervi », ricambia Pia.

« Da quest'anno abbiamo un palco », aggiunge Cristoforo. « Secondo ordine destro. »

« Oh, ma che bella notizia », commenta Benigno, che in cuor suo ha sempre sperato di potere un giorno ricucire i rapporti.

« Finalmente anche voi », ribatte Giulia con un sorrisetto sprezzante.

I Morbio sono palchettisti da sempre: lei lo ha ereditato dal padre, il quale a sua volta lo ha ereditato da nonno Cesare che lo deteneva addirittura dal 1818, quando Cristoforo doveva ancora nascere. I nobili non comprano, ereditano.

« Va tutto bene? » butta lì Benigno.

« Sì », fa Cristoforo. Ora che ha fatto sapere quel che doveva, non c'è più motivo d'intrattenersi. « Scusateci, ci attendono nel ridotto. »

## 13

*Crespi d'Adda*

La bambina viene alla luce coi primi bagliori dell'alba, quando ormai l'Elvira non ha più neanche le forze per gridare. È stata l'esperienza più dolorosa della sua vita e si domanda come abbia fatto la Luigia a tirarne fuori sei. Eppure, quando si trova tra le mani questo fagottino insanguinato, tutto svanisce: non solo il ricordo del parto, ma più in generale di tutte le sofferenze della sua vita. Tutto è piccolo, insignificante e lontano davanti a questa cosa minuscola e immensa.

Remigio è stato fuori dalla porta con l'orecchio teso per tutto il tempo, come un cane da pastore.

« Perché non vai a dormire un po'? » gli ha chiesto Enea. « Ci vorrà ancora molto tempo. »

« Voglio essere qui quando esce l'omino. »

« Ti veniamo a chiamare noi. »

Ma non c'è stato verso di mandarlo via. Ha camminato avanti e indietro, talvolta parlando da solo, talaltra perdendosi nei suoi pensieri. Quando l'Elvira gridava, gridava anche lui.

Finalmente, dunque, eccolo, il minuscolo omino che ha vagato per tutto questo tempo nel labirinto. Ci ha messo tanti mesi per trovare l'uscita, ed è molto diverso da come lui se lo era immaginato. Tanto per cominciare, non ha le scarpe e Remigio si domanda come possa aver camminato per tutto quel tempo a piedi nudi.

« Migio, non ti piace? » gli chiede Emilia, vedendolo imbambolato come al solito.

« Bello bello », dice.

« È una femmina. »

« Oh... » fa, un po' deluso. L'omino dei suoi pensieri era un maschio.

« Prendila in braccio, Migio. »

« Posso? »

« Certo che puoi. Sei suo zio. »

« Zio Migio. » Gli piace il suono che fa.

La bambina è leggera, calda, soffice. Ha lo stesso odore dell'Elvira, che è un po' anche l'odore della Luigia. È molto diversa dall'omino che aveva in mente lui, ma a guardarla bene non è brutta. Ha un nasino rotondo come una ciliegia, due occhietti scuri che sembrano bottoni, la bocca è minuscola ma in tutto identica a quella di un adulto, anche se le mancano i denti.

« Bella bella. La chiamiamo Luigia? » dice. « Prendila tu, Vira. »

« No », fa l'Elvira, voltando di scatto la testa dall'altra parte. « Sono stanca. »

L'ha sempre saputo, dal momento in cui ha scoperto di essere incinta: non può tenere questa bambina, non saprebbe come occuparsene coi turni in fabbrica e Remigio cui badare. E poi che vita potrebbe darle? Al villaggio sarebbe additata da tutti come la figlia della prostituta, porterebbe su di sé una colpa che non è sua, se ne andrebbe in giro vestita di stracci e vergogna.

Non potrebbe nemmeno dirle chi è il padre. Come si fa a sapere? Potrebbe essere uno qualunque dei tanti con cui è stata. Verrebbe su scrutata dalle loro mogli in cerca di una somiglianza, di un indizio: è il naso del mio Sergio, quello? Il mento non è identico a quello del mio Fausto? Le donne l'avrebbero in odio, e gli uomini ne sarebbero terrorizzati. Crescendo, un giorno si renderebbe conto di quello che è, e finirebbe con l'odiare sua madre e la propria stessa carne. E alla fine non si ritroverebbe anche lei a fare il mestiere della madre?

Piuttosto che sapere la sua creatura rinchiusa in questa trappola, preferirebbe che fosse nata morta. E invece la bambina è perfetta. A ben vedere, l'Elvira non ha mai fatto niente di tanto bello in tutta la vita. Quella cosina lì, che respira già da sola e si muove, gorgheggia, piange, e presto camminerà in giro per il mondo, l'ha fatta lei, è una parte di sé.

Se la prendesse ancora in braccio appena un solo istante, la condannerebbe: perché dopo non riuscirebbe più a separarsene. Allora meglio non toccarla nemmeno, anzi meglio non volerla neanche vedere.

« Portatela via », fa l'Elvira.

Emilia ed Enea si scambiano un'occhiata piena di dolore.

« Vira, perché non la vuoi? Non ti piace? » chiede Remigio.

Certo che le piace. Anzi, ne è follemente innamorata. « No, non la voglio. »

« Ma perché? » Per la prima volta da quand'è al mondo, Remigio prova rabbia.

È un sentimento del tutto nuovo che lo lascia sbalordito. Prima ancora di realizzare quello che gli sta succedendo, il fuoco della collera gli divampa nel cuore e si mangia tutta la sua innocenza. A Remigio non piace questa sensazione di calore che gli incendia le gote, gli fa impazzire il cuore, gli tronca il respiro; detesta questi pensieri brutti che gli sbocciano nella testa come fiori velenosi, cui tuttavia non riesce a sottrarsi.

«Sei cattiva, Vira», dice, sentendosi scoppiare, mentre gli si riempiono gli occhi di lacrime. «Io ti odio! Ti odio!»

«Andiamo di là, Migio», fa Emilia. «L'Elvira è stanca, deve dormire.»

Il giorno dopo la bambina viene portata in un monastero di Bergamo e lasciata alle cure delle monache. Nessuno sa che nome le sia stato dato né quale sia stato il suo destino, ma questa creatura che pesa meno di tre chili in un solo giorno di vita ha cambiato per sempre i destini dell'Elvira e di Remigio: la prima ha conosciuto l'amore, il secondo l'odio.

## 14

*Crespi d'Adda,*
*luglio 1900*

Alla fine del turno, il Rino dell'Agazzi sgattaiola fuori dalla fabbrica con un giornale sotto il braccio. *Re Umberto assassinato a Monza* titola il *Corriere della Sera*. Perfino qui al villaggio, dove l'eco delle notizie arriva debole e in ritardo, non si parla d'altro.

Rino entra nella locanda e si rintana in un angolo a leggere. Secondo i giornali, il sovrano aveva da poco assistito alla premiazione di un concorso ginnico quand'è stato colpito da tre colpi di revolver ed è morto poco dopo.

«Cosa vi porto?» domanda il locandiere.

«Il solito, il solito», risponde Rino senza nemmeno alzare la testa.

«Ah, che notizia atroce... la nostra povera sovrana sarà sconvolta.»

Il ricordo della visita della regina Margherita al villaggio, in occasione dell'apertura del nuovo reparto di tessitura, è ancora vivo. Il villaggio intero era addobbato a festa e la gente sgomitava per poterla vedere. Lei aveva un sorriso e una parola cortese per tutti.

«Ne abbiamo di vedove, qui», ribatte Rino. «Non è mica la prima.»

Il locandiere rimane senza parole, gira sui tacchi e va a riempirgli la scodella.

Stando alle cronache, i carabinieri hanno dovuto sottrarre l'assassino alla folla che lo voleva linciare. *Ah, eccoli, quei fessi!* pensa Rino. *Adesso tutti a favore del re. Si sono già dimenticati di quando il loro amato sovrano gli ha fatto puntare contro i cannoni perché manifestavano contro i dazi sul grano.*

«Cosa fai? Cosa fai?» domanda Remigio sedendosi davanti a lui.

Rino trasalisce. «Hanno sparato al re.»

«Oh, sì», fa Remigio con un sorriso storto. «Molto sangue, molto.»

Rino dà un'impercettibile alzata di spalle. Di sangue se ne sparge di più nelle fabbriche dove la gente muore per troppo lavoro.

«Sei felice?» chiede Remigio scrutandolo.

L'altro prova uno strano disagio. Forse non è felice, ma se dovesse essere sincero ammetterebbe che ben gli sta, a re Umberto, così impara ad affamare il popolo con le tasse e a prender le parti degli assassini.

«Sei felice?» ripete Remigio, come se volesse tirargli fuori una confessione. Anzi, come se sapesse già quali pensieri gli frullano in testa.

«Be', diciamo che se l'è cercata.»

«Si vede che sei felice.»

In quella arriva il locandiere con un piatto di legumi e cipolle e un quartino di vino rosso. Remigio ci pianta su gli occhi e sbatte la bocca come un cane davanti alla ciotola.

«To', mangialo te», gli dice Rino, che non ha più appetito.

Remigio non se lo fa ripetere due volte e si avventa sulla minestra.

# 15

*Trezzo sull'Adda*

Dalla torre, con un solo sguardo si abbraccia a nord il corso del fiume che forma una grande S. Molti anni fa, Cristoforo ha comprato questo promontorio, coi resti dell'antico castello, con in mente un piano così ambizioso che, al tempo, sembrava folle. Tutti i suoi progetti, del resto, all'inizio sono sembrati folli, non è sempre stato così? Quando ha costruito il villaggio, ventidue anni fa, la gente gli rideva dietro, gli dava del matto, lo compativa, scommetteva su quanto sarebbe durato prima di finire in bancarotta. « Chi troppo vuole nulla stringe », dicevano: soprattutto per giustificare la loro codardia, per sentirsi saggi, invece che pavidi. Sono gli stessi che adesso, dimentichi di tutte le malignità, vengono col cappello in mano a chiedere un favore e non fanno economia di lusinghe.

Questa volta, però, è diverso. Non tanto perché nel frattempo i Crespi sono diventati i cotonieri più importanti della zona, ma soprattutto perché Cristoforo adesso non è più solo. Al suo fianco, appoggiato a quella che un tempo era la merlatura della torre, c'è Silvio. Osserva giù con sguardo concentrato come se riuscisse a vedere cose che ancora non esistono.

È stata sua l'idea di comprare tutto quanto, suo l'impulso per questo nuovo imponente progetto. Quando glielo ha esposto, nel '91, perfino a suo padre, che pure non è di vedute ristrette, è sembrato un azzardo.

« Quando hai costruito il cotonificio, tutti i macchinari erano mossi dalla forza dell'acqua: per questo le fabbriche dovevano sorgere in prossimità di un fiume. Ma presto tutto ciò non sarà più necessario, perché una nuova forza subentrerà a dare vita agli opifici e poi a qualsiasi altra attività. Io parlo al futuro, ma dovrei parlare al presente, perché oggi tutto questo è realtà. L'energia elettrica può essere prodotta in un posto e trasportata per centinaia di chilometri, senza dispersioni, liberando gli industriali dalla schiavitù di dover adattare i loro progetti alla conformazione del territorio. » Già allora parlava col fervore e la leggerezza delle nuove generazioni che provano un'intima soddisfazione nel distruggere ciò che hanno costruito i loro padri. « Ma dobbiamo farlo adesso, *prima* che gli altri si avvedano di questo potenziale e cerchino di sottrarcelo. »

Cristoforo lo ha assecondato, e il tempo ha dato ragione a Silvio. L'elettricità sta diventando sempre più importante e capillare. L'ironia è che anche per l'energia elettrica serve l'acqua: così padre e figlio hanno ottenuto la concessione a derivarne dall'Adda nei pressi di Trezzo. La domanda è stata presentata quasi dieci anni fa e osteggiata in ogni modo da quanti vedevano nell'espansione dei Crespi una minaccia alla loro supremazia. Ma niente può essere negato a Silvio che, quando si mette in testa di ottenere qualcosa, non accetta un rifiuto.

Il progetto consiste nel costruire, proprio sfruttando quest'ansa del fiume, un'immensa centrale idroelettrica che fornirà energia non solo al cotonificio, ma anche alle province limitrofe, fino a Milano, Bergamo, Lodi e Crema.

Il problema, come sempre, sono i *dané,* e per una cosa simile ne servono davvero tanti.

« Ora che abbiamo il terreno e le autorizzazioni, la Banca Commerciale Italiana non può negarci il sostegno nella formazione del capitale. » Silvio stringe i pugni fino a sbiancarsi le nocche e Cristoforo rivede se stesso, giovane, determinato, rabbioso. « Con tutte le garanzie che possiamo portare... »

« Andrà tutto bene, figlio mio. »

« Ogni volta ci lasciano intendere di essere a un passo dall'accordo e poi... Se credono di potermi prendere in giro, io... » Punta l'indice e lo picchietta sul muro come se potesse schiacciare i direttori centrali Otto Joel e Federico Weil, e gli altri dirigenti della banca.

« Ci vuole tempo per queste cose, lo sai. »

Silvio scuote il capo e sbuffa. « Ci fanno perdere tempo apposta perché hanno timore che diventiamo più forti di loro... e ne hanno ben donde. »

Cristoforo abbassa il capo e nasconde un sorriso compiaciuto. Lo conosce bene, sa che la centrale elettrica di Trezzo è solo una parte di un progetto più ampio: Silvio vuole tutto.

« Dovresti coinvolgere di più Daniele », gli butta lì.

Il rapporto tra i fratelli non è sempre facile, forse anche per via della differenza d'età.

Silvio sospira. « Cosa ti ha chiesto questa volta? »

Cristoforo spalanca occhi e bocca.

« Quale altro progetto ha per la testa? » lo incalza Silvio.

« Anche tu hai progetti per la testa », gli fa notare suo padre.

« Ma i miei sono sensati. »

Trascorrono un po' di tempo appoggiati al muretto a guardare le nuvole che corrono specchiandosi sull'Adda. Cristoforo cerca le parole adatte per dirgli una cosa che gli sta molto a cuore.

« Se tu coinvolgessi un po' di più Daniele, lui non sentirebbe sempre il bisogno di far di testa propria. »

« Io lo coinvolgo », ribatte piccato Silvio. « Certo non può aspettarsi che, fresco di laurea e senza un minimo di esperienza, gli ceda il mio posto. E in ogni caso sai bene che farebbe di testa propria. »

Daniele fa sempre di testa propria. Un giorno decide di partire per un viaggio, non avverte nessuno e sparisce per giorni, facendosi vivo solo quando ha finito i soldi. Un altro giorno decide di comprare qualcosa che sul momento gli pare indispensabile - qualcosa, ovviamente, di costosissimo e superfluo - ne paga la metà e lascia aperto il conto, che poi Cristoforo va a saldare. Ma guai a dire che è un irresponsabile, un egoista, uno scellerato; in famiglia tutti lo vezzeggiano, lo proteggono, gli lasciano fare quello che vuole: Daniele è brillante, eclettico, coraggioso.

Silvio invece è l'irruento, il dispotico, l'impaziente: se avesse fatto la metà delle scempiaggini del fratello suo padre lo avrebbe sbattuto fuori di casa senza un soldo. A lui però mai un complimento, nemmeno per sbaglio: è tutto dovuto. Il primogenito si stringe nei ranghi, fa il suo dovere, porta il nome della famiglia come un gravoso vessillo, non si lamenta mai, e anzi ringrazia della fortuna che gli è toccata.

Silvio misura le parole per non mancar di rispetto al padre, ma Cristoforo si rende conto che dentro di lui c'è una tempesta in corso. Allora gli circonda il pugno chiuso con la propria mano. « Molti anni fa, in una circostanza non troppo diversa, mio padre mi disse questa cosa.» Apre e chiude più volte la mano. «Una mano è composta da cinque dita. Se tu ne togli uno non è più la stessa cosa. Puoi chiamarla ancora mano, ma non è più forte come prima e non riesce a fare più le cose che faceva prima.»

Silvio intuisce dove andrà a finire il discorso: dove vanno a finire tutti i discorsi che iniziano con Daniele. *Devi prenderti cura di lui, devi capirlo, devi avere pazienza.* Così, le parole che seguono lo lasciano sgomento.

«Quand'è stato il mio turno di tenere unita la mano, io ho mancato alla promessa che feci a mio padre.» Fa una pausa e guarda lontano, cercando di ricacciare indietro l'emozione.

«E tuttavia questo non ti ha impedito di ottenere grandi conquiste», gli dice Silvio.

Cristoforo fa una breve risata amara. «Non importa il resto. Ogni sera, prima di coricarmi, mi domando se ho agito bene, se avrei potuto fare di più o diversamente, e cosa direbbe mio padre se fosse qui.» Silvio fa per ribattere, ma Cristoforo lo mette a tacere con un gesto secco della mano. «Ora io chiedo a te di farmi quella stessa promessa. Ti chiedo di promettermi che ti occuperai della famiglia, che la terrai unita, a qualsiasi costo. Non importa a cosa dovrai rinunciare. Non fare l'errore che ho fatto io. Tieni unita questa famiglia.»

Silvio distoglie lo sguardo e segue un lungo silenzio. È combattuto tra il dovere di obbedienza verso il padre e l'insofferenza verso il fratello. Questa promessa gli pesa, non la condivide, non la sente sua.

«Promettimelo», insiste Cristoforo.

«Va bene», cede Silvio. «Te lo prometto.»

Alcuni anni più tardi, ripensando a questa promessa, maledirà se stesso per averla fatta.

# PARTE DECIMA

# 1

*Crespi d'Adda,*
*primavera 1905*

Il momento della giornata preferito da Remigio è quando il sole va a nascondersi dietro il paravento del cotonificio. Non è giorno e non è sera: tutto è sospeso, in attesa.

Il Migio risale il viottolo che, poco dopo la chiesa, s'inerpica fino al Fosso Bergamasco e sbuca non lontano dalle case del medico e del parroco. Sopra la sua testa, i rami degli alberi s'intrecciano così fittamente da non far passare un filo di luce, come sul fondo del fiume quand'è in piena: Remigio vi s'immerge trattenendo il fiato e ricomincia a respirare solo quando arriva in cima. Qui, rimane a contemplare l'incrocio di tegole rosse, orti e stradine che disegnano un tappeto dai motivi geometrici: il villaggio è così piccolo che lo si potrebbe spazzare via con una manata e le case paiono giocattoli di legno.

A Remigio piace venire qui ad ascoltare il respiro del villaggio. A quest'ora le ombre sono lunghe e fragili: il sole rosso come un tuorlo proietta sul muro la sagoma distorta di una siepe di bosso e quella di un cane che pare alto come un cavallo. Il villaggio sembra immobile; solo il cotonificio ringhia, borbotta e sbuffa senza sosta, fregandosene che tra poco sarà notte.

Remigio tiene d'occhio tutto e vede anche quello che non si vede. Una nuvola corre bassa nel cielo, diretta all'orizzonte. « Attenta! » le grida, temendo che rimanga impigliata nella ciminiera. È appesantita, ha il ventre gonfio di pioggia: chissà, si domanda il Migio, quale lembo di terra andrà a irrigare. La segue con lo sguardo finché non incontra il cantiere; proprio in fondo al lungo viale che costeggia l'opificio, quasi a ridosso del Brembo, sta sorgendo il nuovo cimitero, con un imponente mausoleo che un giorno ospiterà i padroni e, ai loro piedi, tante piccole croci sotto le quali riposeranno per sempre gli operai che qui sono nati.

Quasi all'unisono i riquadri delle finestre s'accendono d'oro, mentre le famiglie si raccolgono attorno al desco e in giro c'è appena qualche ritardatario che affretta il passo. Dentro le case c'è profumo di zuppa e pane abbrustolito sulla stufa, dai comignoli esce un lembo di fumo che si avvita salendo verso le prime stelle. A Remigio piace fantasticare sulle vite degli altri: s'immagina di sedere alla loro tavola e scottarsi la lingua con la minestra bollente, di sentire il letto scricchiolare sotto il suo peso e risvegliarsi accanto ad altri fratelli e sorelle. Da quando gli hanno portato via la bambina, si rintana sempre più spesso nella sua famiglia immaginaria, cui ha dato anche un nome: i Remigi sono numerosi, nemmeno lui sa bene quanti siano, perché ogni volta che torna a trovarli spunta fuori qualche nuovo componente che prima non c'era; il papà ha la barba così lunga che di notte lui e la mamma la usano come una coperta, le sorelle sono bellissime, mentre i fratelli sono forti e lavorano al cotonificio. Remigio invece sta a casa a badare ai molti nipotini.

Il sole è scomparso dietro l'orizzonte, in pochi minuti è calato il buio e dalla terra sale l'umidità della notte. Remigio rimane ancora un po' a fantasticare su una vita in cui tutti lo chiamano Zio Migio, finché dalla loro casetta non esce l'Elvira scrutando inquieta a destra e sinistra.

«Migio!» grida. «Dove sei?»

Remigio riemerge dal sogno e si ritrova sul Fosso Bergamasco. Si guarda i piedi, sgomento: ha di nuovo dimenticato di mettersi le scarpe, l'Elvira gli darà una bella lavata di capo. Sospira, poi piano piano torna giù, nella realtà, dov'è stato zio per appena cinque minuti. I più belli della sua vita.

## 2

*Milano*

Silvio è seduto sull'estremità di una sedia con la schiena rigida, la mascella tesa, Teresa invece cammina avanti e indietro per il corridoio, torcendosi le mani. Non è trascorso molto tempo da quando Giorgio, il loro ultimo nato, di appena un anno, le è stato portato via a causa di una meningite fulminante. E adesso, oltre la porta in noce, Angela Maria combatte tra la vita e la morte: mal del groppo, la diagnosi. Con voce nasale, senza mai osare guardarla negli occhi, il chirurgo ha spiegato a Teresa, che si reggeva in piedi a stento, che il *croup* comporta l'ingrossamento della laringe e può portare alla morte per soffocamento. Solo con una tracheotomia si potrebbe salvare la bambina.

Tutti gli interventi, grandi e piccoli, si svolgono in casa, dove viene allestita una camera operatoria con lenzuola sterilizzate applicate alle pareti. Solo i poveri vanno in ospedale.

«Sono dentro da troppo tempo», dice Teresa. «Qualcosa non va. Io entro.»

Silvio balza in piedi e le ostacola il passo quando lei già ha la mano sulla maniglia. «Cara, prova a sederti un po', sei esausta.»

Teresa si volta di scatto e gli punta in faccia occhi colmi di odio. Non ce l'ha con lui, ma con chi altri potrebbe prendersela? «Lasciami entrare», sibila.

«No», fa Silvio. Le stringe il polso con delicatezza e la allontana dalla porta.

Teresa cerca di liberarsi, lo spinge via, ma lui è più forte e non c'è niente da fare. Allora gli abbatte i pugni sul petto con una rabbia furiosa, finché non esaurisce le forze e scoppia a piangere.

«Devi avere fede, andrà tutto bene», le sussurra Silvio stringendosela addosso.

«È facile per te!» lo accusa Teresa allontanandosi. «Tu hai il lavoro, le fabbriche, la politica, tutte le tue cariche che ti tengono impegnato giorno e notte, che danno un senso alla tua vita! Ma io...»

Silvio scuote mestamente il capo, come per pregarla di non continuare.

«Io non ho altro che i miei figli, tutta la mia vita ruota attorno a loro. Senza i miei bambini non sono niente, non valgo niente!»

«Sono anche figli miei, Teresa.»

Lei sbuffa e dà di spalle. «Oh, ne hai tanti altri. Ogni operaio di quella maledetta fabbrica di cotone è figlio tuo. Sei più spesso là che qua, ti preoccupi più di loro che di noi. E, quando non sei al villaggio o a seguire i lavori della centrale elettrica di Trezzo, sei a Roma o Londra, Parigi... Ed ecco il risultato!»

Silvio si sente come se avesse ricevuto un pugno nello stomaco. È la disperazione a farla parlare o lo pensa davvero? È un padre assente, che si preoccupa più degli affari che della propria famiglia?

«Dopo la morte di Giorgino, mi avevi promesso che avresti lasciato maggiori responsabilità a tuo fratello, che saresti stato più libero...»

«Non mi pare questo il momento opportuno per discuterne.» Non vuole che i medici e il personale della casa assistano a quella sceneggiata. Certo le circostanze sono gravissime, ma la reputazione della famiglia non può essere gettata nel fango davanti a estranei.

«Me lo avevi promesso!» ripete Teresa con la voce rotta di pianto.

«Lo sto facendo, perdio!»

Talvolta è così preso dagli impegni che gli sembra di soffocare. Dovrebbe ammettere che ha esagerato, che non riesce a gestire ogni cosa, che non è all'altezza del suo ruolo? Questo mai. Se però sperava nell'aiuto di suo fratello si sbagliava di grosso: sembra quasi che Daniele ci provi gusto a fare il contrario di quel che vuole lui, che si diverta a contraddirlo. Senza dubbio ha buone idee, talune ardite, coraggiose, ma non porta a termine nulla. Silvio sperava che col matrimonio si calmasse, che diventasse finalmente adulto, che la paternità lo rendesse più responsabile, e invece...

È ancora presto, non è abbastanza maturo, è troppo avventato, troppo entusiasta. Perché nessuno riesce a capirlo?

«Teresa», le dice, cercando di riprendere il controllo di sé, «sto facendo del mio meglio.»

In quella, si apre la porta ed esce il chirurgo con un'espressione esausta. Teresa si lascia cadere sulla sedia, non ha le forze per ascoltare in piedi. Silvio le si fa accanto e le stringe forte la mano.

« L'intervento è riuscito, la bambina respira. »

Sembra che tutta la casa finalmente ricominci a respirare con lei.

« Le prossime ore saranno delicate, non possiamo ancora dire che sia fuori pericolo, ma il peggio è passato. »

Teresa scoppia a piangere. « Grazie », singhiozza facendosi più volte il segno della croce. « Grazie, grazie! »

Silvio la accompagna nella stanza dove Angela Maria dorme serenamente. Restano a lungo a osservarla, dimentichi di tutte le discussioni.

« La cicatrice sul collo le si vedrà? » chiede Teresa che, pentita per lo sfogo violento del pomeriggio, cerca argomenti di discussione.

« Sarà comunque bellissima », risponde Silvio, e le posa un bacio sulla tempia. « Come la sua mamma. »

Sul far della sera si allontana dal capezzale. Il giorno dopo, convoca Daniele e gli affida la gestione di tutti gli affari che può delegargli.

## 3

*Crespi d'Adda*

Ogni mercoledì, l'Elvira fa il bucato. Le donne, quando c'è lei, disertano il lavatoio perché, dicono, non vogliono sporcarsi le mani con la stessa acqua che tocca lei. Eppure sono anni, ormai, che non va a letto coi loro mariti.

Da quando ha partorito, il solo pensiero di toccare un uomo le mette i brividi. I primi tempi quelli non ci volevano credere. « Cos'è, Vira, ti fai pregare adesso? Vuoi più soldi? » Ma non è una questione di denaro. Con la nascita della bambina l'Elvira ha sentito nel cuore come la risacca di un'onda calda e placida, e non riesce più a dar via il proprio corpo per soldi: ha scoperto un sentimento che non può essere comprato né simulato.

Emilia, che ha studiato e sa dare un nome a tutte le cose, incluse quelle che non si vedono, lo chiama amore. Comunque lo si chiami, ha cambiato per sempre l'Elvira.

È come se la bambina non se ne fosse mai andata dal villaggio e lei si sentisse ancora addosso il suo sguardo. Ci pensa ogni giorno: chissà dov'è adesso, cosa combina, come si chiama, se è felice. Chissà se le hanno detto che la sua vera madre non è quella che l'ha cresciuta, ma un'altra; chissà se si domanda perché è stata data via. Se è ancora viva, oggi dovrebbe avere sei anni: ogni volta che l'Elvira incrocia una bambina di quell'età, si domanda se sia lei e la osserva a lungo per cogliere qualche somiglianza. Le piace pensare che sia stata adottata da una famiglia benestante e che non le manchi nulla: che sia brava a scuola, che mangi bene, che abbia tanti giocattoli, qualche amico, dei bei vestiti, un futuro pieno di opportunità e magari un marito che le faccia fare la bella vita, senza dover mai lavorare.

« Buongiorno, *sciura* Malberti. » È il nuovo cappellano, che ha sostituito don Alborghetti, ormai anziano e malato.

« Buongiorno, don Ranghetti. »

« Vi vedo a messa, stasera? » le dice, aiutandola a portare la cesta con la biancheria bagnata. Ogni volta che la incontra non si stanca di ripeterglielo.

L'Elvira lo guarda con aria di compatimento. « Lo sapete che non sono gradita dalle altre donne... e forse nemmeno dai loro mariti. »

« Siete sempre gradita in chiesa dal padrone di casa, che è Dio. »

*Ah, don Ranghetti,* pensa l'Elvira, *belle parole, ma dov'è Dio quando quelle mi guardano con occhi che vorrebbero strapparmi la carne? Dov'è quando i loro mariti m'inseguono nel bosco come una preda, se non sono svelta a chiudermi in casa? Dov'è quando perfino mio fratello Remigio mi ripete che mi odia? Dov'è quando mi sveglio nel cuore della notte piangendo perché ho sognato di partorire un agnellino morto?*

« Venite, fate un tentativo », insiste il cappellano. « Vedrete che non vi accadrà nulla di male. » Giunti davanti alla villetta, le restituisce la cesta della biancheria.

« Non contateci. »

« Venite », insiste lui. E se ne va in uno svolazzo di tonaca.

## 4

*Cernobbio, Como*

La villa ha un grande parco che digrada verso il lago dove, un po' discosta, c'è una casupola per l'attracco delle barche. La ragazza cammina a passo svelto tenendosi ai margini del giardino, dove i rami dei salici sfiorano il suolo, e si guarda continuamente le spalle. Quando raggiunge l'imbarcadero, vi trova Daniele, che la stava aspettando.

« Sei venuta, finalmente », le dice lui, afferrandola per la vita.

« Signor Crespi, se qualcuno mi vedesse perderei il posto. »

Lui si fa una gran risata. « Se c'è qualcuno che perde qualcosa sono io. Ho perso la testa, lo sai. Ed è colpa tua. » Le sigilla le labbra con un bacio.

« La signora potrebbe arrivare... »

Lui dà un'alzata di spalle. « La signora a quest'ora riposa. »

Quando l'ha sposato, quattro anni fa, Giulia non era sempre stanca come adesso: amava l'avventura, lo seguiva ovunque, non si tirava mai indietro. Giulia gli infiammava i lombi, era sensuale, irresistibile, insaziabile. Insieme formavano una coppia invidiata da tutti: perché erano belli, giovani, ricchi, spensierati.

Poi sono arrivati i figli e tutto è cambiato. *Lei* è cambiata. È bastato sapere d'essere in dolce attesa per farle passare la voglia di viaggiare; ha iniziato ad aver timore di perdere il bambino, di nuocere alla sua salute, di non essere una buona madre. E così addio lunghe traversate alpine sulla Fiat rossa, addio vacanze avventurose, addio serate danzanti. Si sono trasferiti a vivere qui, in questa casa meravigliosa, che tuttavia è troppo lontana dalla città e troppo vicina ai suoceri: avere i genitori vicini faceva sentire Giulia al sicuro. Perché ora vuole sentirsi al sicuro e ha paura di tutto.

All'inizio, Daniele ha provato ad accettare quella nuova vita che mutava forma tra le sue mani senza che lui potesse farci niente; si è detto che, dopo tutto, è il destino d'ogni uomo di sposarsi e mettere la testa a posto. O forse era Silvio a dirlo? Poi è arrivata la bambina, la gioia più grande che Daniele abbia mai provato, e per qualche tempo questa felicità travolgente lo ha reso ebbro fino a scoppiare. La verità, però, è che i bambini, e in special modo quelli molto piccoli, sono noiosi, e Daniele si annoia con estrema facilità.

La tata era lì, a portata di mano. Giovane, fresca, inesperta. Cedere alla tentazione è stato un attimo, lei non ha nemmeno provato a respingerlo, e poco importa se si sia concessa per timore reverenziale del padrone o per genuino desiderio. Quel che conta è che adesso ce l'ha tra le braccia e a ogni bacio che le ruba lui si sente rinascere.

Giulia non sospetta nulla, tutta presa com'è dal suo ruolo. Daniele del resto è molto attento: si danno sempre appuntamento qui, alla casupola delle barche, dove non viene mai nessuno. Nell'oscurità infranta dal baluginio delle acque che rimbalza sulle pareti, lei si lascia prendere, docile, timida, affatto dispiaciuta del segreto che li unisce. Le altre invece le frequenta per non più di una notte o due, quand'è in giro per lavoro.

Se Giulia sapesse darebbe in escandescenze, ma a ben vedere dovrebbe esserne grata. Il brivido di questa relazione clandestina gli ha infuso energie nuove, travolgenti. «Merito degli affari», ripete. «Vanno a gonfie vele.»

Ha grandi idee per la testa. Vuole fondare con alcuni soci di Napoli una ditta di alimentari che produce conserve e pelati. C'è già tutto, perfino il nome: *So.lo.na*, che sta per «Società Lombarda-Napoletana». Gli altri promotori sono brave persone, gente del Sud, entusiasta, cordiale, che si sa godere la vita. Daniele intende entrare con una grossa quota di capitale, per assicurarsi la maggioranza delle azioni e poter avere voce in capitolo. Mancano ancora i soldi, ma non sarà un problema metterli insieme.

Per quanto Silvio si dia grandi arie, la *Benigno Crespi* non è mica sua: lui la dirige e basta; chi tiene i cordoni della borsa è Cristoforo, è lui quello da convincere. E non sarà difficile, perché questa nuova ditta ha un grande potenziale di crescita e l'investimento tornerà indietro quintuplicato in pochi anni.

Lo vedrà allora suo fratello cosa è in grado di fare il « piccolo », Daniele Crespi. Lo vedranno tutti. Lo vedrà il mondo intero.

## 5

*Crespi d'Adda*

L'Elvira esce di casa a testa bassa e braccia conserte. Sono giorni che pensa alle frasi del curato e alla fine non se la sente di dargli torto: in fondo la chiesa non è di proprietà delle donne del villaggio. Perché dovrebbe permettere loro di tenerla fuori?

Ma sì, si è detta, conviene provare. Ha bisogno di parlare con qualcuno, di essere ascoltata, capita, perdonata. In questo villaggio, dove tutti si conoscono e sanno tutto di tutti, e coi ritmi della fabbrica e le attività ricreative non si riesce un attimo a stare in pace, lei è la persona più sola in assoluto. È circondata da gente che la guarda con lascivia oppure con odio o con disprezzo, e non uno che le rivolga la parola per sapere come sta, se ha bisogno di qualcosa. Perfino il Canèta, che è suo fratello, cambia strada se la incontra e sua moglie e i loro figli fanno finta di non conoscerla.

All'Elvira restano solo Migio ed Emilia.

Ha provato a parlarne con lei, ma Emilia ne ha sempre una. Non le basta fare la maestrina, no: adesso si è messa in testa di seguire a casa i bambini lenti di comprendonio, quelli che lei chiama « con qualche difficoltà »: dopo l'orario tradizionale delle lezioni, fa i compiti con loro, li aiuta a leggere, a far di conto, spesso contro il volere dei loro genitori, che avrebbero bisogno di una mano con le faccende domestiche, con l'orto o nei campi. Ma nessuno osa dire di no alla maestra di Crespi, così Emilia è sempre di qua e di là a dare lezioni, e tempo per chiacchierare con l'Elvira lungo il canale non ne ha più.

Ha provato a parlarne anche con Remigio, ma quello non

capisce niente, è come parlare coi muri. « Migio, cosa ne pensi se domenica vado in chiesa anch'io? » gli ha detto.

Lui la guardava con la solita faccia da ebete, la testa un po' storta da una parte, la bocca spalancata che ci entrano le mosche.

« Allora, ci vado o no? »

« C'è Gesù coi chiodi nelle mani e nei piedi », ha risposto. « Bello bello. »

Ma sì, si ripete l'Elvira, non può essere più doloroso di quello che ha provato Cristo sulla croce. Quando però arriva in vista della chiesa, qualcosa la frena. È sicura di volerlo fare? Come può sapere che, là dentro, troverà ascolto, amicizia? L'ultima volta che è entrata in chiesa è stato per il funerale della Luigia. Si ricorderà ancora come si fa?

Si liscia il vestito e controlla che i bottoni siano tutti ben chiusi, guardandosi attorno con aria circospetta. Fuori dalla locanda, il Rino dell'Agazzi è come al solito immerso nella lettura di un quotidiano e non si cura di lei. La piazza è deserta e assolata. Le campane battono i rintocchi come un monito.

*Non puoi stare qui in eterno,* si dice l'Elvira. Prende un bel respiro e marcia verso la chiesa.

I cardini cigolando sembra che urlino come una sirena. Tutti si voltano verso di lei, impalata sulla soglia mentre gli occhi si abituano alla penombra; prova a sorridere, ma incontra solo sguardi ostili. Il cappellano, immobile nei paramenti, si riscuote e le fa cenno di accomodarsi. Ma quando l'Elvira fa per sedersi sull'ultima panca una donna scivola un po' di lato, occupando tutto lo spazio disponibile; e lo stesso accade con la panca dopo e quella dopo ancora.

*Maledette!* pensa l'Elvira. E poi alza gli occhi sul Cristo in croce e gli chiede perdono. Infine, approfittando del momento in cui sono tutte in piedi, sgomita e si conquista un angolino. Quando però don Ranghetti fa cenno di accomodarsi, le donne abbandonano il loro posto e lasciano l'Elvira sola sulla panca.

*Ecco, così sto più comoda,* si dice lei per trovare il coraggio di non scappare via. In tutta la sua vita non si è mai sentita così sola, così sporca, ripugnante e ridicola. Perché si è fatta convincere a venire?

La messa dura un tempo che le sembra eterno, poi appena

può lei scivola via a testa bassa. Sul piazzale la luce è accecante, gli occhi bruciano e le lacrime salgono. L'Elvira stringe i denti e cerca di controllarsi. La gente esce sciamando e non si cura di lei, ferma nel mezzo. Qualcuno la spintona. «Sgualdrina! Baldracca!» le sibilano le donne.

Il cappello le cade e prima che lei riesca a raccoglierlo una glielo calpesta. «Non farti più vedere! Vergognati!»

Le campane suonano a festa, i colombi si alzano in volo. I fedeli tornano alle loro case per il pranzo della domenica. L'Elvira si rannicchia contro un albero e piange.

## 6

*Nervi, Genova,*
*estate 1905*

«Sei sicuro che non sia pericolosa?» Teresa osserva la nuova automobile con aria scettica. È una Fiat rosso scuro da otto posti, compreso quello per lo *chauffeur*; ha sedili in pelle e cromature in ottone dorato, e sul tetto un ampio portabagagli con la reticella. «Mi pare eccessiva.»

Silvio si fa una gran risata, contagiando anche i bambini, che non stanno nella pelle all'idea di provarla. Ha sempre avuto una passione per le automobili e prima ancora ce l'aveva per le carrozze. La velocità gli provoca un brivido irresistibile. «Salite su, forza!»

Lei gli lancia un'occhiata di riprovazione.

«Viene direttamente dal Salone dell'automobile di Parigi», le spiega, stringendola in un abbraccio pieno d'affetto. «Appena l'ho vista, ho deciso che sarebbe stata mia. È un gioiello di modernità ed eleganza.»

«Ce l'abbiamo già un'automobile.»

«Ma non così grande e veloce, e non così bella.» La prende per mano e la convince a salire, mentre i bambini si rincorrono dentro e fuori dell'abitacolo. «Potremo fare dei viaggi più lunghi.»

« Viaggi? » Teresa inorridisce. « Dove? »

« Ovunque vorremo. » A dire il vero, ha già in mente un itinerario: dopo il mare, dove hanno portato i bambini a riprendersi dal terribile inverno che li ha visti tutti malati di tosse canina, raggiungeranno la villa sul lago d'Orta, e da lì Stresa e poi magari anche il Mottarone.

Quando ha visto questa meraviglia di automobile passando da Genova per la società *Docks Cotoni*, di cui è presidente, non ha saputo resistere. In fondo ha ragione suo fratello a rimproverargli di essere troppo severo, troppo concentrato sul proprio ruolo, di non sapersi godere la vita. *Cosa accadrà mai di male se porto la famiglia a fare una lunga vacanza su questo bolide rosso sangue?* Detto fatto: ha comprato automobile e autista.

« Vedrai, sarà bello », dice a Teresa, che cerca di frenare il sorriso. « Staremo insieme, faremo tante cose. Ai bambini farà bene. »

Quella notte fanno l'amore con una passione che non ricordavano e a colazione Teresa ha un sorriso estatico. La mattina è dedicata ai preparativi e, poco dopo pranzo, la famiglia parte per Orta col seguito di governanti, cameriere, domestici e cuochi: un lungo serpentone di automobili che si snoda dietro la nuova Fiat portando tutto il necessario perché il viaggio, per quanto avventuroso, sia comunque agevole per i padroni e i loro figli.

Il mese che segue è uno dei più felici e spensierati. Per festeggiare la promozione di Nino ed Emilio, Silvio ha fatto arrivare a Villa Pia una cassa con tre biciclette Bianchi, costruite su misura. Cristoforo adora stare seduto all'ombra del grande cedro del Libano mentre i nipoti corrono in giro esibendosi in prodezze, versi e urla: cose che ai suoi figli non avrebbe concesso, ma su cui ora, nel ruolo di nonno, è libero di soprassedere. Non nega loro niente. Nel giardino ha fatto installare pertiche, funi a nodi e parallele, così che i bambini si possano divertire in piccole competizioni sportive; c'è anche un campo da tennis e con una barca a remi si può raggiungere l'isola di San Giulio in meno di mezz'ora. La grande dimora moresca ospita lunghe tavolate piene di allegria: Maria Pia e Bice, coi mariti e i figli, e Daniele con la famiglia.

Poi la famiglia si divide e la grande villa moresca si svuota.

Silvio, Teresa, i bambini e la servitù formano una lunga colonna che punta verso il lago Maggiore; visitano Stresa, dormono nelle locande sulla strada, s'inerpicano su per le strade sassose che portano al Mottarone. Silvio si spinge oltre, mappe alla mano. Il motore si surriscalda, le cinghie si spezzano, bisogna scendere e farsela a piedi in cerca di un meccanico. Teresa sbuffa, si preoccupa della salute dei bambini, degli orari tutti sballati; Silvio invece si diverte come un matto, ne approfitta per godersi il panorama, è affascinato da ogni scorcio, da ogni cascata, da ogni ruscello.

L'estate si conclude nel castello di Crespi, dove la famiglia s'intrattiene fino a ottobre inoltrato. Qui i ragazzi prendono lezioni di scherma con un maestro chiamato apposta al villaggio. Teresa ne approfitta per rimettere in riga tutti e prepara i bambini alla ripresa della scuola. Silvio rimane sempre più a lungo chiuso nello studio, uscendone solo per pranzo e cena; va spesso a controllare i lavori della nuova centrale idroelettrica di Trezzo che sono quasi completi e riceve molte telefonate, avendo fatto installare una linea diretta che collega il castello di Crespi col palazzo di via Borgonuovo a Milano.

Teresa se lo sente di nuovo sfuggire tra le mani. I suoi abbracci sono freddi, distratti, ha sempre qualcosa per la testa. Talvolta è nervoso, risponde stizzito. Ai bambini sorride sempre meno.

« Vorrei che fosse sempre come quest'estate », gli dice una sera di metà ottobre, davanti al camino della sala verde che affaccia sul giardino.

Il marito è seduto in poltrona che si accarezza pensoso i folti baffi neri.

« Silvio... mi hai sentita? »

Lui sussulta. « Certo, cara », butta lì. « L'estate prossima torneremo, come sempre. »

Non è questo che lei intende, ma sa che è inutile discutere, perché hanno ricominciato a parlare due lingue diverse, e ormai è impossibile capirsi.

# 7

*Crespi d'Adda*

La casa del curato è una bella villetta su tre piani, con molte finestre che affacciano sul villaggio, un vecchio glicine che a primavera spinge il suo profumo dolciastro fin nelle stanze sul retro e un giardino che scende ripido nella vegetazione rigogliosa, dove c'è spazio per un piccolo orto e un'aia con le galline. Don Ranghetti non ama tener chiuse le imposte e, quando si sveglia, come prima cosa va ad abbracciare con un'occhiata i suoi parrocchiani.

Quand'era stato chiamato a esercitare qui, all'inizio non era entusiasta dell'idea. Certo si trattava di un ottimo posto, ben retribuito, a fronte di un lavoro impegnativo sì, ma non troppo gravoso. Tutti, del resto, parlavano bene del villaggio: i contadini facevano a gara per mandare qui i propri figli, perché il lavoro in fabbrica era sicuro, meno sfiancante di quello nei campi, e c'erano tutte le comodità che uno poteva immaginare.

Al Ranghetti, però, il colloquio col commendator Crespi non era piaciuto. Se ne ricorda come se fosse ieri con un senso di disagio. Il padrone non era uno che andava troppo per il sottile: aveva subito messo in chiaro che, a fronte di una determinata paga e di determinati benefici, si aspettava cieca obbedienza. E in fondo era comprensibile. In più, don Sandro non è certo un rivoluzionario, obbedire non gli pesa. Quello che non gli era piaciuto era stato il tono di Silvio Crespi: il tono di chi, oltre le apparenze, si riteneva al di sopra di tutti, perfino di Dio. Era questo il problema, perché per Ranghetti non c'era nessuno sopra Dio, tanto meno i Crespi.

« Non credo di essere all'altezza di questo compito », aveva provato a svicolare.

« Sciocchezze », aveva ribattuto il padrone, per il quale evidentemente la decisione ormai era presa. « Sarete un ottimo curato. »

Una settimana dopo, con in mano l'unica valigia che conteneva tutti i suoi averi, era davanti al cancello d'ingresso della villetta. Oggi, don Sandro deve riconoscere che Crespi aveva ragione: gli è bastato poco tempo per affezionarsi al villaggio e ai suoi laboriosi abitanti, che hanno subito ricambiato con un affetto genuino, tipico delle persone semplici.

Ora scende per il vialetto che porta al villaggio con in mano quella stessa valigia di cartone. Arriva alla chiesa, si fa il segno della croce e tira dritto. Un parrocchiano lo ferma. «Don Ranghetti, se aveste cinque minuti, vi dovrei parlare di una cosa importante.»

«Non ora, *sciur* Beltrami. Non ora.» Saluta con la mano e allunga il passo. «Passate più tardi in sagrestia.»

Arriva alla villetta dell'Elvira e bussa. «Posso entrare?»

Lei è sul punto di rispondergli di no, che ha da fare, non ha tempo, tra poco inizia il turno, deve ancora prepararsi. Una scusa qualsiasi pur di non dovergli parlare. Sono trascorse alcune settimane da quella domenica maledetta e ancora l'Elvira si sente morire di vergogna quando passa sul sagrato della chiesa. Non ha nessuna intenzione di rivivere quell'umiliazione, né tanto meno di riprovarci.

«Vi rubo solo un istante.» Don Ranghetti le sorride e lei non può fare altro che farsi da parte.

«Se siete qui per convincermi a tornare in chiesa...»

«Oh, no, no.» Il curato agita le mani davanti al volto, poi si accomoda sulla sedia che l'Elvira gli indica. «Sapete, *sciura* Malberti, quando sono stato chiamato a occuparmi delle anime di questo villaggio, i miei compiti sono stati messi in chiaro sin da subito, ancor prima di cominciare. Non vi riferirò i dettagli, limitandomi a dirvi che è mio dovere vigilare sulla salute morale degli operai, non diversamente da quanto fa il dottor Garzaroli per quanto attiene la salute fisica.»

«Il vostro predecessore vi deve aver avvertito di quello che facevo...»

Lui la interrompe agitando di nuovo le mani. «Non bado ai pettegolezzi.»

«Grazie», fa l'Elvira.

«Ho veduto e apprezzato il vostro sforzo di cercare Dio nella mia chiesa, e sono addolorato per il trattamento che vi è stato riservato dagli altri parrocchiani.»

« Io vi avevo avvertito, don Ranghetti. E, se per una volta aveste badato ai pettegolezzi, avreste saputo che non esageravo. »

« Volevo scusarmi per avervi imposto una tale umiliazione. »

L'Elvira dà una scrollata di spalle. Non è abituata alla gentilezza, non sa come reagire.

« Non credo giusto che voi dobbiate rinunciare al legittimo bisogno di trovare conforto nella fede a causa della malignità della gente. »

Un'altra scrollata di spalle. Se il prete sapesse a quante cose l'Elvira ha dovuto rinunciare per la malignità della gente...

« All'inizio ho pensato d'imporre la vostra presenza, sapete. Ne avrei il diritto. » Scrolla il capo. « Ma non credo che risolverei il problema. »

« No, non credo. »

« Dunque sono venuto a chiedervi di lasciarmi celebrare la messa qui. »

L'Elvira strabuzza gli occhi. « Qui dove? »

« Qui, a casa vostra. Se me lo permettete. »

« A casa mia? Ma si può? »

« Dio è ovunque, *sciura* Malberti. » Apre la valigia e tira fuori tutto il necessario sotto lo sguardo allibito dell'Elvira. « Vogliamo cominciare? »

« E se non mi ricordo? »

« Vi aiuto io. »

Per l'ora successiva pregano insieme e quando alla fine l'Elvira si fa il segno della croce si sente più leggera. « Grazie », gli dice accompagnandolo alla porta. « Siete stato gentile. »

« Grazie a voi. » Don Ranghetti sorride. « Allora ci rivediamo giovedì prossimo. »

L'Elvira si blocca.

« Non volete? »

« Non è questo... »

« E allora cosa? »

« Voi sapete cosa... Insomma, la gente penserà che noi... cioè che voi... »

« Oh, *sciura* Malberti. Ve l'ho detto: non bado ai pettegolezzi. »

# 8

*Trezzo sull'Adda,*
*marzo 1906*

La centrale elettrica *Benigno Crespi* prende vita con un ronzio cupo. La sala comandi è stipata di gente che Silvio ha appena finito di arringare, più volte interrotto da uno scroscio di applausi. Di tutte le sue conquiste, questa è quella cui è più legato, e non solo perché è probabilmente quella che gli è costata più fatica; gli altri industriali della zona gliel'hanno fatta davvero sudare. Mentre davanti erano tutti sorrisi e strette di mano, non c'era niente che temessero di più dello strapotere dei Crespi. Soprattutto, però, Silvio è affascinato dalla tecnologia e dal progresso, e niente più dell'elettricità rappresenta il futuro: acqua trasformata in un'energia invisibile e tuttavia potentissima, in grado di muovere macchinari immensi a molti chilometri di distanza. Presto il cotonificio e tutto il villaggio saranno animati da questa stessa centrale.

« Bravo », gli dice con una vigorosa stretta di mano Cristoforo, di solito avaro di complimenti.

La centrale di Trezzo rappresenta anche il passaggio di testimone da padre a figlio. Il primo ha acquistato il terreno e presentato le istanze, il secondo ha completato l'opera trovando i fondi necessari presso la Banca Commerciale Italiana. Ci sono voluti in tutto quindici anni, e più di una volta sono stati sul punto di rinunciare.

In questo progetto, ci sono i capitali che affondano le radici nel passato e gli investimenti che allungano i rami nel domani, la solidità del padre e la preveggenza del figlio. Insieme hanno scelto gli architetti e gli ingegneri, supervisionato i progetti, dettato legge in fatto di estetica e di scelta dei materiali.

Per l'occasione, oggi c'è anche Daniele. « E così alla fine ci sei riuscito, caro commendatore », ridacchia, sollevando un calice di champagne verso il fratello. « I miei complimenti. »

« Non è una conquista mia, ma della famiglia », ribatte piccato Silvio.

« Certo, certo. E chi, se non il talentuoso primogenito, poteva riuscire in un compito tanto arduo e importante? »

« Hai di nuovo bevuto troppo », gli sibila Silvio all'orecchio. Poi finge di dover andare a salutare qualcuno e si allontana.

« Guardalo! È così rigido che sembra abbia preso la scossa », ridacchia il fratello.

« Daniele... » lo rimprovera suo padre.

« Cosa ho fatto di male stavolta? » Si scambiano un'occhiata complice. « Usciamo un po', qua dentro fa un caldo insopportabile. »

L'edificio della centrale sembra quasi che galleggi sul fiume. Il sole al tramonto dipinge le nuvole d'ocra e arancione.

« È proprio bello qui », commenta Daniele con una vena di malinconia nella voce. « Avete fatto una cosa grandiosa, Silvio è stato bravo. »

« Dovresti dirglielo. »

« Gliel'ho detto. »

« Con un tono di scherno. »

Daniele sbuffa. « Hai preso una decisione per quella faccenda della *So.lo.na*? » butta lì.

« Daniele... » Sono mesi che il figlio lo torchia con questa faccenda della società di conserve alimentari di Napoli. Cristoforo è esausto, non sa più che scuse inventare.

« È una grande opportunità! Perché non riesci a capirlo? »

« Sono molti soldi. »

« Ma tu li hai! »

« Non sono soldi miei, sono della ditta. »

« Oh, via! La ditta è tua, i soldi sono tuoi. » Lancia un sassolino che rimbalza due volte sulla superficie del fiume e poi s'inabissa. « Se non vuoi aiutarmi, va bene. Troverò un altro modo. Ma almeno non prendermi in giro con scuse patetiche. »

« Lo sai che non è questo il punto. »

« E quale allora? »

« Meno di tre mesi fa ho saldato il tuo conto al circolo. Hai perso molto al gioco. »

« E allora? »

« Daniele... » lo supplica Cristoforo.

« Va bene, hai ragione », concede. « Sono stato sfortunato, lo ammetto. Il gioco è un gioco, c'è di mezzo la sorte. Non è stata colpa mia. Ma qui, in questo caso, con la *So.lo.na* non ci sono incognite. È un buon investimento, il guadagno è certo, nessun rischio, solo vantaggi. »

Suo padre sta zitto e guarda lontano.

« Senti, io non so perché tu ce l'abbia tanto con me », riattacca Daniele. « A Silvio concedi ogni cosa, io invece ti devo pregare ogni volta. »

« Questo non è vero. »

« Certo che lo è! Basta guardare l'edificio alle nostre spalle! Silvio voleva la centrale, Silvio ha avuto la centrale. E i capitali per comprare il terreno, con la collina, il castello e tutto il resto dove li ha presi? Glieli hai dati tu, così, sull'unghia. Quindici anni ci ha messo, quindici! Però ha avuto tutto quello che voleva, come sempre. Silvio ottiene sempre tutto. »

« Anche a te non ho fatto mancare niente. »

« Ti sto chiedendo un favore personale! È importante per me. Voglio che tu mi creda, che mi dia fiducia. Perché non ti fidi di tuo figlio? Perché mi neghi questa opportunità? » La voce si spezza, e così il cuore di Cristoforo.

« Quanto ti serve? »

« Lo sai quanto. »

« È una cifra enorme, Daniele. »

« Ce li hai o no? »

« Non è questo il punto. »

« Ce li hai o no? »

In quella esce Silvio. « Papà, Daniele, dove siete? » Tra poco al villaggio si terrà un ricevimento privato.

Cristoforo fa per andare, ma Daniele lo trattiene per la giacca. « Dimmi che mi aiuti, o mi butto nel fiume. »

« Non dirlo nemmeno per scherzo. »

« Lo faccio, lo sai. Se tu non mi aiuti, io ti giuro che mi butto nel fiume. » Fa il gesto di avvicinarsi alla sponda e questa volta è Cristoforo a trattenerlo.

« Vieni qua, cosa fai! »

« Aiutami con la *So.lo.na,* ti prego. È l'ultima cosa che ti chiedo. »

« Va bene », esala Cristoforo. « Va bene, ti aiuto. »

Daniele gli getta le mani al collo e lo abbraccia singhiozzando. «Grazie, papà. Non lo dimenticherò.»

Silvio, ritto sulla soglia della centrale, osserva la scena. Padre e figlio si guardano per un istante, poi Cristoforo distoglie lo sguardo.

## 9

*Milano,*
*giugno 1906*

L'estate è arrivata con un caldo insopportabile. Se non fosse che a giorni si attende la visita della regina Margherita, sarebbero tutti già partiti per Orta. Ma sono mesi che Pia lavora a questo evento, e la sovrana ha pure espresso il desiderio di ammirare la pinacoteca dei Crespi; così, dopo la visita a un istituto che accoglie giovani donne per avviarle al lavoro, di cui la *sciura* Pia è prodiga benefattrice, Sua Maestà verrà qui, nel palazzo di via Borgonuovo, dove sarà accolta con un rinfresco e potrà ammirare la collezione d'arte di Cristoforo.

«Non si respira», si lamenta lui, spalancando le finestre.

Sono giorni che per via della calura si sente più affaticato del solito; è sempre stanco, dorme molto, ha spesso mal di testa.

«Stai bene?» chiede Pia, facendosi aria col ventaglio.

Lui scuote il capo, immusonito.

«Solo qualche giorno, poi potremo partire.»

«Per dove?»

Pia resta un istante interdetta. «Per Orta...»

«Ah, sì, Orta.» Ci sono momenti in cui si sente confuso e fatica a richiamare alla memoria gli eventi recenti; per alcuni brevi istanti gli sembra che nella testa dilaghi il vuoto e il panico lo assale: è ancora abbastanza lucido da rendersi conto che le facoltà gli vengono meno, ma non ha idea di cosa stia accadendo né cosa fare per impedirlo. Poi subito tutto torna al suo posto, come se nulla fosse accaduto. «Sono stanco», dice. «Vado a riposarmi.»

Due ore più tardi lo sveglia un'arsura mai provata prima. Beve tutta l'acqua della brocca che tiene sempre sul comodino e per un po' si sente meglio. Alle sei in punto, come ogni sera, scende per cena. Pia lo aspetta alla tavola apparecchiata con cura per due. La cuoca ha preparato pollo freddo in gelatina, una delle pietanze preferite dal padrone.

Cristoforo però non ha fame, solo sete; a ben vedere gli sembra di prendere fuoco. Beve avidamente, mentre Pia lo ragguaglia sugli ultimi sviluppi della visita della regina.

« Oggi pomeriggio ho ritirato l'abito dalla modista, quello di Teresa verrà pronto domani. È dimagrita ancora, povera cara. È stato necessario stringere un po' il corpetto. »

« Questo caldo toglie l'appetito. »

« Ah, senza dubbio. Spero che il viaggio non le pesi troppo, ma a Orta avremo modo di ritemprarci. Là si dorme sempre meglio. »

Sulle prime, Pia non si accorge che Cristoforo da alcuni istanti è immobile. Quando alza gli occhi dal piatto lo vede bianco come un cadavere, le gote percorse da venuzze, le labbra bluastre, gli occhi strabuzzati con la sclera arrossata; e non è solo immobile, è rigido, teso.

« Cristoforo! » strilla. « Aiuto! Mio marito sta male! »

La cameriera non fa in tempo a entrare nella sala da pranzo, che Cristoforo si accascia con la faccia nel piatto.

## 10

*Crespi d'Adda*

Sono le giornate più lunghe dell'anno. La finestra del tinello si affaccia sull'orto, al centro del quale il vecchio albicocco ha quasi esaurito le forze a furia di dare frutti. Emilia ha approfittato del pomeriggio libero per fare delle conserve che prolungheranno nel cuore dell'inverno il sapore dolce dell'estate. La pendola batte le sette. Enea avrebbe già dovuto essere a casa, ma succede spesso che qualche paziente lo trattenga a Canonica ben oltre il normale orario di lavoro, e non sempre lui riesce a farle avere un messaggio per avvertirla del ritardo.

La tavola è apparecchiata, fuori si sentono le grida allegre di alcuni bambini che si rincorrono in strada approfittando delle ultime ore di luce per giocare ancora un po'. Dalle voci, Emilia riconosce i figli più piccoli del Canèta: i gemelli Bortolo e Piero, che hanno nove anni e, finita la scuola, entreranno in fabbrica; poi la più piccola, Rachele, di quattro anni, ed Elia di sette, che è uno degli scolari di Emilia. I Malberti sono una schiera nutrita e compatta, tutti con lo stesso naso lungo del padre e con gli occhi un po' sporgenti della madre. Nessuno è particolarmente dotato nello studio, ma sono grandi lavoratori.

Sono quasi le otto quando, in fondo al viale, compare la Fiat rossa del padrone, ed Emilia capisce subito che c'è qualcosa d'insolito: prima di tutto perché nessuno dei Crespi arriva al villaggio a quell'ora, a meno di una qualche emergenza in fabbrica, e poi perché, invece di fermarsi davanti agli uffici, l'auto tira dritto, si fa largo tra il nugolo di bambini e si ferma proprio davanti alla sua villetta. Ne scende Silvio, solo al volante, senza lo *chauffeur*: altra cosa alquanto strana.

Ha il passo pesante, la testa bassa. Arriva davanti alla porta e bussa. «Posso entrare?» chiede, col cappello in mano.

Emilia gli fa strada verso il salotto. «Posso offrirti qualcosa?»

Silvio scuote il capo e si lascia cadere sul divano, poi si prende la testa tra le mani e scoppia in singhiozzi.

Da una settimana suo padre è a letto, privo di conoscenza. L'ictus non lo ha ucciso, ma nessuno sa dire quale sarà il decorso della malattia, se lui si riprenderà del tutto, se rimarrà paralizzato, se riuscirà a recuperare la parola. «È presto», dicono i medici. «Si può solo aspettare.»

E se c'è una cosa che Silvio non è proprio capace di fare è non fare niente. Sono giorni che non dorme, che si aggira come una bestia in gabbia per il palazzo, senza riuscire a concludere nulla. Non può certo dire ai suoi che ha paura: tutti lo guardano aspettandosi da lui se non una soluzione, almeno una rassicurazione. Come dar loro torto? Silvio è quello che trova sempre un modo per sistemare le cose, che si fa carico di tutto senza batter ciglio. Come spiegare, adesso, che gli sembra di camminare al buio su una corda sospesa nel vuoto?

«Ho saputo di tuo padre», gli dice Emilia. «Mi dispiace.»

Silvio non sa perché sia venuto qui; da anni i loro rapporti sono soltanto formali. Si vedono di tanto in tanto, si salutano da lontano, alle feste si stringono la mano, poi ognuno riprende la propria vita. Eppure, questo pomeriggio, quando ha creduto che il padre non sarebbe più riuscito a riprendersi, quando il peso di tutte le domande gli ha tolto il respiro - Cosa faremo? Pensi che guarirà? Puoi occuparti da solo della società? L'hai detto a Daniele? Maria Pia è già arrivata? Chi si occuperà della mamma? Credi che ai ragazzi dovremmo dire la verità? Forse è il caso d'inviare una comunicazione ufficiale al cotonificio? Se non dovesse sopravvivere, il testamento è in ordine? Dovremmo avvertire il prete? Se provassimo a farlo vedere da un altro dottore? - quando si è sentito schiacciato sotto le aspettative di tutti, è a lei che ha pensato, è qui che è voluto venire. Forse perché, anche dopo tutto questo tempo, Silvio sa che lei lo può capire. Perché adesso, solo adesso, si rende conto di cosa ha provato Emilia, molti anni fa, davanti al corpo di suo padre affiorato nel canale.

«Non credo di riuscire a farcela», le dice.

«Lo so.»

Sapeva che Emilia non avrebbe sminuito, non avrebbe dato per scontata la sua forza, non sarebbe ricorsa a frasi fatte, a incoraggiamenti privi di sentimento.

Fuori inizia a fare buio, la strada è silenziosa, i bambini sono tornati a casa e si preparano ad andare a letto.

Silvio parla perdendosi nell'oscurità, come se parlasse a se stesso. «Sono anni che mi occupo di tutto. Non è che mio padre si disinteressasse, ma... ormai facevo tutto io. Coi nuovi reparti di tessitura e tintoria ho portato la ditta all'integrazione verticale, ho acquisito società, spostato capitali. Lui mi lasciava fare, si limitava a mettere la firma, si fidava. Quasi non sapeva quello che facevo.» Fa una lunga pausa, si asciuga una lacrima. «E va bene, è giusto così. Sono adulto, ho studiato, sono capace. Ho passato tutta la vita a dimostrargli che sono all'altezza.» Ha rinunciato a tante cose: questo non lo dice, ma lo sanno entrambi molto bene. «Eppure, fino a non molto tempo fa, anche se mi occupavo di tutto io, sapevo che lui c'era. Non faceva più niente, se ne andava alla Scala o al circolo, ma lui c'era. Non ci pensavo mai, però dentro di me *sapevo* che lui c'era, qualunque cosa fosse accaduta. E questo mi dava la forza e la serenità per affrontare tutto. Ora invece...»

«Tuo padre è ancora vivo, Silvio.»

«Nella migliore delle ipotesi rimarrà menomato. Forse ci sarà col corpo, ma non più con la mente, non come prima. Niente è più come prima.» La voce gli si rompe e lui se ne deve stare un po' in silenzio per rimetterla insieme. «E, anche ammesso che si riprenda, ora so... Voglio dire, si sa che il tempo passa, che gli anziani si ammalano, che i nostri padri invecchiano e poi muoiono. È un'ovvietà sulla quale però nessuno si sofferma a riflettere davvero e, quando arriva il momento, ci si ritrova impreparati. Ora so che lui potrebbe non esserci più, presto o tardi. Ho preso coscienza di essere solo e tutto quello che ho costruito mi sembra troppo grande per le mie mani.»

«E allora?» gli dice Emilia.

Lui la cerca nel buio della stanza, vorrebbe guardarla in faccia per decifrare il senso di quelle parole.

«Cosa succederebbe se non ce la facessi, se non fossi all'altezza? Ci hai mai pensato?»

Certo che no. Silvio non osa neanche immaginare come potrebbe convivere con se stesso se tutto crollasse.

«Prova a figurarti la peggiore delle ipotesi.»

«Non scherzare.»

«Sono serissima. La peggiore delle ipotesi è che tuo padre muoia. Anzi, no: la peggiore delle ipotesi è che rimanga vivo, ma invalido. Abbastanza lucido da rendersi conto che il suo amato figlio è un incapace totale, che quello che ha combinato finora è solo frutto della buona sorte. Ammettiamo dunque che tu non riesca più a gestire la società, che sia costretto a venderla. Anzi, peggio: a svenderla. Che dal giorno alla notte ti ritrovi povero. Devi vendere il palazzo, le carrozze, la villa di Orta, il cotonificio, la centrale idroelettrica. I tuoi figli non possono più prendere lezioni di equitazione e di scherma. Tu vai in giro a piedi con le scarpe bucate. Tua moglie indossa gli stessi abiti per due anni di fila. Non venite più ricevuti a casa dei nobili. Perdi le cariche politiche. Non sei più presidente di niente, nemmeno di un circolo del canottaggio.»

«Smettila», sibila. «Non è divertente.» Non è venuto qui per farsi umiliare, credeva di trovare un'amica, e invece lei ne approfitta per annichilirlo, ora che è ferito, sanguinante.

«Diciamo tutta la verità, Silvio. Tutto questo non potrà mai accadere, perché tu non sei un incapace e lo hai più volte dimostrato. Lo hai detto poco fa: hai fatto tutto da solo, ne sei consapevole. Ma, se anche questa ipotesi assurda dovesse verificarsi, tu saresti ancora tu. Avresti ancora i tuoi figli e tua moglie che ti amano pur con tutti i tuoi limiti e i difetti. Tuo padre finché vivrà ti vorrà bene per come sei, e ti vorrà bene anche se non riuscirà a ricordare chi sei perché la malattia gli avrà portato via mezzo cervello. E forse, se il tuo mondo dorato di conquiste si sbriciolasse sotto i tuoi piedi stanotte, domani ti renderesti conto che stai meglio così, che sei finalmente libero.»

«Non credo proprio.»

«Non sei obbligato a fare tutto. Nessuno ti costringe a essere sempre il migliore. Non sei condannato a essere invincibile.»

La pendola batte le otto.

Silvio rimane in silenzio per un bel pezzo, poi si alza.

Anche Emilia si alza. Si avvia all'uscita, ma lui la trattiene per il polso. La attira a sé e la abbraccia stretto.

«Grazie», le sussurra all'orecchio.

«Ce la farai.»

Non gli è ben chiaro quale magia gli abbia fatto Emilia, ma ora Silvio sa che ce la può fare. «Grazie», ripete. La stringe a sé ancora una volta e poi se ne va.

Emilia non racconterà mai a Enea dell'incontro di quella sera.

## 11

Se il mercoledì per l'Elvira è giorno di bucato, il giovedì c'è la messa. Don Ranghetti si presenta puntuale alla sua porta. Quelli delle villette accanto allungano il collo per vedere; lui impassibile bussa, chiede permesso, entra con un sorriso. L'Elvira gli fa trovare il caffè pronto, lo bevono insieme parlando del più e del meno, come vecchi amici. Poi lui appronta ogni cosa, la confessa e cominciano le orazioni.

Qualcuno ha provato a mettere in giro delle voci, che hanno fatto il giro e sono tornate puntualmente all'orecchio del curato.

« Tutti si domandano cosa ci facciate ogni giovedì a casa della Malberti. Sapete, con la nomea che ha... » gli ha riferito un giorno una donna. « Dicono che vi ha corrotto. »

« Non dovreste frequentare quella donna, non è una persona seria, timorata di Dio », gli ha consigliato un'altra. « Rischiate di perdere la vostra rispettabilità. Per questo noi le stiamo lontane. »

Per un po' il curato ha fatto finta di non capire e ha cambiato discorso, ma un bel giorno il padrone in persona lo ha convocato a colloquio. « Sarò franco, don Ranghetti. Mi sono giunte voci equivoche sul vostro conto, cui naturalmente non intendo dare seguito. E tuttavia non posso ignorare ciò che mi riferiscono i miei operai... »

Lui ha incassato la predica a testa bassa e si è scusato moltissimo; pur senza entrare nei dettagli, ha rassicurato Silvio Crespi circa la propria condotta ineccepibile e ha promesso di porre fine al rito del giovedì.

La settimana seguente, prima di congedare una donna che si era appena confessata, si è lasciato sfuggire un colpetto di tosse imbarazzato. « Sapete, *sciura* Carrara. Non è certo mia intenzione infrangere il sigillo sacramentale, ma se il padrone dovesse venire a conoscenza che vostro marito... » Ha fatto seguire una lunga pausa, carica di significato. « Ma sono certo che comprendete il valore della discrezione. »

Poi ha ripetuto il copione con tutte le altre donne del villaggio. « Sapete, *sciura* Ferrari. Non è certo mia intenzione infrangere il sigillo sacramentale, ma se il padrone dovesse venire a conoscenza... »

« Sapete, *sciura* Pesenti. Non è certo mia intenzione... »

Così, le voci del giovedì si sono esaurite e don Ranghetti ha continuato imperterrito ad andare a far messa dall'Elvira.

È il momento della settimana che lei preferisce. Le piace parlare col curato, buttare fuori tutto, e poco alla volta gli ha aperto i segreti della sua intera vita. Lui fa qualche sforzo per restare impassibile, poi le assegna un'infinità di orazioni e l'assolve. Nessuna delle sue parrocchiane, del resto, è più pentita dell'Elvira.

Così, un giovedì, quando don Ranghetti non si presenta alla sua porta, lei capisce che c'è qualcosa che non va.

« Migio, fai una cosa. Vai su dal parroco a vedere cosa succede. »

Suo fratello parte alla volta del Fosso Bergamasco con le mani dietro la schiena e l'andatura claudicante di sempre. Lungo il tragitto s'incanta a osservare una fila di processionarie sul tronco di un albero, poi a parlare con un'ape tutta presa a impollinare, poi saluta un cumulo di nubi che assomigliano a un cane che corre nel cotone, poi inciampa in una radice e per poco non si rompe il naso. Quando arriva alla villetta del prete, quasi non si ricorda più il motivo per cui è venuto. Si avvicina al capannello di donne raccolto fuori dal cancello e origlia. Nessuno bada a lui; la gente pensa che Remigio non capisca niente e non si cura di misurare le parole in sua presenza.

*Morto, ma come? Sì, sì. Questa notte. Nel sonno.* Tutte si fanno il segno della croce. *Ma non è possibile, stava bene fino a ieri! Eh, ma quando il Signore chiama...* Di nuovo segno della croce. *A me hanno detto che era malato. Ho visto il dottor Garzaroli che veniva spesso, ultimamente. Ha detto messa fino all'ultimo giorno. Che notizia terribile. Certo, a nominarlo da vivo, bisogna dire che era un po' originale. Chissà chi ci manda adesso il* sciur *Crespi.*

Remigio torna giù soddisfatto delle informazioni raccolte. Perso nei soliti pensieri, allunga la strada e si ritrova davanti al cantiere del cimitero, dove resta incantato a osservare gli operai che martellano, spingono carriole, spostano assi davanti al mausoleo che viene su di mese in mese. Poi gli viene fame e si ricorda che deve tornare a casa dall'Elvira.

« Il prete non può venire oggi, Vira », le dice, con un bel sorriso. « È morto. »

Lei sbianca. « Cosa? »

« Sì, sì. Morto. Fine, non c'è più. Ciao ciao! »

L'Elvira esce di corsa senza nemmeno mettersi il cappello. Il sole è così perpendicolare che le ombre quasi non si vedono, le foglie sono immobili sui rami, gli uccelli stanno rintanati nei loro nidi ad aspettare un po' di frescura. Quando arriva in cima al Fosso Bergamasco, l'Elvira ha il fiatone ed è tutta sudata. Le donne la guardano male e le indirizzano parole d'odio e disprezzo.

« Cos'è successo? »

Nessuno le risponde. Allora si fa largo a spallate tra la gente ed entra in casa del prete. Ranghetti è sul letto, attorniato da un gruppo di donne vestite a lutto che mormorano preghiere, nelle mani intrecciate gli hanno messo un rosario.

Tre giorni dopo l'intero villaggio a lutto prende parte alle esequie del curato. Silvio tiene un lungo discorso commosso, più volte interrotto dagli applausi. L'Elvira sfida le occhiatacce dei parrocchiani, percorre la navata, s'inginocchia e assiste alla messa dalla prima fila. È l'ultima volta che entra nella chiesa di Crespi.

## 12

*Milano,*
*ottobre 1907*

Silvio è seduto al grande scrittoio intarsiato, i gomiti appoggiati al piano ingombro di carte e registri, le mani intrecciate davanti alla bocca, lo sguardo perso nel vuoto e un'espressione angustiata negli occhi. Se quello che gli hanno appena detto è vero... Certo che è vero, ci sono i documenti a provarlo, i numeri non mentono. Eppure una parte di lui si rifiuta di credere, spera di aver capito male, che ci sia stato un errore, che sia tutto un equivoco.

« Nessun equivoco, Silvio. » L'avvocato Belotti, suo intimo amico, è stato chiaro. « La *So.lo.na* è sull'orlo del fallimento. »

No, i numeri non mentono. È stato giorni a ricontrollarli, foglio dopo foglio, e poi ancora da capo; li ha mostrati anche al ragioniere della *Benigno Crespi*, un professionista esperto di cui si fida ciecamente. Tutte le analisi giungono alla stessa drammatica conclusione: « I bilanci sono stati ritoccati per occultare le perdite ».

« Ma non è possibile... Daniele mi ha sempre detto che... »

Daniele: non è sempre lui il problema? Per tre settimane lo hanno cercato tutti disperatamente, compresa la moglie, che non aveva idea di dove si fosse cacciato. Voci dicevano che avesse perso la testa per un'attrice, qualcuno insinuava che fosse una ballerina, altri sostenevano che fosse partito per un viaggio in Africa, ma poco cambiava: proprio nel momento in cui ci sarebbe stato bisogno di lui per rispondere alle domande sulla gestione della *So.lo.na*, per fare luce su certe irregolarità, era irreperibile. Ora pare sia tornato, ma si guarda bene dal farsi vedere in ditta.

« È quasi ora di cena. » Teresa sta sulla soglia, non osa entrare.

« Non ho fame. »

« Ma devi mangiare qualcosa, non puoi... »

« Ho detto che non ho fame. »

« Silvio... »

« Chiudi la porta. »

Quando rimane solo, si copre il viso con entrambe le mani e cerca di ricacciare indietro l'angoscia. Quando gli hanno proposto di entrare nella *So.lo.na*, lui non voleva accettare. Qualcosa, un sesto senso o forse l'esperienza, gli diceva che non si trattava di un buon affare. E quei due, gli altri soci, non gli sono mai piaciuti. Troppo compiacenti, troppo cerimoniosi. La mettevano facile, dicevano che non ci sarebbero stati problemi perché conoscevano le persone giuste, che era un ottimo investimento, un modo per differenziare. Neanche voleva entrarci, in quel buco di ditta di conserve alimentari!

Dà una manata alla scrivania, maledicendosi per non aver ascoltato il proprio istinto.

Ma suo padre si stava lentamente riprendendo dall'ictus e Daniele gli ronzava attorno come un'ape col miele. Era così penoso vedere quel vecchio farsi irretire come un bambino privo di difese. E c'erano di mezzo un sacco di soldi, soldi della ditta, soldi anche suoi.

È per questo che Silvio è entrato nella *So.lo.na*: per dimostrare a suo fratello che è lui che comanda. Così adesso sono i maggiori azionisti di una società che ha falsificato i libri contabili, con un buco di svariati milioni di lire. Si è fatto gabbare come un ingenuo!

Questo ennesimo disastro di Daniele, poi, arriva nel momento peggiore. Le borse di New York sono in caduta libera dopo lo scandalo della *United Copper Company* e gli effetti iniziano a farsi sentire anche in Italia. Già qualcuno parla di panico, di corsa agli sportelli per prelevare i depositi prima che le banche diventino insolventi, e gli istituti bancari minacciano di restringere il ricorso al credito.

Molti cotonifici hanno dovuto chiudere. Se la *Benigno Crespi* non è a un passo dal tracollo, è solo grazie al fatto che, a differenza della maggior parte dei concorrenti, produce tessuti di elevata qualità ed esporta all'estero, fino in Cina e in Giappone. Certo è che le entrate non sono più quelle di una volta.

Poi c'è Cristoforo, che non è più la stessa persona di un tempo. È formalmente ancora in possesso delle proprie capacità, il che gli conferisce il potere di decidere in autonomia della *Benigno Crespi*, a tutti gli effetti ancora sua: ma questo lo espone a essere una facile preda nelle mani di chi desidera spolpare il suo patrimonio.

Il pensiero torna a suo fratello che, come se fosse stato evocato, irrompe nello studio. « Dev'essere una cosa ben urgente, se mi hai mandato a cercare con tutta questa insistenza », esordisce, sedendosi nella poltroncina davanti a lui. « Cosa posso fare per te, caro il mio illustre commendatore? »

Silvio si trattiene dallo sbraitare solo perché la porta è rimasta aperta e in corridoio ci sono Nino ed Emilio che sbirciano dentro. « Tanto per cominciare, potresti iniziare a spiegarmi questi. » Gli mette sotto il naso i bilanci della *So.lo.na*.

« Non mi dire che c'è ancora qualcosa che non sai spiegarti da solo. »

« So perfettamente di cosa si tratta. »

« Oh, molto bene. Non avevo dubbi. » Daniele spinge indietro i documenti senza nemmeno guardarli. « Posso dunque sapere per quale motivo sono stato disturbato? »

Silvio stringe i denti. Si alza e va a chiudere la porta. « La tua società di pomodori in scatola... » comincia.

« Mia? » ribatte Daniele sollevando un sopracciglio.

« La *So.lo.na* è praticamente fallita. »

Nella stanza cala un silenzio pesante. È evidente che suo fratello è all'oscuro di ogni cosa.

« Credo di non doverti spiegare cosa significa 'fallimento' », continua Silvio, « dal momento che non è il tuo primo investimento che finisce male. »

« Non so di cosa parli, ma se mi hai fatto venire fin qui per farmi una delle tue prediche... »

« Non è una predica. Quando hai perso mezzo milione al gioco ti ho fatto una predica. Quando volevi scappare con la spogliarellista belga ti ho fatto una predica. Quando credevi di aver messo incinta la cameriera ti ho fatto una predica. Quando dal giorno alla notte ti sei stancato di essere direttore della tessitura del nostro cotonificio ti ho fatto una predica. »

L'altro sbuffa.

« Adesso ti sto dicendo », scandisce bene Silvio, « che, a meno di non saldare tutti i conti, entro sei mesi io e te finiamo in galera. »

Daniele sbianca. « Ma non può essere, non... »

« Può essere eccome. Guarda i libri contabili, coraggio. » Gli spinge di nuovo sotto il naso le carte. « Se ti fossi mai preso la briga non dico di leggerli, ma anche solo di sfogliarli, ti saresti facilmente reso conto che sono tutti ritoccati per nascondere le perdite, che sono ingenti. »

« Ma non è possibile. »

Silvio si lascia andare sullo schienale della sedia e osserva il fratello passarsi nervosamente le mani sul volto.

« Io non ne avevo idea, devi credermi. Ti giuro che... »

« Non serve che giuri, ti credo. Sei troppo stupido per architettare una frode. »

« Non ti permetto di parlarmi in questo modo! » balza su Daniele.

« Siediti », gli ordina lui. « E abbassa la voce. È tardi e i bambini stanno andando a letto. »

« Cosa facciamo? » gli chiede dopo un po' Daniele, in preda all'angoscia. « Io non posso andare in prigione, ho moglie, figli... »

« Adesso te ne ricordi? »

« Non ho fatto niente di male, sono stato circuito, sono una vittima! »

Silvio sbuffa stizzito.

« Potremmo chiedere a... »

« Non nominarlo nemmeno, non ti azzardare. » Il loro padre non deve sapere niente di questo pasticcio: peggiorerebbe la sua salute, che è già fragile, e la loro madre ne morrebbe. Il fatto stesso che Daniele abbia pensato di approfittarne ancora una volta rivela quanto davvero abbia a cuore i loro genitori.

Silvio dovrebbe lavarsene le mani, dovrebbe lasciare che suo fratello se la sbrighi da solo, vada come vada. Se lo meriterebbe, dopo tutto.

Si alza; sotto lo sguardo allibito di Daniele, va alla porta, la spalanca, deciso a sbatterlo fuori e ad abbandonarlo al proprio destino. *Devi tenere unita la famiglia, promettimelo.* La voce di suo padre gli risuona dentro come un gong. Ha promesso, e Silvio Crespi non viene mai meno alla propria parola.

Agile come un gatto, il pensiero si libera e sgattaiola fuori dal palazzo, balza sull'automobile e guida a tutta velocità fino alla casetta di Emilia, al piccolo salotto col divano in velluto cremisi, ai suoi occhi misteriosi come la notte. Cosa gli consiglierebbe se fosse lì?

« Esci », ordina a suo fratello.

« Non mi puoi lasciare nei guai adesso. »

« Prendi l'automobile, corri da tua moglie a Cernobbio, bacia in fronte i tuoi figli che stanno dormendo e vai a coricarti. »

« Non puoi farmi questo. »

« Non osare parlarne con nessuno. Sono stato chiaro? »

«Dimmi che mi aiuterai.»

«Sono stato chiaro?»

«Se non mi aiuti, io mi ammazzo. Piuttosto che finire in prigione, preferisco morire.»

Silvio lo afferra per il bavero della giacca e lo strattona. Suo fratello ha gli occhi lucidi di lacrime, non oppone nemmeno resistenza. «Se ne parli con qualcuno, ti ammazzo io.»

## 13

*Trezzo sull'Adda*

Dal fiume si alza una nebbia densa come burro che riesce anche a passare attraverso i muri e inumidisce ogni cosa. Il fuoco nel camino della locanda dell'Agazzi crepita e fischia. Gli avventori portano dentro odore di foglie bagnate e funghi, restano un istante a rabbrividire sulla soglia, poi appendono le giacche zuppe all'attaccapanni all'ingresso e si accomodano.

Rino entra col giornale sotto il braccio. Il padre saltella sulle stampelle a prendere gli ordini. «Sei arrivato, finalmente. Vai in cucina a dare una mano.»

Rino obbedisce e per le due ore successive affianca il cuoco senza aprire bocca. Sul finire della serata, quando ormai il grosso dei clienti se n'è andato, mette una sedia davanti al focolare, allunga i piedi e spiega il giornale.

«*Oè*, Rino», gli dice uno dei ritardatari ancora in sala. «Cosa si dice di bello?»

Lui scuote il capo. «Niente di buono.»

«Ah, te vedi sempre tutto nero!»

«Non sono io», ribatte Rino. «Sono i giornali che lo dicono. Senti qui.» Apre a pagina cinque e ci picchietta il dito. «Recentissime da New York.»

*Enormi ribassi alla Borsa.*

*Un vero panico finanziario ha tenuto dietro oggi allo scandalo del corner del rame... Quando questo fatto senza precedenti venne reso noto, e quando si seppe che i fondi della Banca correvano un serio pericolo, si verificò un panico in Borsa quale da molti mesi non accadeva.*

*Corse anche la voce che altre banche fossero in condizioni difficili e i prezzi tanto più precipitarono.*

« Ma cosa vuol dire? » interviene un altro. « Trezzo non è mica Nuova York. »

« Eh, cari miei », spiega Rino, col fare di uno che la sa lunga. « È là che cominciano tutte le cose. »

« Ma in mezzo c'è l'oceano. »

Lui si fa una risata. « Non è più come ai tempi dei nostri nonni. Oggi il mondo è piccolo. »

Da oltre un anno non fa mistero di star mettendo da parte dei soldi perché intende andare in America a cercare fortuna. S'immagina la lunga traversata in terza classe, e poi finalmente lo sbarco a Ellis Island. Servono almeno tre settimane di navigazione, se tutto va bene. A quelli che gli chiedono poi di cosa camperà, lui risponde con un'alzata di spalle, che in America non è come in Italia dove sei condannato a fare sempre la stessa vita e, se nasci contadino, contadino ci muori. « Là, anche se sei povero, ti danno delle opportunità. Basta avere la volontà. » E lui di volontà ne ha tanta.

« In America anche una persona comune può diventare presidente. Mica come da noi! »

« E tu vorresti diventare presidente dell'America? » gli ridono dietro. « Che non sai nemmeno la loro lingua? »

« Perché no? La lingua si può imparare! »

« Ma se non sai neanche l'italiano! » interviene l'Agazzi. Suo padre questo discorso non lo vuole nemmeno sentire. Ogni volta che Rino attacca con la storia dell'America, si sente bruciare dentro. « Tu dovresti stare a casa », gli ripete. « Hai un buon lavoro in fabbrica, non ti manca niente. Quest'anno fai trent'anni. Perché non ti trovi una brava ragazza e metti su famiglia? »

Ma Rino da quest'orecchio non ci vuole proprio sentire. Dice che le donne per ora non gli interessano, e il matrimonio ancora meno. Quando sarà il momento, ne troverà una in America.

« Così lontano devi andare a prendere una donna? Con tutte quelle che abbiamo qui? Il cotonificio dei Crespi è pieno! »

« Ma in America le donne sono di vedute diverse. Non come qui, che se ne saluti una poi ti tocca sposarla, e addio vita. »

L'Agazzi scuote mestamente il capo. Conosce suo figlio e sa che, se si è messo in testa una cosa, niente gli farà cambiare idea; al contrario, cercare di dissuaderlo lo renderà ancora più cocciuto.

« Quando arrivo in America ti mando una cartolina », gli dice Rino.

Quello che suo figlio non può capire è che, se partisse, lui resterebbe per sempre solo: perché un conto è andare di là dal fiume, un altro è attraversare l'oceano. Lo perderebbe per sempre; perderebbe tutto quello che di buono è riuscito a costruire in una vita intera: non la locanda e quel po' di benessere che lo manda a letto tranquillo ogni sera, ma la propria carne, il proprio sangue.

Si ricorda se stesso a trent'anni, se la ricorda quella smania di ribaltare il mondo, di far valere le proprie idee, di non farsi mettere i piedi in testa da nessuno. In fondo è vero che il frutto non cade mai troppo lontano dall'albero. Allora era convinto che sarebbe restato così per sempre, che per il resto dei suoi giorni avrebbe combattuto, che avrebbe fatto di testa propria, fregandosene di quello che pensa la gente e tirando dritto.

Adesso, però, che di anni ne ha il doppio e sente la fine avvicinarsi, l'idea del cambiamento lo spaventa. Tutto quello che desidera è un angolino caldo accanto alla stufa, suo figlio che si occupa di lui, che magari rileva la gestione della locanda, che si sposa e gli mette in casa dei nipotini. Una vita tranquilla, fatta di piccole, monotone certezze.

Anche gli ultimi clienti se ne vanno. La porta scampanella, da fuori arriva odore d'autunno, la sala piomba nel silenzio. L'Agazzi, esausto, si lascia cadere su una sedia e osserva Rino col naso ficcato nel giornale, che cerca avidamente notizie a conferma della propria visione del mondo. Ogni tanto rimane ancora stupito di quanto il ragazzo assomigli alla madre, di come gliela ricordi: non l'ha mai conosciuta, ma ha gli stessi gesti, gli stessi movimenti, gli stessi gusti.

Se questo pezzo di sé partisse per sempre, l'Agazzi in breve ne morrebbe. Ma per vedere suo figlio felice è disposto anche a morire: perché Rino è sì un pezzo di sé, ma non gli appartiene.

« Allora », gli dice, mettendo da parte la fitta di dolore, « raccontami un po' di questa America. »

## 14

*Crespi d'Adda,*
*gennaio 1908*

Il castello di Crespi sorge dalla vegetazione spoglia e imbiancata di neve come un giglio rosso, e punta al cielo il maschio merlato. Quando lo scorge da lontano, Silvio si sente morire.

« Stai bene? » gli domanda Teresa, notando che ha le gote infiammate.

« Sì, sono solo un po' stanco. Passerà presto. » Dà sempre la stessa risposta, è un modo per troncare ogni discorso.

È vero che è stanco, ma non passerà tanto presto. La verità è che gli utili della *Benigno Crespi* sono in caduta libera: la situazione è così grave che Silvio si è trovato costretto a convocare la famiglia al completo. E ha scelto di farlo in questo posto, che è il simbolo di quello che loro padre ha costruito e per il quale adesso tutti devono continuare a combattere.

Come gli hanno detto gli avvocati, una soluzione c'è, ma non sarà indolore.

Salvare se stesso, Daniele e il nome dei Crespi dal disastro della *So.lo.na* gli è costato un patrimonio. Tutti i soldi investiti sono andati in fumo, poi è stato necessario ripianare le perdite e pagare i creditori. Lo scandalo è stato messo a tacere, ma l'avventura napoletana ha lasciato nelle casse della *Benigno Crespi* un buco difficilmente sanabile, specie in un momento di crisi finanziaria mondiale come quello che stanno attraversando.

Il crollo paventato dalle banche si è puntualmente avverato

sul finire del 1907: l'indice di Borsa è crollato del 50 per cento, la gente si è riversata agli sportelli a prelevare fino all'ultimo centesimo, molte banche hanno dichiarato bancarotta; l'onda lunga della crisi è partita da New York, ha attraversato l'Atlantico ed è arrivata anche in Italia, dove gli istituti bancari per salvarsi hanno ristretto il ricorso al credito. Niente più prestiti: chi aveva i soldi per pagare i debiti si è salvato; chi non li aveva ha chiuso i battenti. Per saldare i fornitori, anche la *Benigno Crespi* ha dovuto attingere a capitali propri, assottigliando ulteriormente le proprie riserve.

Ma non è quello il motivo per cui ha convocato lì il fratello e i cognati. Il motivo è, come sempre, Daniele.

«Per la prima volta ci troviamo davanti al rischio concreto di perdere ogni cosa», dichiara più tardi, in biblioteca.

«È così grave la situazione?»

«Lo è, diversamente non saremmo qui.»

«Ma non è possibile», obietta Daniele, sprofondato nella poltrona, il bicchiere di brandy in mano e lo sguardo assente. «Papà non ci ha detto nulla.»

«Papà non è nella condizione di poter comprendere la gravità di questo momento.»

«A tavola però hai accennato a una soluzione.»

Silvio annuisce. «Procederemo a una suddivisione ereditaria *ante mortem* del *de cuius* e istituiremo una società anonima il cui capitale sarà portato solo da noi figli, in percentuali variabili.»

Daniele si scambia un'occhiata col Rosselli del Turco.

«E cosa significa?» chiede questi.

«Significa che mio padre non sarà più proprietario della *Benigno Crespi*», spiega Daniele a denti stretti, «e non avrà più la parola decisiva nella sua gestione.»

«Perché mai?»

«Ve lo devo spiegare?» ribatte Silvio.

«Ma papà è ancora in salute, l'ho visto ieri, sta bene.»

«Papà non è più in grado di prendere decisioni di questa portata.»

«E chi dovrebbe farlo?» domanda Daniele. «Tu?»

«Sì, io.»

Nella biblioteca cala un silenzio denso di tensione.

«Si tratta solo di anticipare decisioni che, prima o poi, andranno comunque attuate», spiega Silvio.

«Vostro padre ne è al corrente?»

«Non ancora. Volevo prima accordarmi con voi.»

«Gli state sottraendo la società, insomma», taglia corto l'altro cognato.

«Questo non è vero.»

«No, infatti. La sta sottraendo *a me*», puntualizza Daniele.

Tutti si voltano verso di lui e di nuovo cala il silenzio.

Sì, è esattamente questo che intende fare Silvio. È importante, anzi vitale, sottrarre dalle mani di Daniele la possibilità di accedere alle risorse della *Benigno Crespi*, prima che la prosciughi ancor più di quanto non abbia già fatto. E l'unico modo per riuscirci è togliere la società al padre.

«È quello che hai sempre voluto, farmi fuori», sibila Daniele. «Ci vuoi far fuori tutti.»

«Oh, ma piantala!»

«Perché, altrimenti?»

«Certo, voglio impedire che tu, disgraziato, distrugga tutto!» grida Silvio. «Se non fosse per i tuoi investimenti scellerati, ora non saremmo in questa situazione. Per tacere delle spese folli, le amanti che costano più di un'automobile, il conto aperto al circolo, le corse ai cavalli, il gioco d'azzardo...»

«Mi vuoi forse dare la colpa di tutto?»

«Non sono io a dirlo, sono le carte, maledizione! In pochi anni hai saputo dilapidare un patrimonio che nostro padre e nostro nonno hanno impiegato un secolo a costruire.»

Daniele si alza e lo fronteggia. «Non accetterò mai le condizioni che poni, mai! Piuttosto mi tolgo la vita, hai capito?»

Silvio lo spinge via, Daniele arretra, inciampa nel tappeto, cade a terra con un tonfo.

«Oh, ti prego, fallo!» grida Silvio. «Levati di torno una buona volta! Fai a tutti questo favore!»

«Silvio!» lo rimprovera il cognato, aiutando Daniele a rialzarsi. «Cosa vi prende? Siete ammattito?»

Tutti lo guardano con aria di rimprovero, esterrefatti.

«Possibile che non vi rendiate conto?»

«Mi avrai sulla coscienza», gli rinfaccia Daniele, confortato dalle sorelle.

«Questo è l'unico modo.»

«Non mi sembra il caso di continuare», interviene il Rosselli del Turco. «Siamo tutti provati da queste notizie.»

«Meglio se coinvolgiamo gli avvocati», consiglia l'altro. «Non voglio che siano fatte delle ingiustizie a nessuno. Dobbiamo rifletterci.»

Escono tutti in fila indiana, a testa bassa, in silenzio. Silvio non si è mai sentito tanto solo in vita sua.

## 15

I colpi che si abbattono sulla porta nel cuore della notte fanno tremare tutta la casa. Enea butta giù le gambe dal letto e trova il pavimento gelido. «Resta a dormire», dice a Emilia. «È sicuramente per me.» Capita che il medico di Canonica venga chiamato nel cuore della notte per qualche urgenza. Scende le scale mentre all'uscio continuano a bussare con insistenza. «Arrivo, arrivo», borbotta aprendo la porta.

Quando si trova davanti Silvio Crespi, rimane senza parole. In un attimo il suo cervello prende in esame tutti i motivi per cui il padrone potrebbe trovarsi lì. Un operaio ferito? Una morte improvvisa? Qualcuno al castello sta male? Ma allora perché non hanno chiamato il dottor Garzaroli? Perché è venuto lui di persona?

«Devo parlare con Emilia», dice Silvio a testa bassa. Alle sue spalle sta iniziando a nevicare fitto e anche il rumore della fabbrica arriva ovattato.

«È notte fonda. State tutti bene?»

«Sì, sì», fa Silvio entrando anche se non è stato invitato a farlo. «Tutti bene.» Poi grida: «Emilia! Emilia, vieni giù! Ho bisogno di parlarti!» È evidente che ha bevuto: barcolla e strascica le parole.

« Emilia sta dormendo », gli dice Enea, piazzandosi davanti. « Tornate domani. »

« Non posso, è urgente. »

Emilia compare in cima alle scale, con indosso la sola camicia da notte. Enea le lancia un'occhiata severa.

« Cosa succede? »

« Sono rovinato, Emilia », biascica Silvio. « Rovinato. »

« Vai a vestirti », le dice Enea, cupo. « Accendo la stufa. »

Più tardi Silvio, seduto sul divano con una tazza di caffè in mano, senza mai alzare gli occhi da terra racconta gli eventi di quella sera, il disastro provocato da Daniele, l'ammutinamento della famiglia. Enea sta per tutto il tempo appoggiato allo stipite della porta con le braccia conserte e le labbra strette sotto la barba rossiccia, che inizia a mostrare qualche pelo bianco.

Quando la luce grigia dell'alba filtra attraverso le imposte accostate, Silvio è un po' più lucido, non però meno afflitto. « Avevi detto che, se anche avessi perso tutto, mi sarebbe rimasto l'amore della mia famiglia, e invece adesso mi odiano tutti. »

« Non ti odia nessuno. »

« Dovrò dire a Teresa che i nostri figli non potranno più prendere lezioni di francese, che con le vacanze al Lido di Venezia abbiamo chiuso. »

*Che tragedia*, pensa sarcastico Enea, che non gradisce che, tra le innumerevoli conoscenze altolocate che sicuramente Silvio vanta, abbia deciso di venire proprio qui, né che sua moglie e il padrone si parlino con tutta questa confidenza.

« Ed è solo colpa mia », singhiozza Silvio. « Ho voluto mantenere fede a una promessa fatta a mio padre. Gli ho giurato che, per nessuna ragione al mondo, avrei permesso che accadesse ciò che è accaduto tra lui e zio Benigno, che avrei tenuto unita la nostra famiglia, che non le avrei mai voltato le spalle. L'ho fatto, le ho sacrificato tutto, e come ringraziamento mi hanno accusato di voler sottrarre la ditta a mio padre e a mio fratello. »

« Silvio... »

« Dovreste parlarne con vostra moglie », interviene Enea, guadagnandosi un'occhiataccia da Emilia.

Silvio annuisce. « Avete ragione, dottor Pagnoni. Vi chiedo scusa, sono stato inopportuno. »

Enea non risponde. Silvio allora si alza e si avvia alla porta. Emilia lo segue da presso.

« Scusami, non sapevo cosa fare », le dice lui. « Non sarei dovuto venire qui di notte. »

« Non importa, non ti preoccupare. »

Restano sulla soglia. Il villaggio è coperto da una coltre di neve immacolata, sembra fatato. Lui è tentato di abbracciarla, ma Enea li osserva dal corridoio. Silvio si ficca le mani in tasca per resistere alla tentazione.

« Ci riuscirai, ne sono certa. »

« Grazie », le dice lui. Ripercorre il vialetto lasciando le proprie impronte nella neve, poi la strada che lo riporta al castello.

Quando Emilia richiude la porta, si trova davanti Enea che la guarda con occhi severi e pieni di domande.

« Non sapevo che tu e il padrone foste tanto amici », dice con voce venata di sarcasmo.

« Certo che lo sapevi. » Fa per aggirarlo, ma lui le si mette di fronte.

« Cosa voleva? »

« Lo hai sentito. »

« Cosa voleva? » ripete. Ha un tono minaccioso.

Lei sbuffa. « Voleva solo sfogarsi, sta attraversando un momento molto difficile. »

« Perché qui? Perché non da sua moglie? O dal prete, come fanno tutti? »

« Non lo so. »

Lui vorrebbe crederle, ma la gelosia lo rende diffidente.

« Ascolta », continua Emilia. « Se una persona viene a chiedere il mio aiuto, io non le volto le spalle. »

« Questa persona è il padrone, non ha bisogno del tuo aiuto. Può comprarselo, l'aiuto. »

« Quando io ho avuto bisogno del suo, lui mi ha aiutata. »

« E quando? Perché non me ne ricordo. »

Emilia alza le mani al cielo. « La scuola. Silvio mi ha dato un lavoro, ricordi? »

« Credevo che te lo fossi guadagnata col merito, quel lavoro. O te ne sei dimenticata? »

« Non voglio discutere, Enea. Tra poco devo andare in classe. » Lo aggira e sale di corsa le scale. Quando ridiscende, vestita di tutto punto, non c'è traccia della notte passata. Il sole pallido entra dalla finestra e si posa sulla tavola apparecchiata per due. « È tardi, non mi fermo a mangiare », gli dice.

Enea fa finta di non aver sentito e si siede. « Emilia », la richiama un istante dopo.

Lei mette dentro la testa nel tinello e prova a sorridere.

« Voglio che Silvio Crespi non metta mai più piede in questa casa. »

## 16

Sul finire del mese, le temperature si sono alzate di colpo e la neve è virata in acqua. Sono giorni che piove a dirotto, le strade attorno al cotonificio sono fiumi di fango e il livello del canale si è alzato pericolosamente. Il Rino dell'Agazzi ha finito il turno della sera, ma da qualche settimana s'intrattiene ben oltre l'orario. Non gli manca molto per raggiungere la cifra necessaria a partire, con un po' di sacrifici di questo passo la prossima estate potrà imbarcarsi a Genova ed essere in America prima dell'autunno.

Una sera di qualche giorno fa, suo padre, dopo aver finito di sistemare la locanda, lo ha chiamato di sopra. Dal primo cassettone ha tirato fuori un corposo involto di carta e, con gli occhi lucidi e bassi, glielo ha porto. « Aprilo. »

Dentro c'era una grossa mazzetta di banconote. Rino ha spalancato la bocca per lo stupore.

« Sono tutti i miei risparmi », gli ha detto l'Agazzi. « Mi sono tenuto lo stretto necessario per ogni evenienza. Il resto è tuo, prendilo. »

« Perché? » ha balbettato Rino.

« Non volevi mica andare in America? »

« Ma non posso », gli ha risposto Rino, rendendogli l'involto. « Non voglio usare i tuoi risparmi, non è giusto. E poi i soldi ce li ho, ho quasi raggiunto la cifra per comprare il biglietto di terza classe. »

« Oh, figlio mio », è sbottato l'Agazzi. « Ti serviranno altri sei mesi, come minimo. E dopo, una volta là, di cosa camperai? Ci hai pensato? Dove dormirai? Vuoi forse morire di fame? O, peggio, diventare un delinquente? »

« Ma mi troverò un lavoro. A Nuova York non è difficile, sai. Lo dicono tutti, è una cosa risaputa. Non è come qui. »

« Stai solo fantasticando, lo sai! Da dove hai preso queste informazioni? Poche righe su un giornale e il resto è fantasia », ha esclamato suo padre. Poi, vedendolo afflitto, ha aggiunto: « Ascolta, ascolta. Ora prendili. Se poi in America diventerai ricco, allora me li restituirai. Va bene? Non discutiamo ». Aveva la voce stridula, nervosa, e gli occhi saettavano da tutte le parti.

Così adesso al Rino dell'Agazzi manca davvero poco per realizzare il suo sogno. Ha deciso che i risparmi di suo padre li terrà da parte, solo in caso di necessità, e comunque il biglietto della traversata se lo vuole comprare da sé, è una questione di principio. Per questo si trattiene sempre per qualche ora dopo il normale orario di lavoro e talvolta chiede di fare il turno doppio.

« *Rino, va a cà a ötà l'to pare* », gli dice il caporeparto.

Esce attorno alle sette e mezzo. Subito fuori della fabbrica uno scroscio violento gli si abbatte contro, non si vede a un palmo dal naso. Il Rino dell'Agazzi decide di aspettare che spiova, ma dopo un po' ha freddo e fame: non vede l'ora di arrivare alla locanda, cambiarsi d'abito, mettersi addosso qualcosa di asciutto e pulito, e mangiare un bel piatto di polenta fumante davanti al camino, mentre sfoglia il giornale del pomeriggio e ragguaglia suo padre sulle ultime novità del villaggio. Così si mette in viaggio sotto la pioggia battente.

Camminando a passo spedito, in poco tempo è in vista di casa; le luci gialle delle finestre sono il faro che guida i suoi passi. Come ogni sera, alle otto in punto, si sente lo sferragliare del tram della linea Bergamo-Monza che passa sul ponte metallico di Trezzo, proprio sopra la locanda. Per la gente del posto, il *Gamba de Legn* è una certezza: col suo incedere traballante fa vibrare ogni cosa, annunciando il proprio arrivo sin da lontano. Quella sera il suono però pare diverso.

Rino guarda su verso il cielo, perché gli è sembrato di sentire un tuono. Poi tutto torna normale. Lo sferragliare del *Gamba de Legn* si allontana e resta solo il rumore scrosciante della pioggia. Le luci della locanda, d'improvviso, si sono spente. Rino è colto da una strana inquietudine e si mette a correre.

Giunto sul posto, si accorge che la sua casa non c'è più.

La mattina dopo è una bellissima giornata di sole, fredda e tersa; in lontananza le montagne sono incappucciate di bianco. I soccorsi possono solo constatare che due grossi massi si sono staccati dal fianco della collina, piombando proprio sopra la locanda e riducendola a un cumulo di macerie. All'interno si stima ci fosse una decina di persone, tra cui anche il locandiere.

Si scava tra le macerie per ore alla ricerca di sopravvissuti. Qualcuno riesce a uscirne vivo.

L'Agazzi è l'ultimo a essere tirato fuori, ormai senza vita. Lo riconoscono nonostante il volto scarnificato, gonfio, tumefatto, perché è l'unico cui manca una gamba.

Nessuno può saperlo, ma è esattamente così che l'Amalia dei Vitali lo aveva visto in tutti i suoi sogni.

## 17

*Crespi d'Adda,*
*giugno 1914*

La luce filtra obliqua dalle tende della camera al primo piano. È mattina inoltrata, il castello è già pieno di vita, ma Silvio è ancora a letto.

« Caro », gli dice Teresa entrando e spalancando le finestre. « Stai ancora male? »

Lui non risponde. Ha gli occhi cerchiati di blu e la luce del giorno gli ferisce la vista.

« Ti faccio portare su la colazione. »

« Non ho fame. »

« Ma hai bisogno di mangiare qualcosa, sei pallido... »

Silvio si alza. A piedi nudi raggiunge le finestre e guarda fuori. Il giardino del castello è in fiore; la fabbrica e il mondo continuano a girare senza curarsi di lui. La pendola batte undici colpi. Suo figlio Nino, diciannove anni, probabilmente è già in reparto, dove sta portando avanti il proprio praticantato, come prevede la tradizione di famiglia: indossato un vecchio camice, segue un operaio esperto che gli mostra i processi di produzione; nel pomeriggio smontano le macchine e ne studiano il funzionamento, registrando su un taccuino ogni dettaglio. Un tempo, Silvio avrebbe guardato al futuro con ottimismo. La laurea di Nino, qualche esperienza all'estero, poi la direzione del cotonificio. Ma il testimone che passerà a suo figlio non è lo stesso che suo padre ha passato a lui: Silvio trasferirà a Nino un fardello di responsabilità, di problemi, di umiliazioni.

Gli ultimi anni sono stati i più dolorosi della sua vita.

Dopo molte pressioni Silvio è riuscito a trasformare la *Benigno Crespi* in una società anonima di cui detiene la maggioranza delle quote ed è amministratore delegato; la manovra, indispensabile per impedire a Daniele di continuare a prosciugarne le finanze, gli ha però alienato per sempre l'affetto delle sorelle, che lo hanno accusato di essere un ingordo e un manipolatore: Silvio è solo al timone di una barca che cola a picco. Nell'ultimo anno, gli utili della ditta sono crollati da 580.000 a 7.000 lire; in compenso, il valore della merce ferma in magazzino è cresciuto, così come sono cresciuti i debiti nei confronti della Banca Commerciale Italiana. La nave col vessillo dei Crespi affonda e già si vedono gli squali girarle attorno. Per far fronte alle perdite, Silvio è stato costretto a cedere le azioni della società idroelettrica che possedeva la centrale di Trezzo: il suo progetto più ambizioso non è più suo.

Eppure non è stata questa la cosa più dolorosa da affrontare.

Il peggio è stato l'anno scorso, quando ha dovuto guardare in faccia suo padre e comunicargli la necessità - anzi, l'impellenza - di vendere l'intera collezione d'arte: in questo preciso momento, mentre Silvio si trascina come un fantasma in un castello che forse presto dovrà vendere, centottantacinque pezzi di straordinario valore artistico vengono battuti all'asta dalla casa Drouot di Parigi. Tre di queste opere sono già state svendute o donate per ottenere il permesso all'esportazione, tra cui la tela preferita di Cristoforo, quella cui era più legato in assoluto, la *Natività* del Correggio.

Poco dopo, sua madre se n'è andata e l'unica consolazione per Silvio è stata che almeno non avrebbe assistito alla fine di tutto, come invece tocca a Cristoforo, a Teresa e ai suoi figli.

« Esco », dice.

« Ma dove vai? »

Di nuovo nessuna risposta. Silvio si veste lentamente sotto lo sguardo di Teresa. Quand'è sulla porta, lei lo ferma.

« Silvio... »

Lui la guarda senza vederla.

« Non ti ho mai chiesto niente, Silvio. Non ho fatto domande, né preteso alcunché. Tra noi c'è sempre stato un patto implicito: la casa sarebbe stata il mio feudo, mentre tu saresti stato libero di portare avanti gli affari di famiglia. Ora più che mai, io e te dobbiamo restare vicini. »

« Non ti conviene restarmi vicino. »

« Sai che non m'importa. »

« Importa a me, Teresa. »

Esce, fuori fa un caldo intollerabile, o forse è lui che si sente debole e non sopporta più niente. Cammina lungo il viale della fabbrica, gli operai lo vedono passare con la testa bassa, lo salutano togliendosi il cappello, lui annuisce e tira dritto. Passa accanto al busto di suo padre ed evita di guardarlo. Prima di entrare nel cimitero si fa il segno della croce, poi raggiunge il mausoleo, lo apre, vi entra e aspetta un istante che gli occhi si abituino all'oscurità.

Da qualche tempo, ci sono due Silvio. Il primo è un industriale e un politico che, nonostante le difficoltà del momento, gode ancora della stima d'importanti uomini d'affari; pur nelle ristrettezze, non fa mancare niente ai suoi figli e continua a lottare per l'azienda di famiglia. Il secondo è l'uomo che viene al cimitero per piangere di nascosto da tutti.

# PARTE UNDICESIMA

# 1

*Crespi d'Adda,*
*autunno 1916*

Che la situazione sia davvero molto grave, l'Elvira lo capisce un mercoledì, quando, come ogni settimana, si reca al lavatoio a fare il bucato. In giro c'è poca gente: quelli che non sono stati mandati al fronte sono tutti in fabbrica. È una bella giornata e le foglie degli alberi sono bagnate di miele, in precaria attesa del primo colpo di vento che le disperda; ma l'aria è immobile e il sole scalda come se fosse primavera, come se nemmeno lui si fosse accorto che, poco lontano, c'è una guerra in corso.

Il contatto con l'acqua fredda del lavatoio è ancora piacevole, l'Elvira si sta accanendo col pezzo di sapone su una macchia cocciuta, così sulle prime non si accorge di sua cognata che le si fa accanto e inizia pure lei a fare il bucato.

C'è una regola non scritta al villaggio, che il mercoledì non si va al lavatoio, perché di mercoledì c'è l'Elvira dei Malberti, e nessuno vuole sporcarsi le mani nella stessa acqua che tocca lei, acqua maledetta. Se qualche donna si dimentica che giorno è, le basta scorgere l'Elvira da lontano per girare sui tacchi: piuttosto che starle accanto, quelle dormono nelle lenzuola sporche.

Ma adesso l'Ugolina dei Massenti, la moglie di suo fratello, che pure fino alla settimana scorsa non la degnava di uno sguardo come tutte le altre, è proprio lì accanto che risciacqua un paio di braghe del Canèta, come se niente fosse.

L'Elvira la guarda stranita, mentre quella immerge e strizza con le mani arrossate. « È mercoledì », le dice. Possibile che non se ne sia accorta?

« Coi turni in fabbrica non ho mai tempo », risponde l'altra, senza alzare la testa.

Fedeli alla tradizione dei Malberti, l'Ugolina e il Canèta hanno avuto una nidiata di figli, tre dei quali – di diciannove, ventuno e ventitré anni - sono stati fra i primi a partire per la guerra; il loro padre, che da subito è stato un accanito interventista, ha fatto di tutto per provare a esonerarne almeno uno dal servizio militare, purtroppo invano. È di una decina di giorni fa la notizia che il primogenito, chiamato Oreste in ricordo del nonno, è *caduto eroicamente combattendo sul campo dell'onore, fra l'ammirazione e il compianto dei superiori*; così c'era scritto sul giornale, che suona meno brutto di « si è preso una pallottola nei polmoni ed è morto soffocato nel proprio sangue ». Degli altri due, invece, non si hanno nuove da mesi.

Al villaggio sono sempre più frequenti le notizie di uomini, giovani e vecchi, che non torneranno più. Nelle casette degli operai si ode allora il pianto sommesso o disperato di qualche madre, moglie o sorella che hanno finito di sperare.

L'Elvira lo sa, c'è la guerra: non è mica scema. Del resto ne parlano tutti, il padrone nei suoi discorsi pubblici, il curato nelle omelie, i giornali. E la guerra è una cosa brutta, la gente viene ferita, spesso muore. Si sa del resto che la morte è inevitabile, in un modo o nell'altro prima o poi ti deve capitare: può essere un fiume di fango che ti porta via sotto gli occhi dei tuoi compagni di cantiere, o una follia improvvisa che ti stringe la gola fino a toglierti il respiro, o una malattia sconosciuta che un giorno ti fa finire stecchita, rigida come un tronco, sul materasso dove la sera prima ti eri coricata che sembravi sana. È la vita, si sa che va così. E a volte vivere è perfino peggio che morire, l'Elvira lo sa bene.

Ma la cosa che ha spinto l'Ugolina, dopo tutto questo tempo, a infrangere la regola del mercoledì e a sporcarsi le mani nella stessa acqua dell'Elvira, la cosa che l'ha spinta a sfidare il parere delle altre donne - perché non c'è dubbio che lo sappiano tutte o che presto lo verranno a sapere - deve essere per forza una cosa orribile.

« Come stai? » le chiede.

L'Ugolina alza su di lei occhi arrossati e stanchi e risponde con un sospiro che sembra esaurire tutta la vita che ha dentro. « Tre figli », dice. « Tre. » Alza tante dita quanti i figli partiti per il fronte e le punta verso il cielo, come se volesse rinfacciarlo a Dio.

L'Elvira intuisce che qualsiasi cosa dicesse sarebbe sbagliata e allora le si fa sotto e la abbraccia: il gesto le nasce così spontaneo che, prima ancora di riuscire a spiegarsene la ragione o a frenarsi, si ritrova avvinghiata alla cognata a piangere con lei. Ognuna piange per le proprie ragioni: l'Ugolina perché ha un figlio morto e altri due al fronte e suo marito, pensando di consolarla, le ripete che ne hanno altri, come se una creatura fosse la stessa cosa di una scarpa o di un cucchiaio; e l'Elvira perché è da così tanto tempo che non riceveva un gesto gentile che solo adesso si rende conto di quanto le sia mancato, di quanto la cattiveria della gente le si sia insinuata sotto pelle.

« Passa a trovarmi », le dice l'Ugolina prima di ripartire verso casa. « Magari quando non c'è tuo fratello. »

L'Elvira annuisce e la osserva andar via con la cesta del bucato in equilibrio sulla testa, poi resta un bel pezzo a guardarsi in giro, sentendo crescere l'inquietudine. Questa guerra dev'essere una cosa ben grave se l'Ugolina è diventata gentile.

Due settimane più tardi, Remigio parte per il fronte e, per la prima volta da quand'è nato, scopre il mondo al di là del fiume.

## 2

La domenica, dopo la messa, Silvio esce sul piazzale e si attarda con la famiglia e il curato. In breve, un gruppo di operai gli si fa attorno, chi per salutarlo, chi per stringergli la mano, chi anche solo per vederlo da vicino e farsi riconoscere. Tutti si aspettano che dica qualcosa, che li rassicuri.

Come da tradizione, i Crespi resteranno ancora qualche settimana al villaggio, ripartendo per Milano verso la metà di ottobre. Con Silvio ci sono il figlio Alberto, di diciotto anni, Angela Maria, di diciassette, e l'ultimo dono di Teresa, le gemelline Carla e Lucia, che hanno appena quattro anni. Mancano Nino ed Emilio, entrambi partiti per la guerra. Manca il padre, Cristoforo, che ormai è troppo anziano e malato e vive sempre in città. E poi manca Teresa.

Il 1914 è stato l'anno più crudele, quello in cui Silvio ha perso tutto. L'asta della pinacoteca di Cristoforo, che avrebbe dovuto risollevare le finanze della *Benigno Crespi*, è stata un autentico disastro: i pezzi sono stati venduti male, da intermediari spregiudicati che hanno preteso commissioni esorbitanti, e alla fine i proventi sono bastati appena a coprire le spese di pubblicazione del catalogo e poco altro. Così oltre al danno si è aggiunta la beffa: privare Cristoforo della cosa cui teneva di più non è servito a niente.

Poi in settembre una peritonite non diagnosticata per tempo si è portata via Teresa. Solo poche settimane erano trascorse da quando stava bene a quando le avevano fatto il funerale. A niente erano valsi i tentativi di salvarla, i numerosi pareri medici, i luminari consultati: anche in questo caso, Silvio aveva dovuto accettare la sconfitta, quella più grande, la più dolorosa. Come se Dio ci avesse tenuto a ricordargli chi è che comanda.

*È tutto finito,* si era detto allora. Con l'azienda sull'orlo del fallimento e senza più il sostegno di Teresa, anche solo pensare di continuare a vivere gli faceva male.

« Devi sforzarti », gli diceva suo padre. « Hai sei figli e duemila operai, non puoi lasciarti andare. »

Il fatto che fosse proprio Cristoforo a incitarlo a tenere duro, per Silvio era ancora più umiliante: pure lui vedovo, ma anziano e malato, che assisteva impotente al disgregamento dell'azienda cui aveva dedicato una vita intera e che pochi mesi prima si era visto portare via la pinacoteca che era stata il suo orgoglio, riusciva comunque a trovare la forza per non dare a vedere il proprio dolore, per mostrarsi dignitoso, sicuro di sé, determinato, pieno di fiducia.

Per Silvio, invece, scendere dal letto era diventato sempre più difficile, e mentire ormai impossibile. Nemmeno i suoi figli, nemmeno le gemelline, erano uno sprone.

Poi era arrivata la guerra, mostro bifronte: da un lato sorrideva generosa agli imprenditori come Silvio, lesti a riconvertire la produzione, che quindi ripianavano i bilanci, producevano utili, tornavano solventi; dall'altro aveva denti aguzzi con cui rosicchiava la carne dei suoi giovani soldati, divorava i civili, i vecchi e i bambini.

Quale delle due facce era la più crudele? Quella che ti riempiva le tasche di banconote insanguinate o quella che mandava al fronte i tuoi figli? Quella che ti dava o quella che ti toglieva?

« Quanto credete che durerà ancora? » gli chiede un'operaia che ha marito e figli al fronte. È ancora giovane, ma le profonde occhiaie che le segnano il viso la fanno sembrare una vecchia. I turni in fabbrica sono sfiancanti, dal momento che non c'è gente a sufficienza per portare avanti la produzione.

Silvio scuote la testa. Essendo un senatore del Regno, la gente si aspetta che sappia tutto, che custodisca i segreti del Paese, che possa anche prevedere il futuro. « È impossibile dirlo. » La delusione è evidente sui volti degli astanti. « Ma dobbiamo essere fiduciosi, non perderci d'animo. » Ripete sempre la stessa cosa.

« Questo è vero », dichiara un vecchio con la pelle scura come il cuoio.

Silvio prende in braccio una delle gemelline e alza la voce. « Voi sapete che ben due dei miei figli sono partiti per la guerra, e non vi mentirò dicendovi che ne sia stato felice e che non li avrei preferiti a casa. Tutt'altro! »

La gente attorno annuisce. Che il padrone abbia due maschi al fronte lo fa sembrare uno di loro. La guerra ha annullato le distanze: ricchi e poveri versano lo stesso sangue per la patria e ugualmente muoiono.

« Tuttavia sono fiero di loro e non mi perdo d'animo. Prego Dio che me li mantenga salvi e in salute, loro e tutti i nostri figli. Ogni giorno imploro il Signore che questo conflitto finisca alla svelta, che i ragazzi tornino a casa, che riprendiamo le nostre vite di un tempo. Voi sapete che sono sempre stato contrario all'entrata in guerra dell'Italia. Ma ora che ha prevalso l'interventismo è nostro preciso dovere fare tutto ciò che possiamo per la patria. Chi può *deve* partire e chi rimane non deve smettere di essere fiducioso. Perfino noi, nel nostro piccolo, possiamo fare tanto. E lo dobbiamo fare per loro! » Solleva un po' la bambina, ché tutti vedano che faccia ha il futuro.

Attorno si levano apprezzamenti e qualche applauso. Non molto distante, il Rino dell'Agazzi lo osserva storcendo il naso.

## 3

«Riempi, dai.»

«È già il terzo, Rino.»

Lui dà un'alzata di spalle. «Te li pago, eh.»

Poco distante, il padrone arringa la folla dei pecoroni della domenica, quelli che si mettono in fila per entrare in chiesa, che stanno in fila per prendere il corpo di Cristo, che poi escono in fila e che sempre in fila vanno a farsi sfruttare in fabbrica.

A lui le file non piacciono. Quelli che si mettono in fila è perché non sanno ragionare con la loro testa, allora vanno dove vanno gli altri; così pensano di non sbagliare, e se sbagliano possono dire che la colpa non è loro.

«*Sent un po*», gli dice il locandiere rabboccando il bicchiere. «Ma te non dovresti essere in guerra come tutti gli altri?»

Ai pecoroni non piacciono i tipi come il Rino dell'Agazzi. Loro pensano che tutti debbano stare in fila: Sua Maestà chiama e allora tutti in fila a farsi ammazzare per lui. Il villaggio intero è tappezzato di manifesti per la chiamata alle armi. Nessuno che si domandi se sia giusto, nessuno che osi opporsi; a momenti, anzi, gli dicono grazie, al re. L'ha sentito, il padrone, poco fa: parlava di dovere, di orgoglio, di sacrificio, di onore. Belle parole per uno che sfruttando gli operai si starà sicuramente arricchendo.

«E-so-ne-ra-to», ribatte Rino, scandendo bene.

Il locandiere annuisce con aria perplessa e se ne va.

«Eppure a me mi sembri in salute», insinua il Canèta, seduto poco distante.

«Cosa ne sai te di come sto io?» lo aggredisce.

È vero, sulla carta Rino è sano come un pesce e, se si fosse presentato alla visita militare, il medico lo avrebbe dichiarato abile. Ai manifesti con la chiamata alle armi, però, lui non dà retta e, quando nessuno lo vede, li strappa via. Sono passati anni, ma non se l'è mica scordato quello che ha fatto Bava Beccaris a Milano, i cannoni puntati verso la gente che manifestava per il pane, l'ordine di sparare ad altezza uomo, le rivolte spente nel sangue. E Umberto I, poi, che invece di metterlo alla forca gli dice anche bravo! No, Rino per questa gente qua non vuole combattere, non vuole essere il loro burattino. Certo, al re gli hanno sparato – e ben gli sta, a quel pavido trombone – ma cosa cambia? Il sovrano che è venuto dopo è uguale identico, e quello dopo ancora non sarà diverso. Il Rino dell'Agazzi non si metterà in fila per essere la loro carne da cannone. Devono venire a prenderlo con la forza, se ne hanno il coraggio!

« Da quando non c'è più suo padre, invece di mettere la testa a posto è diventato ancora più matto », spettegola la gente.

Accantonato il sogno di partire per l'America, Rino ha deciso di dare tutto se stesso per cambiare questo triangolo di terra: *questo*, e non un altro al di là dell'Atlantico. È per suo padre che lo fa, dopo tutto: avrebbe potuto andarsene e ricominciare da capo ma, quand'era sul punto di lasciare ogni cosa, si è reso conto di esservi indissolubilmente legato.

Il Canèta alza le spalle. « Era per dire. »

Da quando tre figli gli sono partiti per il fronte, il Malberti dopo il turno si attarda spesso alla locanda. Quando torna a casa e trova l'Ugolina con gli occhi gonfi e arrossati, sente proprio che le mani gli prudono; allora coglie un pretesto qualsiasi per muoverle: può essere la minestra fredda o il vino caldo, il pane duro, la stufa accesa o spenta, una frase detta o non detta. Va bene tutto pur di sfogare la rabbia che ha dentro. L'Ugolina ormai non fa più neanche finta di scappare; si fa afferrare per i capelli e sta lì a prendere calci e sberle, aspettando che finisca, e ogni tanto dice un « Ahia » per dargli soddisfazione.

« Così almeno adesso hai un motivo per piangere », le dice. E ai figli che stanno impietriti a guardare: « Cos'è, ne volete un po' anche voi? »

Non può mica ammettere che dentro si sente rotto come un vaso di coccio e che vedere l'Ugolina distrutta lo fa sentire inutile. Per questo rimane il più a lungo possibile alla locanda e ogni tanto alza il gomito: per nascondersi, perfino da se stesso.

« Ma se hanno arruolato Remigio! » dice uno.

« È vero », fa il Canèta, che a questa cosa non c'aveva pensato.

« Ma a me la pneumonia mi ha rovinato i polmoni. » Nessuno ha mai avuto notizia che il Rino dell'Agazzi abbia avuto la pneumonia. « Tanti anni fa », precisa.

Tutti annuiscono. Il Canèta si alza, lascia qualche moneta sul tavolo e sorride scoprendo un incisivo mancante. Forse stasera ha trovato qualcosa di diverso dall'Ugolina per sfogare la sua rabbia.

## 4

*Canonica d'Adda*

La vecchia bussa timidamente alla porta e da dietro l'uscio socchiuso spunta il suo volto da contadina: i capelli quasi ancora tutti neri sotto il fazzoletto, la fronte bassa, la pelle scura percorsa da solchi profondi, le gote arrossate, le labbra sottili e gli occhi azzurri da gatto selvatico. Enea la conosce bene, anche se non l'ha mai visitata: viene spesso a portare qualche uovo, un cespo d'insalata, un pezzo di formaggio o un salame.

« Entrate », le dice, vedendola immobile sulla soglia.

Lei avanza a piccoli passi cauti, come se il pavimento fosse fatto di cristallo. Nelle mani, ricurve come artigli d'aquila, con le unghie sporche, non ha niente, segno che questa volta viene per sé. E se una donna di questa tempra arriva a farsi visitare significa che è molto grave.

« Vi sentite bene? » le chiede Enea, scostandole la sedia.

Lei annuisce e dal guizzo della mascella s'intuisce che sta stringendo quello che le resta dei denti. « Mio nipote sta male, *dutur.* »

« Quale nipote? »

« Il Fausto. »

Impossibile: il Fausto dei Salvi è stato lì due ore prima, sostenendo di non respirare bene; Enea lo ha visitato accuratamente trovandolo sano e lo ha congedato prescrivendogli gargarismi con l'acqua salata.

« Il Fausto sta bene, l'ho visto poco fa », la rassicura.

« No », replica lei, mentre gli occhi le si riempiono di lacrime. « Sta male, sta male. »

Possibile che sia peggiorato all'improvviso, al punto di impedirgli di venire di persona? Possibile che Enea abbia trascurato dei sintomi? « Cos'ha? »

« Sta male », ripete lei senza alzare gli occhi dal pavimento.

« Ma cosa si sente? »

La vecchia scuote il capo sconsolata, ma non aggiunge altro.

« Va bene, vengo a visitarlo », fa Enea, alzandosi per prendere la giacca.

« No! » Gli artiglia il braccio e stringe forte. « Non serve », dice poi, con tono più morbido. « Sta male e basta. »

Enea le s'inginocchia davanti e la guarda bene in viso. « Cosa volete che faccia? » le sussurra.

« Dovete scrivere che sta male. Scrivete che sta male, *dutur*. »

« Ma vostro nipote sta benissimo. »

« È l'ultimo che mi rimane », pigola lei.

A Enea serve un po' per capire, ma presto gli è tutto chiaro. Il Fausto dei Salvi è del '99 e, con l'aria che tira, l'anno prossimo sarà chiamato alle armi.

Passa un tempo lunghissimo senza che nessuno dei due apra bocca.

« Voi potete », gli dice la vecchia. « Scrivete che sta male. »

« Non posso, *sciura* Salvi. Il vostro Fausto sta bene. Se si scoprisse che ho mentito... »

« Ma voi siete un dottore. Qualcosa trovate sempre, se volete. »

« Non è così semplice. »

La vecchia sospira e si alza come se le costasse uno sforzo immenso. Dalla tasca della gonna tira fuori un piccolo involto che contiene due uova, lo lascia sul tavolo e poi si avvia alla porta. Quand'è sull'uscio, si volta. « Sono del '36, di guerre ne ho viste tante. Ma come questa... » Fa una pausa per ricacciare indietro il pianto. « Avevo diciassette nipoti, sei femmine. I maschi sono tutti al fronte, mi restava solo il Fausto. »

« Perché non provate a farlo esonerare, dichiarandolo vostro sostegno? »

« Mio figlio ci ha provato, gli hanno detto di no. »

« È giovane. È molto improbabile che lo chiamino... Magari la guerra finirà prima. »

Lei fa un sorriso amaro. « *Sciur dutur*, alla mia età non si crede più alle favole. »

Se ne esce tutta ricurva, senza sapere di aver appena deviato il corso della vita di Enea.

## 5

*Milano*

Nel cortile del palazzo, Silvio cammina avanti e indietro da più di un'ora. Da giorni è inquieto, da quando ha ricevuto la lettera con cui Nino gli comunicava di stare bene e di essere di ritorno per un breve congedo. Non lo vede da due mesi.

Quando la vettura svolta scoppiettando su via Borgonuovo, Silvio drizza le orecchie come un cane da punta e, non potendo resistere, esce in strada a dare un'occhiata. Fa ancora caldo, l'automobile è scoperta. Nino sta seduto sul sedile posteriore con la schiena ritta, il mento alto e l'espressione seria. Suo padre sulle prime quasi non lo riconosce e dà la colpa alla vista, che non è più quella di una volta. Ma è proprio suo figlio quel soldato con la divisa in panno grigio-verde e il berretto rigido tenuto saldo dal sottogola.

Prima ancora che il veicolo sia fermo, Nino balza giù con un salto e corre ad abbracciarlo. Silvio stringe forte i denti per cercare di non piangere, ma quando si guardano in faccia hanno entrambi gli occhi lucidi e le gote arrossate.

« Vieni qua, fatti vedere! » Silvio lo allontana un po', senza tuttavia lasciarlo andare. *Dio, com'è diventato magro!* pensa. « Cos'hai fatto alla faccia? È carbone, quello? » lo canzona.

Nino si è fatto crescere un bel paio di baffi scuri e folti che gli conferiscono un'aria da uomo. O almeno questo doveva essere l'intento: per Silvio, che lo ha visto poche ore dopo la nascita e poi, ogni giorno per gli anni a venire, crescere, allungarsi, piangere, ridere, mettere il broncio, e nel quale ritrova la stessa espressione e le stesse smorfie della donna che lo ha messo al mondo, quel volto rimarrà per sempre quello del suo bambino, troppo giovane per un paio di baffi. Troppo giovane per la guerra.

Nino abbassa gli occhi e arrossisce, come se si vergognasse. « Sono mustacchi... »

Silvio si fa una gran risata. « Lo vedo! » E poi, temendo di averlo ferito, aggiunge: « Ti stanno bene, assomigli a tuo nonno Ghiglieri. Un uomo di gran classe ».

Nino sorride, ma il sorriso è triste, spento.

« Tua madre sarebbe orgogliosa di te. »

Senza dubbio sarebbe orgogliosa di questo figlio che in poco tempo si è fatto uomo, ma soprattutto sarebbe distrutta dal saperlo al fronte e dalla paura di perderlo.

Silvio si domanda spesso se Nino sarebbe partito lo stesso, se sua madre fosse ancora qui; se l'aver voluto arruolarsi con una tale ostinazione sia stato un autentico slancio patriottico e non, come invece gli sembra, una fuga da luoghi che col ricordo gli rinnovavano il dolore. Era anche riuscito a farlo esonerare dal servizio militare, facendolo dichiarare unico sostegno della nonna materna, ma Nino non ha voluto sentire ragioni. È stato cocciuto, a suo modo rabbioso.

« Non mi sottrarrò al mio dovere verso la patria », aveva annunciato una mattina di punto in bianco. « Non resterò a casa mentre altri versano il loro sangue al posto mio. »

« Ma il tuo dovere è qui, al nostro fianco: i nonni hanno bisogno di te, io ho bisogno di te! » aveva cercato di farlo ragionare Silvio, che aveva visto da poco partire anche Emilio e non tollerava di avere un altro figlio in pericolo. « E poi c'è l'azienda. »

A sentir nominare la *Benigno Crespi,* Nino si era irrigidito, aveva stretto la mascella e distolto lo sguardo. Non aveva ribattuto, ma era chiaro che, ormai, la decisione era presa.

La servitù di casa, avendo riconosciuto la voce del giovane padrone, esce e gli si fa incontro con una gran quantità di complimenti e domande. Molti di loro erano a servizio qui già prima che lui nascesse e lo hanno visto crescere.

« Avrete fame, signorino Crespi », annuncia la cuoca. « Ho preparato l'arrosto d'agnello con carote e patate. »

« Muoio di fame! » annuncia Nino. « Al campo non si mangia tanto bene. »

Rientrano tutti insieme e per due giorni in casa si respira aria di festa. Alberto, che ha diciotto anni, ha voluto a tutti i costi provare la sua divisa e ha preteso resoconti dettagliati sulla vita militare. Angela Maria, ormai una donnina, gli ha voluto mostrare i progressi al pianoforte, e le gemelline di quattro anni non lo hanno lasciato un solo istante. Perfino Cristoforo sembra un altro.

L'ultima notte la passano tutti insonne. Nino, non più abituato ai letti grandi e comodi delle dimore signorili, si rigira inquieto. Oltre la parete, Silvio, con gli occhi spalancati sul buio, sente il suo letto scricchiolare e si domanda cosa tenga sveglio il figlio, se la paura o il desiderio di andarsene.

« Non puoi fermarti un po' di più? » gli chiede stando a guardare mentre si prepara a partire. « Se non fossi così di fretta, potremmo andare al villaggio. Gli operai ci tengono a vederti, mi chiedono sempre di te. »

« Non sono io che decido, papà », sbuffa Nino. « Al villaggio verrò la prossima volta, agli operai di' che sto bene. »

« Lo so, lo so. Ma se volessi... Io potrei, insomma, lo sai... Potrei mettere una buona parola. » Silvio è senatore, un uomo influente, ha ottime conoscenze. « In fondo il tuo dovere l'hai fatto. »

Nino scuote il capo. « Ogni giorno vedo qualche commilitone portato via, qualcuno cui un colpo di mitragliatrice ha aperto l'addome, qualcuno che ha perso una gamba, un braccio o un occhio. In questi giorni mi avete chiesto tante volte se ho paura. Certo che ho paura. Eppure non mi sono mai pentito della mia scelta. E non mi tirerò indietro per venire a fare la bella statuina al cotonificio. » Si accorge con quest'ultima frase di aver ferito suo padre e subito se ne pente. « L'azienda di famiglia è importante, ma ora non è quello il mio posto. Il mio dovere finirà quando questa guerra sarà finita. »

Silvio sospira. E quando? Questo conflitto assomiglia sempre di più a una slavina, nata per caso, quasi per sbaglio; certo gli attriti si percepivano anche prima dell'attentato di Sarajevo, ma nessuno avrebbe pensato che sarebbe finita così.

« Hai ragione », dice Silvio, vergognandosi del proprio egoismo.

Nino lo abbraccia stretto. «Sei stato tu a insegnarmi l'importanza del dovere, papà.»

A Silvio sfugge una risata amara. Per tutta la vita, quando si è trovato davanti a un bivio che gli imponeva una scelta tra sé e il proprio dovere, ha sempre imboccato la strada in salita: da ragazzo sognava di entrare nel giornalismo, ma ha scelto il dovere; poi si è innamorato di una cameriera ed era determinato a sposarla, ma ha scelto il dovere; non molti anni fa, avrebbe potuto lasciare suo fratello nei guai finanziari che si era creato da solo, ma ha scelto il dovere. E cosa gli è rimasto in mano? Un'azienda che poco prima della guerra era sull'orlo del fallimento, una famiglia sbriciolata, un fratello che non gli rivolge più la parola e due sorelle che si sentono frodate. E il proprio primogenito che, piuttosto che stargli accanto, ha preferito andare al fronte.

È tentato di dirgli che immolare la vita al dovere non ne farà un eroe, e tanto meno lo farà felice. Certo, si dirà di lui che era un tipo irreprensibile e retto, ma un giorno, specchiandosi negli occhi dei propri figli e accorgendosi all'improvviso di essere diventato vecchio, si renderà conto di non aver mai vissuto per se stesso, di aver sprecato i propri giorni.

*Scappa da questa gabbia, corri via! Scava con ostinazione dentro il tuo cuore finché non trovi la felicità autentica, quella che viene da dentro e che nessuno ti può rubare. Sii meno irreprensibile, ma sii felice, figlio mio!*

«Hai ragione», ripete, facendo vincere ancora una volta il senso del dovere. «Torna al fronte e fatti valere.»

## 6

*Bergamo*

Una sera di sei mesi fa, il Canèta è uscito come sempre dalla fabbrica dopo il turno. L'inverno cedeva controvoglia il passo alla primavera e a terra, negli angoli in ombra, c'erano ancora le ultime chiazze di neve sporca, dove i bambini si divertivano a giocare. Di notte l'aria era tagliente come un rasoio, con raffiche brevi e improvvise.

La casetta dei Malberti è una delle ultime prima dei campi che portano al cimitero e per arrivarci bisogna costeggiare tutto il cotonificio e poi tagliare verso l'abitato.

Il Canèta camminava a passo svelto, stringendosi nel paletot. Il turno era stato lungo, estenuante. Non vedeva l'ora di mangiare qualcosa e buttarsi subito nel letto.

Nell'ultimo tratto, però, proprio quello dove il giorno prima qualcuno aveva fatto saltare la lampadina con un colpo di fionda, una mano è spuntata fuori dall'oscurità e lo ha agguantato per il bavero. Lui, un po' per la stanchezza, un po' perché non si aspettava l'agguato, si è ritrovato a terra prima ancora di poter emettere un fiato e subito una gragnuola di calci, pugni e bastonate lo ha messo fuori gioco.

« *Alüra, Canèta, ta che n'et asè?* » gli ha ringhiato uno degli aggressori, sferrandogli un ultimo calcio.

Lui è riuscito appena ad alzare una mano come per dire che sì, per carità, ne aveva abbastanza.

« *Mochela de romp i bale ndel stabiliment, capet del menga, t'et capit?* » E giù un'altra scarica di botte, che quasi il Canèta ci restava secco.

Delle molte cose che la guerra ha stravolto c'è anche la struttura del cotonificio. La produzione è stata riconvertita in tele speciali per aereo e la *Benigno Crespi* fatica a stare dietro alle ordinazioni statali, così sono stati reintrodotti i turni di notte per donne e bambini, che prima erano stati aboliti. Tutti gli uomini abili sono partiti per il fronte - e anche qualcuno non del tutto abile, dal momento che l'urgenza di alimentare l'esercito ha spinto i medici militari a chiudere ben più di un occhio - e il Canèta, da un giorno con l'altro, si è ritrovato finalmente caporeparto.

Se credeva che comandare fosse una cosa facile, però, si sbagliava. Gli operai sono come quei buoi che non vogliono farsi mettere al giogo e allora scalciano e danno cornate a destra e sinistra; serve una buona dose di bastonate per piegarli, e il Canèta non ha mica paura di farsi odiare. Molti si ricordano di lui, perché aveva iniziato a lavorare che era appena un bambino, e non gli portano rispetto perché lo considerano ancora un *bocia;* altri invece lo disprezzano, come se fosse colpa sua di Fredo e dell'Elvira, come se lui fosse la stessa cosa. È per questo che ha dovuto essere un po' più duro del normale, per farsi rispettare. Poi, certo, si è anche preso qualche soddisfazione personale, qualche piccola rivincita. Ma chi non ne avrebbe approfittato nella sua posizione?

« *T'et capit?* » ha insistito uno degli aggressori.

Sì, da quella sera di sei mesi fa, il Canèta ha capito di aver esagerato. Non ha mai scoperto i nomi di quei codardi, ma dalle occhiate che si scambiavano gli operai il giorno seguente ha intuito che quelli che non ne erano al corrente erano comunque soddisfatti del risultato. Da allora ci pensa due volte prima di fare un'osservazione in reparto e, rincasando dopo il turno, si guarda sempre le spalle, tenendosi alla larga dagli angoli bui.

È da quel giorno che riflette su come fargliela pagare al Rino dell'Agazzi. Perché c'era anche lui, di questo è certo: probabilmente è stato quello che, tra le risate degli altri, gli ha urinato addosso mentre era a terra quasi privo di sensi. Ci ha pensato tutto questo tempo, senza rendersi conto che la soluzione ce l'aveva sotto il naso.

*Adesso vediamo chi ride per ultimo,* si dice, entrando nella caserma dei carabinieri.

## 7

*Crespi d'Adda*

È noto che una parola può voler dire molte cose. Emilia lo ripete spesso ai suoi scolari, è come prendere una scatola e riempirla di foglie: non sono mica tutte uguali. C'è quella di fico, che è grande e arrotondata; quella di betulla, piccola e frastagliata; quella di olivo, scura e oblunga. E la stessa foglia può essere verde d'estate e gialla oppure rossa in autunno: una parola cambia significato non solo in base a quello che indica, ma anche a quando viene pronunciata.

Vale lo stesso per l'amore, una parola che, in appena cinque lettere, esprime un'infinità di significati. È amore quello che si prova a vent'anni, quando il tempo che ci separa dalla persona amata è vischioso come lava; amore, quello della passione che brucia come un incendio di sterpaglie; amore, quello di un'unione ormai così consolidata che quasi non si nota più nemmeno, ma che ancora scalda come la brace che dorme silenziosa nella stufa.

È questo il legame che unisce Emilia ed Enea, dopo più di vent'anni. Non più un amore fatto di scintille e fiamme agitate dal vento, ma il tepore rassicurante delle lunghe sere autunnali. È la placida felicità del fare sempre le stesse cose, la conoscenza dei reciproci confini e la tolleranza dei rispettivi limiti; il riconoscere i suoni, il prevederne le mosse, il leggerne i pensieri, l'intendersi senza più nemmeno bisogno di guardarsi.

Per questo, quando Emilia rincasa e lo trova al tavolo del tinello con la testa bassa su un mucchietto di fogli, le basta un'occhiata per capire che ha qualcosa d'importante da dirle. Di più: qualcosa di doloroso.

«Va tutto bene?»

«Leggi», le dice, allungando sul tavolo alcuni documenti e tenendo per sé l'ultimo.

Emilia scorre con occhi febbrili un piccolo elenco di nomi, meno di una decina. Si tratta di ragazzi con diagnosi mediche più o meno gravi, ognuno con la propria scheda descrittiva, firmata dal dottor Pagnoni. «Non capisco...»

Enea prende un bel respiro. «Qualche mese fa, è venuta da me una donna che mi ha chiesto di dichiarare il nipote inabile al servizio di leva per motivi di salute. Ovviamente non era vero: il ragazzo era sanissimo, ma la vecchia temeva che la classe del '99 sarebbe presto stata chiamata alle armi, e non voleva perderlo.» Fa una pausa. «Sul momento mi sono rifiutato, ma nei giorni seguenti non ho fatto altro che pensarci e alla fine ho accondisceso alla richiesta.» Emilia spalanca gli occhi ma, prima che possa fare domande, Enea continua: «In seguito, ho fatto la stessa cosa per altri sette ragazzi».

«Cosa?»

«Li ho dichiarati inabili e ho fornito loro istruzioni dettagliate su come simulare la malattia nel caso di controlli.»

«Sei impazzito? Se si venisse a sapere finiresti davanti al Tribunale Militare!»

«Per questo non ti ho detto niente fino a oggi.»

C'è una lunga pausa. Nell'aria aleggia la domanda che Emilia non ha il coraggio di porre: *E perché lo stai facendo ora?*

«Sei stato scoperto?» gli chiede con un filo di voce.

Enea scuote il capo e lei ricomincia a respirare. «Mi sono arruolato volontario.»

Sotto la sedia di Emilia si spalanca d'improvviso il vuoto. Lei si sente cadere giù, in una voragine senza fondo, mentre il cuore e gli altri organi vengono risucchiati verso l'alto. Si aggrappa al tavolo con entrambe le mani e domanda: «Cosa?»

«Non è giusto che dei ragazzi giovani, inesperti, con tutta la vita davanti vengano mandati a morire al fronte, mentre io...»

«Non è colpa tua se hai superato l'età!»

«Non mi sento in colpa, ma voglio fare la mia parte. I medici scarseggiano, mentre i feriti aumentano di settimana in settimana.»

«Enea...» esala Emilia.

Vorrebbe dirgli che non può lasciarla così, che non è giusto che la abbandoni per salvare degli sconosciuti, che il suo dovere è starle accanto, invecchiare insieme. Ma una parte di lei è d'accordo, una parte di lei sa che Enea ha ragione e, anzi, lo ammira. Se lei fosse al suo posto, farebbe la stessa cosa.

«Quando sarà tutto finito, tornerò e ricominceremo come prima.»

*E se non tornassi?* gli vorrebbe chiedere. Ma non osa nemmeno pensarci, figurarsi dirlo ad alta voce.

«I medici non li mandano a combattere», la rassicura. «Non rischiano la vita.»

Emilia china il capo, priva di argomentazioni e di forze. Dopo un po' si alza e appresta la cena, come se fosse un giorno normale e non l'ultimo che passano insieme. Cenano scambiandosi poche frasi banali, senza trovare il coraggio di guardarsi negli occhi. A letto lei si rannicchia dandogli la schiena, come una conchiglia che non vuole schiudersi; Enea le abbraccia il corpo freddo e rigido, e annusa ancora una volta i suoi capelli che profumano di fieno appena tagliato, di viole appassite, di cotone steso al sole ad asciugare: inspira tutti i profumi di casa per imprimerseli bene nella memoria.

La mattina dopo, lui si prepara di buon'ora. Nemmeno Emilia ha chiuso occhio, glielo si legge in faccia insieme allo sforzo di non piangere.

« Avresti dovuto dirmelo », gli rinfaccia, affettandogli del pane per il viaggio. « Non all'ultimo momento. »

« Non volevo lasciarti in pensiero, e poi fino a ieri non ne ho avuta la certezza nemmeno io. »

« Avresti dovuto dirmi che ne avevi l'intenzione, avresti dovuto parlarmene comunque. »

Enea abbassa il capo, sconfitto. Se glielo avesse detto, l'avrebbe fatto partire? Non avrebbe fatto di tutto per impedirglielo? E, avendo il tempo per rifletterci, sarebbe partito ugualmente?

« Sei abbastanza coraggioso da andare in guerra, ma non tanto da affrontare tua moglie? » sibila lei.

Segue un silenzio pesante.

« Scusa, ho sbagliato », le dice, mettendo le ultime cose nello zaino. « Ti prometto che ti scriverò spesso. »

Emilia scuote il capo. « Non fare promesse che non sei in grado di mantenere. »

« Emilia, non litighiamo proprio ora... per favore », la supplica.

Lei si morde il labbro inferiore fino a farsi male e annuisce. « Promettimi che ti riguarderai, che non ti esporrai a inutili pericoli, che non farai sciocchezze. »

« Te lo prometto. » Sa di mentire, lo sa anche lei. Sanno entrambi che Enea farà quel che sarà necessario fare, anche a rischio della vita. Altrimenti non si sarebbe arruolato volontario.

La abbraccia stretta e sente la camicia inzupparsi di lacrime. La campana della chiesa batte sette colpi, segno che è ora di mettersi in viaggio. Enea esce di casa come in un giorno qualsiasi, mentre Emilia, ferma sulla soglia, lo vede rimpicciolire lungo il viale fino a scomparire.

## 8

*Milano,*
*estate 1917*

Nonostante la vecchiaia e la malattia lo abbiano smagrito, Cristoforo cerca ancora di darsi un contegno. Seduto in poltrona, la schiena ritta, gli occhietti scuri rimasti vivaci anche se velati da una patina opaca, i baffi folti e bianchissimi, la bocca stretta in una piega amara, ascolta il resoconto di Silvio senza parlare. È in ambasce da quando ha ricevuto la lettera di Daniele.

Cristoforo non ignora il lungo elenco di errori, sventatezze e follie - anche perché Silvio non fa che ricordarglieli -, ma, se anche non trovasse, come invece trova, un motivo per sminuirne la gravità, il suo ultimogenito rimarrebbe comunque il figlio prediletto.

Non appena l'Italia è scesa in guerra, Daniele si è dimesso dal Parlamento, dov'era deputato per la Destra, e ha sottoscritto l'arruolamento volontario negli Alpini.

« Hai moglie e quattro figli », ha ringhiato Silvio. « Dovresti restare con loro. »

Il fratello gli ha tenuto testa. « È proprio per loro che parto », ha ribattuto. Aveva qualcosa nello sguardo, una determinazione diversa da quella con cui aveva affrontato le varie avventure imprenditoriali in passato. C'era un fuoco dentro i suoi occhi che non è sfuggito a Silvio né a Cristoforo e che ha messo a tacere ogni discussione.

Poi si è saputo che in guerra si è fatto valere, conquistandosi gradi e medaglie sul campo. Nel maggio del 1916, durante la battaglia degli Altipiani, ha attraversato il settore sotto i bombardamenti nemici, sostituendosi ai commilitoni esausti e tenendo alto l'umore di tutti; in seguito ha conquistato avamposti e fatto prigionieri, rimanendo al proprio posto di combattimento nonostante fosse ferito.

« Avesse messo metà di questa devozione nell'azienda di famiglia... » ha sibilato a denti stretti Silvio, un giorno.

Cristoforo lo ha zittito con un'occhiataccia. « Non osare parlare così! » ha gridato con voce ancora tonante nonostante l'età.

« Tuo fratello è un eroe, dovresti esserne orgoglioso. Tutti abbiamo fatto degli errori, ma il passato non conta più, ormai. »

Poi è arrivata quella lettera dall'ospedale di Bassano. Daniele, ferito in un attacco corpo a corpo, ha scritto a suo padre per rassicurarlo delle sue condizioni di salute. Pochi fogli che tuttavia parevano più un bilancio della propria vita e un congedo da questo mondo.

« Vai a vedere come sta », ha chiesto Cristoforo.

Silvio non ha saputo tirarsi indietro: quello che aveva davanti non era più l'industriale determinato o il padre severo, ma solo un vecchio terrorizzato che implorava il suo aiuto. Il dovere ha prevalso, ancora una volta: sopra ogni altra cosa.

« Allora, lo hai visto? » chiede Cristoforo. « Come sta? »

*Male,* vorrebbe rispondere Silvio, appena rientrato da Bassano. Daniele sta male, le ferite sono gravi, ha perso molto sangue e i polmoni sono ridotti anche peggio a causa del gas. « È lucido, presente », dice. « Non si perde d'animo. »

Cristoforo annuisce. « Bene, bene. » Poi lo guarda, in attesa di maggiori dettagli.

Silvio si è preparato il discorso durante tutto il viaggio. Se mentisse suo padre lo capirebbe, non è stupido. Ma dirgli la verità è fuori discussione. « La situazione non è facile, ha riportato ferite importanti. Tuttavia i medici sono ottimisti. »

« I Crespi hanno la pelle dura », commenta Cristoforo stringendo il pugno.

« Sì... » mormora Silvio.

« E ti ha detto qualcosa? » Rimane in attesa, pendendo dalle sue labbra.

Daniele parlava a fatica, ma era stato felice di rivedere il fratello dopo tutto quel tempo. La guerra aveva cambiato molte cose, spostato i riferimenti di ciò che era bene e male, ridimensionato le faccende umane. Davanti alla mostruosità di questo conflitto, tutto appariva piccolo e insignificante.

Daniele aveva pianto, avevano pianto insieme. Un abbraccio aveva cancellato anni d'incomprensioni, di attriti, di differenze. La paura che quella fosse l'ultima occasione che la vita concedeva loro aveva affrettato il perdono. Forse non erano mai stati così uniti, così fratelli.

« Voleva sapere come stai, sai com'è fatto. Mi ha detto di riferirti che appena potrà verrà a Milano. »

« È dimagrito? »

« Meno di quel che pensi. »

« I Crespi hanno la pelle dura », ripete Cristoforo, con lo sguardo perso.

Anche se non lo dice, Silvio sa a cosa sta pensando suo padre. Rivede la pinacoteca e spera - anzi, ci crede - di riuscire a ricostituirla, un giorno, magari ancora più imponente e maestosa. Nella sua lunga vita è caduto molte volte e spesso lo hanno dato per spacciato, ma ha sempre trovato il modo di rialzarsi, sapendo trarre importanti lezioni da ogni sconfitta. Anche questa volta sarà così. Questa guerra finirà, Daniele tornerà a casa come un eroe, la *Benigno Crespi* si risolleverà, Cristoforo avrà di nuovo la sua pinacoteca. I Crespi hanno la pelle dura.

## 9

*Crespi d'Adda,*
*autunno 1917*

La strada che da Capriate porta al villaggio è come un grande scivolo. Remigio ci fa caso solo quando arriva in vista del maschio del castello e, poco più oltre, delle ciminiere del cotonificio: a seconda del punto da cui la s'imbocca, la medesima strada può essere un invito oppure un ostacolo. Quando se n'è andato, un anno fa, la via che lo avrebbe condotto lontano da casa era una ripida salita che opponeva resistenza, complice lo zaino pesante che lo tirava giù, come se volesse riportarlo indietro. Ora invece, alla fine della discesa, le villette e la fabbrica aspettano a braccia aperte il suo ritorno e lo zaino chissà dov'è finito: tutto quello che gli è rimasto di quest'ultimo anno è l'uniforme da fante in panno grigio-verde, la giubba senza tasche e i pantaloni da montagna, oltre agli scarponi, che però non sono neanche suoi, perché li ha presi a un tizio morto sul ciglio di una strada. *Scusa,* gli ha detto, *a te non servono.* E rimettendosi in cammino gli è sembrato che quello lo salutasse con la mano, come ad augurargli buon viaggio.

Quanto gli è mancato questo posto! Nelle lunghe ore passate rintanato come un ratto nelle trincee fangose, mentre i lampi della guerra violavano la sacra oscurità della notte e i ragazzi bagnavano di lacrime le fotografie delle loro madri, Remigio non ha pensato ad altro. Gli bastava chiudere gli occhi per ritrovarsi a percorrere i viali ordinati tra le casette e varcare i cancelli dell'opificio. Tappandosi le orecchie con le mani, il boato spaventoso dei cannoni non era dissimile dal rombo amico delle filatrici e in ogni volto era possibile rintracciare una somiglianza con qualche operaio. La sbobba, poi, era così insapore da poter essere scambiata per qualsiasi cosa: condendola con una manciata di nostalgia, aveva il gusto dolce delle serate d'inverno davanti al camino, quando il profumo della verza stufata saliva fino nelle camere da letto. Più del fucile e dell'elmetto, è stato avere un posto cui tornare che gli ha salvato la vita, anche se questo lui non lo sa.

Ora che è tornato non gli sembra vero. E se fosse un altro di quei pensieri in cui è solito cadere? E se fosse un miraggio, un'allucinazione? Ha camminato per giorni - ma potrebbero essere stati settimane o mesi - fermandosi solo per dormire poche ore, quando proprio non riusciva più a reggersi in piedi e allora crollava sul posto, come svenuto, a rischio di essere trovato e fucilato all'istante. Potrebbe essere la stanchezza a fargli vedere il villaggio, là in fondo, o il desiderio di tornare. Per quel che ne sa, potrebbe anche essere morto e quello che gli appare come il nucleo di case accucciate attorno al cotonificio potrebbe essere l'aldilà.

Da lontano vede risalire un uomo ricurvo su un carretto tirato da un mulo. Prima ancora degli occhi del conducente, Remigio incrocia quelli rassegnati dell'animale che arranca sbuffando e sembra gli voglia dire qualcosa. Parla spesso con le bestie; ce n'erano tante là, in guerra: disperate, spaventate, affamate come gli uomini, però meno feroci.

« Migio », gli dice il tipo, osservandolo a lungo con aria perplessa, « sei tornato? »

Certo, se lo ricordava più giovane, ma Remigio lo conosce bene: è il Franco dei Massenti; sua figlia Ugolina ha sposato il Canèta. È un uomo buono, mansueto, di poche parole, che ha perso ben tre mogli e quattro figli, tutti di malattia. Ma come si può dire che sia reale e non un parto della fantasia, un'allucinazione?

Remigio raccoglie da terra una grossa pietra, la soppesa nel palmo, poi se la picchia dritta in fronte; il dolore però non arriva subito: succede sempre così, quando ormai ci sei abituato. Remigio lo sa bene, allora insiste: due, tre colpi e finalmente ecco la prova che non sta sognando. Barcolla al punto di cadere, la vista gli si oscura e subito un'esplosione di stelline prende il sopravvento, un liquido caldo e vischioso cola giù dal naso e la testa brucia come se gli avessero dato fuoco ai capelli.

Niente è più reale, più autentico del dolore. Niente è più vivo.

Sotto lo sguardo orripilato del Franco dei Massenti, Remigio sorride estatico. Il villaggio non è un'allucinazione, non è l'aldilà, è tutto vero: ora è sicuro di essere davvero tornato a casa.

## 10

Emilia lo trova sui prati sopra il villaggio. Da quando il Migio dei Malberti è tornato dal fronte, la gente è a disagio in sua presenza e lo schiva più di prima: la guerra ha aggiunto un che di sinistro alle sue solite stramberie.

Remigio è accovacciato al sole, la schiena stretta percorsa dalla spina dorsale bitorzoluta, il capo incassato nelle spalle, il cappello troppo piccolo per contenere le grandi orecchie a sventola: se non fosse per il testone sproporzionato, lo si potrebbe scambiare per uno scolaro. Poco distante, i bambini del villaggio giocano a rincorrersi vociando allegramente.

«Con chi parli, Migio?» gli chiede Emilia, sedendoglisi accanto e notando che muove le labbra come se stesse recitando una preghiera.

Remigio dapprima sobbalza e s'ingobbisce come un gatto

spaventato; poi, riconoscendo la Vitali, spalanca la bocca sdentata in un sorriso estatico. « I bimbi », dice, puntandoli con l'indice. « Gli sparo. »

« Ma, Migio, sono i bambini della scuola... »

« Sì sì », ribatte lui. « *Bam! Bam! Bam!* Tutti morti, eh, eh! »

Emilia si sente gelare e per un po' non trova niente da dire. « Migio », gli chiede poi, « stai bene? »

Lui ruota la testa con un movimento innaturale e la fissa a lungo con un misto di meraviglia e stupore. Emilia riesce forse a vedere dentro di lui, nel mondo che ha sotto i capelli, dentro la testa?

È un mondo remoto, nel quale tuttavia la guerra è riuscita a intrufolare i propri mostri, che adesso vivono là, aggrappati coi denti ai suoi pensieri.

Caderci dentro è come precipitare in un pozzo stretto e buio. Spesso, all'improvviso Remigio si ritrova là sotto; alla base, il pozzo si allarga in una spelonca dal soffitto basso e umido. Migio guarda su, in cerca di aiuto: ma la gente ha ricominciato a vivere, nessuno si accorge di lui e passa oltre. Allora prova ad arrampicarsi, ma le pareti sono scivolose, coperte di muschio viscido come muco e lui cade col sedere a terra, rendendosi conto solo in quel momento che il pavimento è coperto di corpi senza vita: bambini, giovani, vecchi, uomini, donne, soldati, civili, ricchi, poveri, operai, contadini.

Remigio sente ancora nell'aria l'odore della polvere da sparo misto a quello del sangue e delle latrine. In bocca ha il sapore di quel cavallo che, quando lui e i commilitoni per disperazione se lo sono mangiato, non era ancora del tutto morto. Le grida si mescolano alla retorica dei comandanti che incitavano le truppe ripetendo quanto la guerra fosse giusta, quanto le loro gesta fossero eroiche.

Da quand'è tornato a casa, è lì che vive Remigio: in una grotta buia che puzza di decomposizione, dove rimbomba ancora l'eco dei cannoni.

Non doveva partire per la guerra, Remigio lo sa bene, è stato tutto un equivoco. Siccome la gente pensa che sia demente, non si prende la briga di abbassare la voce in sua presenza: gliele dicono in faccia le cose, convinti che tanto non capisca.

*Il generale Cadorna dev'essere proprio disperato se adesso arruolano anche gli scemi. Cosa gli puoi far fare a uno così, che non sa neanche contare? Non puoi mica metterlo nelle retrovie. In prima linea farà numero, ma quanto vuoi che duri? Bisogna pure spiegargli da che parte s'impugna l'arma. Almeno non si accorgerà che lo mandano a morire, beato lui.*

« Migio, stai bene? » ripete Emilia, vedendolo perso nei suoi pensieri.

Lui emette una specie di singhiozzo. « Brutto brutto, là. »

« Lo so, Migio. Mi dispiace. » Fa per posargli una mano sulla spalla, ma lui la schiva con uno scatto nervoso. « Ma qui sei al sicuro, non ti devi preoccupare. » Mentre lo dice pensa a Enea, che forse è in pericolo, e le parole le muoiono in bocca.

« C'era uno senza un braccio. Si era staccato come un fico dalla pianta. *Zac!* » dice lui. « Il sangue del fico è bianco come il latte, lo sai? »

Emilia non risponde, in attesa di capire quale direzione prenderanno i pensieri di Remigio.

« Ma non puoi scambiare il fico per una vacca, perché non ha la coda. Eh! » Sbatte la bocca e guarda lontano. « Il braccio staccato come un fico si muoveva, ciao ciao. Quando vai via devi salutare. »

« Torniamo a casa, Migio? »

« L'uomo piangeva perché, se tu stacchi un fico, dopo ne cresce un altro: ma le braccia no. » Sospira scuotendo il capo: « Eh, no ».

Emilia si alza e si sistema la gonna. « Andiamo a casa, dai. È tardi, l'Elvira ti starà aspettando. »

« Anche il fico sente male, però non grida », continua lui, senza badarle. « Perché il fico non ha la bocca, eh. »

Lei lo prende per il braccio e lo tira su. « Vieni via, Migio. »

Remigio non oppone resistenza. Si alza e si fa guidare verso il villaggio, col suo passo incerto. Le ombre sulla strada sono lunghe e malinconiche: quella squadrata del lavatoio, quella appuntita della chiesa, quella ininterrotta del cotonificio, e quelle ordinate e regolari come denti delle casette.

« Chissà cosa ha preparato da mangiare l'Elvira », dice Emilia, per impedire a Remigio di scivolare ancora nei suoi lugubri pensieri. « Hai fame? »

« Non glielo diciamo all'Elvira, del braccio come un fico. »

« No, Migio. Non glielo diciamo. »

Lui pare soddisfatto e accelera il passo verso casa, ma quando arrivano in vista della loro villetta ha come un ripensamento. « Enea glielo ha ricucito », dice.

Emilia si sente attraversata da una scossa e per non svenire gli si aggrappa alla camicia. « Cosa? »

« Ma non puoi riattaccare un fico alla pianta. »

« Cosa hai detto di Enea? » Lo strattona. « Lo hai visto? Sai dov'è? » Sono settimane che Enea non le scrive, e non è un buon segno, perché prima le lettere arrivavano con regolarità.

Lui la guarda come se non capisse in che lingua sta parlando.

« Migio, hai detto che Enea ha ricucito il soldato che aveva perso il braccio. Giusto? »

« Sì, sì. Con l'ago e il filo, come una sartina. »

« Quando? Dov'eravate? »

Lui dà di spalle e strabuzza gli occhi che quasi gli cadono di fuori.

« È importante, Migio. » Ci sono angoscia e speranza nella sua voce. « Dimmi dov'eravate. Dov'è Enea? »

Remigio ricomincia a camminare senza più curarsi di lei.

« Migio, ti prego. Aiutami! » lo supplica.

Lui si ferma e per una volta la guarda negli occhi con un'espressione normale. « Non puoi riattaccare un fico alla pianta, Emilia. »

## 11

Il lungo viale che porta al cimitero è costeggiato da campi coltivati e vigneti, che s'interrompono solo nell'ultimo tratto, per lasciare spazio al bosco. Da qualche giorno l'aria è più pungente e, quando entrano nell'ombra, Emilia rabbrividisce.

Silvio si toglie la giacca e gliela mette sulle spalle. Lei, persa nei propri pensieri, non lo ringrazia nemmeno. È nervosa: le ha dato appuntamento anticipandole che aveva una cosa importante da dirle, ma non ha ancora aperto bocca, come se temesse la sua reazione.

«Sei riuscito a sapere qualcosa di Enea?» trova infine il coraggio di chiedergli.

Per via della sua posizione in Parlamento, Silvio si reca spesso a Roma, come la scorsa settimana. Lui sospira e si ficca le mani in tasca. «Mi dispiace», mormora, a disagio. «Niente di più dell'ultima volta.»

Emilia si ferma e gli punta addosso occhi sospettosi. «Mi stai nascondendo qualcosa?»

«Ma no, io non...»

«Sai bene che non tollero d'essere trattata come una stupida», lo aggredisce. «Enea è mio marito: qualsiasi cosa gli sia accaduta è mio diritto saperlo.»

«Emilia, guarda che...»

«Non osare pensare di proteggermi», sibila, poi si accorge di essere stata troppo brusca e abbassa il capo.

«Sono sincero. Non ho nessuna notizia di Enea, mi dispiace.» Anche con le sue conoscenze, non è facile procurarsi informazioni così dettagliate. Dopo Caporetto, è tutto più complicato, più caotico: tra quelli che hanno perso la vita, quelli che sono stati catturati e deportati, e quelli che hanno disertato, serviranno mesi, forse anni per avere numeri precisi, per tacere dei nomi.

«E allora perché mi hai voluto vedere?» gli chiede, arrivando in vista della cancellata del cimitero.

Silvio rallenta il passo. «A breve sarò nominato commissario agli approvvigionamenti dal presidente del Consiglio Orlando. E sottosegretario agli Interni.»

Emilia però non pare impressionata. «Sarebbe questa la cosa importante che mi dovevi dire? Be', complimenti.»

Lui ci resta un po' male. «Complimenti?» ripete. «Tutto qui?»

«Oh, via», esclama Emilia, senza riuscire a smorzare la rabbia che ha dentro. «È tutta la vita che arrivi primo. Una nomina in più non stupisce nessuno.»

« È vero », ribatte Silvio, amaro. « Avrei dovuto fare come mio fratello che non ha combinato niente nella vita e, non appena sposta una forchetta, sono tutti lì ad applaudire il miracolo. Guardalo adesso, è addirittura un eroe. »

Contro ogni previsione, Daniele è sopravvissuto e, non appena è stato in grado di rimettersi in piedi, ha chiesto di essere assegnato al fronte, già dimentico della promessa di tornare dal padre per rassicurarlo. Ma non è questo che infastidisce Silvio: la verità è che le gesta di suo fratello mettono in ombra le sue e, per la prima volta, non è lui a essere il migliore della famiglia. L'aver salvato l'azienda dal crollo finanziario, l'averla riportata a una condizione di stabilità e perfino l'imminente, prestigiosissima nomina di governo, niente è paragonabile all'aver versato il proprio sangue per la patria.

« Scusami », dice Emilia. « Non volevo sminuire. È solo che questa situazione, non sapere più niente di Enea... »

« No, hai ragione », interviene Silvio. « Sono stato indelicato. »

« Accidenti », lo canzona lei, per smorzare la tensione, « Silvio Crespi che ammette di aver sbagliato! »

Lui ridacchia. « Ho sbagliato tante volte, lo sai. »

« Ma non lo hai mai ammesso. Ci voleva una guerra mondiale. »

Ricominciano a camminare in silenzio fino al cimitero. Oltre la cancellata riposano i crespesi, ognuno sotto la croce di pietra, ultimo dono della ditta.

« Cosa farai quando questa guerra sarà finita? » gli chiede Emilia, che sente il bisogno di pensare a un dopo, di *credere* che ci sarà un dopo. « Ci hai pensato? »

No, Silvio non ci pensa mai. A dire la verità, l'idea di un dopo lo spaventa e ancor più lo spaventa dover ammettere che a lui questa cosa atroce che è la guerra ha portato più vantaggi che svantaggi. Talvolta è così soddisfatto che non riesce nemmeno a nasconderlo. Come oggi, che ha voluto incontrare Emilia per pavoneggiarsi con lei, per mostrarle quanto è bravo, per leggere ammirazione nei suoi occhi. Anche questo, in fondo, è uno dei regali del conflitto: potersi concedere una camminata con lei, averla tutta per sé, come un tempo, quand'erano ragazzini; e pace se il prezzo di questo regalo, forse, è la vita dell'uomo che Emilia ama.

Quando la guerra sarà finita, Silvio ne raccoglierà i frutti, ecco cosa farà.

«Sono un piccolo uomo meschino», ammette.

## 12

*Bergamo,*
*settembre 1918*

La prima volta che è stato qui Rino doveva ancora nascere. Era il 1877, sua madre Margherita aveva scoperto da poco di essere incinta e se ne stava rannicchiata sulla sedia a vegliare l'Agazzi, certa che gli mancassero pochi giorni alla fine. Suo padre, invece, dato per spacciato, era tornato dall'aldilà su una gamba sola, mentre sua madre era morta di parto. E pure lui, che avrebbe dovuto chiamarsi Cesare come il nonno, era stato battezzato Cristoforo, in onore del padrone.

Certo a quel tempo il nosocomio non doveva essere così affollato: il lungo stanzone dalle pareti imbiancate a calce ospita il doppio dei degenti rispetto alla normale capienza. Sono tutti soldati, alcuni molto giovani, feriti in combattimento.

Da quand'è ricoverato - di preciso Rino non sa dirlo, ma gli pare sia trascorso un lustro - è la prima visita che riceve. L'Emilia dei Vitali sulle prime non osava nemmeno avvicinarsi al letto, si teneva un po' discosta, torcendosi le mani mentre con gli occhi prendeva nota di tutto, passando in rassegna ogni volto.

«Mi hanno detto che ti daranno una medaglia», esordisce.

«Ah», ribatte Rino amaro, «il contentino per gli imbecilli.» Se ne pente subito e abbassa lo sguardo.

Le gambe disegnano una forma bizzarra sotto le coperte, sembrano lunghe biscie addormentate; ogni tanto Rino le muove per sincerarsi che siano ancora attaccate al corpo.

«Come stai?» chiede Emilia, e gli allunga un involto con una pagnotta e delle uova sode. «Hai fame?»

No che non ha fame. Quello che ha visto al fronte toglierebbe l'appetito a chiunque. « Bene, grazie », mente. « Sì, un po' fame... magari dopo. »

Non ci voleva andare in guerra, il Rino dell'Agazzi. Non voleva essere uno di quelli che si mettono in fila a farsi ammazzare per il re. Se non ce lo avessero spedito con la forza, oggi forse non sarebbe qui.

Una notte dell'autunno 1916, quattro carabinieri si sono presentati alla sua porta, che quasi la buttavano giù a calci. Non gli hanno nemmeno lasciato il tempo di vestirsi, lo hanno brancato e spintonato nel retro di una camionetta con ancora indosso la camicia da notte, insieme ad altri tre con una faccia da funerale. Di lì a pochi giorni erano tutti sull'Isonzo con una baionetta in mano: due li ha persi subito di vista, il terzo lo ha visto morire sotto una scarica di artiglieria, appena lasciata la trincea. Non appena lo metteranno in piedi, Rino dovrà andare da sua madre a dirle che il ragazzo - diciannove anni, conciatore di Capriate - ha dato con coraggio la vita per la patria; non le dirà che ogni sera piangeva uggiolando come un cucciolo impaurito, che gli tremavano le mani così forte da non riuscire a scrivere due righe, che alla vista del primo morto aveva vomitato anche l'anima, che pregava balbettando senza più nemmeno ricordarsi le parole. Nessuno le vuole sapere queste cose, la paura non è eroica, non fa retorica.

Il Rino dell'Agazzi è sopravvissuto facendo il minimo indispensabile, con poca convinzione. Certo non poteva ribellarsi apertamente, perché per i disertori c'è la fucilazione, e va bene essere ribelle, però di farsi giustiziare non ne aveva mica voglia. Ma l'idea di trovarsi sul suolo straniero a far la parte dell'invasore, sparando su ragazzi più giovani di lui e facendo prigionieri quelli che non avevano la fortuna di morire sul colpo, depredando in nome di non si sa bene quali valori, per avanzare di altri tre o quattro chilometri, l'idea di essere diventato parte di quella mostruosa macchina di morte lo ripugnava a tal punto da lasciarlo inerte, paralizzato.

Poi c'era stata l'ultima battaglia dell'Isonzo, la dodicesima, quella che poi avrebbero chiamato la rotta di Caporetto. E, se Rino fino a quel momento credeva di aver già visto l'inferno, doveva ricredersi. L'esercito nemico era avanzato come un coltello nel burro, travolgendo qualsiasi cosa trovasse al proprio passaggio. In pochi giorni la cinquantesima divisione era stata spazzata via e da quel momento la battaglia si era trasformata in una fuga disperata di soldati, vecchi, donne, bambini, animali. Centocinquanta chilometri a ritroso fino al Piave, dando fuoco e distruggendo qualsiasi cosa potesse tornare utile al *Deutsches Heer*, il terribile esercito tedesco: case, granai, magazzini, dispense, ponti, strade.

Dopo Caporetto, Rino avrebbe anche potuto darsela a gambe. Nella confusione non sarebbe stato difficile, molti lo avevano fatto. Ma a quel punto le cose erano cambiate: non si trattava più di conquistare qualche metro di terra straniera per la gloria del re, bensì di difendere la propria nazione, ora occupata dall'esercito austroungarico, determinato a prendersi, dopo il Piave, pure Venezia e magari anche Milano. Era per la propria casa che si combatteva, per le donne rimaste indietro, nelle mani del nemico: per i loro figli deportati o uccisi sul posto, per i vecchi scacciati dai luoghi dov'erano nati e vissuti per tutta la vita.

È per questo che Rino è diventato un eroe, per questo gli daranno una medaglia.

« Ho saputo che eri a Caporetto », dice Emilia, sedendosi accanto al letto.

Rino annuisce.

« Hai visto mio marito? » Avrebbe voluto essere più cortese, magari fare un po' di conversazione, per non dare l'impressione di essere venuta solo per quello. Ma la guerra cancella il superfluo.

« Sì, era là anche lui, era uno dei medici del mio campo. » Si rende conto che Emilia sta trattenendo il fiato. « L'ultima volta che l'ho visto stava bene, soccorreva un ragazzo ferito. Poi però quando abbiamo ripiegato, nella confusione... Non so altro. »

Lei butta fuori tutta l'aria e rimpicciolisce sullo sgabello.

Rino vorrebbe rassicurarla, ma sa che illuderla le farebbe ancora più male. « Mi dispiace. »

Gli torna in mente il volto del medico che ha salvato lui. Pioveva da giorni e il Piave si era ingrossato da far paura. Il nemico costruiva passerelle di legno che venivano spazzate via dalla piena; sotto il fuoco italiano, gli uomini finivano in acqua come pietre e, se la corrente non era lesta a trascinarli giù, si prendevano un proiettile in testa. Ciò nonostante non smettevano di provarci, con una determinazione che rasentava la follia. Alla fine gli austriaci erano riusciti a passare, nonostante il regio esercito bombardasse giorno e notte.

Quando Rino è stato colpito dalla scarica di proiettili, sulle prime non ha sentito dolore; cercando di rialzarsi, però, si è reso conto che una gamba non reggeva più. Allora ha abbassato lo sguardo e si è trovato la divisa inzuppata di sangue dalla vita in giù. Solo in quel momento è subentrato il dolore, e subito il panico. Si ricorda di essere caduto in acqua, che a riva era gialla e fangosa, densa come il pane ammollato nel latte. *Sono morto*, ha pensato. Poi il buio.

Quando ha riaperto gli occhi c'era lui, il volto sbarbato, pallido, intento a medicargli le ferite. « Sono un dottore », ha detto, pensando magari di rassicurarlo. Ma era troppo giovane per essere già laureato.

Erano solo loro due, in uno spiazzo pietroso poco distante da un canneto. In lontananza si sentiva il rombo atroce della guerra, mentre il dottorino trafficava con le sue ferite, medicandole alla meglio; l'Agazzi urlava e perdeva regolarmente i sensi. « Piano, fai piano! » ripeteva il ragazzo con tono autoritario e spaventato al contempo.

Non ha idea per quanto sia andato avanti così: un giorno, all'improvviso, si è svegliato in un letto d'ospedale. Gli hanno detto che è stato trovato da una squadra di ricognizione. « È un miracolo che siate ancora vivo. »

« E il ragazzo? » ha chiesto Rino.

« Quale ragazzo? »

« Quello che mi ha medicato. Biondo, occhi azzurri, un viso lungo e pallido. »

I medici si guardavano l'un l'altro perplessi e scuotevano il capo.

Non sa chi fosse quel giovane medico, perché lo abbia tratto in salvo, che fine abbia fatto. Sa solo che gli deve la vita.

«Conosci qualcuno cui potrei chiedere?» domanda Emilia, strappandolo via dai suoi pensieri.

Il Rino dell'Agazzi scuote il capo. «Hai domandato all'Ufficio per notizie alle famiglie dei militari?»

«Non hanno saputo dirmi niente.»

«Mi dispiace...»

Emilia scrolla il capo e dà di spalle. «Va bene, prima o poi saprò qualcosa.» Si alza. «Scusami per averti disturbato.»

«Mi ha fatto piacere, invece.»

Lei prova a sorridere, ma il sorriso non arriva agli occhi. «È tardi, devo tornare al villaggio prima che venga buio.»

Il Rino dell'Agazzi la guarda andare via. «Emilia!» la trattiene. «Enea... ha salvato tante vite, sai. Lui sì che è un eroe.»

## 13

*Crespi d'Adda,*
*10 novembre 1918*

Ha piovuto per due settimane, una pioggia violenta, disperata, come se qualcuno da lassù volesse lavare via la sporcizia dal mondo. Poi, con un tempismo perfetto, stamattina è uscito il sole. Non è quello allegro di giugno o quello ostinato di luglio: è il malinconico, languido sole d'autunno, stanco per il duro lavoro dell'estate - i campi di grano da far maturare, i frutti da far crescere, il mare da scaldare, le nevi da sciogliere - ma è pur sempre sole. In lontananza, le montagne con la cima incanutita sembrano tagliate col coltello e il cielo è degli ultimi uccelli prima che migrino a sud.

Al villaggio è festa per la fine della guerra. Il Canèta e altri operai hanno tirato fuori tutti i tavoli della locanda e li hanno disposti a formare una lunghissima fila che arriva quasi sul sagrato della chiesa. Si sono aperte le dispense e senza indugio si sono tirate fuori le ultime riserve: le donne con le maniche rimboccate fanno il pane dandosi voci, e con loro c'è perfino l'Elvira; non manca il vino e per l'occasione tutti vedranno un pezzetto di carne. Non si è trovata una banda, ma chi sa suonare qualcosa improvvisa un motivetto allegro; sin dalla mattina presto, le strade del villaggio si trasformano in una sala da ballo.

Tra poco verranno i Crespi al gran completo: Cristoforo e Silvio con tutti i figli, forse perfino il *sciur* Daniele che - dicono - ha più medaglie di un colonnello.

Dopo la messa solenne, il padrone tiene un discorso toccante, punteggiato da grossi applausi. Ringrazia tutti per aver adempiuto al loro dovere con valore e coraggio, chi al fronte e chi in fabbrica. Ringrazia le donne che hanno portato avanti la produzione senza risparmiarsi. Parla delle gesta eroiche dei soldati, del loro sprezzo del pericolo, di come non abbiano esitato a sacrificare le proprie vite per un ideale più alto. Quando ricorda quelli che non sono tornati, sulla piazza scende un silenzio pesante: in ogni famiglia c'è un padre, un figlio, un marito che ha dato la vita, e molti di quelli che hanno fatto o faranno ritorno, anche se incolumi, non riusciranno più a cancellarsi dalla mente gli orrori di cui sono stati parte.

Tutti pensano al Migio dei Malberti, che ogni tanto, di punto in bianco, attacca a urlare come un matto e se per caso sente un rumore forte si mette a correre da tutte le parti, fermandosi solo quando va a sbattere contro qualcosa. I bambini ne sono terrorizzati, invece ai grandi viene un po' da ridere.

Ma la guerra è finita, dice Silvio, ora è tempo di pace, di ricostruzione, di ritorno alla vita. Bisogna trovare il coraggio di tornare alla normalità, di accettare il passato, di rassegnarsi per le perdite ed essere grati per quel che ancora ci rimane.

Fa una pausa e nella folla cerca con gli occhi Emilia, senza riuscire a trovarla da nessuna parte.

È tempo di pace, ripete, e di grandi progetti per il futuro. Non diversamente dal passato, la *Benigno Crespi* vuole farsi portatrice di questo spirito di rinascita e progetta ulteriori ampliamenti della fabbrica e del villaggio, nuove macchine e nuove abitazioni.

L'Italia ha vinto, conclude, il nemico è stato schiacciato ed è dovuto soccombere. Hanno vinto i giusti, ha vinto il bene. Un lungo applauso pone fine al discorso, attacca la musica e i crespesi sciamano verso i tavoli per mangiare.

Dopo pranzo sono tutti un po' ebbri. Fuori dalla locanda, gli uomini giocano a carte commentando la giornata, concordi che il *sciur* Silvio ha fatto proprio un bel discorso, commovente.

« Ma cosa ne sa lui della guerra », salta su il Rino dell'Agazzi, che per tutto il giorno ha ronzato attorno alla Mariolina dei Ravasio, quella cui hanno ammazzato il marito nel '16. È proprio la copia di suo padre, commenta la gente scuotendo il capo.

« Cosa ne sa? » ribatte uno. « Non è stato commissario agli approvvigionamenti mica per caso! » Tutti gli danno ragione.

« Mah! » fa Rino sputando a terra. « Per sapere cos'è la guerra devi aver scavato una galleria mentre il nemico ti bombardava, devi aver strisciato in una trincea piena di fango, devi aver cagato in una latrina a cielo aperto col rischio che ti sparassero nella schiena. Cosa ne sa, quello, che ha tenuto in mano al massimo una penna! »

Gli uomini sono a disagio, ma tutto sommato si trovano d'accordo, anche se pensano che non è colpa del *sciur* Silvio se non è andato al fronte.

« Se ci fosse stato, in guerra », continua Rino con gli occhietti piccoli di vino, « non avrebbe parlato di gesta eroiche e di sprezzo per la vita. La retorica val bene per vendere i giornali, ma la guerra non è mica quella roba lì. » Si batte il petto con la mano. « I soldati morendo pensavano alla mamma, mica al re! »

Il Canèta ascolta da lontano scuotendo il capo. « Mah », fa, scettico, a quello che gli sta seduto a fianco. « Forse lui ci pensava, alla mamma. » Davvero non ci vuole credere che i suoi figli sono morti chiamando l'Ugolina, non è questo che gli hanno raccontato. Dei tre partiti per il fronte, solo il Barnaba è stato ritrovato: è ancora ricoverato perché ha gravi problemi ai polmoni, dovuti all'inalazione di gas.

L'altro sta zitto e ficca il naso nel bicchiere, bevendo fino all'ultima goccia. « *Scolta, Canèta* », gli dice poi, a disagio. « *A g'ho de dit öna roba.* »

« *Dimela* », fa il Canèta.

L'uomo ci impiega un po' a trovare il coraggio, poi fa tutto d'un fiato: « Quella sera che sei uscito dalla fabbrica, siamo stati noi che te le abbiamo date ». Scruta il Canèta per decifrare la sua reazione e, non vedendone alcuna, continua: « Eravamo io, il Giobatta quello dei Rota, il Venturino, l'Amedeo e il Giusto Cortinovis. Ecco, te l'ho detto».

Il Canèta sta zitto. Il Giobatta non lo sorprende, degli altri non era sicuro, ma dal Venturino proprio non se l'aspettava, lo considerava un amico. «E il Rino?» chiede.

«Quale Rino?»

«Quello dell'Agazzi. C'era anche lui.» Sicuro come l'oro.

«No, no», fa l'uomo. «Il Rino dell'Agazzi non c'era.»

Il Canèta ci resta di sasso. «Sei sicuro?»

«Ma sì, era di turno quella sera lì.»

Segue un silenzio pesante, mentre entrambi si guardano la punta delle scarpe rigirandosi i bicchieri vuoti tra le mani.

«*Ta set rabius, Canèta?*» gli chiede l'uomo, dopo un po'.

Il Canèta dà di spalle. «Cosa vuoi che conta, ormai.»

Poco distante Rino si alza a fatica dalla panca. Il Canèta lo guarda andare via traballando e, per una volta nella vita, si vergogna di sé.

## 14

L'Elvira bussa alla porta fin quando Emilia non viene ad aprire. «Cosa ci fai qui? Sono tutti fuori», le dice.

Emilia fa una smorfia che vale più di una risposta. Enea non è tornato; ma non è morto, peggio: di lui non si hanno notizie.

«E cosa fai, resti chiusa in casa per sempre?» la incalza l'Elvira. «Dai, vieni ad aiutarmi col pane.» Le agguanta un polso e la trascina fuori.

Il sole ferisce gli occhi arrossati di Emilia. «Elvira, smettila. Non ho voglia di festeggiare.»

L'Elvira si ferma di colpo, le pianta in faccia due occhi feroci, poi annuisce. «Va bene», dice. «Allora andiamo di qua.»

Cammina a passo pesante, tirandosi dietro Emilia riottosa come un mulo. Si tiene lontana dalla festa e taglia giù costeggiando la fabbrica, poi imbocca il sentiero in discesa che segue il canale.

« Eccoci », dice, portandola vicino al bordo.

Emilia s'irrigidisce, il fiato le si accorcia. Da lontano arriva la musica, tutto il villaggio è là, in giro non c'è nessuno.

« Dai », fa l'Elvira, togliendosi le scarpe e facendo un passo avanti. « Buttiamoci. »

« Non scherzare. E allontanati da lì, per favore, che mi dà fastidio vederti. »

« No, no, non scherzo. » Le afferra il braccio e la tira con violenza. A entrambe tornano in mente quel lontano giorno di quand'erano bambine e il gioco pericoloso interrotto da Silvio Crespi. « Buttiamoci insieme e facciamola finita. »

« Smettila, ti ho detto! » grida Emilia, sull'orlo di una crisi di panico.

« Tanto, guarda », continua l'Elvira. « Te sei senza marito, a me invece mi è rimasto un fratello scemo, che era meglio se moriva come tutti gli altri. Grida tutte le notti, non me ne fa più dormire una intera, lo vorrei ammazzare io, e se provo a calmarlo me le dà di santa ragione. La gente ride, pure. E le altre donne, che adesso sono tutte gentili, credi che ce ne sia una che mi viene ad aiutare? Tra un po' si dimenticheranno la paura della guerra e ricominceranno come prima. Allora cosa ci restiamo a fare qua? »

« È uno scherzo? Credi di essere divertente? »

« Il lusso di scherzare non me lo sono mai potuta permettere, io. E neanche quello di divertirmi. Tanto vale farla finita. »

« La smetti o no? » Emilia scoppia a piangere, allora l'Elvira l'abbraccia stretta.

Rimangono a piangere l'una avvinghiata all'altra per un bel pezzo, staccandosi solo quando finiscono il fiato.

« Dai », le dice l'Elvira rimettendosi le scarpe. « Saliamo, che forse c'è ancora un po' di salame cotto. »

Ripercorrono il sentiero a ritroso, tenendosi a braccetto, poi si mescolano alla folla, dimenticando per un breve intervallo ognuna le proprie sciagure.

La guerra è finita, si fa festa. Quel che verrà dopo è incerto, ma non può essere peggio di ieri.

# PARTE DODICESIMA

# 1

*Crespi d'Adda,*
*gennaio 1920*

Il corteo che accompagna Cristoforo Crespi nel suo ultimo viaggio parte dalla fabbrica e arriva fino al cimitero: operai, ex operai e operai di domani; impiegati, dirigenti, capireparto, tutti con le loro famiglie; e poi le autorità, clienti e fornitori, amici, conoscenti, semplici curiosi. Pare incredibile che tutta questa gente pigiata lungo il viale non emetta un suono. Il cotonificio è chiuso, immobile, e per le strade del villaggio si sente solo il rumore dei passi di migliaia di persone, uno scalpiccio cupo e ritmato.

Il cielo è basso come il coperchio di una bara, l'aria fredda come una lama porta il profumo della neve. In testa al corteo, dopo il vescovo e il curato, Silvio avanza lentamente, a capo chino, come se stesse portando sulle spalle un grosso masso.

Certo, si sapeva. Suo padre aveva ottantasei anni, era malato e stanco, non aveva più nemmeno voglia di vivere. Dopo aver visto Daniele tornare dalla guerra da eroe, Silvio ministro plenipotenziario del Regno, le figlie ben maritate, una frotta di nipoti da non riuscire quasi a contarli, e pure Nino laureato e prossimo alle nozze, si sentiva a posto: era ora di andare.

« Sono stanco », aveva detto a Silvio l'ultima volta che si sono parlati. « Voglio morire. »

Dopo l'eccellente lavoro svolto come commissario agli approvvigionamenti e ai consumi, alla fine della guerra Silvio era stato incaricato dal presidente del Consiglio Orlando di dirigere il settore economico della Conferenza di Pace di Parigi e per sette mesi si era trasferito in Francia, lasciando nelle mani di Nino la direzione della *Benigno Crespi*. Ogni volta che tornava in Italia, gli sembrava di trovare suo padre un po' più spento, un po' più confuso, un po' più insofferente.

«Ma cosa dici, papà», lo aveva rimbrottato teneramente. «Con tutto quello che c'è ancora da fare!»

Cristoforo per tutta risposta aveva fatto una smorfia amara e, sollevando in aria la mano ossuta, col dorso raggrinzito e le dita appuntite, aveva fatto il gesto di scacciare via qualcosa, come a dire che il cotonificio e tutte le altre faccende non erano più affari suoi. Poi si era appisolato nella sua poltrona.

Silvio era rimasto a guardarlo dormire, tenendogli la mano come faceva con Nino quand'era un bambino. Ma chi stava tenendo la mano a chi? Chi stava confortando chi?

«*Ta racumande, né*», gli aveva detto più tardi Cristoforo, con occhi vuoti, acquosi. «*Tegn de cönt la me roba.*»

Abbi cura delle mie cose.

Il giorno dopo Silvio era ripartito per Parigi malvolentieri, con una strana angoscia nel petto, poi era stato risucchiato nel vortice di tutte le cose da fare e il pensiero di suo padre si era fatto da parte.

Nelle settimane successive, Cristoforo non mangiava quasi più e sonnecchiava tutto il tempo, svegliandosi solo quando nelle profondità del sonno riusciva a riconoscere la voce di uno dei figli o dei nipoti; allora sbarrava gli occhi, che riuscivano ancora a brillare di pura gioia, prima di chiudersi di nuovo.

Gli ultimi giorni non erano stati altro che un lungo sonno, di cui la morte era stata il proseguimento naturale. Cristoforo se n'era andato in pace, dopo una vita lunga e piena.

Giunto alla sommità della scalinata del monumento funebre, Silvio si volta e solo in quel momento si rende conto dell'impressionante numero di persone venute a dare l'ultimo saluto a Cristoforo: il corteo si estende a perdita d'occhio.

«È incredibile», commenta suo fratello. Daniele è così pallido e smagrito che pare un fantasma. Nell'oscurità dei suoi pensieri sta soppesando gioie e dispiaceri che ha dato al padre e s'interroga se sia stato un buon figlio.

Quella folla silenziosa è una misura della grandezza di Cristoforo, la sua impronta nel mondo: è lì che si vede cosa sei stato in vita, da quante persone sono in fila dietro la tua bara. *Quante ce ne saranno al mio?* si domanda Silvio, poi rimane sconcertato dal proprio stesso pensiero.

Cinquant'anni fa, qui c'erano solo robinie e animali selvatici: nessuno aveva saputo intravedere il potenziale di questo triangolo di terra. Cristoforo lo aveva comprato per poco, e la gente ancora lo compativa; aveva investito personalmente, si era indebitato, aveva rischiato, e la gente gli dava del matto. Si erano dovuti ricredere tutti. Quando le cose avevano iniziato ad andargli bene, la gente aveva cercato di ostacolarlo e, non essendo riuscita a schiacciarlo, era stata lesta a cambiare strategia e si era mostrata amica, ossequiosa. Molti di loro sono qui, nelle file immediatamente dopo la famiglia, con addosso abiti impeccabili e parole di circostanza.

Dietro c'è il « piccolo popolo », persone umili - operai, conciatori, contadini, fabbri - che a Crespi devono tutto: non solo il lavoro e, dunque, il benessere e la serenità, ma pure la salute, l'istruzione per i loro figli, qualche genuino svago, un luogo dove nascere, crescere, morire. Una vita degna di essere vissuta, ecco cosa ha regalato a tutti costoro Cristoforo Crespi, ed ecco perché sono tutti qui.

Le sue parole sono scolpite nella mente di Silvio. L'ultimo pensiero, la sua raccomandazione prima del congedo. *Tegn de cönt la me roba.*

## 2

Il sole è già andato a dormire dietro lo scheletro degli alberi e per le vie del villaggio l'aria è così fredda che sembra di respirare il ghiaccio. Il Rino dell'Agazzi arriva alla locanda e, prima di entrare, sbircia attraverso i vetri appannati: i suoi compari sono già seduti al tavolo, raccolti attorno alla brocca di vino.

« *Alüra, Rino, cümè nva?* »

Da qualche tempo, frequenta di nascosto la Mariolina dei Ravasio, che ormai è vedova da più di tre anni e ha i figli grandi, ma al villaggio non si può fare niente davvero di nascosto: l'Elvira, che ha la casa proprio accanto ai Ravasio, ha detto all'Ugolina di averlo visto uscire dalla casa di lei, una mattina sul far dell'alba con gli stessi vestiti che indossava il giorno prima. Così tutti sanno da dove arriva, cosa è andato a fare e perché è arrivato in ritardo – o almeno se lo immaginano – e sperano che una buona volta si decida a vuotare il sacco.

Lui fa spallucce e sbuffa, come a dire che lo vedono anche loro come va.

Uno si alza e gli cede il posto sulla panca. « Stavamo dicendo del funerale di ieri... non sarebbe da dire, ma è stato proprio bello. »

Tutti concordano che l'ultimo saluto al padrone è stato toccante.

« Ci saranno state, non lo so io, mille persone. »

« Mille? Ma sai contare? Saranno state diecimila! »

« Sempre esagerato! »

È tutto un « Eeeeeh », « Ooooh », e grandi manate sul tavolo, segno che il rosso della casa sta facendo effetto.

« Cosa importa il numero. Io dico comunque che è stato bello, proprio bello. »

« Eh, il *sciur* Cristoforo... Di uomini così non ce ne sono più ormai. »

Rino se ne sta rintanato nel suo angolo con gli occhi fissi sul bicchiere. « Io dico che ce ne sono ancora... purtroppo. »

« Eccolo! » salta su uno. « Lo sapevo io che aveva da dire anche sui morti. »

« Cos'hai da lamentarti? Sentiamo! Con tutto quello che ha costruito! »

« Intanto non l'ha costruito lui, ma noi », fa notare Rino.

« No, te proprio no! Te dovevi ancora nascere, ma io c'ero qua, eh! Non sono passati mica tanti anni. Qua non c'era niente e noi dei paesi attorno morivamo di fame. Il *sciur* Crespi ha costruito tutto, ci ha dato la casa, non ci ha fatto mancare niente. Lo neghi, forse? »

Da quando Cristoforo è morto, per la gente del villaggio è diventato un santo. Già prima ne parlavano bene, ma adesso guai anche solo a pensarne male.

« La mia Onorina, quando ha avuto la spagnola, che non sapevamo cosa fosse e la davamo per morta... chi l'è che l'ha curata? Il medico dei Crespi. E quanto mi è costato? Niente, zero.

Il *sciur* Crespi me l'ha salvata *a gratis*. Se ho ancora una figlia è merito suo.»

Tutti annuiscono seri.

«Tutti gli industriali sono uguali», ribatte Rino, prendendoci gusto a contraddirli, «solo al profitto pensano. E suo figlio non è mica diverso.»

In quella arriva il locandiere a sostituire la brocca vuota con una colma fino all'orlo. Si sta bene nella locanda, Rino si sente sempre a casa, qui: questo posto gli ricorda suo padre che saltellava tra un tavolo e l'altro, aggiustava di sale la minestra, scambiava quattro chiacchiere con tutti e faceva credito a quelli che non potevano pagare. Mentre fuori nevica fitto, dentro c'è un bel tepore e con tutta questa gente attorno è impossibile sentirsi soli.

«Il Silvio è una brava persona. L'hai sentito cosa ha detto. Che qua c'è ancora da costruire, che bisogna portare avanti il lavoro del suo papà. L'hai sentito! E infatti cos'è che sta facendo? Le baracche per i reduci di guerra e le villette per i dirigenti, tanto per cominciare. E al cotonificio ci ha messo i telai nuovi.»

Rino scuote il capo. «Ah, sì... le villette per i dirigenti», dice, affatto impressionato. «Intanto me lo sai dire perché loro devono avere la casa più bella della mia? Che differenza c'è, io non me la merito una casa più bella?»

«Te no di sicuro», salta su uno dal tavolo accanto, e tutti gli avventori della locanda ridono di gusto.

«Perché i dirigenti, che già guadagnano di più, devono avere anche la casa più bella? Un tempo c'erano le casette tutte uguali, operai, capireparto, dirigenti: eravamo tutti uguali. Era più giusto. Adesso i dirigenti avranno la casa più bella, e per di più non la pagheranno neanche. Ti sembra giusto? Più guadagnano e meno pagano. Bella roba, dico io!»

Su questo punto alcuni si trovano d'accordo, ma non vogliono dare soddisfazione al Rino dell'Agazzi e allora se ne stanno zitti.

«E poi», continua Rino, «te mi hai detto dei telai nuovi.»

«Rüti, dalla Germania. Il meglio che c'è.»

«Eh, sì, proprio una bella roba! Un operaio quanti telai seguiva, prima? Due telai per un operaio. E adesso?»

Nessuno parla, tengono tutti gli occhi bassi.

«Coi nuovi Rüti dalla Germania, 'il meglio che c'è', basta un operaio ogni sei telai», puntualizza Rino. «Lo sai cosa vuol dire?»

«Eh, è il progresso. Si sa...»

«Se prima avevi, mettiamo, cento telai, ti servivano cinquanta operai. Adesso al *sciur* Silvio gliene bastano sedici. E gli altri trentaquattro?» Il Rino dell'Agazzi balza in piedi, rosso in volto, coi capelli spettinati e gli occhi infuocati dal suo piccolo comizio. «Guardali qua, gli altri.» Indica i suoi compari a uno a uno e poi si picchia il petto a includere anche se stesso nella conta. «Lui, io, te, e anche il Faustino là in fondo. Siamo tornati dalla guerra e non abbiamo più un lavoro, perché qualcuno si è inventato una macchina che ci rende inutili. Viviamo nelle baracche di legno dei reduci, mentre i dirigenti avranno ville *a gratis*. E voi siete anche contenti?»

Nella sala cala un silenzio tombale. In un certo senso, erano cose che tutti sapevano già: se ne sono accorti anche loro che di lavoro ce n'è meno e che la vita costa sempre di più. Da quando il conflitto è finito, anche alla *Benigno Crespi* sono iniziati gli scioperi, una cosa fino ad allora mai vista al villaggio; la gente è stanca, nervosa, piena di rancore. Era stato promesso loro che a guerra finita sarebbero stati tutti meglio, ma molti beni di prima necessità ancora mancano, il pane costa sempre di più, sui giornali si legge in continuazione di scioperi e sollevazioni. Lo sapevano, non sono mica scemi, ma sentirselo dire così fa tutto un altro effetto.

«Io devo andare», dice uno. «La mia donna mi aspetta a casa.»

Piano piano tutti si alzano, lasciano i soldi sul tavolo ed escono alla spicciolata. In meno di un quarto d'ora, nella locanda è rimasto appena Rino, solo con le sue previsioni catastrofiche e mezza brocca di vino annacquato.

# 3

*Capriate,*
*febbraio 1920*

«Svelta, svelta!» dice l'Elvira, tirando Emilia per il polso. «Dai, che se no non arriviamo in tempo!»

La piazza è così gremita che quasi non si riesce a respirare. Emilia non ci voleva venire, ma l'Elvira non ha voluto sentire ragioni: dice che lei a questi comizi c'è già stata e che c'è sempre da divertirsi. «Vedrai che roba», promette. «La gente è proprio matta!»

Sono tutti qui per chiedere un aumento del salario, dal momento che quello del 25 per cento, finora concordato, ai sindacati non pare abbastanza. Sul palco si danno il cambio due relatori che arringano i presenti con toni infuocati; i loro proclami sono continuamente interrotti da urla di approvazione e applausi. Il tema è sempre lo stesso: il pane che costa di più e i salari che invece non crescono mai.

«Come pensano che possiamo vivere? Mendicando?» Un boato scuote la piazza. «Se gli industriali ritengono che la classe operaia valga così poco, gliela faremo vedere noi!»

L'Elvira è determinata a godersi lo spettacolo da vicino e a suon di spallate, gomitate e qualche calcio negli stinchi, alternato a «Scusate», «Permesso», e «Non vi avevo visto», riesce a portarsi a destra in prossimità del palco. Quando la folla grida, grida pure lei, prendendoci sempre più gusto. Emilia, invece, non si diverte affatto: certo comprende e condivide gli argomenti degli operai, ma quel mostro multicefalo che ondeggia e si scalda, obbedendo alle parole del sindacalista come un animale ammaestrato, soprattutto le fa paura. Uomini che, singolarmente, non avrebbero il coraggio nemmeno di sculacciare i propri figli, nascosti tra centinaia di loro simili provano l'estasi della violenza.

Emilia sta pensando a come tirarsene fuori, quando la folla progressivamente ammutolisce. L'Elvira si allunga sulle punte e scorge un'automobile che avanza facendosi lentamente largo tra la gente dall'altra parte della piazza. «Sono i Crespi!» esclama, come se stesse assistendo a uno spettacolo teatrale e la trama si facesse sempre più interessante. «Padre e figlio!»

In pochi passi, Silvio sale sul palco e, prima di prendere la parola, fa correre lo sguardo sulla folla, come se volesse prendere nota di facce e nomi. Molti dei presenti sono i suoi operai, che abbassano il capo come scolari negligenti.

Silvio ha parole durissime, non usa mezze misure. Sulle prime la gente pare intimorita e ascolta quasi in silenzio. Presto però la piazza si divide in due: da una parte quelli che gli danno ragione, dall'altra quelli convinti che il 25 per cento di aumento del salario è solo un timido contentino, che non risolverà i problemi.

Non è la prima volta che accade: lo scorso luglio c'è stato un violento sciopero al cotonificio, con operai che volevano comunque entrare in fabbrica a lavorare e altri che li minacciavano con la forza; Crespi è corso al villaggio, dove ha tenuto uno di questi discorsi, vibranti d'indignazione, ma prodighi di promesse e trasudanti ottimismo. Chiedeva sacrifici, sì, ma prometteva anche miglioramenti. Le cose erano rientrate, lo sciopero si era interrotto e al villaggio era tornata la pace di sempre.

Senza dubbio, Silvio pensa di agire così anche questa volta, ma qualcosa è diverso. Mentre la folla si azzuffa per stabilire chi abbia ragione e Silvio alza ulteriormente i toni per esigere obbedienza, qualcuno scaglia un sasso in direzione del palco e manca di poco la testa di Nino, ritto in piedi accanto al padre. Entrambi i Crespi sono così sconcertati che non cercano nemmeno riparo e la folla diventa incontrollabile. È subito chiaro che le autorità, in inferiorità numerica, non possono intervenire e si limitano a osservare il parapiglia stando ai margini della scena.

«Andiamo via», grida Emilia all'Elvira, per farsi sentire.

«Tu sei matta! Adesso viene il bello!» E si getta nella calca, perdendosi inghiottita dai corpi dei manifestanti.

Accompagnato dal grido «Ladri! Ladri!» un altro sasso vola verso il palco, e questa volta colpisce Silvio in pieno petto. Più della fitta allo sterno, fa male l'umiliazione, e forse ancor maggiormente la consapevolezza di non avere più presa sulla gente.

Un carabiniere balza sul palco e scorta i Crespi al sicuro. Nella fuga, passano proprio accanto a Emilia, schiacciata contro il tronco di un albero. Silvio sembra non vederla nemmeno. Viene caricato su un'auto e scappa via, prima che la folla lo linci.

## 4

*Crespi d'Adda,*
*primavera 1922*

Gli operai escono dalla fabbrica, testa bassa, mani in tasca e passi pesanti. Il Canèta, che di solito svolta a destra verso le nuove ville dei capireparto e si allontana senza salutare nessuno, oggi è in vena di chiacchiere. Ieri è stato a Milano alla grande manifestazione per il terzo anniversario della fondazione dei Fasci di combattimento, e ne ha di cose da raccontare.

« Andiamo a bere qualcosa », fa al Siro dei Colombo, il primo che si trova accanto.

Ma non è aria: se anche il Canèta non fosse così inviso a tutti, con la riduzione della paga e il costo della vita che aumenta di mese in mese, c'è poco da andare a fare baldoria.

« Offro io! » rincara il Canèta, alzando bene la voce. « Dai, andiamo! »

I più non lo degnano di uno sguardo e si dileguano per le vie del villaggio, ma un paio, rimasti indietro come animali malati, riesce a brancarli e a portarli alla locanda. Dentro c'è poca gente coi nasi ficcati nelle scodelle, e il Rino dell'Agazzi che ormai ha eletto questo posto a proprio domicilio e che ha sempre un posto riservato.

« *Oè!* » esordisce il Canèta con un'allegria inusitata. « *Dam tri bicer de ros, chel bü* », dice rivolto al locandiere.

Tutti sanno dov'era ieri e che non vede l'ora di raccontare, ma per dispetto si guardano bene dal chiedere.

Il Canèta si volta a destra e a sinistra, in cerca di uno sguardo interrogativo che possa dare il via alla narrazione, ma incontra solo gli occhi piccoli di vino del Rino dell'Agazzi che lo osservano con diffidenza.

«*Alüra. Cümè nva?*» gli chiede facendogli l'occhiolino. Sua moglie Ugolina gli ha spifferato che anche oggi, come tutti i mercoledì, lo ha visto sgattaiolare di soppiatto fuori dalla casa della Mariolina dei Ravasio, e la gente si domanda perché non si decida a sposarla. Tutti provano a indagare, ma lui è muto come un pesce.

Rino dà di spalle e fa una smorfia disgustata.

«Su con la vita!»

«Cosa c'è da essere contenti?» gli chiede un operaio.

«Ah, tutto! Ieri sono stato all'adunata.» Non dice quale né dove, come se fosse ovvio, come se di adunata ce ne fosse una sola. «Il vento sta cambiando.»

Rino finisce il bicchiere di rosso con uno schiocco di lingua e si pulisce i baffetti col dorso della mano. «Mah!»

«Ma sì, ti dico», insiste il Canèta, facendo segno al locandiere di servirgli dell'altro vino. «Una roba così non si era mai vista!»

È stata la prima volta che il Canèta andava di là dal fiume: in cinquantaquattro anni di vita non si era mai spinto così lontano. La città coi suoi ampi viali, lunghi da non vederne la fine, i palazzi imponenti, la mole aguzza del duomo, la galleria col tetto di vetro e i negozi con le vetrine che esponevano ogni ben di Dio sono stati una rivelazione. D'improvviso ha capito perché suo fratello Fredo tanti anni fa ne era stato rapito al punto di rinnegare la propria famiglia. Se non fosse che ormai non ha più l'età, anche lui lo farebbe.

«A Milano si respira un'altra aria. Lì le cose arrivano prima.» La gente fa sì con la testa, del resto è una cosa alquanto ovvia. «Non vi dico quello che ho visto ieri...»

«E che cos'è che hai visto?»

Eccola, finalmente, la domanda che il Canèta aspettava. «Eh, be', intanto la gente. Mai vista così tanta gente! Ma tutti perbene, eh, mica sbandati.» Del fascismo, una cosa che gli piace è proprio l'ordine, l'organizzazione ferrea. «Sono stati fatti dei treni speciali apposta per accogliere tutti. Stiamo parlando di ventimila persone, come dire la fabbrica di qua, ma moltiplicata per venti. »

Gli avventori della locanda iniziano a essere incuriositi.

« E poi tutti in ordine, puntualissimi, nemmeno un incidente », continua il Canèta.

« Eh, l'onorevole Mussolini quando fa le cose le fa bene », commenta uno.

« Ah, sì, eh. »

« Io l'ho visto », fa il Canèta. « Come dire da qui a lì. »

« Eh! » lo canzona il Rino dell'Agazzi. « Gli hai anche parlato? »

È vero che lo ha visto, Mussolini. Certo, era lontano, ma si distingueva tra tutti gli altri. Emanava una specie di energia contagiosa.

« Eh, sì, eh », fa il Canèta, che non voleva mentire, ma ci si trova costretto. « Eravamo all'Arena, posto grande, pieno di gente. E niente, me lo sono trovato davanti. Proprio un bell'uomo, distinto, imponente. »

« E cosa gli hai detto, Canèta? »

« Eh, niente. Gli ho fatto il saluto, così. » Balza in piedi e fa il saluto romano, facendo sbattere i tacchi. « E lui allora mi chiede come mi chiamo, e io glielo dico. Mi chiede se ho dei figli, gli dico due morti in guerra e uno rimasto invalido. E allora lui resta un attimo in silenzio, come se si era commosso quasi, poi mi stringe la mano e mi dice che devo esserne orgoglioso, e io gli dico 'certo che lo sono'. »

« E non ti ha chiesto la ricetta della *büseca*? » lo interrompe il Rino dell'Agazzi.

« Eh, ridi, ridi... Mussolini se le ricorda le cose, non è mica scemo. »

Rino fa sì con la testa. « I fascisti hanno buona memoria. » Le notizie delle violenze perpetrate ai danni degli oppositori sono sempre più frequenti; non ne sfugge uno e la gente ha iniziato a misurare le parole in pubblico, per paura del randello.

Il Canèta non coglie l'ironia. « Vero! E io vi dico una cosa: presto qui saremo tutti fascisti. »

Con l'eccezione del Rino dell'Agazzi e di pochi altri, la profezia del Canèta è destinata ad avverarsi.

# 5

*Monza,*
*autunno 1922*

Silvio scruta il cielo in cerca di risposte dall'alba: pioverà o ci sarà il sole? È una giornata importante, attesa da molto tempo. In qualità di presidente dell'Automobile Club, si è fatto promotore della costruzione del nuovo autodromo di Monza, una perla d'ingegneria al servizio della velocità. E proprio oggi accompagnerà il presidente del Consiglio, Luigi Facta, al primo gran premio automobilistico che si tiene su questo circuito.

Non si tratta solo dell'ennesima carica a conferma del proprio successo, ma anche di un piacere personale: Silvio è sempre stato affascinato dalle automobili e, più in generale, da tutto ciò che è velocità, meccanica, ingegno. Già da ragazzo è stato uno dei primi ad abbandonare lo scomodo velocipede in favore della bicicletta, per poi passare al prototipo motorizzato; è stato anche un appassionato di carrozze e adorava venire proprio nel Parco Reale di Monza a scorrazzare col suo duchino, grazie a uno speciale permesso del re. Ma quand'è arrivata l'automobile tutto il resto ha smesso di esistere. Gli piace discutere di motori, interrogare i meccanici, porre domande così accurate da lasciar intravedere la propria esperienza, stupire tutti e poi sminuire con un'alzata di spalle: passione, solo passione, dichiara con un largo sorriso, sottintendendo che è lei - la passione - il segreto di tutti i suoi successi. Potersi sedere accanto a Facta nella tribuna d'onore ad assistere a una gara di velocità è dunque motivo d'orgoglio professionale e personale, il punto di congiunzione tra le sue aspirazioni pubbliche e private.

Il cielo, però, è incerto, pare si diverta a tenere tutti sulle spine: sprazzi di un indaco acceso si alternano a nubi minacciose come il piombo. Proprio mentre è in auto diretto a Monza, inizia a piovere: una pioggia cocciuta, pesante. Le gocce si abbattono come proiettili sulla capote mentre le strade si riempiono di fango e la gente cerca riparo sotto i ponti. Ci vuole del tempo per arrivare: da giorni si riversano in città migliaia di appassionati, venuti da tutto il Paese per assistere alla gara, e a Milano e dintorni non si trova più un letto per dormire neanche a pagarlo oro.

Incolonnato nel traffico, con le mani curate e bianchissime Silvio si tortura i baffi. Questa proprio non ci voleva, maledizione! « Arriveremo per tempo? » chiede allo *chauffeur*.

« Siamo in anticipo, onorevole Crespi. Non c'è da preoccuparsi. »

Solo quando arrivano in vista della Villa Reale, Silvio si rasserena e riesce a godersi la giornata.

La gara comincia con oltre trenta minuti di ritardo, quando il sole finalmente ha il sopravvento sulle nuvole. È ancora un sole caldo che asciuga la pista in breve tempo e fa brillare le foglie sugli alberi e gli steli d'erba a terra. Da subito è chiaro che la vittoria se la contendono Pietro Bordino e Felice Nazzaro, che corrono entrambi su Fiat. Sotto le tribune, la gente spintona e allunga il collo per vedere meglio. L'aria è intrisa dell'odore acre dei carburanti, i motori ruggiscono, la folla incita e applaude.

Questa gettata di cemento che si è mangiata un pezzo di vegetazione è il segno dei tempi: tempi incerti, difficili, che premiano gli audaci a discapito dei pavidi, tempi che richiedono perseveranza e ottimismo, tempi di grandi cambiamenti in cui sopravvivrà colui che riuscirà, in mezzo a tanti sommovimenti, a rimanere fermo nei propri principi, uguale a se stesso, fedele alle proprie promesse. Sono tempi che corrono veloci non diversamente da questi bolidi, difficili da afferrare, difficili da comprendere. Ma nel cambiamento - Silvio ne è convinto - si nascondono sempre grandi opportunità: chi le sa cogliere, vince. Gli altri, semplicemente, vengono spazzati via, e nessuno si ricorderà più di loro.

Proprio quella mattina, a colazione, Silvio ha scommesso con Nino su chi avrebbe vinto: suo figlio sosteneva che Nazzaro è il migliore e che avrebbe vinto lui, Silvio invece preferisce il « diavolo rosso ». Dopo oltre cinque ore di competizione serratissima, è proprio Pietro Bordino sulla Fiat 804 a tagliare il traguardo. Silvio scatta in piedi ed esulta con l'entusiasmo di un ragazzino, per un attimo dimentico del proprio ruolo istituzionale.

Ancora una volta, ha puntato sul cavallo vincente.

## 6

*Crespi d'Adda,*
*primavera 1923*

L'altra notte Remigio ha sentito un ragazzo che lo chiamava. *Remiiiigio, Remiiiiigio,* diceva. Nel letto accanto, l'Elvira dormiva come se niente fosse, ma la voce insisteva. *Remiiiiigio! Tirami fuori, Remiiiiiigio.* Il Migio allora si è alzato e a piedi nudi ha fatto il giro della casa: vuota. Allora gli è stato chiaro che, chiunque fosse, stava fuori di casa, e da come gridava doveva essere proprio disperato.

Remigio ha schiuso l'uscio e messo la testa fuori. Una luna gialla e pesante galleggiava sopra il cotonificio e l'aria gelida che scendeva dalle montagne agitava le chiome degli alberi facendo sbacchettare i rami.

*Remiiiiigio, tirami fuori!* insisteva la voce. La cosa strana è che, adesso che il Migio si trovava all'esterno, la voce gli giungeva più flebile, ovattata. Remigio ha fatto il giro della casa e solo allora, sul retro, proprio dove coltivano l'orto, l'ha visto. Non una verza, ma un uomo coperto di terra come un verme. Con le mani all'aria cercava di aggrapparsi a qualsiasi cosa pur di liberarsi, ma non ci riusciva. *Tirami fuori, Remigio!* supplicava.

Durante la guerra, molti anni fa, il suo battaglione aveva catturato un soldato e per farlo parlare lo avevano sepolto vivo, lasciandogli fuori giusto la testa; il ragazzo, però, non aveva ceduto: o perché non voleva o perché non sapeva. Giorni, era durata l'agonia. Sta di fatto che poi era morto, e lo avevano lasciato lì così com'era, limitandosi a coprirlo un po' meglio. Credeva di essersene dimenticato, Remigio, e invece eccoli lì i mostri che tornavano dalla guerra.

*Remigio, tirami fuori,* insisteva il ragazzo, mezzo sepolto, con la mano che spuntava dalla terra umida come il ciuffo di una carota. Il Migio non se l'è fatto ripetere due volte: ha preso il badile e ha iniziato a scavare furiosamente per tirarlo fuori.

L'Elvira lo ha trovato così, a piedi nudi nell'orto che faceva buchi dappertutto, ripetendo: « Perdonami, perdonami! » Erano da poco passate le quattro del mattino.

I sogni peggiori, però, sono quelli che non arrivano mentre dorme, perché allora è impossibile distinguere la realtà dall'immaginazione: così Remigio non sa mai se quelli che vede esistono davvero oppure no, se sono vivi o morti. È un mondo molto solitario, il suo.

Quelli che sono venuti a prenderlo stasera dopo cena, per esempio, sono veri o immaginari? Li conosce tutti: c'è suo fratello Canèta, il Mario Alberti, il Dino *pioc*, il Renato dei Cattaneo e altri della sezione fascista del villaggio. Sono venuti a chiamarlo a casa che mancava poco a mettersi a letto, lo hanno preso sotto braccio e se lo sono portati via, mentre l'Elvira sulla porta salutava con la mano, sollevata dal liberarsi per un po' di lui.

« Ehi, ehi », fa Remigio, toccandone uno per vedere se è fatto di carne.

Quello non se ne accorge nemmeno. Camminano a passo deciso, testa bassa, formando una specie di muro umano. Il Migio fa fatica a stare loro dietro, perché lui ha le gambe più corte.

« Piano piano », supplica, ma nessuno si cura di lui e un attimo dopo Remigio si trova da solo in una strada vuota e buia.

La luna stanotte è nascosta da qualche parte e il cielo sembra di velluto; il vento ulula, pare che pianga. Tutte le casette sono spente, la gente dorme; a Remigio sembra di camminare in un barattolo di pece. È sul punto di tornare indietro, quando da dietro l'angolo sente provenire delle grida. Allunga il passo e svolta nella via; non distante, un gruppo di uomini scuri è raccolto in cerchio e si accanisce contro qualcosa che giace a terra. Nessuno mette fuori il naso dalle case, quasi fossero disabitate.

« Vieni anche tu, Migio », gli dice suo fratello Canèta e, vedendolo come sempre imbambolato, lo va a prendere e lo unisce al gruppo con uno spintone.

Al suolo c'è un uomo cui sono stati strappati i vestiti; solo le mutande gli hanno lasciato. Calvo, senza un pelo su tutto il corpo, se non fosse per le ossa che emergono dalla pelle tesa della schiena, sembrerebbe un grosso verme.

« Dai, Migio, dagliele anche tu. » Qualcuno gli mette in mano una mazza. « Picchia forte. »

A Remigio i vermi piacciono, sono i suoi animali preferiti. Adora stare a guardarli mentre si allungano e rimpiccioliscono facendosi strada nella terra grassa dell'orto, oppure quando formano delle O perfette; è bello prenderli in mano mentre si agitano tutti: sono così piccoli che è impossibile dire dove sia la testa e dove la coda.

L'uomo verme ai suoi piedi è tutto rannicchiato, le braccia a ripararsi la testa, e non si muove.

« Dai, Migio », insistono gli altri. « Fai vedere quanto sei forte. »

Uno di loro, per mostrargli come si fa, assesta un colpo deciso. Qualcosa della cassa toracica s'incrina facendo il rumore della legna secca nel camino. Remigio lo trova buffo, un verme di legno: questa sì che è bella!

« Dai, Migio », ripetono in coro tutti. « Picchia, Migio. Picchia! »

Remigio molla una mazzata, sulle prime riluttante. Tutti ridono di gusto.

« Più forte, Migio! Più forte! »

In men che non si dica, Remigio si trova a menare colpi poderosi al verme di legno, tra le risate degli altri. Quando si ferma, gli fanno male le mani.

*Che brutto sogno,* pensa guardandosi attorno in cerca degli altri. Ma non c'è più nessuno: lo hanno lasciato solo, o forse non ci sono mai stati. Ai suoi piedi, il verme di legno è immobile, nella stessa posizione di quand'è arrivato.

Remigio fa cadere a terra la mazza, che rotola per qualche metro. « Brutto sogno », ripete, tornando alla casetta dell'Elvira.

Il giorno dopo al cotonificio tutti parlano di un operaio che è stato ammazzato nella notte. Stranamente nessuno ha visto né sentito niente. Si sa solo che costui una settimana prima se ne girava per il villaggio mezzo ubriaco, gridando: « Viva la bandiera rossa! Abbasso il fascismo! »

Una settimana più tardi, i carabinieri prelevano Remigio e lo portano via. Lui non saprà mai se quello che ha fatto è stato un incubo o è accaduto davvero.

## 7

*Crespi d'Adda*

Ieri sera c'è stato vento e adesso il viale che costeggia il cotonificio è tutto coperto di foglie gialle, che pare di camminare sul miele. La Mariolina dei Ravasio rincasa a testa bassa, ricavandosi un varco tra le foglie che le frusciano alle caviglie; dopo il turno in fabbrica è passata in drogheria e ora la sporta piena le pesa tutta da una parte.

Infila la chiave nella toppa, dà due mandate e apre la porta con una spallata, come fa ogni sera, ma già all'ingresso capisce che c'è qualcosa di strano. La casa è avvolta nell'oscurità, però non fa freddo.

« Alfio », dice, anche se sa che suo figlio è ancora in fabbrica. Le risponde solo uno scricchiolio, che potrebbe essere un intruso o del legno vecchio che si assesta. « *Alfio, ta set te*? »

Lascia la sporta sul pavimento e avanza tastando il muro in cerca dell'interruttore della luce. Ci impiega un tempo che le sembra eterno - che qualcuno abbia spostato l'interruttore? - poi finalmente lo trova e la casa s'illumina: in fondo al corridoio, l'aspetta il Rino dell'Agazzi, in piedi, con un mazzo di fiori in mano.

« *Ta set mat?* » gli dice.

È da tempo che si frequentano, e non c'è mica niente di male: lei è vedova, i figli sono grandi. Certo lei ha dieci anni più di lui, ma la mentalità è cambiata, non è più come un tempo che queste cose erano un problema. Potrebbero anche sposarsi, ma per qualche motivo non hanno mai neanche provato a parlarne. La Mariolina, in fondo, un marito ce l'ha - va bene: è morto, ma ce l'ha, e le sembra di fargli un torto a sposarsi con un altro – e Rino non ha mai nemmeno toccato l'argomento: si vede che non gli interessa. Semplicemente si frequentano, magari approfittano del turno di notte dell'Alfio per stare un po' insieme, e poi ognuno a casa propria.

Rino fa un passo avanti e le mette i fiori sotto il naso.

« *Per mi?* » fa la Mariolina.

Lui annuisce e le fa un sorrisone.

« Perché? »

Lui fa spallucce. « Così. »

La Mariolina li prende e li annusa. È raro trovare fiori in questa stagione, devono essergli costati una fortuna e chissà dov'è andato a procurarseli. Sta per chiederglielo quando, allungando il collo, si accorge che la tavola del tinello è apparecchiata.

Rino va saltellando alla sedia e la scosta come a farle cenno di sedersi.

« *Se sücet, Rino?* » gli chiede sempre più sospettosa la Mariolina.

« Niente, ho fatto la zuppa. » Porta in tavola un tegame fumante, solleva il coperchio e resta ad annusare l'aria estasiato. « Mio padre ci metteva la cotenna, te l'ho mai detto? »

La Mariolina scuote il capo.

« Mi ha sempre detto: 'Figlio, se vuoi fare buona la minestra, non devi lesinare con la cotenna'. Aveva ragione! Senti, senti... » Le riempie il piatto e ci aggiunge due fette di pane croccante, poi si serve una porzione abbondante e colma i bicchieri di vino.

La Mariolina rimane sorpresa: non sapeva che il Rino dell'Agazzi sapesse cucinare. Non parlano mica di ricette, quando stanno insieme.

Si godono la cena in silenzio come due vecchi coniugi, poi di punto in bianco lui balza su dalla sedia, si aggiusta il cravattino, tossicchia, si strofina i palmi sui pantaloni. Prende un bel respiro, le prende le mani e le s'inginocchia davanti. « Senti, io pensavo... pensavo... »

La Mariolina lo guarda con scetticismo e, per trovare il coraggio, lui abbassa gli occhi.

« Pensavo che noi potremmo anche sposarci. »

« Noi? »

« Sì, noi. »

« *Ta set mat?* » Adesso glielo chiede? Dopo tutto questo tempo? E perché proprio stasera? La Mariolina si alza e sparecchia, lasciandolo in ginocchio davanti alla sedia come un imbecille.

« Perché no? » le chiede Rino, poco dopo, mentre lavano i piatti attaccati l'uno accanto all'altra.

« Sono troppo vecchia, io », bofonchia lei. « E poi perché dovremmo? »

Ci ha pensato a lungo, il Rino dell'Agazzi. Certo, la Mariolina gli piace, e anche tanto - nessuna gli è mai piaciuta a tal punto -, ma il matrimonio, la chiesa, gli obblighi, le convenzioni: non è roba che fa per lui. Lui è più uno che si fa gli affari suoi. E allora perché adesso gli è venuto in mente di sposarsi?

Si asciuga le mani nello straccio e si volta a guardarla così a lungo che pure lei smette di lavare i piatti e rimane in attesa.

« Ho visto tante brutte cose, sai », le confessa. « Da ragazzo ero a Milano, per i moti, e quasi ci resto secco. Poi la guerra, l'Isonzo, il Piave... E dopo gli scioperi, le piazze. Non rinnego mica niente, ho sempre fatto tutto di testa mia. Magari di qualcosa oggi mi pento, forse avrei fatto diversamente, ma quando le ho fatte, quelle cose, è perché ci credevo. Ma lo vedi anche tu quello che sta succedendo... »

La Mariolina sta con le braccia conserte e lo ascolta, seria. Sì, lo vede anche lei: è arrivata qui coi suoi genitori nel 1878, aveva dieci anni ed è stata una delle prime operaie a entrare nel cotonificio. Lo ha visto venire su, il villaggio. Crescere, allargarsi, cambiare. Ma mai come ora per le strade di Crespi si è respirata un'aria così tesa, così cupa: lo spirito di comunanza e coesione di un tempo si è trasformato in sospetto, in circospezione, in pregiudizio; è come se le finestre fossero occhi che ti osservano ovunque e i muri avessero orecchie. Si rende conto anche lei che questo non è più il posto che suo padre ha costruito. Ma cosa c'entra adesso col matrimonio?

« Io non voglio che questo clima di odio ce l'abbia vinta. Io non voglio che ci tolgano la gioia, che ci schiaccino », s'infervora Rino. « Oggi, più che mai, amare è un atto rivoluzionario. »

Le sue parole colpiscono la Mariolina. Lo frequenta da anni, ma non immaginava che potesse essere così appassionato, così romantico.

Il Rino dell'Agazzi s'inginocchia di nuovo, proprio accanto all'acquaio. « Ribellati con me », le dice. « Sposami. » Due mesi dopo, contravvenendo a tutti i propri principi, varca il portone della chiesa e la prende in moglie, dando al villaggio qualche nuovo argomento su cui spettegolare.

## 8

*Crespi d'Adda,*
*autunno 1925*

Al villaggio, tutto è pronto per la visita del principe ereditario. Sono mesi, del resto, che vi si lavora: lo stabilimento è stato ulteriormente ingrandito con un nuovo reparto di tintoria-filati e a luglio è stata costruita la nuova facciata della sala filatura. I palazzotti, ormai fatiscenti a confronto con le belle ville d'impiegati e dirigenti, sono stati ridipinti di bianco. È una spesa non da poco, ma i Crespi ritengono che la visita servirà anche a rinfrancare gli animi degli operai e a riportare un po' di ottimismo al villaggio.

Umberto di Savoia è ricevuto da Silvio al castello di Crespi d'Adda, dove gli viene offerta una sontuosa colazione. È un uomo discreto, molto elegante: la rigida educazione militare che ha ricevuto sin da bambino si ritrova in piccoli gesti, quasi meccanici, come il disporre in perfetto ordine le posate dopo il pasto o il tenere la schiena rigida, che non tocca mai lo schienale. Silvio ne ha una grande stima e non vede l'ora di mostrargli la propria piccola creatura: l'opificio creato da suo padre e da lui con amore ingrandito, valorizzato, protetto.

Il principe s'informa di tutto, fa domande puntuali che rivelano un autentico interesse e uno studio preliminare, senza tuttavia apparire mai saccente. Nel cotonificio, gli operai per l'occasione si sono ripuliti e indossano abiti freschi di bucato; nella sua veste di caporeparto, il Canèta gli mostra orgoglioso il funzionamento delle macchine: avrà anche davanti un nobile, ma qui il re è lui. L'emozione, però, gli gioca un brutto scherzo: la mano, abituata a compiere sempre i medesimi gesti, questa volta manca la presa e per poco non finisce mangiata dalla macchina. Attimi di panico, Silvio cerca di non dar troppo a vedere lo spavento. Il principe, dopo essersi sincerato che l'operaio sta bene, trova il modo di levare tutti d'imbarazzo commentando che un così imponente macchinario non dev'essere facile da domare. Per le settimane a venire, il Canèta andrà in giro a dire che anche il futuro re d'Italia ha riconosciuto l'importanza del suo lavoro.

Si passa poi alla chiesa, alla scuola, all'ambulatorio e infine al cimitero, in una specie di metafora della vita al villaggio: qui si nasce, si viene battezzati, si studia, ci si ammala e poi si muore, senza mai la necessità di andare al di là del fiume.

Nel tardo pomeriggio, in onore di Umberto di Savoia viene dato uno spettacolo alla nuova «Pista», con gare ciclistiche. Inaugurato appena due anni prima, il velodromo del villaggio sorge poco distante dall'abitato, sul Fosso Bergamasco: un grande anello di cemento corre attorno al campo da calcio, invidia di tutti i paesi vicini; qui gli operai e le loro famiglie possono praticare sport come il tennis, il tamburello, le bocce, cosa che la famiglia Crespi ritiene di grande importanza, e d'estate vi si tiene la colonia elioterapica per i figli degli operai.

In serata il principe riparte dopo non aver lesinato su complimenti e garbate esclamazioni di ammirazione. La mattina dopo il villaggio si sveglia con un ottimismo che ormai pareva perso per sempre.

## 9

Da quando le hanno portato via Remigio, l'Elvira ha dentro una rabbia silenziosa che la mangia come il tarlo rosicchia il legno vecchio. I primi tempi, quando ancora non le permettevano di vedere suo fratello, se la passava così male da muovere a pietà perfino il Canèta, che alla fine l'ha accolta in casa propria, non senza farle pesare la cosa.

Sono passati più di due anni da quella notte, ma all'Elvira sembra ieri. È l'unica che va a trovare il Migio: tutte le settimane, armata di coraggio, si fa due ore di strada per andare in quella stamberga sporca e buia che dovrebbe essere un ospedale. Lui si rallegra sempre nel vederla, anche se dai discorsi che fa sembra che non sappia chi ha davanti. Ogni volta l'Elvira torna a casa un po' più cupa, un po' più arrabbiata.

« Io dico, che colpa ne ha lui? » dice un giorno a Emilia.

Parlano di rado di Remigio, per una sorta di pudore: una perché non sa dare parole ai propri pensieri, l'altra perché teme di ferire l'amica.

L'Elvira ed Emilia s'incamminano verso il Brembo, che si allunga a fatica verso l'Adda. Ogni volta che passa di qui, Emilia ripensa alle lunghe passeggiate che faceva con Enea, al loro primo bacio, a tutte le piccole cose che hanno fatto insieme e cui, stupidamente, non ha dato abbastanza importanza.

« Che colpa ne ha? » ripete l'Elvira, infervorandosi.

Da quando si è trasferita dal Canèta, ha come assorbito qualcosa di lui, la parte peggiore, la più volgare. Emilia non saprebbe dire cosa, in particolare, ma sente che l'amica ha perduto qualcosa.

Tutto, del resto, sembra cambiato dalla fine della guerra, e non dipende solo dal fatto che, senza il suo Enea, niente è più come prima. Il villaggio attorno a lei s'ingrandisce a una velocità che non riesce a comprendere, che la stordisce; anche quand'era una bambina questo luogo le cresceva attorno, e allora le piaceva l'idea di vivere al centro di un organismo in espansione. Ma adesso è diverso, o forse è diversa lei: le sembra che questa crescita vertiginosa, i continui proclami di Silvio che annuncia orgoglioso di aver incrementato le scorte di grezzo, le promesse di ulteriori novità, gli obiettivi ambiziosi, tutto quell'entusiasmo siano fuori luogo.

Lo ha visto nascere, questo posto. I mattoni dell'opificio, dei *palasocc*, delle casette operaie sono tenuti insieme dal sudore di gente come suo padre. Ma da qualche tempo non lo riconosce più. *Sto proprio invecchiando*, si dice, un po' ridendoci su e un po' provando paura.

« E poi, in fondo, cosa ha fatto di male, il mio Migio? » insiste l'Elvira. Lo dice con una tale naturalezza da far intuire che lo ha sempre pensato.

Emilia le lancia un'occhiata perplessa, senza trovare nulla di garbato da dire.

« È stato provocato », continua l'Elvira.

Su questo punto, Emilia è d'accordo. Nessuno sa bene come si siano svolte le cose, ma di sicuro Remigio non avrebbe mai fatto niente di simile se non fosse stato, in qualche modo, spinto a farlo.

« Quello là doveva starsene zitto », precisa l'Elvira.

« Vira, ma cosa dici? »

« Ma sì, dai. Se stava a casa sua, invece di andare in giro a provocare, oggi il mio Migio era libero. »

Emilia si ferma e afferra l'amica per il braccio. « Non puoi pensarlo davvero. »

L'Elvira si sottrae alla presa con un gesto stizzito. « Be', anche tu dici tutti i giorni che ti manca l'Enea », sbuffa.

« Ma sono due cose diverse. Enea non ha ammazzato nessuno. »

« Questo non lo sappiamo. E comunque, se tu provochi uno, dopo non ti puoi aspettare che non te la facciano pagare. Ti sta bene. »

Per la prima volta da quando si conoscono, Emilia riesce a vedere oltre il legame di amicizia che la lega all'Elvira e ne coglie gli aspetti peggiori, sui quali ha sempre scelto di sorvolare. D'un tratto, la semplicità della sua amica le appare come limitatezza di pensiero, la sua genuina schiettezza come volgarità, la concretezza come opportunismo. Come ha potuto accompagnarsi a una persona simile per tutto questo tempo senza rendersi conto della sua vera natura?

« Quell'uomo non aveva nessuna colpa », ribatte. « Ha solo esercitato il suo sacrosanto diritto di esprimere la propria opinione, per la quale ha pagato con la vita. »

« Era un rosso », taglia corto l'Elvira. « Uno in meno, meglio così. Al Migio avrebbero dovuto dirgli grazie, altro che chiuderlo in ospedale.»

«Non ti rendi conto di quello che dici.»

«Eh, no, hai ragione. Qua quella intelligente sei solo tu, la maestrina.» Non è un caso che abbia usato lo stesso epiteto con cui, a distanza di molti anni, il Canèta apostrofa ancora Emilia. «Sai sempre tutto, te. Chi credi di essere? Io lo so chi sei tu: te sei una rossa. Bisognerebbe ammazzarvi tutti, a voi altri.»

Emilia si rende conto con orrore che non è solo la rabbia a parlare: una parte dell'Elvira lo pensa davvero, e poco cambia se quella parte è sempre stata dentro di lei in attesa di uscire allo scoperto o se le è stata inoculata, come un veleno, dalle sue recenti amicizie. Ormai il danno è fatto.

«Senti, io vado», dice l'Elvira, piantandola in asso.

Forse si vergogna di quello che ha appena detto, forse pensa che, tra qualche giorno o al massimo tra qualche settimana, torneranno a parlare come vecchie amiche, dimentiche di questo stupido alterco. Ma la ferita che si è aperta nel bosco lungo il Brembo non può essere ricucita: i Vitali e i Malberti sono tornati nemici.

## 10

*Crespi d'Adda,*
*estate 1927*

La riunione ha luogo nei nuovi uffici direzionali, con le finestre che si affacciano sul cotonificio. Silvio entra con passo svelto – sa di essere atteso –, ma come di consueto si concede qualche istante per guardarsi attorno. A destra e a sinistra dell'ampio corridoio si aprono le stanze che ospitano la direzione commerciale; tutto è stato curato nei minimi dettagli, con attenzione all'estetica oltre che al risvolto pratico, come vuole la tradizione della *Benigno Crespi*: dai soffitti alti a cassettoni alle colonne che sostengono gli archi, dalla pavimentazione a delicati motivi bianchi e blu dei corridoi a quella in pregiato parquet degli uffici, fino al vano delle scale di forma ottagonale dal quale un etereo soffitto in vetro colorato fa piovere la luce naturale. Tutto è luce e leggerezza, all'ultima moda; tutto parla di soldi, sì, ma con classe; non lo sfoggio dell'arricchito che sperpera le proprie finanze in opulenza sguaiata, bensì l'eleganza del signore avvezzo per nascita alle cose belle.

Quando entra nella stanza, però, capisce subito che l'atmosfera è tesa. Il maggiore dei suoi figli, seduto a un capo del grande tavolo, non ha neanche il coraggio di guardarlo in faccia, mentre gli altri hanno le labbra strette in smorfie di sofferenza. L'aria è ferma e torrida; neanche un refolo entra dalle finestre spalancate.

Lo scorso marzo, proprio Nino, in qualità di direttore commerciale della ditta, si è trovato costretto a ribassare del 15 per cento i prezzi di listino, un'operazione che - si teme - dovrà essere replicata il prossimo autunno.

Dopo le frasi di rito, si arriva al succo del discorso: tra pochi giorni, la *Benigno Crespi* chiuderà per ferie con sei milioni di crediti in sofferenza. Chiedere alle corporazioni una riduzione dell'orario di lavoro è stato, in buona sostanza, inutile.

« Lasciateci », dice Silvio.

Si alzano tutti ed escono in silenzio, tranne Nino, che resta al suo posto con la testa incassata nelle spalle.

« Allora, cosa ne pensi? » Silvio va dritto al punto.

Nino ha trentadue anni, ma al cospetto di suo padre si sente ancora a disagio come uno scolaro impreparato. Non è che Silvio faccia qualcosa per porlo in questa condizione sfavorevole; Nino con lui può prendersi libertà che Silvio non si sognava nemmeno con Cristoforo; è normale, i tempi sono cambiati. Nino, poi, per suo padre prova un'autentica ammirazione. Come potrebbe essere diversamente? Ha così tanti titoli, così tante cariche da perderne il conto. Lui, al confronto, è solo un direttore commerciale che si trova dove si trova solo perché è nato in una condizione fortunata.

Nino non ha la battuta pronta di Silvio. Delle volte ci prova anche a imitarlo, ma gli manca la stoffa: escono tutte fuori tempo massimo, patetiche. Non ha i suoi modi spigliati: è timido, riservato, di poche parole. Preferisce ascoltare che parlare, non gli piace tenere discorsi pubblici, essere al centro dell'attenzione, sentirsi addosso il peso del proprio cognome. Suo padre, il suo idolo, l'uomo più potente che conosca, non potendo essere l'esempio cui tendere, ha finito con l'essere un ostacolo.

Solo quand'è stato in guerra Nino si è sentito libero, e questa consapevolezza non smette di farlo sentire in colpa: quale mostro di cattiveria preferisce il nemico al proprio genitore?

« Non saprei. » Si gratta il capo, a disagio. Non voleva esordire con un'ammissione d'ignoranza, ma le parole gli sono uscite di bocca prima che riuscisse a fermarle. « Tutti i cotonieri si stanno assoggettando al *dumping*. »

« Ecco, lo hai detto! » Silvio balza in piedi soddisfatto, e Nino prova un po' di sollievo. « Tutti i cotonieri sono nella nostra stessa situazione. »

« Certo, si parla anche di chiedere un'ulteriore riduzione del salario del 10 per cento. »

Silvio pare sempre più contento, come se il disastro generale in cui si trova l'industria cotoniera gli desse soddisfazione. « Non è la *Benigno Crespi* il problema. »

« No, certo che no. » La situazione è globale, c'è poco da stare allegri.

« E quindi cosa proponi? » lo incalza suo padre.

Nino ci pensa su un po'. Dopo tutto non è uno stupido, ha studiato. Una sua visione delle cose ce l'ha: solo fatica a farla prevalere. « Forse dovremmo limitare le scorte di grezzo, alleggerire i magazzini: è un po' quello che fanno tutti. »

« Questa sì che è una sciocchezza! » sbotta Silvio. « Noi non facciamo quello che fanno tutti. Se così fosse la *Benigno Crespi* sarebbe finita come sono finiti tutti gli altri, cioè male. » Nella stanza cala un silenzio pesante come il piombo. « In ogni crisi si presenta sempre un'opportunità », continua poi con un tono più morbido. « Tutto sta nel saperla cogliere. La congiuntura sfavorevole nella quale ci troviamo ci garantisce di poter acquistare il cotone grezzo a prezzi vantaggiosi. Mentre gli altri vendono, noi compriamo. »

« Siamo già molto scoperti coi creditori », prova a ribattere Nino.

« La *Benigno Crespi* ha sempre pagato: da che siamo nati siamo sempre stati solvibili, e non c'è nessun motivo per cui non possiamo esserlo ancora. » La Banca Commerciale Italiana apre alla ditta linee di credito senza battere ciglio: certo aiuta il fatto che lo stesso Silvio Crespi ne sia presidente dal 1919.

« Quindi cosa suggerisci di fare? » chiede Nino.

Silvio dà un'alzata di spalle. « Tirare dritto. » Ancora un silenzio pesante. « Molti anni fa, tuo nonno approfittò di un momento come questo per speculare sul prezzo del cotone. Tutto quello che vedi qui attorno, inclusi me, te e gli abiti che indossiamo, sono stati comprati con questo metodo. Credi che non abbia avuto paura, allora? Certo che ne aveva! Mio padre non aveva alle spalle una famiglia solida, come te ora: non erano ricchi i Crespi Tengitt di Busto Arsizio, lo sai bene. E doveva stare doppiamente attento a non fare mosse sbagliate. Invece noi, che abbiamo la fortuna di partire da una condizione privilegiata, non dobbiamo farci prendere dalla paura, dal pessimismo, dallo sconforto. Abbiamo il preciso dovere di tenere i nervi saldi. »

Quando si congedano, Nino si sente più sereno: seguirà la via che gli è stata indicata. È sempre così con suo padre: ha questo dono di farti sentire al sicuro, d'infonderti ottimismo. Anche questa è una dote che gli invidia. Anche questo lo fa sentire a disagio.

## 11

*Crespi d'Adda,*
*gennaio 1928*

Il Canèta è stato uno dei primi e più giovani operai dei Crespi. Se lo ricorda ancora, il primo giorno in fabbrica: era il 1877, aveva nove anni e una paura del demonio; il capannone era così grande che sembrava senza fine e lui così piccolo che le macchine lo sovrastavano. Non era mai stato in un cotonificio, tutto era nuovo, difficile, e nessuno degli amici di suo padre si preoccupava di metterlo a suo agio. Ha imparato tutto quello che sa a suon di ruzzoni e male parole, ma alla fine lo ha imparato. Tutto quello che sa è legato al cotonificio: non esiste neanche un mondo fuori di qui.

Esce dagli uffici direzionali e per un po' rimane a guardarsi attorno.

L'ha costruito lui questo posto, in un certo senso è più suo che dei Crespi. Ogni mattone, ogni colonna, ogni grammo di ferro conservano una parte della sua vita. La fabbrica ha lasciato sul suo corpo il proprio marchio: bruciature, graffi, cicatrici, la schiena dolente, le gambe storte, i polmoni affaticati. Qui ha inciampato nel binario di una macchina e ha perso un incisivo, qui ha sentito la sua prima bestemmia e sempre qui l'ha detta anche lui. Qui si è innamorato, qui è stato respinto, qui ha fatto l'amore, qui hanno lavorato i suoi figli prima che la guerra se li mangiasse. Nei sotterranei di questo posto ha visto per l'ultima volta suo fratello Fredo.

Per cinquant'anni, tutto quello che ha dovuto fare è stato venire qui a lavorare. Non che fosse facile o divertente, ma non aveva altro cui pensare: rispettare gli orari, fare il proprio dovere e tornarsene a casa. Al resto ci pensava il padrone.

Così, per tutta la sua vita. Fino a oggi, quando lo hanno licenziato.

Se lo aspettava? A pensarci adesso, è abbastanza ovvio: le cose vanno male per tutti, da anni ormai. Prima gli scioperi, poi i tagli degli orari, poi la riduzione della paga... Ma chi poteva pensare a una cosa simile? Per tutti, la *Benigno Crespi* era eterna: pensare che le cose potessero cambiare era come dire che l'acqua dell'Adda smettesse di scorrere. Sono quelle cose che uno proprio non se le immagina.

E poi perché proprio lui? Non ha mai fatto niente di male, non è mai stato ripreso, nessuna lamentela, non ha perso un solo giorno di lavoro; quando tutti gli altri manifestavano, lui era perfino contrario agli scioperi, voleva entrare in fabbrica, e si è preso pure qualche cazzotto per questo. Invece ci sono certi che non hanno voglia di fare niente e adesso sono ancora in fabbrica, belli belli, al sicuro.

Glielo hanno detto, ripetuto. Non è colpa di nessuno, è la

crisi. Non appena le cose si sistemeranno, lo riassumeranno e tutto tornerà come prima.

Ma intanto adesso cosa farà? Non è preparato, nessuno lo è. Quasi gli viene da ridere se pensa ai cugini di Trezzo che lo invidiavano. « Fortunati voi che lavorate dai Crespi », gli dicevano. « Avete il pane garantito fino alla tomba. » Adesso dovrà chiedere loro ospitalità.

Come prescrive il regolamento di frazione, i Malberti hanno una settimana di tempo per lasciare la villetta. Nell'arco di pochi giorni, tutte le loro cose vengono caricate su un carretto e portate via sotto gli occhi degli altri, i sopravvissuti, quelli che non sono stati licenziati. La gente è tutta un « *Ma dispias* », e « *L'è mia giost* », ma si vede che tirano un sospiro di sollievo, perché non è toccata loro. Qualcuno sotto sotto è anche contento.

Prima d'imboccare la strada che porta fuori dal villaggio, il Canèta si volta a dare un ultimo sguardo. Il cielo è grigio e indifferente, come la gente che va e che viene indaffarata dietro le proprie faccende. La vita continua, anche senza di lui.

Il Canèta sente un nodo salirgli in gola. Raccoglie la saliva e sputa a terra un grosso grumo di rabbia.

## 12

*Milano,*
*autunno 1929*

Il silenzio è così denso che i rintocchi della pendola rimbombano come campane a morto. Silvio è nello studio dalla mattina presto; come ogni giorno, gli sono stati portati i giornali: il fidanzamento tra Umberto di Savoia e la principessa Maria del Belgio, una breve biografia del principe di Piemonte, la reazione dei belgi, l'annuncio ufficiale; la spedizione del duca di Spoleto al Karakorum; ampio spazio alle opere del regime nel settimo anno dell'era fascista, un altro museo a Roma, case antisismiche nel Friuli, nuove strade in Sicilia, una centrale termoelettrica a Mantova, la bonifica della Sardegna, linee ferroviarie, case popolari...

« A giudicare dai giornali, sembra che viviamo in un paradiso! » sbotta, appallottolando il *Corriere* e gettandolo a terra.

Non c'è traccia della crisi, non si menzionano le aziende in difficoltà che presto chiuderanno e quelle che hanno già chiuso da un pezzo. Non si può pensare a forme di sostegno, perché pare non esistano problemi.

E invece i problemi ci sono eccome, basta chiudere i quotidiani e scendere per strada.

La *Benigno Crespi* è a un passo dal crollo. A niente sono valsi i tagli del listino prezzi, il *dumping* dell'Associazione dei cotonieri, le progressive riduzioni dell'orario di lavoro e dei salari, le ferie forzate, e perfino i licenziamenti. Silvio ha dovuto guardare in faccia i suoi operai e cacciarli via: gente che è nata e cresciuta nel villaggio, che suo padre considerava come figli. Via, via: sfrondare, alleggerire. Uomini come se fossero macchine, oggetti inanimati ormai diventati gravosi.

« O così o chiudiamo », hanno detto i dirigenti. « Meglio perdere qualche operaio che perdere tutto. » Triste verità.

Qualcuno l'ha presa bene, qualcuno meno. Alcuni erano così storditi dalla notizia che non sono nemmeno stati in grado di reagire, forse sulle prime non hanno neanche capito: se ne sono andati a testa bassa, accettando in silenzio il proprio destino. Altri invece hanno inveito, gliene hanno dette di tutti i colori, rinfacciandogli perfino la pace di Versailles come prova della sua incapacità. E inevitabilmente hanno portato a confronto il vecchio Cristoforo: « Lui sì che avrebbe risolto tutto ».

Forse hanno ragione, ma che ne sanno gli operai di quello che sta passando Silvio, di quello che stanno passando i suoi figli? È forse colpa dei Crespi se i prodotti della ditta sono di così alta qualità che quasi nessuno può permetterseli e rimangono invenduti? È colpa loro se le scorte di grezzo marciscono nei magazzini come merce senza più nessun valore?

Sono andati fino dal duce in persona. Prima Nino, lo scorso marzo, e poi lui stesso: gli hanno chiesto - anzi, lo hanno implorato - di studiare forme di credito per le aziende sane ma coinvolte nella crisi.

« Ingrato! » sibila Silvio, parlando a se stesso, ma immaginando di avere davanti Mussolini. « Con tutto quello che ho fatto! »

È a Silvio che il duce deve i suoi inizi. Poco prima della marcia su Roma, nel '22, Silvio si era adoperato perché gli fosse data una possibilità. « Vediamo cosa sa combinare », aveva detto, spianandogli la strada ai vertici. Grandi amici, loro due: a farsi fotografare insieme alla posa della prima pietra della Milano-Laghi, belle strette di mano, stima reciproca. Appena un anno fa, per il compleanno di Silvio, il duce aveva mandato un telegramma. Non lo faceva certo con tutti.

Quando si arriva al concreto, però, niente. La richiesta d'aiuto è caduta nel vuoto: tante promesse e nulla di fatto.

E adesso?

## 13

*Crespi d'Adda,*
*inverno 1930*

Stanotte ha nevicato. È stata una sorpresa per tutti – la gente dormiva nei propri letti, con le imposte serrate –, quando il cielo si è chiuso come un pugno e silenziosamente, quasi di nascosto, i fiocchi hanno iniziato a coprire tutto. Ci ha dato dentro per tutta la notte, senza smettere un attimo, e i bambini al risveglio hanno trovato la sorpresa. Per Emilia, tenerli seduti ai banchi è stata una vera fatica. Verso metà mattina, la neve ha ricominciato a venire giù in fiocchi grossi e pesanti, e gli scolari si assiepavano alle finestre per vedere.

« Fate piano! Non spingete! È pericoloso! » li ammonisce all'uscita da scuola. Ma la gioia dei piccoli non si può frenare.

Silvio è intabarrato in un cappotto scuro, con la schiena appoggiata a un tronco; sotto il cappello, ben calcato in testa, ha il volto pallido come il cielo. Alza la mano in segno di saluto, un gesto lento, doloroso, pieno di pudore.

Emilia lo raggiunge e s'incamminano lungo il viale che porta al cimitero, sul quale non è ancora passato nessuno. Davanti a loro si apre una lunga striscia bianca.

« Lo hai fatto? » gli chiede lei.

Silvio stringe le labbra e annuisce a capo chino.

Questa mattina, mentre fuori nevicava, aveva firmato le carte preliminari. Diversamente da qui, in città i fiocchi si erano trasformati in fango prima ancora di toccare il suolo, insudiciando le strade. Tutto si era svolto in pochi minuti, come una cosa da niente: lo avevano fatto accomodare a un'estremità del tavolo e gli avevano messo davanti i documenti. Non una parola di conforto, non l'avevano nemmeno guardato in faccia. Una decina di firme ed era tutto finito.

« Non ho più niente », sussurra. Dopo l'incredulità, dopo la rabbia, dopo il dolore, ora è il tempo della rassegnazione.

« Mi dispiace », dice Emilia.

« Non lo so... a volte mi sembra di essermi liberato di un peso. »

Oltrepassano le ville dei dirigenti. Un uomo, ritto sulla porta, lo saluta, sbracciandosi; lui ricambia portandosi la mano al cappello. Nei prossimi giorni la notizia sarà resa pubblica, ma per ora Silvio è ancora il padrone.

Raggiungono il cimitero. Oltre il cancello chiuso, nel mausoleo, riposa Cristoforo.

Restano qualche minuto immobili, poi tagliano a sinistra e si addentrano nel bosco. Nessuno dei due ha voglia di tornare a casa e di rimanere solo.

« Ti ricordi quando venivamo a giocare qui? » gli dice Emilia.

Silvio annuisce sorridendo. In un istante gli tornano alla mente le estati lontane: loro due che scappano dalla fabbrica per sfuggire alla bambinaia, la paura del buio e il conforto reciproco, i rifugi sugli alberi, le gare a chi lancia un sasso più in alto, le cadute, i graffi e i lividi, i pianti, le litigate, e poi sempre la pace. « Non c'era niente qua attorno », dice.

Il giorno in cui suo padre gli ha mostrato il terreno se lo ricorda ancora, come se fosse ieri. Lui era un bambino: erano settimane che sentiva parlare di questo villaggio e, quando finalmente Cristoforo lo aveva portato qui, Silvio si aspettava di trovare già il cotonificio, il canale, le case.

« Devi essere orgoglioso di quello che avete costruito. »

« Mah! » fa, amaro, scrollando le spalle.

Emilia si ferma e lo trattiene per un braccio. « Non mi riferisco alla fabbrica e alle case. » E, poiché lui sembra non comprendere, spiega: « Certamente tu e la tua famiglia avete eretto un intero villaggio, e non è cosa da poco, ma non è questa la più importante: i Crespi hanno dato a un sacco di persone un'esistenza dignitosa, la fiducia in un domani migliore, un posto dove crescere i figli e invecchiare serenamente circondati dalla bellezza. Una comunità di cui sentirsi parte integrante ».

« Ma non sono riuscito a portare a compimento il sogno di mio padre. »

Emilia ha un moto di stizza. « Hai perso la fabbrica, ma quello che avete fatto nessuno può toglierveIo. Possono toglierti la ditta, le proprietà, le cariche, e magari un giorno le riavrai indietro. Chi può dirlo? Ma quello che hai dato agli altri rimarrà tuo per sempre. » Ripensa alle speranze che suo padre ha riposto in questo luogo e sorride. « Il sogno dei nostri padri si è compiuto. »

Anche Silvio sorride, sentendosi finalmente alleggerito. Emilia ha ragione: il villaggio che porta il loro nome è molto più di un mucchio di mattoni.

« Cosa ne dici di fare a gara a chi arriva prima al fiume? » la provoca.

Lei gli lancia un'occhiata irriverente, poi gli molla uno spintone e inizia a correre. « Chi arriva per ultimo fa penitenza! » gli grida.

Silvio si mette all'inseguimento, saltando radici sporgenti e alberi abbattuti. L'aria fredda gli brucia nelle narici, e di certo non ha più l'elasticità di quand'era bambino, ma non vuole dargliela vinta. L'ha quasi raggiunta quando lei scivola su una pozzanghera ghiacciata e cade a terra.

« Ti sei fatta male? » l'aiuta a rialzarsi.

« Ma va' », fa lei. Non ammetterà mai di sentirsi le ginocchia in fiamme.

Ricominciano a correre tenendosi per mano e, quando raggiungono il Brembo, sono entrambi sfiniti. Da piccoli sarebbero tornati indietro senza fermarsi, ora si siedono a riprendere fiato mentre non riescono a trattenere le risate.

Da domani tornerà a vestire i panni dell'imprenditore cotoniero; ci saranno altre riunioni, altri registri, altre firme da apporre.

Adesso, però, Silvio torna a essere un bambino. Ha otto anni e suo padre ha da poco acquistato un triangolo di terra da ottantacinque ettari all'incrocio di due fiumi.

Hanno un sogno intero da costruire, al di qua del fiume.

## 14

*Crespi d'Adda,*
*estate 1930*

Le ciliegie sono mature, si schiudono le uova degli uccelli, nei campi si fa il fieno, i campi di grano sono d'oro. È l'ultimo giorno di scuola e i bambini escono vociando. Emilia si attarda nell'aula al secondo piano, fa un ultimo giro, controlla che non siano stati dimenticati libri o quaderni, pulisce la lavagna, accarezza il piano di legno della cattedra, prende un bel respiro e si riempie i polmoni del profumo di questo posto.

I bambini crescono, si diplomano, vanno a lavorare o continuano gli studi; col tempo, la maggior parte si dimenticherà di lei. Ogni anno è un po' doloroso, ma questa volta più delle altre.

«Siete ancora qui», le dice la direttrice, mettendo dentro la testa nell'aula. «Immaginavo di trovarvi.»

«Ho finito, sto andando.»

«Allora avete proprio deciso?»

Emilia annuisce a labbra strette.

«Ci mancherete.»

«Anche voi, molto.»

Quando esce, il sole acceso di giugno per un istante le toglie la vista. Poi si guarda attorno, sperando di trovare Silvio.

Come previsto, gli è stato tolto tutto. Lui ha lottato, ma alla fine ha dovuto cedere ditta e villaggio. Crespi d'Adda non è più dei Crespi.

Scende la scalinata e si avvia a casa. All'ingresso tutto è pronto per la partenza: poche valigie, soprattutto oggetti di Enea da cui non vuole separarsi, perché non si sa mai che torni, e allora quegli abiti, quelle scarpe, quel pettine potrebbero ancora servirgli. E poi la fotografia del loro matrimonio: una seggiola nei campi, lei seduta e lui in piedi accanto, a disagio.

Quando ha detto a Silvio che sarebbe partita, lui ha provato a impedirglielo. Hanno litigato furiosamente, e poi all'improvviso sono scoppiati a ridere, rendendosi conto di quanto tutto fosse futile.

«Questo villaggio l'ho visto venire su, letteralmente. Prima ancora che esistesse, mio padre me lo descriveva con parole tanto accurate che, quando ci sono venuta a stare, già lo conoscevo. Sono cresciuta con gli alberi del viale, ho bevuto l'acqua del fiume, ho bagnato di lacrime la terra. Ho vissuto altrove, altrove sono stata felice e triste, ma in nessun altro posto sono stata felice e triste come qui. Questo posto ce l'ho sotto la pelle, nel sangue, dentro lo stomaco.»

«E allora perché? Perché vuoi andare via?»

«Perché non è più la stessa cosa.»

«Mi stai rinfacciando d'averlo perduto?»

«Non voglio assistere a ciò che ne faranno quelli che verranno dopo. Questo posto lo conoscono solo quelli che ci sono nati: gli altri non ne avranno lo stesso rispetto, perché non possono capirlo, perché non ce l'hanno sotto la pelle.» Già si vocifera di cambiare nome alla frazione - Tessilia, la vorrebbero chiamare -, così degli antichi padroni non resterà più niente, e qualcuno suggerisce di dipingere le casette nei colori della bandiera italiana, con patriottico pessimo gusto. «Non starò qui a guardare mentre altri si prendono la mia casa, i miei ricordi, la mia famiglia, la mia vita.»

Quel giorno, Silvio se n'è andato che sembrava più vecchio di dieci anni. È stata l'ultima volta che lo ha visto.

Emilia raccoglie le ultime cose nella valigia di cartone, esce e si richiude la porta alle spalle. Poi fa il giro del giardino. Nell'orto c'è un albero di fico: è stata la prima pianta che lei ed

Enea hanno visto crescere insieme. Il tronco si è irrobustito, le foglie sono diventate sempre più grandi: ogni autunno cadevano per poi tornare più verdi e grandi. All'ombra di quel fico, hanno trascorso estati liete, chiacchierato di letteratura, di politica, di storia, si sono assopiti, hanno litigato e poi hanno fatto pace.

Ieri sera, col favore delle tenebre, Emilia ha scavato una piccola buca proprio nel punto in cui Enea era solito mettersi a leggere. Si guarda attorno per sincerarsi che nessuno la veda, poi si accovaccia, nasconde nella buca una piccola scatola di legno e la ricopre di terra.

Dentro c'è un foglio ripiegato in quattro.

*Amore mio, luce della mia vita,*

*parto dalla nostra casetta col cuore pesante come un sasso, ma ancora determinata a scegliere per me stessa: libera, come hai sempre voluto che fossi.*

*Per tutti questi anni t'ho aspettato senza perdere la speranza di rivederti un giorno comparire sulla porta che abbiamo varcato, molti anni fa, come giovani sposi. È ancora così e lo sarà sempre: solo la morte potrà spegnere in me la fiducia che questo accada.*

*Lascio queste mura che sono state lo scrigno delle nostre gioie e dei nostri dolori, chiudo le finestre che si affacciano su un villaggio che dell'antico padrone e della sua utopia non porterà più nemmeno il nome.*

*Non ho dubbi che, tornando e trovando sconosciuti ad abitare la nostra casa, andrai a scavare ai piedi del fico e troverai questa mia. Allora va' di là del fiume e chiedi ai Vitali di Boltiere: loro sapranno dirti dove raggiungermi.*

*Ma, se nel frattempo io fossi stata chiamata al cospetto di Dio, non andare a piangere sulle mie spoglie mortali: ovunque esse siano, mi troverai sempre qui. Sarò nel suono della campana la domenica, nel pulviscolo di cotone che galleggia nell'aria, nella corrente del fiume, nei mattoni della ciminiera, nell'ombra delle case.*

*Lascio quel che resta di un sogno, ma non smetterò mai di sognare.*

EMILIA

# RINGRAZIAMENTI

Ringrazio l'editore - Marco Tarò, Stefano Mauri, Cristina Foschini, Emanuele Bertoni, Elena Pavanetto, Giacomo Lanaro, Lara Spagnol, Giulia Fossati, Barbara Trianni, Giorgia di Tolle, Viviana Vuscovich - perché fa ancora l'editore e lo fa bene, cosa preziosa. In particolare, oltre che per il supporto nella ricerca, nella stesura e nella revisione, ringrazio Cristina Prasso per aver saltato con me nelle pozzanghere e il mio straordinario editor, Paolo Caruso, per la spinta gentile.

Ringrazio l'agenzia letteraria Lorem Ipsum e le Crespine - Noemi Gentilezza, Giulia Laino, Giorgia Levy, Marsilja Rakipi - per avermi protetta e sostenuta: vi voglio bene. Ringrazio Jacopo Viganò che col suo inguaribile ottimismo e la leggerezza ha illuminato i miei angoli bui.

Ringrazio l'Associazione culturale Crespi d'Adda e Lucia Colombo, senza il cui aiuto questo libro non esisterebbe; ringrazio Giorgio Ravasio per l'entusiasmo, la generosità, l'amicizia.

Ringrazio il professor Roberto Romano per il confronto storiografico, Laura Farina e Giuseppe Rende per la consulenza in ambito finanziario e Daniele Coen per quella in ambito medico; Paolo Ratti per gli spunti e il pungolo costante.

Ringrazio gli amici cui mi sono negata per concentrarmi sul lavoro, e che ci sono ancora. Ringrazio Mislin Streito per avermi insegnato a piangere di gioia.

Ringrazio Silvana Selmi perché è immensa.

Ringrazio mio marito Giulio, uomo buono, coraggioso, paziente, onesto: niente di quel che ho combinato nella vita sarebbe stato possibile se non avessi avuto lui a tenermi in equilibrio.

Ringrazio mia madre, la mia metà calda e creativa, che mi ha regalato la libertà di essere quello che ho voluto. Ringrazio la mia nonna Piera, che è stata la prima, molti anni fa, a parlarmi di Crespi d'Adda, piantando il seme della storia che avete appena letto.

Juhea Kim

# *COME TIGRI NELLA NEVE*

**In un Paese che combatte per la libertà, un uomo e una donna si perderanno e si ritroveranno, legati da un istante voluto dal destino**

**Corea, 1917.** È la disperazione a spingere il cacciatore. Da giorni segue le tracce sulla neve, nella speranza di trovare una preda con cui poter sfamare i suoi figli. Ma la ricerca viene interrotta dall'incontro con un gruppo di ufficiali giapponesi, persi tra quelle montagne. E dall'apparizione di una tigre. D'istinto il cacciatore interviene facendo fuggire la tigre, per poi guidare i giapponesi verso la salvezza. Un gesto che segnerà il futuro della sua famiglia. Jade ha solo dieci anni quando la madre la vende a una casa di cortigiane. Un sacrificio dettato dalla povertà, che però Jade ben presto capisce essere un'occasione. Solo le donne più belle e raffinate possono far parte di quel mondo e, un giorno, comprare la propria libertà. Tuttavia, quando una tragedia colpisce la casa, Jade è costretta a trasferirsi a Seul. Dove il suo destino l'aspetta...

Alla morte del padre, Jung-ho non ha altra scelta che lasciare il suo villaggio di cacciatori e tentare la sorte nella capitale, ingrossando le fila dei giovani randagi che sopravvivono grazie a sotterfugi e piccoli furti. Eppure gli basta posare una volta lo sguardo su Jade, per capire di voler diventare un uomo degno di lei. Comincia allora la sua scalata verso il successo, prima nel sottobosco della malavita, poi nel mondo ancora più insidioso e ambiguo della politica, diviso tra i padroni giapponesi e il movimento nazionalista che lotta per l'indipendenza. Una corsa al potere su cui Jung-ho scommette ogni cosa, rischiando però di perdere tutto...

EDITRICE NORD

Melody Razak

# *ASCOLTA LA PIOGGIA*

**« La saga di una famiglia sullo sfondo di una delle pagine più buie della storia dell'India. »**
***The Times***

**Delhi, 1947.** Alma ha solo quattordici anni quando la nonna la promette in sposa a un ragazzo di una casta superiore, che lei non ha mai incontrato. Una decisione che getta tutta la famiglia nello sconcerto. I genitori di Alma sono professori universitari e hanno sempre incoraggiato le figlie a studiare e a essere libere. Il motivo di quella scelta appare chiaro solo mesi dopo, nel momento in cui la ragazza viene ripudiata all'altare: un indovino aveva previsto per lei un futuro di dolore e di violenza, e la nonna voleva proteggerla assicurandole un buon matrimonio. Sopraffatta dalla vergogna, Alma sente il bisogno di allontanarsi da Delhi e accetta l'invito di una zia a raggiungerla a Bombay. Tuttavia, il giorno della sua partenza, la città è squassata dalle proteste per la Partizione, che sancisce l'indipendenza dell'India dalla corona britannica e la creazione dello Stato indipendente del Pakistan. Uno strappo che risuona come una dichiarazione di guerra. Intere zone del Paese si trasformano in campi di battaglia, migliaia di persone vengono cacciate dalle loro case e costrette all'esilio. Mentre il resto della famiglia assiste attonito a quell'ondata di devastazione, il treno su cui viaggia Alma viene preso d'assalto dai manifestanti e metà dei passeggeri rimane uccisa. Alma si salva per miracolo, ma quelle ore terribili rimarranno marchiate a fuoco nella sua anima e segneranno il suo destino. Il destino che l'indovino aveva previsto per lei. Però Alma non si arrende ed è pronta a superare ogni ostacolo, pur di tornare a casa e riabbracciare i suoi cari...

EDITRICE NORD

Hanni Münzer

# *IL LUOGO DELL'ANIMA*

**Una saga familiare che attraversa il Novecento tra amore e guerra, dolore e speranza**

**Breslavia, 1928.** Quando Laurenz Sadler chiede la mano della giovane Annemarie, immagina un futuro radioso, un appartamento in centro e il successo come compositore. Ma è un sogno destinato a non realizzarsi mai. La morte del fratello maggiore, infatti, lo costringe a prendere le redini del podere di famiglia. Un cambiamento per lui molto sofferto, che però Annemarie accoglie con sollievo. Le luci della città non sono il posto adatto per nascondere il segreto che custodisce. Invece, nella quiete della campagna, può concentrarsi solo sul suo amore per Laurenz e, col passare degli anni, sulle loro figlie, Kathi e Franzi. Almeno finché la guerra non bussa alla porta dei Sadler, stravolgendo tutto. Mentre Laurenz viene dichiarato disperso sul fronte russo, la vivace e brillante Kathi, ormai quindicenne, vince un concorso nazionale di matematica, attirando su di sé le attenzioni del governo di Berlino. Col Paese sull'orlo della sconfitta e dilaniato da sospetti e delazioni, Annemarie non può rischiare che la verità sul suo passato venga alla luce. Deve proteggere la sua famiglia, anche a costo di perdere tutto ciò che ha di più caro. Non sa ancora, Annemarie, che la sua scelta segnerà il destino dei Sadler per generazioni...

La saga di una famiglia che attraversa il Novecento. Un'autrice capace di dare vita a personaggi umanissimi, cui è impossibile non affezionarsi. Una storia che ci ricorda l'importanza dei legami familiari e dei sacrifici che siamo disposti a compiere per proteggere le persone che amiamo.

EDITRICE NORD

Hanni Münzer

# *LE ALI DELLA SPERANZA*

**Dopo *Il luogo dell'anima*,**
**continua la saga familiare che attraversa il Novecento, dalla penna di un'autrice che ha incantato la Germania**

Kathi Sadler vorrebbe solo ritrovare i genitori e riunire la sua famiglia. Ma è un sogno che forse non si realizzerà mai più. Perché lei e sua sorella Franzi sono nelle mani dell'esercito sovietico, dirette a Mosca. Kathi sa che è tutta colpa sua: sono state le sue straordinarie abilità matematiche a metterla nel mirino del governo sovietico, che sta radunando gli scienziati più brillanti per recuperare terreno nei confronti degli Stati Uniti, in una corsa ad armamenti sempre più devastanti. Kathi non vorrebbe avere nulla a che fare con questa follia, tuttavia sa bene che sarebbe Franzi - una bambina fragile e delicata - a pagare il prezzo della sua disobbedienza. In cuor suo, però, non si perde d'animo. Prima o poi riuscirà a tornare a casa...
Anche la loro madre, Annemarie, è arrivata a Mosca, ma per motivi ben diversi. Convinta che le figlie siano al sicuro a Londra, ha affrontato quel pericoloso viaggio attraverso l'Unione Sovietica alla ricerca del marito, ormai da tempo prigioniero di guerra. E adesso è pronta a giocarsi il tutto per tutto pur di salvare il suo amato Laurenz, persino a rivelare il segreto che ha custodito gelosamente per decenni, il segreto che ha causato la diaspora della sua famiglia e che ora invece potrebbe essere l'arma più preziosa a sua disposizione...
Molti sono gli ostacoli che la famiglia Sadler deve ancora affrontare, eppure loro non si danno per vinti, sorretti dalla speranza di potersi riabbracciare...

EDITRICE NORD

Questo libro è stampato col sole

Azienda carbon-free

Fotocomposizione Editype S.r.l.
Agrate Brianza (MB)

Finito di stampare
nel mese di agosto 2022
per conto della Casa Editrice Nord s.u.r.l.
da Grafica Veneta S.p.A. di Trebaseleghe (PD)
Printed in Italy